论中国海权

（第三版）

张文木　著

海洋出版社

2022年·北京

图书在版编目（CIP）数据

论中国海权/张文木著. —3版. —北京：海洋出版社，2014.1
ISBN 978-7-5027-8735-6

Ⅰ. ①论… Ⅱ. ①张… Ⅲ. ①制海权-研究-中国 Ⅳ. ①E815

中国版本图书馆CIP数据核字（2013）第271751号

责任编辑：高朝君
责任印制：安　森

海洋出版社 **出版发行**

http://www. oceanpress. com. cn
北京市海淀区大慧寺路8号　邮编：100081
鸿博昊天科技有限公司印刷
2014年1月第3版　2022年3月北京第4次印刷
开本：787mm×1092mm　1/16　印张：25
字数：420千字　定价：68.00元
发行部：010-62100090　邮购部：010-62100072
总编室：010-62100034　编辑室：010-62100038
海洋版图书印、装订错误可随时退换

实践之树常青

——第三版自序

在读博士期间，大概是1996年前后，我开始关注资源和海权问题并由此展开国际政治问题的研究。2009年，海洋出版社将我的研究成果以《论中国海权》为题集结出版。在这短短的十几年中，中国海权实践以“一天等于二十年”① 的速度向前推进并获重大突破。发展真的是硬道理，中国海权事业的进步如此令人鼓舞，以至当年学界关于中国是否需要发展海权和海军、是否需要建造航空母舰等疑问，成了即使最初大篇幅提出这些置疑的学问人也不愿正面提及的“陈年往事”。

理论毕竟是灰色的，而实践之树常青。理论的生命力不主要诞生于锣鼓的喧哗中，而是更多地诞生于实践解决的问题之中。

2013年年底，出版社希望我考虑在修订第二版的基础上推出第三版，使之能更好地说明我国面临的新的海权形势及其中的挑战与机遇。为此，我在第二版的基础上减增了一些内容。

与前两版比，第三版有如下四方面的变化：

第一，反映了我关于海权研究的最新研究成果。比如将第二版第五章第四节《“麦金德悖论”及其对印度国家安全的影响》改写为《“麦金德悖论”与英美霸权的衰落——基于中国视角的经验总结》；在本章中增加了《美国政治结构与外交政策——兼谈美国

① 1863年4月9日，马克思在给恩格斯的信中说：“只有那些用尺子和每次‘报纸趣闻’来衡量世界历史的德国小市民才能想象：在这种伟大的发展中，二十年比一天长，虽然以后可能又会有一天等于二十年的时期。”《马克思恩格斯选集》，第4卷，北京，人民出版社，1972年，第348页。

"战略东移"及其后外交走向》和《伊朗高原：中国西陲安全的"桥头堡"》两节。

第二，鉴于东海事态的重大变化以及对其理论说明的必要性，增加了第六章《战后雅尔塔体系与亚太和平》，反映了自2006年以来我关于战后雅尔塔体系以及如何运用雅尔塔体系保障亚太和平方面的主要研究成果。指出：战后"冷战"体系不同于"雅尔塔体系"，战后日本问题，本质上说就是雅尔塔体系问题；提出"近几年美国为了遏制中国，正在快速打开远东'潘多拉盒子'。这燃起了日本颠覆远东雅尔塔格局的希望，并企图由此恢复它在雅尔塔体系下所丧失的部分或全部地缘政治利益"；我曾在2006年的文章中"预计今后日本在恢复所谓'正常国家'、摆脱雅尔塔体系赋予日本的法律责任方面还要有些大动作"。

第三，从讲座、访谈、时评、战略四方面增加了附录的内容。全书以附录文章《2049：中国海洋安全战略》收尾，与正文第七章《21世纪上半叶中国海洋安全战略构想》相呼应。

第四，对于书中曾公开发表过的内容，在第三版中加以注明，便于读者了解我的海权研究思路形成和发展的历史条件。马克思说："理论在一个国家的实现程度，决定于理论满足这个国家的需要的程度。"[①] 问题倒逼意识而不是相反，我的文章不从所谓"理论范式"出发，而是从时代面临的大问题出发。大问题莫过于生死问题，"好文章当直奔民族的生死存亡和国家的兴衰成败"，这是我为文不变的宗旨。

我的学术基础的培养主要受益于我青少时代国家实行的社会主义计划经济政策，国家给予我从小学生到博士生的免费教育；同样，我的学术成长又受惠于国家的改革开放政策，相对宽松稳定的研究环境使我有了更多的批评与自我批评、出错与自我纠错

---

① 马克思：《〈黑格尔法哲学批判〉导言》，见《马克思恩格斯选集》，第1卷，北京，人民出版社，1972年，第10页。

——这是学术成长不能回避的必要阶段——的时间和空间。对此，我有无限的感激并决意回报国家。我的学术方向和人生道路得到我的博士生导师赵明义教授的指导和我已故父亲的长期鼓励，对此，我有不尽的感谢和思念；同样，我的海权研究一直受到海洋出版社的关心和爱护，对此，我表示深深的谢意。

张文木

2014年1月

好文章当直奔民族的生死存亡和国家的兴衰成败

——第二版自序

《论中国海权》出版后，尽管受到读者的厚爱，但我心中还是有一丝遗憾，因为它还缺少从世界体系审视和研究海权的内容。我在这方面的研究一年来有了相应的推进，现在书要再版，我也因此有机会将我的研究成果充实到新版之中，这就是我在本版中新增加的“世界地缘政治体系中心区域的大国政治”部分。我在这部分中深化并提出了三个观点：①地缘政治与资源政治的统一，是现代地缘政治学说的本质特征；②现代世界地缘政治是一个体系，而“一个中心、两个基本点”则是这个体系的基本特征；③“中亚是世界地缘政治的中枢，也是世界霸权的坟墓”。在最后一个观点中已包含了被我概括为“麦金德悖论”的现代世界地缘政治变动及其中的国家制海权伸缩的规律。在这个规律作用下，与近代英国相比，当代美国对全球，尤其是对其中印度洋的制海能力已大为逊色；不仅如此，美国国力还不断受着这一规律的排斥和折磨。笔者还在第六章中就北极解冻的气候变化提出预警，认为：这将使俄罗斯在历史上破天荒地不得不面临来自“四面八方”的安全压力并因此大大改变俄罗斯原有的无“北顾之忧”的国防结构——这与曾为中国安全提供绝对保障的东海在被拥有蒸汽动力和远航技术的西方人征服后所引起的中国安全“后院起火”及中国海军由此出现的情形非常相似。鉴于俄罗斯人口增长速度过于缓慢以及北方边境的过于漫长，这种新产生的安全压力对未来俄罗斯来说将是难以承受的，但这同时又对中俄战略合作提供了更为广阔的空间。

辩证法是历史的灵魂。马克思曾在《共产党宣言》中宣告“资产阶级用来推翻封建制度的武器，现在却对准资产阶级自己了”；今天我们也会惊奇地发现，美国人曾用于摧毁大英帝国的“民族自决权”武器，在美国成为世界霸主后也对准了美国人自己。

资源的绝对有限性与发展的绝对无限性的矛盾，以及由此引导出的国家力量的绝对有限性和国家发展需求的绝对无限性的矛盾，是人类及其赖以生存的国家发展自始至终面临的基本矛盾，也是当前国际冲突产生的总根源。20世纪80年代亚太国家整体性地转入市场经济快车道，这使世界市场短缺矛盾缓和的同时又使资源短缺问题更为突出了。有人寄希望于科技进步解决资源短缺问题，但科技的力量和“自然报复”的力量相比实在微不足道。血抽得过多人会发抖，石油抽得过多地球也会颤抖。目前世界日益频繁的震灾和海啸就是地球颤抖的表现。粮食是人类生存绝对不能离开的最重要资源，可我们发现，现在人们吃的馒头跟几千年前的馒头本质上差不多，喝的水比原始社会好不了多少，最为重要的是，几千年的科技进步不仅没有解决粮食和水的无限供给问题，相反，还使人类生存离不开的这些基本资源更加稀缺了。100多年前恩格斯告诫说：“我们不要过分陶醉于我们人类对自然界的胜利。对于每一次这样的胜利，自然界都报复了我们。”恩格斯的告诫不断得到历史的验证，但同时也不断为新一代人类所遗忘，这多是由于他们的优裕生活使其失去前几代人遭难的经验，而失去遭难经验的民族必然要为新的苦难所惩罚。

当前的国际政治学被附加的无效元素太多，要返璞归真。讨论问题应多用减法和约分法，减约到最后剩下的就是不能再减约的真问题，即资源稀缺问题。

人的正确思想并不是从天上掉下来的。人的观点多少往往与其吃饱穿暖的程度成正比，饱暖了，人的思维就容易脱离实际。电视中常见专家们谈粮食安全，有多少人就有多少观点，我相信饿三天后，他们就可能只剩下一种观点了，这时他们就不会空谈，其观点也就比较接近真理了。在诸多人文学科中，我认为军事学最接近真理，最接近真哲学，因为在战场上没有时间去搞什么“三种可能性”和“机遇与挑战并存”式的哲学思辨。战场上的军人选择对者生，错者亡，掉脑袋的事哪能容人胡思乱想。1934 年底“湘江之战”后，红军主力从出发时的 8 万多人锐减过半，近 3 个人中有 1 个掉了脑袋，于是大家就抛弃了王明、博古式的“胡思乱想”，迅速选择了毛泽东思想。

经世致用，杜绝空论，应当是我们永远保持的好学风。我们研究海权理论应将自己的研究成果服务于中国现代化的伟大实践，服务于中央提出的“统筹国际和国内两个大局”的方针。这次中国海军亚丁湾护航实践为我们学界的海权理论研究提供了检验平台，我们可以从中检验一下自己的研究成果在新的实践中是否管用。实践经验告诉我们，批判的武器不能代替武器的批判，海盗们只认中国军舰和中国海军，只有海军上去，他们才会逃之夭夭。

医生的话在家里总比媳妇的话管用，是因为医生的话多关乎生死，而媳妇的话则多关乎感情。文章同理，好文章当直奔民族的生死存亡和国家的兴衰成败，我力争按这种标准来写经得起中国现代化成功实践检验的好文章。国家培养我们这一代人读了书，成了知识分子，我们应当为国家和人民做些事。枪拿不了，笔再拿不好或拿不端正，那就对不住先人，对不住养育我们的人民了。

2008 年年底，父亲病危，当他知道海洋出版社要出版我这本书时，很欣慰并叮嘱我要把书写好。时隔一年，书已再版，愿此可报父亲曾给儿子的舐犊深情，愿此可慰父亲的在天之灵。

张文木

2010 年清明节

没有一支强大的海军
中国就不会有伟大的未来

——第一版自序

1997年我开始从中国国家安全的角度关注和研究资源及由此必然带来的中国海权问题。光阴荏苒，十多年后的今天，我已看到了中国海权事业那鼓舞人心的发展，看到了中国海军舰队远赴亚丁湾护航，心里确有一种“狂飙为我从天落”的感动和喜悦。我意识到自己已经以一名普通知识劳动者的身份，建设性而不仅仅是批判性地参与并见证了这段中国海权大步前进的历史，我也由此感受到了生为中国知识分子的荣光。

本书集结了我2001年以来关于中国海权理论的主要研究成果，并以《论中国海权》为书名，这完全是因为本书所具有的鲜明的中国个性。本书并不是用于一般理论建构的作品，而首先是服务于中国海权实践的作品。2003年我提出没有一支强大的海军，中国就不会有伟大的未来，今天我在本书中不仅坚持而且更加强调这一观点，我希望我的这些观点能够在更大的时空跨度中经得起中国现代化历史的检验。

本书的写作得到北京航空航天大学战略问题研究中心主任王湘穗同志的大力支持，对此，我表示深深的谢意；我曾得到过国家给予我从小学生到博士生的无偿教育和培养，得到过父母、老师和朋友们的爱护、关心和帮助，对此，我表示深深的谢意。

张文木

2009年1月于北京

目　　次

附录

讲座

访谈

时评

战略

一、论中国海权[①]

海权，对中国人来说是一个从鸦片战争开始认识而到今天仍未被充分理论消化、而在实践上又迫切需要理论回答的问题。笔者由海权概念切入，从一般到特殊，提出符合汉语语义和中国新世纪现代化实践的海权概念体系及建立于其上的理论体系，并运用这些概念和理论回答中国海权实践的现实问题。

（一）海权的概念及其误用

自海权理论创始人艾尔弗雷德·塞耶·马汉（Alfred Thayer Mahan，1840—1914年）的《海权对历史的影响（1660—1783）》（The Influence of Sea Power Upon History 1660—1783）及相关著作发表近百年来，海权问题成为军事学术的重要组成部分。中国学人广泛地将英文“sea power”的概念转译为汉语“海权”[②]。

海权是一个客观存在，不同国家在不同的历史阶段和不同的社会背景下会有不同的理解。我们且不说马汉的 sea power 的概念是否与中国语义的“海权”是一个意思[③]，即使这样，建立在西方历史经验之上的 sea power 是否可以概括“海权”一词的主要语义，也值得讨论。

但是，不管怎么说，有一个共同点还是可以确认，这就是“海权”是一个涉及海洋的概念，这正如“陆权”是涉及陆地的概念一样。

---

① 此部分内容刊发于《世界经济与政治》2003 年第 10 期。

② 参见［美］马汉：《海权论》，萧伟中、梅然译，北京，中国言实出版社，1997 年。张炜，郑宏：《影响历史的海权论——马汉〈海权对历史的影响（1660—1783）〉浅说》，北京，军事科学出版社，2000 年。

③ 1897 年，马汉在给伦敦出版商马斯顿的信中说，“我可以说，我经过深思熟虑所选用的，现在已这样流行的‘sea power’这个名词，我是希望它能迫使人们注意并得到流行”。“我故意不用‘maritime’这个形容词，是这个词太通俗，不能引起人们注意或是不能使人们把它放在心上。Sea power，至少其英语意义，看来已保留了我所使用的意义”。参见张炜，郑宏：《影响历史的海权论——马汉〈海权对历史的影响（1660—1783）〉浅说》，北京，军事科学出版社，2000 年，第 35 页。

既然涉及海洋，那有人就要问为什么要涉及海洋？

当然这是由于人类的生活而非仅仅人类的思想涉及海洋。既然人类生活在地球上，那么，从理论上说，人类中的个体或群体都有共享包括大气层内外的所有地球资源的权利。[①] 海洋是地球上除陆地资源外的最重要的资源，这样就引申出“海洋权利”（sea right）的概念。当主权国家出现后，“海洋权利”就成了“国家主权”概念内涵的自然延伸。但是，权利永远是要有力量来捍卫的，这样便从主权的“自卫权”概念中引申出具有自卫性质的“海上力量”（sea power）的概念。马汉说得明白，他说“法律的合理与否不取决于力量，但其有效性要由后者赋予”[②]。海上力量是海洋权利自我实现的工具，特别是自人类进入主权国家时代，情形更是如此。1812 年，美国与英国海战是为了捍卫新生美利坚合众国的正当的海洋权利。1840 年中英鸦片战争和 1894 年的中日甲午战争及 2001 年 4 月发生于中国南海的中美“撞机事件”，都是中国为捍卫其海洋权利的军事自卫行为。在这种斗争中，前者发展出用以自卫本国“海洋权利”的“海上力量”。随着联合国的建立和发展，在国际社会普遍认可的条件下，联合国在有限的范围内被赋予了一定的国际权力。这样海权便发生了奇妙的变化：国际法赋予主权国家享有海上权利，主权国家又让渡出部分主权利益以形成联合国具有强制力的海上权力（sea power）；而在没有联合国授权的情形下的“海上权力”则是海上霸权（sea hegemony），使用这种力量的国家，则是霸权国家，这时霸权国家的“海上力量”便因失去自卫性质而异化为追求海上霸权的工具。确切地说，在没有联合国授权的情况下，国家根本就不具有行使“国际权力”的资格。卢梭说

① 美国第三任总统托马斯·杰斐逊曾为美国海权提出过这种思想，但遗憾的是这种思想却没有被 19 世纪末的马汉所发掘和继承。杰斐逊在《致纽约市坦慕尼协会或美国兄弟会（1808 年 2 月 29 日于华盛顿）》和《致约翰·杰伊（1785 年 8 月 23 日于巴黎）》两封信中说：“海洋和空气一样，是人类共同的、与生俱来的权利，却被任意从我们这里剥夺了，一些被时间、惯例以及是非感奉为神圣的行为准则被优势的兵力踩在脚下”；“我们在海上与其他国家的贸易必须以经常的战争为代价。我们自己所具有的最公正的品质并不能保证我们免于战争。……软弱只会招致攻击和伤害，而有了惩罚力量就能防止。为此我们必须拥有海军；海军是我们迎击敌人的唯一武器”。参见朱曾汶译：《杰斐逊选集》，北京，商务印书馆，1999 年，第 328、358 页。

② ［美］马汉：《海权论》，萧伟中、梅然译，北京，中国言实出版社，1997 年，第 419 页。

得好："权利一词，并没有给强力增添任何新东西；它在这里完全没有任何意义"；"强力并不构成权利，而人们只是对合法的权力才有服从的义务"①。卢梭反对通过霸道的强力统治世界，他说："即使是最强者也决不会强得足以永远做主人，除非他把自己的强力转化为权利，把服从转化为义务。"②而实现这个转化的合法中介，目前就是联合国。

但是，如果说，海上权利是"国家主权"概念的自然延伸，那么，"海上力量"就只是一个作为维护海上权利即海权的手段。这里值得提及的有两点：一是在一个无政府的世界体系中，海上权利总是通过海上力量表现，人们不自觉地习惯了将英文的 sea power 混同于 sea right，但事实上二者虽有联系却是完全不同的概念，前者只是后者的载体和实现手段，而非其本身。二是国家海上力量概念也是"海洋权利"向"海洋霸权"转化的重要介质。所谓霸权，在国际关系中就是一国以实力操纵和控制别国的行为③。如上面所说的英国对美国，英国、日本和美国运用海上力量对中国曾实施的海上侵略都是海洋霸权行为；而中国对英、日、美的海上反抗及美对英的海上反抗，则是维护其合法海洋权利的举动。因此，海洋权利（sea right）和海上力量及与后者相关的海上权力的概念性质不同：权利是一种依法享有和行使的利益。而作为国家权利的海权，是只有主权国家才有资格享有的海洋权利。权力，特别是海上权力，则是一种强制力量，在国际社会中只有联合国或联合国授权国家和机构才有资格使用这种力量。"海上力量"与"海上权力"的概念，虽同出于英文 sea power 一词，但其语义却是有性质的区别。"海上力量"是个中性概念，它既可以为"海上权利"服务，也可以为"海上权力"服务，但在没有联合国授权的情况下，"海洋权利"与"海洋权力"则是对立的概念。因此，如果将"sea right"（海上权利）、"sea power"（海上力量）、"sea power"（海上权力）这三种不同语义的概念同译为中国语义中的

①② ［法］让·雅克·卢梭：《社会契约论》，何兆武译，北京，商务印书馆，2003年，第9-10页。

③ power，在中世纪的英文中写作"pouer"，源于古法语"poeir"，均指有做某事的能力（ability to）的意思，后伸展为某国对他国的影响力和统治力（a nation, esp. one having influence or domination over other nations.）。这种"影响力和统治力"已与原主权国家天然具有的正当合法的"海洋权利"相分离，转而异化为海洋霸权的范畴。（hegemony, leadership or domination, esp. that of one state or nation over others, Websters, Second College Eddition. P. 1116、649）

“海权”，就容易产生理解上的混乱。①

确切地说，英文中的 sea power 一词表示的是“海上权力”和“海上力量”而非“海上权利”的含义。为什么会有这样的差别呢？这与欧美国家长期的海外殖民经验及相应的海上优势有关，也与亚洲、非洲、南美洲等资本外围地区长期收缩于内陆而忽视海洋及其相关权益的历史经验有关。马汉说：“武力一直是思想借以将欧洲世界提升至当前水准的工具。”② 这个“武力”在马汉的思想中就是 sea power 即“海上力量”。所以，欧美海权思想更多地侧重于力量、控制和霸权。即使是欧美一些国家在为自己的海洋权利而非权力斗争的时候，它们也更多的是从控制海洋而非从捍卫本国海洋权利的角度看问题。

这里还需要区分的是“海权”与“制海权”（command of sea）概念。二者虽都与汉语“权”字相联系，但意思大不一样。海权，如上所述，是一种属于法权范畴的概念，而“制海权”中的“权”则是指一种“权势”③。因此，它与我们所讲的法权意义上的“海权”也不是一个意思，当然我们也不能将二者混用。

最后需要特别说明的是，既然海权是只有主权国家才有资格享有的海洋权利，那么，对于没有国家主权资格的中国台湾地区来说，它也就没有海权，至于台湾地区目前拥有一定的海上武装力量，那只是连公司也会拥有的制海权（sea power or command of sea），而不是海权（sea right）。

（二）中国海权的特征

中国海权随中国主权同生，而中国意识到并力求捍卫、强化中国海权的努力却起步不久。中国目前的海权实践远没有达到追求“海洋权力”（sea power）的阶段，而只是处在捍卫其合法的海洋权利（sea right）的阶

---

① 张序三主编的《海军大辞典》对此的解释较慎重。辞典没有就“海权”专列词条，而对“海权论”却做了两种解释，说：“海权论（sea power theory），亦译‘海上实力论’。”笔者认为，后一种解释即“海上实力”应是 sea power 的准确译文之一。参见张序三：《海军大辞典》，上海，上海辞书出版社，1993 年，第 7 页。

② ［美］马汉：《海权论》，萧伟中、梅然译，北京，中国言实出版社，1997 年，第 259 页。

③ 中国社会科学院语言研究所词典编辑室：《现代汉语词典》，北京，商务印书馆，1996 年，修订 3 版，第 1048 页。

段。比如中国台湾地区和中国海区[①]其他属于中国主权范围的岛屿，这是中国海权实践的重要内容，也是正当的海洋权利。而美国在台湾海峡的海军活动及对中国台湾的军事插手活动，则是一种霸权意义上的“海上权力”。从这些意义上看，中国的海上力量，属于国家主权中的自卫权的范畴，而美国在中国台湾地区的海上军事介入，则是一种为实现其海上“权力”（sea power）的海洋霸权行为。如果我们不分青红皂白，一味将 sea power 的这两种语义转译为“海权”，而不是将 sea power 与 sea right 相区分，这会使周边地区和国家对中国的现代化实践及相关的海权诉求造成大的误解[②]。

中国海权，是一种隶属于中国主权的海洋权利而非海洋权力，更非海上霸权。“但在当今的世界上，光有法律而没有力量就得不到公正”[③]，要使法理上属于中国的海洋权利事实上属于中国，中国就必须拥有强大的海上力量。从这个意义上说，目前的中国海权，是目的与手段的统一。中国海权的概念应当包括从中国国家主权引申出来的“海洋权利”和实现与维护这种权利的“海上力量”两个部分，只是不包括西方霸权国家普遍攫夺的“海洋权力”。

中国海权，就其“权利”部分而言，包括实现中国“海洋权利”和“海洋权益”两部分。前者包括国际海洋法、《联合国海洋法公约》规定和国际

---

① 中国海区，特指与中国大陆东、南部相连的海域，包括渤海、黄海、东海、南海和台湾东侧部分海域。1840 年至 1949 年间，日、英、法、俄、德等国从海上入侵中国达 470 余次，其中规模较大的有 84 次，较为著名的有中英鸦片战争、中法甲申战争、中日甲午战争和中国抗日战争等。见张序三：《海军大辞典》，上海，上海辞书出版社，1993 年，第 1255 页。

② 美国芝加哥大学教授、国际安全政策项目主任约翰·米尔斯海默（John Mearsheimer）是“中国威胁”观点的较著名的代表人物。他在新著《大国政治的悲剧》最后得出结论：“显然，在 21 世纪早期，美国可能面临的最危险的前景，是中国成为东北亚潜在的霸权国。当然，中国成为潜在霸权国的前景，主要有赖于中国经济能否持续快速发展，如果是这样，中国不仅能成为尖端科技的最主要的发明者，而且也是世界上最富强的大国。它几乎肯定会用经济实力建立起强大的军事机器，而且出于合理的战略原因，它一定会寻求地区霸权，就像 19 世纪美国在西半球所做的那样。”The Tragedy of Great Power Politics，W. W. Morton & Company，Inc. 2001，New York，401。

③ ［美］马汉：《海权论》，萧伟中、梅然译，北京，中国言实出版社，1997 年，第 418 页。

法认可的主权国家享有的各项海洋权利。这部分权利随国际海洋法的变化而缓慢演化，比较确定。后者包括由海洋权利产生的各种经济利益、政治利益、文化利益。这部分权利随不同国家在不同时期的经济、政治和文化的变化而变化，属于海权中变化较大的部分。不同的国家依据国际海洋法享受着同种的海洋权利，但具有同一海洋权利的主权国家由于其经济、政治、文化处于不同的发展阶段而得到的海洋权益事实上却不同。即使排除海洋霸权的因素，一般而言，传统大国和新兴大国所拥有的海洋权益事实上要大于小国和正在衰落国家的海洋权益。在此之外，还有“海洋利益”，它是比海洋权益更广泛的中性概念。它既可能是来自海洋权利的合法的海洋利益，也可能为霸权需要而产生的非法的海洋利益。中国的海洋利益，更多地属于有待于争取和实现的合法海洋权益的范畴。

中国属于新兴的和正在向现代化转型的大国，也是联合国5个常任理事国之一，在国际事务中发挥着重要作用。中国经济已经成为世界经济的重要组成部分。中国国内生产总值占全球的比重由1978年的1%上升到2007年的5%以上，中国进出口总额占全球的比重由1978年的不足1%上升到2007年的约8%。中国的发展为国际资本提供了广阔市场，中国累计实际使用外资超过7 800亿美元，中国企业对外直接投资也在大幅增长。中国发展有力促进了世界经济和贸易增长。1978年以来，中国年均进口增速达到16.7%，已成为世界第三、亚洲第一大的进口市场。中国经济对世界经济增长的贡献率超过10%，对国际贸易增长的贡献率超过12%。2001年以来，中国年均进口额近5 600亿美元，为相关国家和地区创造了约1 000万个就业机会。中国已经成为国际体系的重要成员。中国参加了100多个政府间国际组织，签署了300多个国际公约。中国积极参与国际和地区事务，认真履行相应的国际责任。[①] 在经济快速增长的同时，中国对世界能源的需求也大幅上升。中国目前进口的石油主要来自中东地区，从中东进口的石油占进口总额的一半以上(56.2%)，其次是北非。[②] 进入市场经济的中国已成为与世界发生广泛联系的国家，其海洋权益泛布于世界各大洋并随中国经济总量的扩大而持续扩大；

---

① 胡锦涛：《坚持改革开放　推进合作共赢——在博鳌亚洲论坛2008年年会开幕式上的演讲》。http：//politics.people.com.cn/GB/7112657.html。

② 转引自刘新华，秦仪：《中国的石油安全及其战略选择》，载《现代国际关系》，2002年第12期，第37页。

与此同时，中国实现其海权的内部需求动力和外部压力也在同时增大。这是中国海权与世界其他国家海权实践的共性方面。

但是，中国海权不可能不具有中国的个性。那么，中国海权个性特征何在？

第一，国家统一进程与国家海权的实现进程相一致。目前的中国是一个尚未完全实现统一的国家，而这些尚未统一的地区又多集中在东部中国海区。这些地区既是中国领土，又是在实现中国海权中具有战略意义的海上支点。比如，台湾及其周围属于中国的岛屿，既是中国进入太平洋的前沿基地，又是中国东部地区经济黄金地带的前锋拱卫；南沙群岛，则是护卫中国在马六甲海峡通行自由权利的最前沿的基地。实现中国对台湾、南沙部分岛屿的主权，既是中国维护国家领土完整的正义事业，又是关系到能否实现中国海权的关键步骤。实现国家统一进程与实现国家海权进程的统一，这既是中国海权的特点，也是中国海权的优点，它决定中国在相当长时期内的海权实践的正当性和正义性，它也排除了在相当时期内中国的海权实践转向海上霸权的可能性。从这个意义上说，认为中国为实现其海权利益而发展海军是“中国威胁”和认为中国不应当发展海军的看法，都是不对的、没有道理和不符合逻辑的。

第二，特殊的地缘政治条件决定了中国海权属有限海权的特点。与法国的情形相似，而与英美两国不同，中国是一个陆海兼容型的国家；英美两国属两洋夹护中的国家。这种地理特点迫使英美两国必须将实现海权和扩张海洋利益放在第一位，以至它们最终异化为世界性的海上霸权国家。中国地理上则是一面环海、三面临陆的国家。由于三面陆上的安全压力使中国在长期的历史中发展出了强大的陆军而非海军力量。同样，这种地缘政治的特点和上述中国海权的特点，又决定了中国的海权——即使拥有与英美国家同样的财力——在实践中也不需要追求全球性的海上权力。20世纪下半叶以来，中国东部面临的安全压力，特别是捍卫台湾、南沙地区中国主权的安全压力日益严重，而中国应付这些压力的手段恰在这一时期却严重不足。正是在这样的特殊历史条件下，笔者才特别强调捍卫海权，特别呼吁全力发展中国海上军事力量。但这并不表明中国要走英美式的，尤其是苏联式的无限海权和海上霸权的道路。中国海权应是有限海权，其特点是它基本不出主权和国际海洋法确定的中国海洋权利范围，海军发展不出自卫范围。

第三，中国海上军事力量发展是远期战略的上述有限性与近期策略上的无限性的统一。中国人对海洋战略利益的认识是从鸦片战争、中日甲午战争失败后开始的，而从经济全球化视角认识海权却是在中国经济向社会主义市场经济体制转型进程中开始的。在古代世界，由于不具备远航动力技术，东部大海反倒成了保护中国东疆安全的自然屏障。鸦片战争、中日甲午战争及全面抗战初期的海上失败，也只是使中国人从“边防”的角度认识到海权的意义。20 世纪 80 年代改革开放到 21 世纪初，中国经济已深深地融入经济全球化进程并对国际市场和资源产生了日益深厚的依存关系。鉴于此，中国不可能不需要发展出可以保护其海外利益的海军力量，并随中国海外利益的扩大而扩展。这种扩展进程是无限的，但其性质却不出自卫的限度。

在与世界相互依存程度日益加深的进程中，中国东部沿海地区在对外开放中已发展成为中国经济产值增长最快的黄金地带。与此同时，中国与西方霸权国家的矛盾，尤其是海上矛盾也在上升：为了堵截中国力量，特别是中国的海上军事力量向太平洋扩展，美国启动日本、台湾地区、菲律宾、澳大利亚一线的同盟关系，提升日本的军事作用和暗助台湾分离主义势力的扩大。在与台湾分裂势力的斗争和对日益严重的东部海上安全的关注中，中国意识到海军发展滞后情况如此严重以至不能保护中国最基本的海洋权利。这反倒诱发“台独”分子不断铤而走险，挑战中央政府的对台政策底线的企图。更为严重的是，可能出现的“台湾独立”恶果还会牵动从日本到东盟整个东亚政治的格局，使其对中国东部产生自然的钳合之势，并进一步对中国东南沿海各省产生无形的离心作用。这就是说，台湾问题的恶化将牵动中国现代化的全局，而要遏制“台独”势头的决定性力量就是中国的海洋战略力量即中国海军的快速崛起。中国海军是中国海洋战略力量的关键，鉴于此，集中一切力量快速推进中国海军的建设，将在全球范围内的军事弱势转化为局部地区的强势，并以此解决分布于中国海区的主权和海权问题，是 21 世纪初中国国防建设的重要内容。

台湾问题从相当的意义上说就是中国海军问题，而在台湾问题上，中国海军问题实质上又是祖国和平统一问题：要实现台湾连同其合理的现代文明成果完整平顺地回归祖国，非海军大规模地扩展则不可能。

(三) 世界军事变革与中国海军跨越式发展战略

海军是国家海洋战略力量的核心部分，是海权必须依托的军种，这正如sea right 必须以 sea power 为依托一样，但它却不是国家海上战略力量的全部。战略力量，不管是在陆地还是海上，是对敌方具有总体打击能力的军事力量，因此中国的海上战略力量就不应当是海军单一军种的事，它应当是随世界军事技术变革而发展的国家防务力量的总体表现。在第一次世界大战之前，海军更多的只是陆军的配合军种，陆军是这一时期的国家战略力量的核心军种。第二次世界大战期间，海战已成为战争胜负的决定因素之一。国家战略力量更多地通过海军表现。航空母舰是第二次世界大战中出现的最具海上作战力的战舰，之所以如此，并不在于它的庞大，而在于它首次明确地打破兵种界限，将战船变革为集陆海空战斗力为一体的立体作战平台。这时表现于航空母舰的战斗力，已不再只是海军舰艇的单一战斗力，而是一种集陆、海、空、电子通讯等军种为一体，并通过航空母舰这一巨型作战平台在海上机动发挥的新型战略力量。航空母舰及其航空母舰作战体系所表现出的战争力量已不再仅是海军的，而是国家的战略力量。①

“海军一向是最新技术成就的集中点，对技术的发展和变化非常敏感。”②20 世纪下半叶以来，卫星技术及与此相关的空中预警技术、导弹定点精确打击技术的迅猛发展，国家海上战略力量的技术含量及其有机合成水平大大提升：它已由第二次世界大战时期的由飞机、潜艇、海上航空母舰火力打击力量共同担负的小立体战争提升到由外层空间的卫星侦察技术、低层空间预警技术、到深海③的潜艇、声呐技术配合陆海定点精确导弹打击的大纵深和大

① 苏联海军元帅谢·格·戈尔什科夫（1910—1988 年）用“国家的海上威力”的概念来概括海军问题。他在《国家的海上威力》一书中将国家的海上威力看做是一个体系，但“构成海上威力的各组成部分的作用，并不是一成不变的，这些取决于具体的历史条件，然而，海军的主导作用却是贯彻始终的”。[苏联] 谢·格·戈尔什科夫：《国家的海上威力》，生活·读书·新知三联书店，1977 年，第 2 页。

② [苏联] 谢·格·戈尔什科夫：《国家的海上威力》，生活·读书·新知三联书店，1977 年，第 299 页。

③ 根据《中国大百科全书·大气科学 · 海洋科学 · 水文科学》（中国大百科全书出版社，1987 年，第 11、302、623、664 页）划分海洋沉积物的深度标准，笔者将“深海”的概念定义在 200 米以下。

立体战争；这时海上作战已远非海军一个军种得以完成的事，而是国家核心技术及由此形成的国家总体作战力量的综合表现。[①] 随外空卫星信息技术的出现及深海技术的进步，大立体作战模式日渐替代集中于航空母舰平台上的小立体作战模式，以至如没有外空信息技术和深海潜艇配合，航空母舰，不管其技术含量如何，充其量也“只不过能起到浮动棺材的作用”[②]，而不能形成有效的作战力量。目前，美国一艘航空母舰出航，除外空卫星定位、空中预警和海面其他舰群护卫之外，还有庞大的水下潜艇群护航。而与此相比，中国的海上作战力量——尽管“辽宁”号航空母舰已投入使用，在外空卫星技术和深海探测技术方面也有相当的发展——还有较大的距离。正因此，将有限的国防资源科学合理地配置于海军建设就是中国海权理论和实践应当考虑的课题。

地区格局与国际格局一样，没有大国间的军事较劲则不能确立；而打破大国力量均衡的往往不在于军事量的竞赛，而在于质的突破。

20 世纪下半叶所发生的上述军事革命，使各国的国防军事力量配置发生了结构性的变化。其重要特点在于，大立体战争技术的迅速发展使国家军事力量由分布于国家内部不同地区以陆军为主体的军团作战力量，组合转变为分布于海外针对不同对手的作战力量的有机合成。国家作战力量的配置已不再基于地区，而是基于任务。任务决定作战力量的使用与组合，这是开始于 20 世纪末并必将主导 21 世纪的大国国防结构调整方向的重要特点。21 世纪的国防力量将不再是一块块横摆在平面并需最高首长拼接的板材，而是一个根据不同作战任务而任意组合的“作战魔方”，而构成这个“作战魔方”的材料已不是传统的陆海空三军军种的简单合并，而是集外层空间的卫星技术，低层空间的预警技术，浅、深层海域的潜艇及相关军事技术，配合陆海平面精确导弹打击技术的体系合成。国家的国防体系将由原来的若干相互独立军团转变为几个可根据任务变化而随时自我调整的大型“作战魔方”，这时最高首长不再担负调动和组织军团的任务，而只负责国家“作战魔方”启动时机、数量和战略方向；而“作战魔方”只负责完成战役任务。

---

① 鉴于此，笔者在行文中所使用的“海军”的概念，已脱离其传统的“军种”含义，而是“国家海上战略力量”概念的转述。

② ［美］T. S. 伯恩斯，《大洋深处的秘密战争》，王新民、辛华译，北京，海洋出版社，1985 年，第 84 页。

20 世纪末 21 世纪初，世界发生了海湾战争、科索沃战争、阿富汗战争和伊拉克战争。这四场战争的特点都是美国集外层空间的卫星技术，低层空间的预警技术，浅、深层海域的潜艇及相关军事技术，配合陆海平面精确导弹打击技术有机合成的“作战魔方”体系，用以对付传统的板块分割式的军团地区防御作战体系，结果是前者无一例外地打败了后者。而在伊拉克战场上，军团地区防御作战在美英军队一体化“作战魔方”面前几乎无所作为。发动伊拉克战争一旦由最高首脑确定，美军就会调动从外空卫星侦察到海上导弹的大立体精确打击力量，配合陆空强力突入的小立体打击力量，在伊拉克军团中强行撕开裂口。与第二次世界大战时期不同，伊拉克方面的失败并不在于伊拉克军团的整体毁灭，而在于其各防御军团被美军“作战魔方”的一次次突入和分割。在科索沃战争、伊拉克战争中，在南斯拉夫联盟、伊拉克方面，任务的执行是按军团和兵种分配的，而在美方，每次任务的执行则都是由一体化合成“作战魔方”实现的。现在我们在研究发生在 20 世纪末 21 世纪初的这几场战争时，更多地强调美军先进的军事技术及其一般构成，我们更应看到美军先进技术的有机合成与使用方式。以最快的速度将由高技术集合而成的“作战魔方”及时、准确、整体性地推进到作战地点并迅速释放出有效战斗作用，是现代战争取胜的关键，也是未来军事变革的方向。

第二次世界大战结束同时也是世界新军事变革的开始。在原子弹将热兵器推上顶峰的同时也意味着建立在传统的热兵器之上的世界性的大规模战争形式的结束；在低空和浅海、飞机和潜艇配合陆上坦克集团军大纵深作战的小立体战争在第二次世界大战中达到极限的同时，也预示着更大范围的大立体的作战样式即将到来。朝鲜战争和越南战争是由美国主导的传统小立体战争样式的回光返照。美国在朝鲜战争和越南战争中的失败、苏联在古巴导弹危机中的失败以及美苏争霸的压力，促使世界军事变革在美苏的带动下向外空和深海两大领域迅速推进。外空信息技术革命使弹道导弹及其精确打击成为可能，核动力战略潜艇的出现又使彻底消除有核国家战略打击和报复的能力成为不可能。20 世纪 80 年代里根时期，美国专家提出“星球大战”计划，此后，美国外空信息技术突飞猛进，这在 20 世纪 90 年代初的“爱国者”拦截导弹在海湾战争成功运用中初战告捷。继而 1999 年科索沃战争、2001 年年底的阿富汗战争和 2003 年的伊拉克战争中美国的胜利使人类正式告别了在传统的飞机、坦克掩护下主力军团大规模决战的小立体战争模式，取而代之的是以外空卫星制导和陆海导弹精确打击为主，少量精锐地面部队定点突入的大立体战争模式，而积极主导和推进这场军事革命并由此确立其主导地位的就是美国。2002年阿富汗战争后，美国单方面宣布退出1972年美苏签订的《限制反弹道导弹系统条约》(以下简称《反导条约》)，决意打破世界大国之间的战略均势，建立美国在外层空间军事安全领域的绝对优势地位。可以肯定的是，随外层空间的绝对优势确立，开发深海战略优势将是美国军事革命的新领域。

近代以来，中国海军建设起步早但发展慢，这既是中国海军历史的特点也是它的优点。正如中国国防没有力量参与美苏"确保相互摧毁"核战略的竞争，中国也就省去后来大规模削减战略核武器的负担的道理一样，中国海军由于相对落后反而拥有开发新领域的后发优势。对中国国防安全而言，由美国推进和主导的依托外空信息技术的新的战争样式不仅拉大了中美之间的军事技术的距离，并由此严重影响到中国的国家安全，特别是中国海区主权的安全。为此中国必须急起直追，将有限的国防资源科学合理地配置于海军建设，尽量在最短的时间内缩小中美之间在这方面的技术差距。

那么，我们如何才能达到这样的目标呢？我们是否还需要沿着美国人制定的"路径"从外空起步与美国开展全面的外空竞赛呢？根据历史经验，如果我们利用后发优势反其道而行之，将有限的国防资源优先用于深海开发，这可能会在较短的时间内形成更为有效的威慑力量，并以此带动中国海军的跨越式发展。这是因为：

(1) 自20世纪80年代开始的外空技术革命已近饱和，而深海技术的开发正方兴未艾；(2) 深海武器比陆地武器和天空武器更具机动性和隐蔽性，更有利于完成国家战略攻防任务；(3) 相对陆基弹道导弹而言，深海核动力战略武器可确保国家的二次打击能力更久地处于安全状态；(4) 发展包括潜艇在内的深海作战工具，是发展包括航空母舰在内的水面舰艇的基础，国家海军的终极作战力量并不在于海面舰艇的战斗力而在于水下舰艇的战斗力，也就是说，在大规模的战略打击后只有深海作战力量具有战略报复和二次打击的能力；(5) 中国是一个发展中的国家，其国防任务更多地带有战略防御的性质，将有限的资源优先用于深海开发，既有利于遏制"台独"势力、实现国家统一的近期目标，又有利于确保国家战略防御政策的终极效果。

我国东北地区是国家装备制造业的重心，如果东北海上军事重工业能随西部航天工业在新世纪之初再度崛起并东西呼应，这将为中国大立体国家防务体系，特别是海上防务体系的跨越式发展提供有力保障。

(四) 中国海权扩展原则

海军是国家维护海权的重要手段。鉴于历史上一些国家的惨痛教训，有的同志提出中国没有必要发展海军，也有的同志则从与大国争霸的角度强调发展中国海军的重要性。然而，在笔者看来，这些都是不准确的。事实上，中国海权扩展有其特定的原则，即它不能超出并要服务于中国海权（sea right）的内容和范围。

那么，中国海权包含哪些内容和范围呢?

从近中期看，中国面临着统一祖国，收复主权岛屿的严峻任务，这既是中国政府必须肩负的伟大历史使命，又是中国捍卫国家海权的重要内容。因此，在统一台湾及周围属于中国主权岛屿的问题上，中国加快海军建设的意义无论怎么估计都不会过高。未来中国海军统一国家的军事行动，将与俾斯麦统一德意志、林肯统一美国南方的行动一样，无论和平还是非和平的方式，只要达到目的，其意义都是极其伟大的。从这个意义上说，也仅在主权范围内说，中国海权扩展是无限的。同时在维护海外政治经济权利方面，中国海权及其实现力量即中国海军的扩展又是有限的。这是由于在这些领域中有许多问题需要在国际海洋法框架中多边协商解决，中国海军目标只是确保这些多边协商结果的合法执行。从这个角度看，中国海军的建设仅限于自卫性威慑范围。中国海军建设的目标将永远服务于中国以平等之地位独立于世界的要求。“不称霸”，这不仅是一句口号，它更是中国政治家从世界大国兴衰成败的历史中总结出的成熟的强国经验。殷鉴不远，正是由于德、意、日及苏联的无限军事扩张导致其国家衰落，也正是由于南斯拉夫、伊拉克等国家跟不上世界军事技术变革的浪潮而被肢解或被打败。鉴于这些历史经验，不管是无限制的中国海军扩张还是基本放弃中国海军现代化建设，这对中国的未来而言，都是灾难性的意见。我们当持辩证的态度对待中国海权问题，并使中国海军建设行稳致远，在辩证的思路中获得有利于中国崛起的大发展。

二、制海权与大国兴衰[①]

制海权[②]，对中国人的现代化实践来说是一个既熟悉又陌生的事物。下面我们从对近代以来大国兴衰成败的经验分析中，提出制海权之于主权国家，尤其对中国这样一个向现代强国转型中的国家的进步所起到的“助产婆”[③] 的作用。

（一）资本全球化与制海权理论的产生

理论总是应时代需要而生。而催动制海权理论产生的是资本全球化及相应的资本多极化的历史运动。

英国资本主义工业革命确立了其在未来必将深刻影响历史进程的资本全球化运动的源头地位。资本使一般产品转变为商品，使一般的生产转变为商品生产。商品，这个支撑起庞大资本主义社会的最微小的和最基本的元素，其价值与使用价值的矛盾构成资本运动中的最基本的矛盾。资本追求剩余价值的本性，迫使它必须不断消灭包括作为消费主体的劳动者在内的使用价值以使资本升值；当这种价值与使用价值的矛盾在国内市场范围内达到不可调和的程度时，这个国家的政治经济就会因消费主体的极度萎缩而发生危机，以致国内劳资矛盾非社会革命不可调和，资本再生产难以为继。这样便产生了国内资本向海外扩张和国内市场向海外转移的需求和倾向。原来存在于国内市场且无法调和的价值与使用价值、资本与劳动的对立便转化为资本中心国家与资本外围地区（即宗主国与殖民地）及其现代北方国家与南方国家的

---

① 此部分内容刊发于《中国军事科学》2004 年第 5 期。

② 制海权（command of the sea），是指交战双方依靠海上优势，在一定时间内对一定海洋区域所取得的控制权。张序三：《海军大辞典》，上海，上海辞书出版社，1993 年，第 8 页。

③ “暴力是每一个孕育着新社会的旧社会的助产婆。暴力本身就是一种经济力。”［德］马克思：《资本论》，第 1 卷，北京，人民出版社，1975 年，第 819 页。

矛盾；人的世界便异化为资本中心和资本外围对立的世界。处于资本中心地区的资本拥有者这时已演化为共同对资本外围地区的其他民族进行剥削的民族，并由此产生了围绕资本中心国的世界各国资源被纳入全球性配置的现象。资本中心国不断通过与外围地区不平等的交换和对它们的掠夺，使自己在高额利润的不断回流中始终处于优势，并迫使外围地区的国家陷入为崛起既要反对资本霸权，又要利用国际资本的两难困境之中。这些外围国家，不管其性质如何，都试图通过与资本中心国进行交易以加入旧的资本中心，或打破旧的资本中心后形成以本国资本为主的新的资本中心，这就必然会产生与资本全球化相对立的资本多极化运动及其与资本中心国霸权行为的冲突。结果要么新崛起的国家为霸权国家打败，或被资本中心国家接纳并成为其中一员；要么产生霸权更替，新霸权兴起。从工业革命迄今的世界历史几乎没有逃出这条规律。

与资本全球化和多极化凯歌并进的，还有拿破仑失败后人类经历的整整一个世纪的和平与发展（或所谓“总体缓和与局部冲突并存”）的历史进程。说和平，拿破仑战争失败后，英国和俄国就开始了从欧洲到中亚阿富汗的那场接近一个世纪（从1814年维也纳会议到1907年英俄协约）的“冷战”，其间，除1853—1856年的克里米亚战争外，直至1914年第一次世界大战爆发前，西方世界几乎就没发生过像样的战争。说发展，从18世纪60年代开始英国资本主义工业革命，至19世纪30年代前后，西方国家陆续进入大规模的工业化阶段。有数据显示，1918年前50年间，世界经济年均增长2.1%，比19世纪上半叶年均增长1倍。按不变价格计算，1800—1900年间世界经济年均增长1.45%。[①] 经济的发展使西方在全球政治中日益居于优势地位。居于资本中心并控制较多世界贸易和资源的国家，就会在世界财富增长中占据较大的份额，而这些在世界财富增长中占据较大份额的恰恰就是拥有强大海军和广泛制海权的国家。从近代西班牙、英国到现代美国崛起并成为世界霸权国家的历史变动中，人们发现：与中世纪不同，全球化时代国家财富的增长是与国家海权而非陆权的扩张同步上升的。这是因为，海洋是地球的“血脉”，因而也是将国家力量投送到世界各地并将世界财富送返资本

① 转引自张跃发，刘养洁：《民族国家与世界经济1500—1900》，北京，时事出版社，1999年，第365页。

母国的最快捷的载体。于是，控制海洋就成了控制世界财富的关键。

在这样的历史大背景下，制海权理论便应运而生。比较成型的制海权理论是由艾尔弗雷德·塞耶·马汉提出的。主要著作有《海权对历史的影响（1660—1783）》《海军战略》等。马汉在其论著中分析制海权对军事、民族、领土和商业各方面的影响，被西方公认为研讨海军战略问题的权威。马汉认为，国家的强大、繁荣和商业贸易与国家制海权息息相关。美国要想成为强国，就必须抛弃“大陆主义”，在世界贸易方面采取更富于进取性和竞争性的政策。这就要求美国必须拥有一支强大的海军，占领海上关键岛屿作为海军基地以保护美国在海外的商业利益。海军的目标是打垮敌国海上封锁，夺取制海权。他从英国成功的经验中认识到制海权对于国家发展的重要性，他说：“决定着政策能否得到最完善执行的一个最关键的因素是军事力量”；“以战争为其表现天地的海军则是国际事务中有着最大意义的政治因素，它更多的是起着威慑作用而不是引发事端，正是在这种背景下，根据时代和国家所处的环境，美国应给予其海军应有的关注，大力地发展它以使之足以应付未来政治中的种种可能”。[①] 马汉关于制海权的理论提出后，在英国、德国、日本等国广泛传播，并成为后起的德、日等新兴工业国家制定外交政策的重要依据。

随着人类活动及其战争空间的扩大，制海权内涵及其实现手段也发生相应变化。第二次世界大战以前，制海权主要表现为对作战海面的控制，第二次世界大战期间发展到对作战海区的低层空间和浅层水域的立体控制；20世纪90年代后，军事技术发展最快也最见效的是依托于卫星技术的信息革命，其标志是外层空间、空中预警和海陆空精确远程打击力量有机结合。与此相应，制海权覆盖范围进一步扩大到外层空间和深层水域，其内涵及实现手段也就进一步发展为在外层空间、空中预警两大技术链拉动和引导下，集陆海空远程精确打击技术及其被应用于海上作战的力量结构。尽管如此，百年前马汉提出的关于制海权的基本原理仍是今天英美国家制定外交政策的重要理论基石。与此相应，在全球范围内平等地享有海事权利，平等地分享海外市场和资源则成了像中国这样的新兴市场经济国家向国际社会提出的最重要的，当然对拥有巨大制海权的资本中心国家来说也最不情愿接受的正当要求。

---

① ［美］马汉：《海权论》，萧伟中、梅然译，北京，中国言实出版社，1997年，第396页。

（二）制海权与大国兴衰

政府化解国家内部危机与外部强权压力的能力是决定国家兴衰的关键，而制海权在化解近代市场经济国家内外危机与压力的过程中扮演着决定性的角色。这也许是近代大国兴衰史留给我们最重要的经验。下面我们从近代大国兴衰及制海权在其中所起的关键作用，进行个案比较分析。

1. 欧洲

19 世纪的国际关系与 20 世纪比较确有相似之处。从 1814 年拿破仑向英国和欧洲挑战失败到 1914 年的第一次世界大战，世界陷入以英俄为主要对手并历时整整 100 年的大国“冷战”时代。此间，德国、美国、俄国和日本等后发国家工业产值在世界工业中所占的份额快速增长。但与此不相适应的是，这些新兴的工业国家在迅速发展的同时海外市场却没有同步增长。

海外投资及相应的高额利润回流不足成了新兴的工业国家经济快速发展的严重障碍，它所产生的直接后果是国内资源价格和生产成本飙升、社会分配不均、贫富差距持续拉大、劳资矛盾以几何速度增长——有意思的是，这个过程对今天进入市场经济并经常受到西方指责的亚洲国家来说已经开始。

19 世纪欧洲市场经济国家普遍爆发了社会动荡。在英国有 1837 年、1842 年和 1848 年著名的人民宪章运动以及 1886 年和 1889 年伦敦发生的大规模工人罢工和游行；在法国有 1831 年和 1834 年里昂工人的两次起义，1848 年巴黎工人的“二月革命”和“六月起义”以及 1871 年的巴黎公社革命；在德国有 1848 年巴登、符登堡、黑森和巴伐利亚爆发的大规模人民暴动。这些罢工示威最后大多遭到本国政府严厉甚至是极其残酷的镇压。但同时，国内社会压力也促使这些国家政府将目光投注于海外扩张。随着这些国家海上力量的增长及相应的海外市场的打开（比如 19 世纪中叶英国对中国和印度等东方国家的殖民战争）和由此产生的高额利润向本国的回流，欧洲出现了“工人贵族阶层扩大”的现象，主张革命和暴动的政党内部的“机会主义、修正主义的倾向也不断增长”①，国内本已激化的矛盾在高额利润的回流补偿

① 周一良，吴于廑：《世界通史・近代部分》（下册），北京，人民出版社，1972 年，第 358 页。

中也逐渐缓和。国内矛盾通过外部市场的扩大和利润的回流而缓和，国内的缓和又强化了国家的外向发展能力。19世纪后期，法国、德国、俄国等后发市场经济国家纷纷进入世界大国的行列。

2. 美国

在美国真正获得稳定的海外市场之前，它也经历过国内政治严重动荡，甚至国家分裂的危险。在1833年至1837年间，美国共发生罢工173次。19世纪中叶，美国国内又发生南方州要求脱离联邦的分裂运动及由此引发的以北方州胜利为结局的南北战争。南北战争后，美国形成统一的国内市场，市场经济快速发展。与此同时，由市场经济快速发展造成的两极分化和社会矛盾也同步加剧。1890年美国矿山雇用的童工达60万人，10年后增加了2倍。1870年至1880年间，工人的实际工资每年降低1/10。1877年7月美国爆发了规模巨大的全国铁路大罢工。从纽约到加利福尼亚和从加拿大到墨西哥的主要线路全部瘫痪，几个城市一度被工人占领。为了镇压这次罢工，拉瑟福德·伯查德·海斯（Rutherford Birchard Hayes，1877—1881年）总统“派遣了2 000名正规军，有些部队是从印第安地区强行军赶来的”①。至少有50人在政府镇压中丧生，几百人受伤，大批罢工者被捕。19世纪80年代，美国社会矛盾进一步激化。1886年5月1日，全国1万多个企业35万工人全部停工并上街游行示威。单在芝加哥和纽约就有各4万和2万多工人罢工。② 两天后罢工遭到政府的镇压，除罢工冲突中死伤外，有4名工人被法庭判以绞刑。“实际上，这时的陆军已变成了宪兵队——即国家警察。”③为了应付日益严重的工人罢工示威活动，美国各州加快了国民警卫队的建设。1881年至1892年期间，各州修订了《民兵法》。到19世纪90年代初，警卫队人数已超过10万。“它最主要的活动就是在工业纠纷中维持秩序。1877—1903年，各州州长共动用警卫队700次以上，其中半数用于执行罢工治安的任务。”④这也说明这时美国资本主义市场经济已发展到因发展而不能再发展的阶段，国内分配严重不均、贫富差距严重分化所导致的国内阶级尖锐对立已严重阻碍了国家经济及相应的民主政治的可持续发展。

---

①③④ ［美］阿伦·米利特，彼得·马斯洛斯基：《美国军事史》，军事科学院外国军事研究部译，北京，军事科学出版社，1989年，第251-252页。

② 为纪念这次大罢工，1889年，第二国际成立大会上正式通过决议，规定“五一”为国际劳动节。

与中国当前的经济不平衡所引发的矛盾相似，当时美国政府也面临着公平还是效率的两难选择。若选择公平，在国内，其代价就是提高累进税以牺牲部分民族资本精英阶层的利益，挫伤其利润竞争动力；由此，在国外，这将削弱本国参与国际竞争的能力以及相应的打破英国、西班牙在东太平洋主要用于遏制美国的海上霸权的能力，而如果不能冲出英国和西班牙的海上霸权封锁并获相应的制海权，美国就不能获得稳定的海外市场及其相应的国际利润，这反过来又会加重美国由国内市场疲软、生产过剩及两极分化带来的经济危机，并最终导致总体性国家危机。如果选择效率，其代价要么是国内社会鸿沟持续扩大，以致无法维持现存的政治统治和市场经济的有效运行，最终导致社会革命和政府倒台；要么就是回避挑战，走一个依附型买办道路，依靠国际资本，高额盘剥本国下层劳动者，损害国家利益以保证少数买办阶层的利益，最终走一条听命于国际资本的发展道路——阿根廷、哥伦比亚和巴西等拉美国家走的正是这条道路；要么就是走开辟稳定的海外市场道路，获得高额的国际利润回流以保障资本精英集团和国内多数劳动者的基本利益，并由此维护国内相对公平，这样美国就必然要挑战当时的海上强国即英国和西班牙的霸权。

最终，早期美国人勇敢地选择了挑战霸权的道路。美国政府采用马汉的制海权理论并使之迅速转化为国家对外政策。[①] 美国军事历史学者阿伦·米利特、彼得·马斯洛斯基在其著作《美国军事史》中对美国选择制海权政策的目的作了明白的解释：

决策者们在寻找新的边疆，主要是为了扩展商业而非扩展领土，他们把扩张主义者的能量引向对海外市场进行侵略性搜寻，以便缓和工业生产过剩的局面，恢复市场繁荣，维持国内安定。然而，美国并不具备通向海外市场的自由通道，欧洲各国控制着亚洲和非洲的大部分市场，一些欧洲国家还用贪婪的目光盯住拉丁美洲，切斯特·阿瑟总统确认美国是“太平洋的盟主”，同时也把加勒比海视为自己的内湖。然而，如果美国不参加帝国主义争夺，

① 1901年西奥多·罗斯福在写给马汉的信中说：“我亲爱的战略家，务必不要谈论你的活动的结束！我们必须依赖你这位在社会思想方面的第一流教育家之一，在今后许多年里我必须依赖你。”见阎广耀，方生：《美国对华政策文件选编》，北京，人民出版社，1990年，第417页。

列强们就会剥夺它在这两个地区进行出口贸易的机会。因此，政策制定者们极力主张捷足先登的帝国主义政策：即在其他对手动手攫取之前，美国就应抓住某个理想的地区。[①]

越来越多的战略家对传统的沿海战略提出质疑。他们领悟到，电报和快速蒸汽巡洋舰的出现给商业性的袭击带来了困难，而且，现代海军的舰只不应是单独航行或滞留在海岸附近来保卫重要的港口，而应该集中成舰队，在海上采取进攻性行动。正如一位国会议员在1887年所说，我们需要的是这样一支海军，“它能使我们在远离海岸的地方迎击来犯之敌”[②]。

1889年3月，本杰明·F. 特雷西向国会提交的报告忠实地反映了马汉制海权的观点，指出美国海军需要一支战斗力量。1890年美国国会终于放弃了大陆政策和孤立主义，开始摆脱旧的近海作战思想，建议发展可以用于深海作战的、现代化的海军。到19世纪末，美国的海军力量已由原来世界海军的第十二位跃居第五位。[③] 1895年英国属地圭亚那和委内瑞拉发生边界冲突，美国强行干涉，英国被迫接受美国的“仲裁”；1898年，美国吞并夏威夷，击败西班牙，占领古巴和菲律宾；1903年又策动巴拿马脱离哥伦比亚独立，由此一跃成为东太平洋上的海权强国。

国际贸易、国内人均收入与美国海军力量的同步提高和增强，可以说是美国市场经济由19世纪下半叶的国内动荡转入20世纪良性、平稳、健康发展轨道的重要特征，也可以说是美国发展市场经济的最重要的成功经验。从19世纪90年代中期开始，美国每年对外贸易顺差开始急剧上升。从1895年到1914年，全国的出口收入超过进口付款的累计数已达100亿美元。同期美国制造业翻了一番，工业制成品的出口上升了近5倍；1890年至1914年商业运输船舶从340万吨上升到700万吨，增加了2.06倍；1897年至1914年间，美国在国外的投资增加了5倍。在海外市场及利润回流扩大与增长的同时，美国政府用于管理机构和社会福利的支出也大幅

①② ［美］阿伦·米利特（Allan R. Millett），彼得·马斯洛斯基（Peter Maslowski）：《美国军事史》（For the Common Defense A military History of the United States of America），军事科学院外国军事研究部译，北京，军事科学出版社，1989年，第253-254页。

③ 王连元：《美国海军争霸史》，兰州，甘肃文化出版社，1996年，第39-40页。

度增加。美国州政府的经费从 1902 年的 1.88 亿美元上升到 1913 年的 3.88 亿美元，到 1922 年飙升为 14 亿美元。同时县政府的经费，特别是用于公路和教育的支出大幅增加，从 1902 年的 9.59 亿美元上升到 1913 年的 20 亿美元，到 1922 年更升至 46 亿美元，州、县两级政府的经费加在一起大约相当于 1870 年至 1917 年间联邦政府支出的两倍。[①] 1914 年，美国国民收入已达 370 亿美元，远远高于同期英国（110 亿美元）、法国（60 亿美元）和德国（120 亿美元）。当年美国人口为 9 800 万，远远高于英国（4 500万）、法国（3 900 万）、日本（5 500 万）、德国（6 500 万），但美国当年人均收入为 337 美元，在同期诸强国如英国（244 美元）、法国（153 美元）和德国（184 美元）中遥遥领先。[②] 随着国民财富在国内生产力和海外市场的迅猛扩张中激增，各种关注社会公平和向弱势阶层倾斜的立法也相应提出和建立。从 1900 年到 1914 年美国出现改良主义运动，其目标之一是促使政府更多地反映消费者利益，包括降低运输费用，提高公共卫生水平、增加清洁和安全的住宅，使现代政府更多关心社会实际福利和人道主义目标。[③]第一次世界大战和第二次世界大战后，欧洲英法霸权国家普遍衰落，美国一跃成为世界性海上强国，它在世界财富和资源分配中占据主要份额。1950 年至 1974 年，以 1958 年美元不变价格计算，美国人口实际家庭消费从 1 520 美元上升到 2 548 美元，增长了 68%；根据 1974 年的物价，按人口平均的消费为 4 139 美元，按家庭平均 3.48 人计，每家每年总消费即为 14 404美元[④]；1949 年至 1975 年，美国国民生产总值从 2 570 亿美元增至 14 990亿美元，增长了 483.3%；而家庭消费开支从 1 770 亿美元增至 9 630 亿美元，增长了 444.1%；国内私人投资总额从 360 亿美元增至 1 830 亿美元，增长了 408.3%[⑤]。经济发展与家庭消费及私人投资大体平衡发展，这促使美国国内多数人口进入中产阶级以及建立成熟的民主制度成为可能。

中产阶级和民主制度的成熟发展使美国彻底告别了依附型市场经济发展道路，从资本中心的外围跃入国际资本中心集团。而这一切成就的强力保障恰恰

①③④⑤ ［美］H. N. 沙伊贝，H. G. 瓦特，H. U. 福克纳：《近百年美国经济史》，彭松建等译，北京，中国社会科学出版社，1983 年，第 218、216、220、238、257-259、501、570 页。

② ［美］保罗·肯尼迪：《大国的兴衰——1500～2000 年的经济变迁与军事冲突》，王保存等译，北京，求实出版社，1988 年，第 296 页。

就是美国海军，而不是美国人的善良愿望。对此，马汉说得简单明了，“决定着政策能否得到最完美执行的一个最关键的因素是军事力量”，而“以战争为其表现天地的海军则是国际事务中有着最大意义的政治因素”①。

3. 日本

中国衰落与日本崛起是20世纪初发生在太平洋西岸的最重要、也是最值得研究的现象。

日本于16世纪末期由丰臣秀吉初步完成国家统一，与此同时，西方殖民贸易及传教士也渗入日本。德川幕府时期，在日本民族资本尚未发展起来的情况下，海外商业资本大量涌入日本，导致日本农民大量破产。1637年岛原2万多农民发动大规模起义，起义被镇压下去后，德川幕府发布“锁国令”，禁止与海外贸易，驱逐外国教士。锁国政策直到1853年在美国海军的压力下才结束。锁国期间，日本国内商业资本兴起，再次造成农民破产，武士阶层瓦解。农民暴动频频发生，1844—1853年45次，1854—1863年72次，1864—1867年59次。1853年和1854年日本被迫向美国东印度洋舰队司令官准将柏利屈服并与美国签订屈辱性的“日美和好条约”，1858年日本又被迫与美国、荷兰、俄国、英国和法国签订了一系列不平等条约，这迫使日本向西方列强开放。开放导致日本成为西方资本外围市场，日本黄金大量外流，国内物价飞涨，手工业者和农民大量破产，武士阶层纷纷瓦解。② 1866年，就在中国太平天国运动刚刚失败不久，日本全国爆发空前的市民暴动。加上在1840年和1856年两次鸦片战争中清王朝的惨败，这不仅对中国人，同时也对日本人产生强烈的刺激——这与今天的海湾战争（1991年）、科索沃战争（1999年）、阿富汗战争（2001年）和伊拉克战争（2003年）也是对广大发展中国家的刺激一样。内忧外患，迫使日本认真考虑其国家发展道路。

1868年，日本国内发生明治维新运动。但这次维新运动在日本建立的

---

① ［美］马汉：《海权论》，萧伟中、梅然译，北京，中国言实出版社，1997年，第396页。

② 1853年开港以后，日本对外贸易剧增。1860年输出为470余万美元，输入为160余万美元；1867年输出为1 200余万美元，输入为2 160余万美元。8年间输出入贸易总值增加5倍多，其中输出只增加了2.5倍半，而输入增加了13倍，输出多为原料而输入则为工业品。1859年至1867年，日本三都物价上涨了2~7倍。参见周一良，吴于廑：《世界通史·近代部分》（上册），北京，人民出版社，1972年，第418-420页。

并不是所谓“民主制度”，而是日本资产阶级精英们效法德国俾斯麦“铁血政策”建立的“以德国宪法为蓝本”① 的军国主义体制②。1853 年和 1854 年海上的失败使日本人意识到是海军而不是陆军关系到日本未来的命运。此后日本军事战略发生了由制陆权向制海权的重大转变。与此同时，马汉著作传入日本，得到天皇的重视和赏识，并对日本国家安全战略思想的形成产生了革命性的影响。19 世纪后半叶，日本海军战舰吨位飙升，从 1880 年的 1.5 万吨，上升到 1914 年的 70 万吨，增长 45.7 倍，成为世界第七海上强国。③ 海军战力的增强提升了日本的国际地位。1894 年 7 月，日本与英国和美国签订条约，并得到英国对日本侵略中国和朝鲜的默许。7 月 25 日，也就在日英条约签订后第九天，日本便发动了甲午战争，在海上一举击败中国。根据 1895 年的中日《马关条约》，强割中国辽东半岛、台湾全岛及所有附属各岛屿、澎湖列岛，获进入南海的战略跳板，并在列强瓜分中国的狂潮中将福建划入其势力范围；此后，日本开始为用武力将俄国的势力赶出东北亚做准备。1902 年 1 月 30 日，日本与英国签订同盟条约并获英国对日本向俄国发难的默许。1904 年 2 月 8 日，日本向俄国在中国旅顺口的部队发起攻击，并在次年 5 月击溃俄国在东北亚的海上主力，日本由此成为独霸东北亚的地区强国。1910 年日本与朝鲜签订《日韩合并条约》，宣布“韩国皇帝陛下将韩国之一切统治权完全永久让与日本皇帝陛下”④。

日本在东北亚崛起之初，就与美国在远东的利益，特别是在南海海权

---

① 1868 年起开始明治维新。政府“制定了一部以普鲁士德国的宪法为蓝本的宪法，对法制进行了改革”，并“从英国皇家海军请来的专家为日本建立一支现代海军出谋划策，从普鲁士总参谋部请来的专家帮助他们实现陆军的现代化。日本军官被派往西方国家的陆军和海军学院学习，尽管本国已建立起军火工业，但仍从国外购买现代化武器”。“在所有这一切的背后，有着引人注目的政治义务，即实现国家‘富国强兵’的号召。对于日本人来说，经济实力和陆海军实力是同步发展的”。详见［美］保罗·肯尼迪：《大国的兴衰——1500~2000 年的经济变迁与军事冲突》，王保存等译，北京：求实出版社，1988 年，第 251 页。

② 明治维新后，“军事工业和纺织业是日本大工业的重点，军事工业的发展尤其迅速”。详见周一良，吴于廑：《世界通史·近代部分》（下册），北京，人民出版社，1972 年，第 89 页。

③ 详见［美］保罗·肯尼迪：《大国的兴衰——1500~2000 年的经济变迁与军事冲突》，王保存等译，北京，求实出版社，1988 年，第 247 页。

④ 吴廷璆：《日本史》，天津，南开大学出版社，1994 年，第 535 页。

利益上发生冲突。19 世纪 50 年代美国部分政客曾建议占领中国台湾，此建议遭美国务院否决。① 中日甲午战争后，日本占领中国台湾。美国退而求其次，试图在中国福建三沙湾获取一个由美国海军单独用于贮煤的军港，结果为日本政府断然拒绝。② 日俄战争后，美国总统西奥多·罗斯福“感到日本取得胜利，将意味着有朝一日美日之间发生战争。但是，他相信只要对日本持尊重态度，日美冲突还是可以避免的”③。鉴于此，美国对日本让步日益增多，以至于 1908 年日本驻美公使高平与美国国务卿鲁特达成《鲁特—高平协定》，美国竟同意“日本和合众国在太平洋地区都拥有重要的外国岛屿领土，两国政府都为在该地区有一种共同目的，共同政策和共同意图所鼓舞”④。这实际上表明美国已默认日本可以与美国分享太平洋的利益。欧洲爆发大战后，日本进一步攫取德国在中国山东的利益，1915 年日本驻华公使向袁世凯提出“二十一条”，美国再次退让，在同年 3 月 13 日美国国务卿布赖恩发表声明，表示“合众国坦率地承认，版图的接近造成日本和这些地区之间的特殊关系”。1917 年 11 月美国与日本秘密签订《兰辛—石井协定》，承认日本“在中国，特别是在它的领土与之接近的部分，有特殊的利益”⑤。

日本的崛起和军事上的胜利，迫使美国在亚太地区节节退让。1905 年日本打败俄国之后，“罗斯福政府在亚洲最为关注的是，避免和日本发生冲突”⑥。这种退让政策，从西奥多·罗斯福到富兰克林·罗斯福，即从 20 世

---

① 参见阎广耀，方生：《美国对华政策文件选编》，北京，人民出版社，1990 年，第 180 页。

② 1900 年 11 月 19 日，美国国务卿海约翰给驻华公使康格的密码电报，全文如下：“绝密。补充最近的电报。鉴于将来一旦发生战争在中国海岸上有一个海军贮煤站的重要性，海军部长迫切要求你抓住第一个有利机会为合众国获得三沙湾作为自由和单独使用的军港，并附加这样的保证：将来不得把以克拉基岛的东端为圆心，半径为 20 海里的一个圆形地区转让给任何其他强国，或由任何其他强国控制或使用，也不得由中国政府在该地设防。”12 月 7 日，美国国务卿海约翰为此要求美国驻日公使“非正式而又谨慎地了解清楚”日本政府对美国获得福建三沙湾作为海军基地的态度。12 月 7 日，日本驻美公使致函美国务卿海约翰，对美国的要求予以拒绝。参见阎广耀，方生：《美国对华政策文件选编》，北京，人民出版社，1990 年，第 183-184 页。

③⑥ ［美］孔华润：《美国对中国的反应——中美关系的历史剖析》，张静尔译，上海，复旦大学出版社，1989 年，第 58、64、71 页。

④⑤ 参见阎广耀，方生：《美国对华政策文件选编》，北京，人民出版社，1990 年，第 497-498、500-506 页。

纪初一直延续到太平洋战争爆发。到太平洋战争爆发前夕，朝鲜和中国东北三省已沦为日本殖民地，中国东部沿海地区已被日本分裂并扶起数个伪政权。不妨假设日本当时到此止步，并将其力量仅收缩在东北亚地区，而不是扩充到东南亚乃至整个太平洋地区，日本就有可能在美国国内中立情绪高涨的情况下获得美国对日本势力扩张的认可，并成为唯一可以与美国分享亚太地缘政治利益并以东方门罗主义的姿态垄断亚洲利益的地区霸权国家。[①] 所有这一切又都仰仗以日本强大的海上作战力量（在太平洋战争中还结合空中打击力量）为基础的制海权实现的。而日本（连同整个轴心国）的失败，如果仅从纯军事的角度考虑，也正是从其制海权在太平洋和大西洋的丧失开始的。

4. 中国和印度

应该说，制陆权是决定古代大国兴衰的关键因素之一，中国的“武经七书”[②]，无不以制陆权为主题。由于古代国家的兴衰更多的是建立在以自然经济的农业为基础的税赋贡奉及藩属朝贡制度之上，[③] 耕地而非海洋，是提供大规模税赋收入的主要来源。因此，这一时期税赋来源丰富的王朝国家，往往也是强大的陆上王朝帝国；而获得丰富税赋来源的前提是拥有广大领地和众多的农耕人口。因此，尽可能扩大和占有土地（和人口规模）而不是扩大海洋就成了中世纪帝国崛起的普遍方式。要做到这一点，军事上就要求拥有强大的制陆权。由于古代中国和古代印度拥有强大的制陆权，所以它们才在古代世界中获得较好的发展，并成为古代世界的超级王朝大国；由于古代埃及、巴比伦拥有较强的制陆权，这才有了在古代世界与古代中国和古代印度并立的四大文明古国。如上所述，制海权是决定近现代大国兴衰的关键之一，由于中国和印度及其他东方古国在这方面缺乏危机意识，所以古代东方文明在近现代世界中衰落了。

---

① 参阅［美］罗伯特·达赛克：《罗斯福与美国对外政策：1932—1945》，伊伟等译，北京，商务印书馆，1984 年，第 246-450 页。［日］重光葵：《日本侵华内幕》，齐福霖等译，北京，解放军出版社，1987 年，第 212-290 页。

② “武经七书”是宋神宗元丰年间（1078—1085 年）选编颁行的武学必读的七部兵书，它包括《孙子》《司马法》《尉缭子》《六韬》《吴子》《三略》和《唐李问对》。南宋高宗时，“武经七书”为选拔将领考试内容之一。

③ 参考黄枝连：《亚洲的华夏秩序——中国与亚洲国家关系形态论》，北京，中国人民大学出版社，1992 年。

卡尔·马克思所称的“亚细亚”生产方式[①]是东方经济的重要特征。它在中国的表现就是从井田制中解放出来的小农业生产方式。与原始部落及西方的庄园经济相比，中国小农业生产方式在短期内更能解放个体劳动者的积极性。由于战国时期的秦国率先采用小农业生产方式，它才比中国境内的其他城邦有更充分的人力条件完成统一中国的大业；也正基于此，从中国秦王朝建立到明王朝，尽管有规模远比西方巨大的社会动乱频繁发生，中国还是获得了远比西方快得多的发展。即使到清朝道光年间（1821—1850 年），中国的国民生产总值仍居世界之首，高于整个欧洲的总和，而 1700—1820 年间的经济增长也高于日本和欧洲。1820 年中国国民生产总值是欧洲的 1. 22 倍，1890 年中国国民生产总值是日本的 5. 28 倍；中国的国民生产总值增长率从 1700—1820 年间一直领先于欧洲和日本。[②] 但在 1820 年后的 20 年即 1840 年，中国却被英国在鸦片战争中打败，1895 年在甲午战争中又被日本打败，中国因此割地赔款并被迫签订了一系列丧权辱国的条约。

由此可以说明，中国近现代的失败并不在于国民生产总值及其增长速度不够或不如西方，与俄国彼得大帝（1682—1725 年在位）以及同时代的日本明治天皇（1867—1912 年）、美国西奥多·罗斯福总统（1901—1919 年）相比，清政府缺少的就是像他们那样将制海权思想转化为坚定不移和具有攻势的国家战略的国家意志。

鸦片战争失败和太平天国运动被镇压后，清政府开始注意海军建设问题。甲午战争前，清政府造舰 47 艘，购舰 59 艘；从 1867 年至 1911 年，清政府官办海军各类学校共培养各种骨干人才 1 799 人。[③] 1885 年，清政府设立总理海军衙门。在其存在的 10 年间，先后共有 10 位海军总理大臣、会办大臣和帮办大臣任职，但无一人出身于海军或受过海军专业训练。至于该衙门的总办、帮办和章京们，则几乎都是八旗出身，他们不仅没有海军知识，还千

---

① 见马克思《〈政治经济学批判〉序言》：“大体说来，亚细亚的、古代的、封建的和现代资产阶级的生产方式可以看做是社会经济形态演进的几个时代。”《马克思恩格斯选集》，第 2 卷，北京，人民出版社，1972 年，第 83 页。

② ［美］安格斯·麦迪森：《中国经济的长远未来》，楚序平、吴湘松译，北京，新华出版社，1999 年，第 57-58 页。

③ 张墨，程嘉禾：《中国近代海军史略》，北京，海军出版社，1989 年，第 172-174 页。

方百计地谋取私利。而留洋回国的严复（1854—1921 年）竟也无奈为“实现自己平日的抱负”和“提高自己言论的社会影响”①，数次参加乡试，怎奈“结果都没有录取”②。就在晚年的马汉为美国的扩张运筹帷幄的时候，严复却郁郁不得志于病榻之上。

至于清政府的海军作战理论，更是一副老态龙钟和无所作为的守势，与日本已表现出的咄咄逼人的攻势形成鲜明对比。甲午战争前，中日两国海军实力相当，但清政府依据“海守陆攻”作战指导原则对日作战，而日本战时大本营则制订了一个以海军争夺制海权为核心的“作战大方针”，把海军的海上作战问题放在整个战略的高度优先考虑，使整个战略带有明显的海军制胜的特色。③ 1895 年中国在甲午战争中的失败，自鸦片战争后进一步刺激了中国青年知识分子关于制海权与国家兴衰问题的讨论。④ 1910 年，中国留日学生创办《海军》杂志载文痛陈：“所谓帝国主义者，语其实则商国主义也。商业势力之消长，实与海上权力之兴败为缘，故欲伸国力于世界，必以争海权为第一义”；“立国之道，国防而已，处此弱肉强食之秋，立国之元素在军备，军备之撷要在海权”。⑤

1913—1933 年中国经济更是获得了长足发展，⑥ 但从 1931 年起，中国东北三省遭到日本的侵占，1933 年日本军队又直逼平津并迫使国民政府同日本签订《塘沽协定》。1937 年中日战争全面爆发，到太平洋战争前夕，整个中国东部地区已沦入日本之手。而此间中国在制海权和制空权上无力反制日本

---

①② 王栻：《严复传》，上海，上海人民出版社，1976 年，第 14 页。

③ 参见皮明勇：《关注与超越——中国近代军事变革论》，石家庄，河北人民出版社，1999 年，第 10、366、367 页。

④ 19 世纪 70 年代，随着南北洋海军建设的迅速发展，中国旧有的海战理论已明显落后，发展近代海军学术，确立新的海战理论势在必行。为此江南机器制造局、天津水师学堂和一部分驻外使节开始翻译西方有关著作，如《海战新义》《各国水师操战法》《海军调度要言》等。参见皮明勇：《关注与超越——中国近代军事变革论》，石家庄，河北人民出版社，1999 年，第 357-358 页。

⑤ 转引自皮明勇：《关注与超越——中国近代军事变革论》，石家庄，河北人民出版社，1999 年，第 379-380 页。

⑥ 参见［英］安格斯·麦迪森：《中国经济的长远未来》，楚序平、吴湘松译，北京，新华出版社，1999 年，第 260 页。

入侵，则是中国抗战初期失利的关键原因。[①]

我们再来看印度。中国和印度可能是除俄罗斯之外世界上最大的陆军大国，但这两个在中世纪文明中赢得光荣和辉煌的国家却在近现代战争中，由于没有制海权而几遭灭顶之灾。尽管这两个国家都在第二次世界大战中因搭上同盟国的“顺风车”而成为战胜国。但第二次世界大战后，中国人对近现代失败的总结远不及印度人来得深刻。

1945年，印度首任驻华大使潘尼迦（P. M. Panikkar）发表《印度和印度洋》(Indian and Indian Ocean)，对印度近代以来几乎所有重大失败都作了深刻的分析。他以明确无误的语气写道：

> 考察一下印度防务的各种因素，我们就会知道，从16世纪起，印度洋就成为争夺制海权的战场，印度的前途不决定于陆地的边境，而决定于从三面围绕印度的广阔海洋。从近300年的历史来看，任何强国，只要掌握住绝对制海权，又有力量打得起陆战，就可以控制印度帝国，独占其贸易，剥削其无穷资源。而今天的情形可不一样了。印度已经自由了，如果印度在印度洋上的权利不能由印度自己来维护，这个自由可说一文不值。今后，如果印度再搞纯粹大陆观点的国防政策，那是瞎了眼。

潘尼迦最后得出结论：

> 印度如果自己没有一个深谋远虑、行之有效的海洋政策，它在世界上的地位总不免是寄人篱下而软弱无力；谁控制了印度洋，印度的自由就只能听命于谁。 因此，印度的前途如何，是同它会逐渐发展成为强大到何等程度的

---

① 1937年5月29日，陈纳德踏上了中国的土地。6月3日，蒋介石、宋美龄接见了他。宋美龄曾在美国佐治亚州读书。陈纳德与她一见如故。此时，宋美龄任航空委员会的秘书长，实际上领导着中国空军。宋要他担任她的专业顾问，并给他两架T-13式教练机，以便他视察中国空军的现状。通过考察，陈纳德得知国民政府名义上有500架飞机，但实际上只有91架能起飞战斗。本书编委会：《抗战档案（下）》，北京，中央文献出版社，2005年，第1027页。

海权国，有密切联系的。[①]

无独有偶，37年后，印度人民党资深要员、印度前外长贾斯万特·辛格（Jaswant Singh）在1999年发表的《印度的防务》（Defending India）一书中再次强调印度洋对印度国防的极端重要性。他认为，失去对印度洋的控制是印度近代亡国的重要“分水岭”。他说，“印度历史的转折点并不是最终发生在陆地上的冲突”，“我们只需思考一下17和18世纪的一个重要失误，就可正确地评价印度洋和通向印度海路的重要性。这个失误导致外国势力到达印度洋沿岸，最初是为了贸易，发展到后来就是为了征服”；“在这里，陆地上的胜利是紧随着海上的征服而来的”，“因此有必要承认，已经出现了一个意义重大的战略转移，即陆路被海路所取代”。[②]

现在，人们常常嘲讽印度海军的快速发展，但他们这种从亡国经验中痛定思痛的精神恰恰是让人，特别是让与印度人有过同样惨痛经历的中国人敬佩和学习的地方。

以史为鉴，可知得失。从以上大国兴衰成败的历史经验中，我们不能不认识到，从某种意义上说，强大的海军和制海权是市场经济和民主政治的火车头。没有制海权，就很难有稳定和安全的海外市场和资源以及由此产生的海外利润回流，及由回流利润滋养的社会稳定和民主政治的平稳发展。[③] 大国，特别是已进入市场经济快车道的中国，其GNP或GDP如不与制海权相结合，就不能保证自身持续增长及由其支撑的市场经济国家的可持续发展，这与中世纪王朝国家的财富如不与制陆权结合，就不能自保并支撑其国家走向繁荣与强大的道理一样。

（三）制海权扩展的限度

如前所述，资本全球化将制海权推入主权国家发展的历史进程之中，并

---

① 详见［印］潘尼迦：《印度和印度洋——略论海权对印度历史的影响》，德隆等译，北京，世界知识出版社，1965年，第1-2、81、87、89页。

② Jaswant Singh, Defending India. Bangalore, Macmillan Press Ltd., 1999, 265-267.

③ “有航海技术的国家在经济上和军事上的发展速度要比其他国家快得多，这绝不是偶然的。在不同的历史时期，意大利、英国、荷兰、法国、葡萄牙、土耳其以及美国就属于这类国家。所有的现代化强国都是海洋国家。”［苏联］谢·格·戈尔什科夫：《国家的海上威力》，生活·读书·新知三联书店，1977年，第100页。

将海权作为现代主权国家的权利之一而出现于历史舞台，但是，历史经验还表明，制海权的扩展并不是无限的，它同时也受国情国力的制约与规定。适度，则国兴；过度，则国亡。美国与日本、德国在近代是以制海权为军事先锋而崛起的国家，其兴衰成败的历史后果却判若云泥。

近代日本和德国，是以发展制海权为先导的而非单纯的 GNP 积累而崛起的地区大国。但是，资料显示：日本经过从 19 世纪末的军事扩张，到 1937 年全面发动侵华战争时，其制海权的扩展潜力已接近国力的极限，到太平洋战争爆发前，日本国力已开始萎缩。1937 年，美国、苏联、德国、英国、法国、意大利和日本七大国中，日本国民收入位居末位，而国防开支在国民收入中所占比例却居第一位。同年日本在七国中的战争潜力为第六位，美国的战争潜力是日本的 11.92 倍。① 面对如此巨大的国力差距，日本不仅没有意识到收缩战线、巩固和消化已掠夺到手的地缘政治利益的迫切性，相反，它却在德国、意大利初期胜利的鼓动下，于 1937 年和 1941 年重复了拿破仑向欧洲两个大国即英国和俄国挑战的战略性错误，全面发动致其死命的侵华战争和对美的太平洋战争。② 结果，日本及其殖民地的战争潜力在亚洲大陆和太平洋两向分别为扩张制陆权和制海权的目标所消耗殆尽，③ 并于 1945 年 8 月在美国、苏联和中国的合击下，遭到灭顶之灾。至此日本明治以来所取得的全部政治经济“成就”和地缘战略利益也由此灰飞烟灭。

---

① 参见［美］保罗·肯尼迪：《大国的兴衰——1500~2000 年的经济变迁与军事冲突》，王保存等译，北京，求实出版社，1988 年，第 408 页。

② 1941 年 7 月 31 日，日本军令部总长永野军司令总长将 7 月 2 日御前会议做出进攻越南南部、“不惜对英美一战”的决定面呈天皇，当被天皇问及日本对美作战能力时，永野回答：“对美战争不能维持一年半以上，胜利就无把握。”［日］重光葵：《日本侵华内幕》，齐福霖等译，北京，解放军出版社，1987 年，第 271 页。

③ 据日方资料记载，1943 年初，日军陆军总兵力约 240 万。在第一线作战的部队共 114 万，其中，中国战场 66 万，太平洋战场 48 万。1943 年，“日军共有 70 个陆军师团，占其陆军总数的 55.7%”。1945 年 4 月 14 日，丘吉尔在给罗斯福的电文中强调如日本入侵印度东部，“这将对我们的全部战争计划造成无法计量的后果，包括加尔各答的丢失和通过缅甸与中国的全部联系的断绝。这还是开始……没有理由不认为日本将控制西印度洋。结局将是我们在中东全部地位的崩溃。这不仅是由于我们到中东和印度的航路将被截断，还由于阿巴丹（伊朗）的石油供应线路被阻断，无石油我们就不能维持我们在印度洋地区的海上和陆地的地位”。而罗斯福则认为日本不可能发动对印度的进攻。这种估计的基础就是日本在太平洋进攻中的兵力运用已经达到极限。韩永利：《战时美国大战略与中国抗日战场：1941—1945 年》，武汉，武汉大学出版社，2003 年，第 161 页。

在欧洲战场，希特勒主导的纳粹德国也在海陆两向过度扩张，这使本国国力不足以支撑其庞大的作战目标，并于1945年在盟国的打击下败亡。至此，俾斯麦为德国强盛奠定的基础在威廉二世和希特勒海陆两向的过度扩张中元气大伤。[①] 日本（明治时期）和德国（俾斯麦时期）从19世纪60年代崛起到20世纪40年代战败，耗空了两国百年聚集起来的国力。[②]

现在让我们将目光投向太平洋东岸的美国。

美国与日本、德国几乎同时崛起却不仅没有在百年后毁灭，而且还在21

---

① 有意思的是，俾斯麦似乎对这种灾难的出现有某种预见。他退休后，"有一次他在大学生面前说，他们将到1950年还为皇帝和帝国而举杯庆祝。但在私下的讲话里他常很悲观地谈到帝国的未来和未来的危险。有一次他说，有可能，上帝给德国安排好第二次分裂的时间和在此基础上而出现的一次新的光荣时代的可能性"。参见［德］威·莫姆森：《俾斯麦》，陈宝译，郑州，河北教育出版社，2001年，第162页。德国后来的历史证明了俾斯麦的预见的准确性：1949年，德国正式分裂为德意志联邦共和国（9月20日成立）与德意志民主共和国（10月7日成立）。

笔者认为，俾斯麦是19世纪60年代涌现出的和林肯、明治天皇等同样齐名的政治家。他深知德国处于法俄两面夹击的不利困境，并小心翼翼地通过交叉结盟的方式和低调外交以防止俄法结盟的策略。他在位期间发动对丹麦战争、普奥战争和普法战争，改变了法国黎塞留（1585—1642年）缔造的不利于德国的欧洲大陆地缘政治形势。通过王朝战争统一了德意志，为德国市场经济的发展奠定了统一的民族市场。俾斯麦外交思想的精华在于不惧挑战，敢于果断使用武力，但决不透支国力；在他看来，国力只能用于国家可承受的并且是对国家利益最重要的地方。俾斯麦因此与威廉二世分道扬镳并对其扩张政策提出严厉的批评。正是由于威廉二世及其顾问们"急于表明其气概"的"性格弱点"（［美］保罗·肯尼迪：《大国的兴衰——1500～2000年的经济变迁与军事冲突》，王保存等译，北京，求实出版社，1988年，第259页），造成德国超度使用国力并导致德国毁灭的后果。基辛格博士认为："由于他（俾斯麦）了不起的建树，使得他所缔造的德国经历了两次世界大战的失败、两度遭到外国占领及国家分裂达两个世代之久，却仍巍峨屹立。"（［美］亨利·基辛格：《大外交》，顾淑馨、林添贵译，海口，海南出版社，1998年，第116页。）从这个意义上说，俾斯麦实际上是一个真正的和平主义者。美国学者威·莫姆森认为，"在帝国建立之后几十年里，俾斯麦伟大的外交成就几乎没有被德国民族和它的政治家们所理解"，"其中部分原因是用'铁血首相'的错误形象来反对魔鬼的形象而造成的"。（参见［德］威·莫姆森：《俾斯麦》，陈宝译，郑州，河南教育出版社，2001年，第170、171页。）

② 对此就连蒋介石也早有洞察。在日本对华作战达到高潮的前夕和德国人正席卷西欧之际，他在日记中已有"倭人气量短窄，事尚彻底，非死即生，决无对弱者中途妥协与让步之理"（1938年11月11日）和"德人只知武力不懂政治亦殊可怜也"（1940年10月1日）的认识。转引自黄仁宇：《从大历史的角度读蒋介石日记》，北京，中国社会科学出版社，1998年，第248页。

世纪成为继 17 世纪英国之后“第一个也是唯一的一个真正的全球性大国”①。美国曾在其处于弱势但是万分必要时，勇于直面挑战，突破英国、西班牙等海上霸权封锁，一跃成为东太平洋上的海权强国。尽管如此，第二次世界大战前的美国仍一直小心翼翼地避免在海外过度扩张海权。两次世界大战中美国虽然经济实力雄厚，但它都是在不得已的时候才向海外派兵。第二次世界大战后，美国在大战的废墟中反而成为经济实力最强大的国家。

但美国战后绝对优越的经济实力也曾使美国在其海权扩张中表现出“威廉二世”式的轻率——后来的小布什更是重蹈覆辙。为控制整个太平洋，1946 年，美国参谋长联席会议曾制定“边疆”西移计划，根据这项计划，美国海军第七舰队开进日本，占领了琉球群岛和小笠原群岛，并把冲绳建成它在亚洲的最大海军基地。1947 年，美国海军占领了马里亚纳群岛、加罗林群岛、马绍尔群岛等。但美国的这种扩张势头在朝鲜半岛和中南半岛却受到严重挫伤。1950 年美国出兵朝鲜并与中国交手，损失惨重；20 世纪 50 年代中叶，法国从越南退出后，美国贸然独担“拯救民主世界”的重任，结果又被拖在越战的泥潭中不能自拔，国力开始在海权扩张中透支。1960 年美国生产总值在世界生产总值中所占的百分比为 25.9%，到 1970 年下降为 23%，1980 年继续下降到 21.5%。而与此同时，日本、中国等在世界生产总值中所占的百分比则快速上升，1960 年至 1980 年间，日本在世界生产总值中所占的百分比从 4.5%增长到 9%；中国从 3.1%增长为 4.5%；到 1980 年“世界银行关于人口、人均国民生产总值以及国民生产总值的统计数字，实际上已经非常明显地显示出全球经济力量的多极分配趋势”②。尼克松看到美国国力因其海外过度扩张而下降的现实，果断调整美国外交政策，结束越南战争、恢复与中国的关系。至此，美国国力开始回升。20 世纪 90 年代初，苏联自我解体，但美国并未停步，于 1991 年、1999 年及 2001 年，连续通过海湾战争、科索沃战争和阿富汗战争以及 2003 年伊拉克战争，在海湾地区、巴尔干地区及中亚地区插入其军事力量，全面回收苏联地缘政治遗产并于 2002 年退出《反导条约》，打破原有的战略武器平衡。就在美国军事力量在中亚大规模推进的

---

① ［美］兹比格纽·布热津斯基：《大棋局——美国的首要地位及其地缘战略》，上海，上海人民出版社，1998 年，第 13 页。

② 详见［美］保罗·肯尼迪：《大国的兴衰——1500~2000 年的经济变迁与军事冲突》，王保存等译，北京，求实出版社，1988 年，第 532-533 页。

同时，其国力也在严重透支，结果又重蹈越战覆辙，2008 年美国国力大幅缩水，国运出现颓势。

以史为鉴，古为今用。从鸦片战争迄今 160 多年，中国经济已从自然经济转入社会义义市场经济。进入社会主义市场经济后的中国，不得不再次面对海洋之于市场经济发展的逻辑联系，以及制海权之于国民财富的增长及国家安全所具有的生死意义。1820 年中国的经济水平及国民生产总值曾居世界第一，但在 20 年后中国却在海上惨败于英国的“坚船利炮”。1890 年中国国民生产总值是日本的 5. 28 倍，但 5 年后中国又被日本在海上打败并为此险些遭受彻底肢解的厄运。今天，中国经济增长率和国民生产总值再次跃入世界前列，那么，在新世纪之初，如何避免重蹈前朝覆辙，及时制定面向海洋、注重制海权的国家安全战略，保卫已取得的经济成果，到 21 世纪中叶，“把我国建设成为富强民主文明和谐美丽的社会主义现代化强国”，这的确是值得中国人在读史中认真思考的问题。

三、世界霸权与印度洋[①]

——关于大国世界地缘战略的历史分析

大国争霸世界的活动基于对世界地缘政治的基本认识。研究从拿破仑与英国争霸迄今两百多年的世界政治史不难发现：不管大国角逐世界霸权的“棋局”如何变化，但对弈者所用的“棋谱”及其最终控制印度洋的战略目标大体是相同的。

（一）控制印度洋：拿破仑争霸世界的首选目标

拿破仑战争是资本全球化以来法国与英国争夺世界霸权并由此开辟资本多极化历史进程的战争。1798 年拿破仑在打败第一次反法联盟后，开始考虑取代英国世界霸权地位的战略。基于对世界地缘政治体系的认识，他向督政府建议在准备渡海对英作战的同时，出兵埃及，进而占领印度，掐断英国所依赖的从地中海到印度洋的贸易线，截断其来自印度的财源。[②] 他认为：

“要在（印度）这样遥远的战场打胜仗，就必须有一个中途阵地作为进攻基地。埃及离土伦六百法里[③]，离马拉巴尔（位于今印度果阿以南至科摩林角的海岸）一千五百法里，它正是这样一个进攻基地。法国如果能够在（埃及）这个国家里牢固站稳脚跟，那么它迟早会成为印度的主人。广大的东方贸易也会回到红海和地中海这条古道上来。这样，一方面，埃及会代替圣多明各和安的列斯群岛的地位；另一方面，它必然会成为征服印度的道路上的一个兵站。”“牢固地占领（埃及）这个国家是远征印度整个计划的基础。”“出兵印度的日期一决定，一支包括十五艘主力舰、六艘巡洋舰和十五

① 此部分内容刊发于《战略与管理》2001 年第 4 期。

② 曾任印度总督的寇松称：“没有印度就没有大英帝国。”转引自周一良，吴于廑：《世界通史·近代部分》（下册），北京，人民出版社，1972 年，第 262 页。

③ 1 法里约合 4 千米。

艘大运输舰的舰队，就应装载五千名兵士和大批粮食弹药从布列斯特出发。”①

拿破仑从欧洲的视角提出他的关于世界地缘政治战略。他说：

“埃及是非洲的一部分。它位于古代世界的中心，在地中海与印度洋之间，是与印度通商的天然的货物集散地。”“如果亚历山大（埃及的北方港口）的防御工事已经完成，那这个城市就会成为欧洲最强固的要塞之一。”据此就可以“把印度和欧洲置于自己控制之下，作为自己左右两臂的依靠了。如果只靠当地的条件就能决定城市的繁荣和大小，那末，亚历山大较之罗马、君士坦丁、巴黎、伦敦和阿姆斯特丹等城市，在很大程度上更应该成为世界首都了”。“从开罗到印度和从巴荣讷到莫斯科是一样远的。六万大军乘五万头骆驼和一万匹马，带着五十天的干粮和六天的饮水，用四十天时间可以走到幼发拉底河，再用四个月可以走到印度海岸，出现在渴望摆脱压迫的塞克教徒、马拉提人和印度斯坦半岛各民族中间。”“在占领埃及五十年以后，文明可能通过森纳尔、埃塞俄比亚、达福尔和费赞等地传播到非洲腹地去。”“法国在西印度群岛的殖民地业已丧失，法国需要有能够抵得上美洲殖民地的新的大殖民地。”②

拿破仑为打开通往印度的道路，1807年与伊朗国王签订同盟条约：伊朗同意废除英伊同盟，对英宣战，派兵进攻印度并迫使阿富汗一同进攻印度；同意法国假道伊朗进攻印度、为法国供应粮食并为法军开放波斯湾一切港口。

（二）控制印度洋：19世纪末英俄在阿富汗狭路相逢

拿破仑战争失败之后，俄国一跃成了欧洲大陆的霸主，大国争霸世界的主角转移到英国和俄国之间，与此同时，脱离英国殖民统治获得独立的美国作为新兴的一极，也在大西洋的西岸悄悄崛起。

彼得一世和叶卡捷琳娜统治时期（17世纪末至18世纪末），是一段对

①② 陈太先译：《拿破仑文选·下卷》，北京：商务印书馆，1980年，第22、39-41、174-177页。

未来俄国具有奠基性意义的时期。彼得一世非常重视制海权对俄国未来的作用，他说："凡是只有陆军的统治者，只能算有一只手，而同时还有海军的统治者，才算是双手俱全。"[①] 1682年彼得一世即位，随后便开始为俄国争夺出海口的战争，通过历时21年的"北方战争"，俄国打败瑞典并于1721年与瑞典签订尼斯塔德和约，俄国获得北方出海口。[②] 1762年叶卡捷琳娜即位，继续彼得一世向世界扩张的事业，调兵南下，迫使土耳其签订库楚克·开纳吉条约（1774年）和雅西条约（1792年），俄据此占领阿速夫、刻赤等地，取得在黑海海峡自由航行的权利，获得土耳其对俄合并克里米亚（1783年）的承认，并将俄国疆土扩展到第涅伯河。

然而，当时沙俄对外战略的主要目标并不是大西洋，而是印度洋。1725年彼得一世临终前在遗嘱中向后继者明确了他关于世界地缘政治的思想及争霸世界的战略目标：

尽可能迫近君士坦丁和印度，谁统治那里，谁就将是世界真正的主宰。因此，不仅在土耳其，而且在波斯都要挑起连续的战争。在黑海边上建立船坞，在黑海边和波罗的海沿岸攫取小块土地，这对实现我们的计划是加倍必要的。在波斯衰败之际，突进到波斯湾，如有可能应重振古代与黎凡特（今中东和巴尔干南部）的贸易，推进到印度，它是世界的仓库。达到这一点，我们就不再需要英格兰的黄金了。[③]

俄国和英国在联合与拿破仑作战之初，就开始了争夺印度洋的斗争。为了打通通往印度洋的战略通道，1804年，俄国入侵伊朗。1807年5月，伊朗国王与法国拿破仑签订同盟条约，伊朗同意对英宣战。7月，法国与俄国议和，法国停止援助伊朗。英国乘机恢复与伊朗谈判：1809年，伊朗与英国订

① 转引自［苏联］谢·格·戈尔什科夫：《国家的海上威力》，生活·读书·新知三联书店，1977年，第3页。

② 谢·格·戈尔什科夫对此评价说："确有根据地被认为是俄国海军创始人的彼得大帝清楚地了解这一点。俄罗斯人民正是在这支正规海军的帮助下英勇地进行了若干世纪的艰苦斗争。"［苏联］谢·格·戈尔什科夫：《国家的海上威力》，生活·读书·新知三联书店，1977年，第111页。

③ 《彼得一世遗嘱》，转引自李际均：《军事战略思维》，北京，军事科学出版社，1988年，第145页。

立草约，同意和法国及与英国敌对的一切国家断绝关系；英国应允在伊朗对俄国交战期间对伊进行财政援助。同年，伊朗与土耳其缔结同盟，对俄作战。土耳其战败并于1812年与俄缔结和约。俄国在西线联合英国等国打败拿破仑后，便全力调头南下并以绝对的优势迫使伊朗于1813年10月在古里斯坦与俄国订约议和，被迫割让格鲁吉亚等地区；给予俄国商人在伊朗的自由贸易权，关税定为5%；同意俄国独享在里海设置舰队的特权，伊朗则放弃在里海保有海军的权利。拿破仑失败后，英俄在北印度洋的矛盾迅速激化。

俄土和约与俄伊古里斯坦条约使俄国势力扩展到黑海和波斯湾地区，对英国在北印度洋的海权利益构成严重威胁并迅速引起英国的反击。1814年11月，英国和伊朗签订条约，规定英国对伊俄划界有“仲裁权”；如伊朗和欧洲国家发生战争，英国将每年给伊15万英镑的支援，但其用途须经英国公使认可。如阿富汗对印度采取军事行动，伊朗即对阿富汗采取行动。伊朗获得英国的财政支持后，再次向俄国挑战。1826年7月，伊俄战争爆发，伊朗战败。1828年2月，伊朗与俄国签订土库曼恰伊条约，宣布放弃在南高加索的一切权力，偿付2 000万卢布赔款，同意俄国在伊朗有种种政治经济特权。1837年10月至1838年8月，伊朗在俄国的支持下围攻赫拉特汗国，以弥补在高加索失去的利益。赫拉特是通往印度的要地，因而英国立即以武力相威胁，迫使伊朗撤兵；同时英国派代表到喀布尔要求与阿富汗缔结反俄国的同盟。阿富汗提出要收复被侵占的领土的要求，英国予以拒绝并出兵阿富汗。1856年10月，伊朗再次兵临赫拉特，英国向伊朗开战，1857年3月，英伊缔结和约，伊朗保证不再干涉赫拉特内政，一旦赫拉特与阿富汗冲突，即请求英国调停。

19世纪40年代，欧洲普遍爆发资产阶级革命并遭俄国沙皇的野蛮镇压，俄国在欧洲的地位进一步得到加强，与此同时，奥斯曼帝国已经衰落。俄国决定趁机夺取黑海海峡，将势力扩展到巴尔干半岛。1853年，俄国和土耳其爆发克里米亚战争，英国、法国和撒丁王国先后参加了对俄国作战。1856年俄国战败，战争双方在巴黎签订和约，俄国丧失在黑海驻扎舰队的权利，黑海沿岸的要塞全部拆除，比萨拉比亚南部的一块土地划给土耳其。1861年，俄国进行农奴制改革，经济开始向市场经济转轨，俄国对中亚的市场和资源需求增大的同时，对外扩张力度增大。1865年俄军攻下塔什干城，侵占了浩罕大部分土地。1867年俄国击败布哈拉，建立保护制度。沙皇以所占的草原地区和中亚诸汗国的土地，成立了一个直属陆军的土耳其斯坦省，此后便将目标直逼进入印度最后的屏障——阿富汗。

另一方面，英国从南方对俄南下的战略进行了有力的反制。到19世纪中期，英国基本上在印度建立起殖民统治。1839年和1878年英国两次出兵阿富汗，占领坎大哈，进逼喀布尔，迫使阿富汗承认其为英国的保护国。1877年至1881年俄国对土库曼进行军事征服。1884年，英国怂恿阿富汗艾米尔尽力扩张北部边界——今天苏联解体后在阿富汗北方出现的五个独联体国家帮助西方人更好地实现了这个愿望，俄挥师南下占领原属伊朗的梅尔夫。1885年，俄阿两军交火，阿富汗军队战败，俄军占领阿富汗班吉，此事几乎引发英俄之间的战争。英国首相格莱斯顿向议会提出拨款1 100万英镑的要求，并计划由黑海进攻俄国。俄政府闻讯迅速做出反应并获得德奥及法国的支持，迫使英国妥协。1885年9月俄国和英国签订《伦敦议定书》，在牺牲阿富汗基础上达成划分阿富汗边界的原则。同年英国占领朝鲜巨文岛，准备一旦俄国向印度洋突进并由此引发英俄在中亚冲突，就在远东地区牵制俄国。这一策略后来为1902年1月30日英国和日本签订的同盟条约所代替。时任外交事务次官的英国保守党领袖之一寇松（George Nathaniel Curzon，1859—1925年）说：“阿富汗、里海以南的地区、波斯湾……对我说来是一局正在下的棋盘上的方格，这盘棋的赌注是世界统治。”①

与20世纪下半叶美苏争霸的演变进程十分相似。19世纪后半叶，当时的欧洲两大霸主英国和俄国的关系也是一种“冷战”关系：双方从西欧到巴尔干最后到印度洋北岸地区，进行激烈的地缘政治争夺，却没有发生一对一的直接军事冲突。这种局面一直维持到20世纪初，此时美国、德国、日本作为新兴的工业国家迅速崛起，这在相当程度上对英俄两国的霸主地位构成挑战并引起英俄的恐慌。1907年8月31日，英俄两国签订和解协约：协约将伊朗一分为三，北部属俄国势力范围，东南部属英国势力范围；俄国承认英国在阿富汗的势力，放弃了俄与阿的直接外交关系。双方表示不干涉西藏内政，承认西藏是中国领土的一部分，与西藏进行交涉必须通过中国政府。至此，自拿破仑战争后，英俄两国争霸世界的“冷战”，在通往北印度洋的道路枢纽即中亚阿富汗地区结束，俄国随后在第一次世界大战中衰落下去。

无独有偶，60多年后，美苏争霸世界的战略行动最终又在阿富汗狭路

① 王绳祖：《国际关系史·上册》，武汉，武汉大学出版社，1983年，第167-168页。

相逢，苏联被迫于1989年从阿富汗全部撤军，此后苏联解体和美苏冷战结束。1999年，西方军事突入巴尔干俄国传统地区，发动科索沃战争；2001年美国又军事介入阿富汗，此时的俄国已无力反制。

(三) 会师印度洋：第二次世界大战中德国和日本的“最后使命”

在两次世界大战中，值得研究的是第二次世界大战及其结局。尽管这场战争的重点基本上在大西洋和太平洋地区，但随苏德战争爆发，德国和日本的战略目标最终锁定在印度洋。

1941年6月22日，德国入侵苏联。年底，日本偷袭珍珠港并迅速向南推进，到1942年夏，先后占领新加坡、缅甸、菲律宾、印度尼西亚、关岛、威克岛、新几内亚一部分、阿留申群岛以及太平洋上其他许多岛屿。1940年9月4日，德国派高级官员施塔默尔去东京协调战后利益划分立场。日本近卫内阁草拟了日方的建议，互相承认欧洲和亚洲的“新秩序”；互相承认日本在远东、德国和意大利在欧洲和非洲的“生存范围”。日本的生存范围伸展到印度，日本决定使用武力达到它的目的。27日，日本、德国、意大利在相互承认各方势力范围的基础上在柏林签订三国条约。据曾任当时日本外务大臣的重光葵在狱中写的《昭和的动乱》一书披露：“关于对苏作战，他（希特勒）从政治观点出发，认为大军南侵，从乌克兰进攻高加索，将石油控制在手，可断绝英美从波斯湾方面对苏的援助，使德国的势力伸展到中亚细亚，再与印度方面的日军遥遥相对，取得联系。日本军部从缔结三国同盟以来，也是这样考虑的。日本海军在中途岛战败后，仍与陆军一起，电令在柏林的野村武官，劝希特勒调德军进攻高加索。”①

第二次世界大战中德日会师于北印度洋的计划在印度人写的著作中也得到证实。巴盖特·拉姆·泰勒瓦尔（Bhagat Ram Talwar）在回忆录中曾记录自己在阿富汗为争取德国支持其反英活动，与纳粹德国外交官的几次会谈。他写道：纳粹外交官员亲口告诉他“德国人显然并不想占领整个俄国领土，他们的战略只是想在占领部分俄国领土后，将在俄国的军事力量与中东的军事力量会合。我问他这是否意味着德国军队将从俄国进入伊朗和伊拉克进而

① 参见［日］重光葵：《日本侵华内幕》，齐福霖等译，北京，解放军出版社，1987年，第323页。

会师中东地区。他说：'不错'。如果他们达到预期的目的，那世界上就没有什么力量阻挡他们去完成他们的最后使命”。“另一方面，鲁斯穆斯（Rusmus，另一德国外交官）正期待着德军在打败俄国，征服伊朗、伊拉克和阿富汗之后，直逼印度边界”。①

日德军力汇合于印度洋，被视海权为生命的英国首相丘吉尔视为会导致英美“在中东全部地位的崩溃”。1945 年 4 月 14 日，丘吉尔在给罗斯福的电文中强调印度洋的“灾难局势”，认为：“日本已经感到可以派 1/3 的战舰和半数的航空母舰到印度洋，其结果是：（A）锡兰失守；（B）（日本）入侵印度东部，这将对我们的全部战争计划造成无法计量的后果，包括加尔各答的丢失和通过缅甸与中国的全部联系的断绝，这还是开始……没有理由不认为日本将控制西印度洋。结局将是我们在中东全部地位的崩溃。这不仅是由于我们到中东和印度的航线截断，还由于阿巴丹（伊朗）的石油供应线路被阻断，无石油我们就不能维持我们在印度洋地区的海上和陆地的地位。”②

不难发现，20 世纪希特勒与英国在大西洋地区及日本与美国在太平洋地区争霸，几乎就是 19 世纪拿破仑争霸世界战略在欧洲和亚洲地区的重演：希特勒在大西洋及欧洲大陆与英国争霸，他由西向东，意在印度洋北岸地区。最后与拿破仑的命运一样，兵败俄罗斯。日本在太平洋及亚洲大陆与主要对手美国争夺霸权，由北向南，最后西进印度洋并由此强行确立排斥英美的“大东亚共荣圈”。与拿破仑、希特勒在俄罗斯的命运一样，日本军事力量也被拖垮在中国大陆。与拿破仑失败后的政治后果相似，德国和日本失败后，世界再次重复两霸“冷战”的历史，不同的只是 19 世纪英俄争霸在 20 世纪为美苏争霸所代替。

（四）控制印度洋：20 世纪末美苏决战阿富汗

第二次世界大战后核武器的出现是一件其意义怎么估计也不为过的事件。由战争促进的热兵器更新到此已臻极限并开始自我否定，此后，建立在外层空间技术之上的有限战争就成了世界战争的主要形式。这使第二次世界大战后迄今竟没有爆发类似前两次规模的世界大战。然而，仅凭战争形式的变化

① 详见 The Talwars of Pathan Land and Subhas Chandra's Great Escape, People's Publishing House(P) Ltd, New Delhi, 1976, 160-164.

② 转引自韩永利：《战时美国大战略与中国抗日战场：1941—1945 年》，武汉，武汉大学出版社，2003 年，第 160-161 页。

并不能预言，和平与发展就成了“时代的主题”（或主旋律），因为现代战争是生发于私有制的资本运动所产生的不可避免的规律：有资本竞争，就会有资本全球化和资本多极化的矛盾；这种矛盾不可避免要产生民族国家因市场经济发展而造成的对世界市场和世界资源的日益增长的需求。只要这种需求持续增长而国际社会又不能保证对有限资源在民族国家间的计划和公平分配，那么，霸权与反霸权及由此产生的国家间的战争就是不可避免的。①

---

① 马克思在《哥达纲领批判》中将“集体财富的一切源泉都充分涌流”作为共产主义社会的标准之一。但是，财富是资源的转换形式，地球上的资源是不可能“充分涌流”而是在相当长的时期内极难替代或在短期内极难再生，因而是日益减少的。在市场经济主导的国家中，谁占有较多的世界资源，谁就有较快的发展和具有较强的实力；谁具有实力，在这个世界上才具有更多的发言权。较自然经济而言，市场经济是造就巨大生产能力并使人类屈服于这种能力的经济形式。市场经济使历史产生了资本全球化和资本多极化矛盾互动的进程，以及原来奉行计划经济的社会主义国家也转轨为市场经济并自觉参与这一进程的现象。现在的问题是，只要当今世界存在资本全球化和多极化的竞争，那么国际社会就不能避免霸权与反霸权的国家行为及其战争。列宁说“帝国主义就是战争”，确切地说，生发于私有制的资本就是战争。是资本造成人类对有限资源的无限制的利用和掠夺及由此而产生的战争。如果资本及其运动以及由此产生的霸权主义没有消失，战争就不能消失。如果仅用历史上是否再发生人类曾经历过的“世界大战”作为战争与和平的衡量标准，那么，在核时代，就与用人类是否会在同归于尽中彻底毁灭作为测量战争与和平的标准一样没有意义。可以说，自从核武器及微电子技术继而纳米技术出现后，类似前两次世界大战的无限战争形式将为准确打击和精确制导的有限战争形式所代替，后者将是未来战争的主要形式。但仅凭战争形式的改变并不能使我们轻率地作出“作为时代主题的和平，就是指不打世界大战”以及“世界早已进入和平与发展时代”的结论。（参见何方：《世界早已进入和平与发展时代》，载《世界经济与政治》，2000 年第 4 期。）

另外，仅凭人类对和平与发展的愿望，而不是根据历史事实的变化，来判断现时代主题的方法也是不科学的。第二次世界大战结束以来出现的和平与发展的历史“机遇”的事实前提，是建立在 1972 年美苏签订《反导条约》之上的《全面禁止核试验条约》《核不扩散条约》《禁止化学武器公约》《禁止生物武器公约》等一系列文件及保证这些文件精神不被破坏的国际合作力量构成的和平保障体系。现在作为世界头号大国美国已退出《反导条约》并正在单方面地发展导弹防御体系。历史经验告诉我们：一旦保障大国战略稳定的条约体系遭到破坏，而国际社会又无力阻止这种破坏行为继续发生，那么这个时代也就随之解体。正如华沙条约组织（以下简称“华约”）解体与北大西洋公约组织（以下简称“北约”）东扩意味着雅尔塔体系在欧洲终结一样，目前美国退出 1972 年美苏签订并被俄国视为“全球战略稳定基石”的《限制反弹道导弹系统条约》并试图变相放弃相关的《全面禁止核试验条约》《禁止生物武器公约》等，那么，自 20 世纪 70 年代出现，于 80 年代至 90 年代中期发展成熟的和平与发展的历史“机遇”（邓小平同志始终是这样表述的），将随美国国家导弹防御系统（NMD）的有效建立（或事实建立）和大国战略平衡的破坏而终结。

第二次世界大战后的形势与拿破仑失败后的国际形势一样又不一样。19世纪初拿破仑失败使欧洲大国力量失衡，造成沙俄帝国的崛起及与此相应的英国和俄国的争霸；20世纪40年代德国、日本和意大利的失败，再次造成俄国人以苏联名义称雄并与英国霸主地位的继承者美国争霸的政治形势。尽管霸主关系已由原来的英俄转为美苏，争霸的重心由原来的大西洋进一步扩大到太平洋，战争手段已由火炮转为核武器，但大国对弈的“棋谱”却没有多大的改变：两洋西东合围与反合围，继而争夺巴尔干和中南半岛，最后决战于北印度洋仍是这一时期美苏争霸的基本路径。

战后美苏争霸最先从欧洲开始。德国投降后，德国被美国、苏联、英国、法国分区占领，位于苏联占领区的大柏林市则由“盟国柏林城防司令部”属下四国军队管理。经过激烈的角逐，德国被分裂为东西两个部分。德国分裂是美苏霸主在西线妥协及其分赃的后果，双方通过此次及后来的几次“柏林危机”，大体锁定了各自在西欧的势力范围。柏林危机刚结束，美苏立即挥师远东地区。双方以北纬38度线为界将朝鲜一分为二。1949年10月1日，与苏联保持良好的政治合作关系的中国共产党在中国大陆建立中华人民共和国，12月16日毛泽东访问苏联。美国意识到它在远东地区的战略利益有可能因中苏联盟大面积地丧失。1950年6月美国军事介入南北朝鲜冲突。10月中国志愿军开入朝鲜，与朝鲜军队联合作战。1953年7月26日，美国被迫于板门店在《关于朝鲜军事停战协定》上签字。与柏林危机的后果一样，美苏两霸通过朝鲜战争在东北亚锁定了各自的势力范围。1953年10月1日，美国与韩国在华盛顿签订《美韩共同防御条约》，1954年9月8日，美国同英国、法国、澳大利亚、新西兰、菲律宾、泰国和巴基斯坦在菲律宾签订旨在防止“共产党侵略”的《东南亚集体防务条约》，12月2日，美国同台湾当局签订《中美共同防御条约》。1955年总部设在泰国首都曼谷的东南亚条约组织成立。第一次柏林危机和朝鲜战争后，美苏两霸争夺世界的重心从西东两翼转向地中海及中东地区和南海及中南半岛，以填补英法旧殖民主义离开这一地区时留下的霸权真空。

英法在苏伊士运河有着巨大的地缘战略利益。1952年“七月革命”后，以纳赛尔为首的埃及新政府要求英国无条件撤出埃及。1954年，英埃签订了《关于苏伊士运河基地的协定》，规定全部英军在协定签订后20个月内撤出埃及。1956年10月29日，第二次中东战争爆发，以色列在英法支持下，出动大军分四路侵入埃及。31 日，在所谓“调解”被埃及拒绝后，英法出动飞机对埃及开罗、亚历山大、塞得港、苏伊士等城市狂轰滥炸。11 月 1 日，“联大”召开紧急会议，3 日，“联大”以 59 票对 5 票的绝对优势通过立即停火和撤军的决议。在美苏强势要求下，12 月 22 日，英法军队完全撤出埃及领土。1957 年 1 月 5 日，美国提出被称为“艾森豪威尔主义”的战略，认为第二次世界大战后中东地区英法力量受到削弱，无法维持原有的殖民统治，被迫撤出一些地区。美国应当填补英法走后留下的“政治真空地带”，“并将苏联的影响排除出这个地区”。①

1958 年 7 月 14 日伊拉克发生革命，成立共和国。1959 年伊拉克新政府宣布退出“巴格达条约组织”，转而对苏联采取友好政策。1959 年 3 月，伊拉克与苏联签订了经济技术合作协定，苏联开始向伊提供大量经济和军事援助。苏联势力此后在伊拉克迅速扩展并在美国扶持的“巴格达条约”链条中撕开缺口。1958 年初，黎巴嫩国内发生有共产党积极参加的罢工罢市，5 月罢工转向起义。7 月 15 日下午，美国海军陆战队应黎巴嫩政府之邀在贝鲁特登陆。7 月 16 日，苏联政府宣布，苏联陆军和空军在南高加索和土耳其斯坦举行军事演习。8 月 21 日，联合国紧急特别会议通过阿拉伯十国提案，责成秘书长哈马舍尔德作出实际安排，迫使美国军队在 11 月实现撤军。在各方的压力下，美国于 10 月 25 日撤走军队，结束对黎巴嫩 3 个多月的军事占领。

20 世纪 60、70 年代，是苏联从欧洲和亚洲西东两翼经中东地区和中南半岛逐渐向印度洋，特别是北印度洋地区，向美国世界霸权地位发起最凌厉攻势并连连得手的时期。

1962 年爆发的古巴导弹危机及其结果，“刺激了苏联军方大规模发展军事力量的决心和信念”并“促使赫鲁晓夫政权垮台”。② 1964 年 10 月，勃列日涅夫上台并在全球范围对美国展开争霸攻势。与赫鲁晓夫不同的是，勃列日涅夫战略出击方向直奔主题，这就是：打通中亚，控制波斯湾，进军印度洋。

古巴导弹危机也促使美国加大军事介入全球事务的力度。20 世纪 60 年

---

① ［美］罗伯特 · H. 费雷尔：《艾森豪威尔日记》，陈子思等译，北京，新华出版社，1987 年，第 438 页。

② 邢广程：《苏联高层决策七十年 · 第三分册》，北京，世界知识出版社，1998 年，第 403 页。

代中期，美国策动南越政变并直接卷入战争。就在美国被拖在越南战场和中美关系即将改善之际，苏联影响迅速向印度推进。1971 年 7 月 9 日基辛格访问中国并于 15 日发表公告宣布尼克松将于 1972 年访华；1971 年 8 月 8 日至 12 日，苏联外长葛罗米柯访问印度，双方签订了为期 20 年的具有军事同盟性质的《和平友好条约》；1977 年 3 月，印度国会大选，人民党德赛获胜组阁。印度外交开始恢复不结盟特点。1980 年 1 月，英・甘地再度执政。2 月 12 日至 14 日，葛罗米柯访印，向英・甘地转交了一封勃列日涅夫的信，并与印外长讨论了阿富汗问题。4 月 16 日，英・甘地在访问坦桑尼亚期间，谈到阿富汗问题时说："我反对一切干涉"，"但只有其他国家停止谴责苏联，并向苏联保证它的利益不会受到威胁时"，"苏联才能撤军"。7 月 7 日，印度宣布承认越南在柬埔寨扶持的韩桑林政权，这立即得到苏联的赞扬。

与南也门和埃塞俄比亚发展战略合作关系是 20 世纪 70 年代苏联实现印度洋战略的另一重要环节。如果说控制越南和印度意味着从东西两面控制马六甲海峡，而控制当时的南也门和埃塞俄比亚则意味着钳住了西方经曼德海峡和亚丁湾北上波斯湾的咽喉要道。

1967 年 11 月 30 日，南也门人民共和国宣告成立（1970 年 11 月改名为也门民主人民共和国）。12 月 2 日，苏联即宣布承认，次日与之建交。1978 年 5 月 18 日至 22 日，苏联国防部副部长兼海军司令戈尔什科夫访问南也门，据报道，双方签订了一项军事协定，规定在亚丁港等地建立海空基地、无线电联络中心和气象中心；一旦南也门遭到外来侵略，苏联将给予援助。10 月 23 日至 25 日，南也门国家元首伊斯梅尔访苏，双方签订了为期 20 年的带有军事同盟性质的"友好合作条约"。1980 年 1 月 8 日，南也门外交部发表声明称赞苏联在阿富汗的军事行动，这是阿拉伯国家中第一个出面支持苏联入侵阿富汗行为的国家。

埃塞俄比亚位于非洲东部，在厄立特里亚 1993 年独立之前，它曾是东接吉布提，南邻肯尼亚，西靠苏丹，北濒红海，与当时的南也门从北南两面共扼亚非欧三大洲咽喉的曼德海峡的非洲大国。

埃塞俄比亚是第一个和苏联建立外交关系的非洲国家。1943 年 4 月 21 日两国建交。1974 年 2 月，埃武装部队发动政变。1977 年 2 月 11 日，门格斯图任埃临时军事行动委员会主席，宣布埃走社会主义道路，埃美关系恶化。5 月 4 日至 8 日，门格斯图访苏，双方签署了经济技术、科学文化合作协定、领事公约以及《相互关系和合作原则宣言》。1978 年，门格斯图第四次访苏，双方签订了为期 20 年的带有军事同盟色彩的埃苏友好合作条约。1980 年 1 月 8 日，埃塞俄比亚外交部发表声明，支持苏联对阿富汗的入侵行动。此后苏埃海军军事合作迅速加强。

获得在越南、印度、南也门、埃塞俄比亚等地区的战略优势后，苏联便开始向彼得大帝时开始、俄国人一直追求的“进军印度洋”战略迈出最关键的一步，即出兵阿富汗。

1973 年 7 月 17 日，达乌德发动军事政变推翻查希尔王朝，宣布成立阿富汗共和国，苏联第一个予以承认。1977 年，达乌德颁布新宪法，决定推进“有指导的混合经济”的改革，在政治上有意与苏联拉开距离。1978 年 4 月 27 日，阿富汗人民民主党（即共产党）主席塔拉基政变上台，苏联立即予以承认，认为这是阿“人民解放运动史上伟大转折点”。5 月，塔斯社把阿富汗正式列入“社会主义大家庭”成员。12 月 4 日至 7 日，塔拉基总理在外长阿明陪同下访问苏联，两国签订了为期 20 年的带有军事同盟性质的“友好睦邻合作条约”。1979 年 9 月 10 日，塔拉基在参加哈瓦那第六次不结盟会议后回国途经莫斯科，与勃列日涅夫举行会谈。勃列日涅夫再次表示将继续给予阿以“全面无私的援助”；“勃列日涅夫在单独会谈中，授意塔拉基在必要时可干掉阿明”。[①] 9 月 14 日，阿明先发制人，发动政变，击毙塔拉基，自任总统兼总理。苏阿关系迅速恶化。1979 年 12 月 27 日晚，苏联军队开入阿富汗，对阿实行武装占领。喀布尔电台当晚宣布阿明已被击毙，卡尔迈勒被任命为阿人民民主党中央书记。28 日，勃列日涅夫电贺卡尔迈勒“当选”为总书记和主席。31 日，苏塔斯社称，在阿政府的请求下，苏向阿“派出了有限的军事人员”，其目的“仅仅是为了协助反击外来的武装干涉”。1980 年 3 月 6 日，阿内阁通过决议，要求苏联军队无限期留驻阿富汗。3 月 15 日，阿外长多斯访苏，双方就苏联军队“驻在阿富汗领土条件的实际问题”达成协议。4 月 4 日，苏联最高苏维埃主席团批准所谓苏阿政府关于苏军“暂时留驻”阿富汗的条约。在先头部队控制喀布尔之后，苏军 4 个师约 5 万人随即跨过边界，从东、西两路沿阿富汗境内的战略公路长驱直入，在一周之内占领和

---

① 彭树智，黄杨文：《中东国家通史 · 阿富汗卷》，北京，商务印书馆，2000 年，第 287 页。

控制其他大城市和主要交通干线。

1979年对美国来说可是祸不单行。[①] 除了苏联出兵阿富汗和越南大举入侵柬埔寨外，伊朗于年初爆发了声势浩大的反美浪潮，亲美的巴列维王朝倒台。霍梅尼于2月回国组阁，成立伊斯兰共和国，美伊关系迅速恶化。至此，苏联在北印度洋地区精心编织的有利于苏联的从埃塞俄比亚至南也门到印度（继而到越南）的战略链环已链接完成。美国在从太平洋到印度洋的海权链条的北翼彻底崩溃。这时苏联的军事力量离霍尔木兹海峡仅距300英里的直线距离，再加上1978年底因伊朗停止石油出口而引发的至今仍令西方人恐怖的（第二次）石油危机，这对曾从事核潜艇技术研究并对世界政治具有牧师般情怀的美国总统吉米·卡特说来，简直是当头棒喝。这种形势促使英国保守党撒彻尔夫人和美国共和党里根这两位强势领导人上台。

1980年11月4日，里根当选为美国第49届总统；1982年11月10日勃列日涅夫去世和1985年3月11日戈尔巴乔夫上台，这三件互不相关的事却使美国人绝处逢生。如果可以把里根看作是美国的“勃列日涅夫”的话，那么，此时的戈尔巴乔夫则可以被看成是苏联的“吉米·卡特”。里根上台前，美国全球战略被动局面已达到极点，这时，苏联只要在阿富汗最后念出“芝麻开门”这句让历史上任何一个霸主都会心颤的咒语，通往“世界的仓库”（《彼得一世遗嘱》）即印度洋的大门就会向俄国人敞开。

里根决定“重振国威”，推行以“实力求和平”的政策；戈尔巴乔夫上台后则认为“全人类的利益高于一切”，推行以和平求实力的“新思维”。戈尔巴乔夫无视以美国为首的西方国家倾其全力支持阿富汗游击队、英国出兵马尔维纳斯群岛（亦称“福克兰群岛”，1982年4月）、美国出兵格林纳达（1983年11月）、巴拿马（1989年11月）、空袭利比亚（1986年4月）、大规模介入海湾战争并对伊拉克实行军事打击和经济制裁（1991年1月）以及南斯拉夫解体（1991年4月）等一系列现实政治连锁变化的深刻含义，上台后不久就单方面宣布从阿富汗撤军（1986年7月）、终止《华沙条约》（1991年7月）、支持民主德国与联邦德国的统一、同意波罗的海三个加盟共和国脱离苏联，最终导致苏联的解体。具有讽刺意味的是，戈尔巴乔夫的

---

① “70年代末期我们在地缘政治上处于冬眠状态”。［美］尼克松：《1999：不战而胜》，王观声等译，北京，世界知识出版社，1997年，第304页。

"善举"为俄国人换来的竟是北约东扩、北约轰炸南斯拉夫（1999 年），竟是美日新防卫合作指针的签订和美国部署"美国国家导弹防御系统"（NMD）计划以及新世纪初美国出兵阿富汗（2001 年）和伊拉克（2003 年）。即将跨过 21 世纪门槛的苏联人，却在阿富汗输掉了 20 世纪，就像刚踏入 20 世纪的俄国人曾在阿富汗失去了 19 世纪一样。

（五）大棋局①，老棋谱

大国争霸，犹如汹涌波涛，一个大国衰落并造成巨大的地缘政治真空后，便是另一个大国的崛起。历史就像由不断更替和转换的霸权连接着的链条，生生不息地从过去伸展向未来。

然而，不管大国争霸的历史条件多么不同，争霸战略如何诡谲多变，但它们对弈的地缘政治"棋谱"大体是不变的。通过读史可以发现，这个"棋谱"所反映的大体说来就是"一个中心，两个基本点"之间的地缘政治关系。一个中心，就是印度洋及其北岸地区；两个基本点，就是大西洋及其两岸地区与太平洋及其两岸地区。如果把英美这样的海洋国家比作"矛"，那么其争霸路径基本上就是：遏制两翼，围堵中亚，死保印度洋。如果把法国、德国、俄国这样的大陆国家比作"盾"，那么，其争霸路径则与海洋国家正奇相合，即两翼突破，决战中亚，拿下印度洋。不同的是，由于历史条件和战争手段不同，大国争霸"棋谱"中的"两翼"的概念也有差异；相同的是，不管历史条件和争霸手段多么不同，双方争夺印度洋，尤其是争夺印度洋北岸的目标却是相同的。

在第一次世界大战之前，多极化浪潮尚未漫没到亚洲，因而大国及大国争霸的重心多集中在欧洲。拿破仑战争时期，英国的发展已与殖民地经济联系在一起。对英国来说，它遏制拿破仑法国从而控制世界的路径是以英国为中心，联合俄国和确保地中海的海权，最终达到从北南两向钳制法国并绝对控制印度洋的目的。而拿破仑则是以法国为中心划圆，将英国赶出欧洲大陆；继而从南翼出兵地中海，占领埃及，扼住英国通往印度洋的航线，切断英国与海外市场和资源的联系，最终达到釜底抽薪击败英国的目的。拿破仑之后，英俄争霸。英国通过联合法德遏制俄国西进；控制巴尔干和中亚地区，围堵

① 此处借用布热津斯基《大棋局》书名，意指布氏棋局虽大，棋谱却是旧的。

俄国南进以确保英国在地中海和印度洋的海权安全。俄国则以东欧为西线安全外围沿波罗的海、黑海方向突破英国遏制链环，决战中亚阿富汗以实现进军印度洋从而最终称霸世界的战略目标。

第二次世界大战是第一次世界大战更大规模即从大西洋扩展到太平洋的复制。但大国争霸的空间扩大并未改变双方对弈的“棋谱”和路径。从大西洋地区看，英德双方争霸的路径几乎与19世纪英法及英俄争霸的路径相同；从太平洋地区看，美日争霸的线路几乎就是欧洲大国争霸路径在东方的复制：日本以日本岛为中心划圆，占领中国东部沿海地区后，先东袭珍珠港、继而南下占领菲律宾、英属马来亚、俾斯麦群岛、关岛、加里曼丹岛和苏拉威西岛，其目的首先是将美国赶出太平洋——这正如法国拿破仑的目的是将英国赶出欧洲大陆一样；然后夺取爪哇岛和苏门答腊岛以控制马六甲海峡东口；接着就是占领缅甸控制安达曼群岛和尼科巴群岛，从西面出口再锁死马六甲海峡，最终实现与来自欧洲的德国从东西两面分割印度洋的战略目标。从美国方面看，它与盟国也是从东南亚突破日本在太平洋建立的环型岛屿链条开始，继而进攻日本本土，从而恢复了从美国经太平洋进入印度洋的海上通道的安全。太平洋战争结束后，日本地缘政治空间退回到明治时期——不同的只是，苏联已占领日本北方四岛、美国占领冲绳岛和中国崛起，日本自此也就彻底失去了在亚太地区再次崛起为地区性大国的基本地缘政治条件。

第二次世界大战后，苏联与美国成了世界上最强大的国家，双方再次重复大国百年争霸的旧“棋谱”：从西欧的柏林危机开始，继而到远东的朝鲜战争，再到中南半岛和中东地区，最终为争夺印度洋双方在阿富汗一决胜负。这与19世纪英俄争霸的路径和结局大体吻合。阿富汗再次成了俄国人的“失乐园”①。

20世纪末，美国人看到了强大的苏联竟真的在眼前瞬间解体。但华盛顿也不相信眼泪。苏联解体后，美国人并不手软，乘胜追击。美国前总统安全顾问兹比格纽·布热津斯基在《大棋局——美国的首要地位及其地缘战略》一书中说：“一个扩大和民主的欧洲必须是一个没有尽头的历史进程，不应

① 《失乐园》，英国作家约翰·弥尔顿（1608—1674年）写的关于夏娃与亚当因受撒旦引诱偷吃禁果被上帝逐出乐园的故事。

受在政治上任意涂抹的地理的限制。"[①] "9·11"后，美国一步到位，军事进入阿富汗。在取得阿富汗战争初期胜利后，美国立即宣布退出《反导条约》。2003年美国又挥师伊拉克，世界为此哗然。

不难发现，冷战后美国人面临的"棋局"虽大，但他们所用的"棋谱"却依然如故。

在中东和东欧地区，美国人通过海湾战争将军队长期插入世界石油的心脏即波斯湾地区；继而全面接收苏联遗产，通过扩大北约成员国的形式，将苏联的东欧卫星国变为西欧的卫星国并以武力打败南斯拉夫，实现对巴尔干的绝对控制。在波罗的海三国加入北约后——这是迟早的事，美国及其盟国也就北从波罗的海，南到巴尔干再次拉起有利于西方的、遏制俄国的新"铁幕"。在远东地区，为了遏制中国和俄国，美国人再次拉起从日本到菲律宾的岛屿链条。在初步实现对俄国和中国两翼合围战略态势后，美国立即挥师中亚，并通过新世纪初发动的阿富汗战争和伊拉克战争将中亚地区牢牢地控制在自己手中。但令美国人没有想到的是，与20世纪末苏联人栽在阿富汗的命运相似，21世纪初的伊拉克成了美国人的"滑铁卢"。

以史为鉴，可知得失。总结从拿破仑战争迄今两百多年世界霸权更迭史，不难发现，大国争霸，犹如下棋，不同的棋局用的却是同一个棋谱，这个棋谱围绕着的只有一个目标，那就是控制印度洋。现在美国人再一次来到印度洋，并将加固其在中亚中东的桥头堡阵地，以达到绝对控制印度洋的战略目的。美国是否可以达到目的，目前尚不得而知。但可以肯定的是，随着中国和印度在多极化进程中崛起及俄国的复苏，中国对台湾、南沙等岛屿的主权诉求、印度对印度洋安全利益的诉求以及在北约东扩的压迫下，俄国对中亚地缘安全利益的诉求将日益迫切，美国的世界霸权，将会在太平洋、印度洋和中亚地区遇到相当的——也可能最终是联合的——反制。

---

① ［美］兹比格纽·布热津斯基：《大棋局——美国的首要地位及其地缘战略》，中国国际问题研究所译，上海，上海人民出版社，1998年，156页。

四、经济全球化与中国海权[①]

没有一支强大的海军，中国就肯定没有伟大的未来。海军关乎中国的海权，海权关乎中国的未来发展。没有海权的大国，其发展是没有前途的。[②]中国正在走向世界，我们对海权的诉求从来没有像今天这样强烈。

(一)“历史向世界历史的转变”

概括说来，在历史上人类只经历过两种生产方式，不同的生产方式都对外部环境有不同的需求。在上古和中古时期，人类采用的是自然经济的生产方式，有渔业、牧业、农业等。这种生产方式有个显著特点，即生产和消费是统一的：生产是为自己，每一个生产单位同时又是一个消费单位。来自农村的孩子回到家里就会有跟城里居民不一样的感觉。城里居民住的是一套房子，家的功能就是居住。在农村就不一样了：一入院门，左边是一个纺织机，墙上挂的是镢头，右边是牲口；再往里是厢房，老人住右边，左边儿子儿媳住；后边有个厨房，再后边有羊圈、茅厕等，这显然是一个消费与生产融为一体的单位。它自给自足，在家里大部分生活用品都可以生产。但有两样除外：一个是铁，另一个是盐。所以自古盐和铁是最赚钱的买卖。这种一家一户的个体自然经济形态基本上和外部不发生联系。每家每户都有一块地，种了以后自己留够吃的，剩下的拿到集市换别的产品。这种生产方式从原始社会一直到现在延续了漫长的时间，在中国一直到中国共产党十一届三中全会召开。那时农村有集市，赶集去是拿家里剩余的一点东西去换其他产品，而不是拿为交换而生产的东西参与市场。

过去我们常问农村为什么不早点实行机械化，怎么不早点实行科学管理。

---

① 此部分内容刊发于《战略与管理》2003 年第 1 期。

② “海军的强大是促进某些国家进入强国的行列的诸因素之一。历史证明，如果没有海上军事力量，任何国家都不能长期成为强国。”［苏联］谢·格·戈尔什科夫：《国家的海上威力》，生活·读书·新知三联书店，1977 年，第 100 页。

这是因为自然经济排斥科学。一家一块地，小农私有产权就不能实行机械化规模经营。每块地都是分割的，需要很多劳力。有人说，如果农村早按马寅初说的搞计划生育就好了，[①] 但马寅初用市民眼光研究中国农村的成果，在中国小农经济形态改造之前是不可能推行，更不可能实现的。当时如果一家只生一个孩子，就可能使许多农民家庭失去男劳力。而没有男劳力，这家的地就没人种。没男人种地，对小农业家庭而言，是天塌的事。小农业生产方式规定了它就得靠人的自然劳力在小块土地上完成自家的整个生产。人多力量大，确是当时促进农业生产力的基本规律。

但是自从英国资产阶级革命以后，随着资本主义和市场经济的出现，世界发生了天翻地覆的变化。市场出现，并不就是市场经济出现。古代的市场和资本主义市场不一样，跟后来的社会主义的市场也不一样，古代的市场就是“大集”或“庙会”，农民将家里的剩余产品拿到集市上交换。市场经济形态下生产单位不是为自己而是为他人进行商品生产。如西方一些大农场主，生产出的小麦卖到市场，而自己吃的粮食则要去市场买。与自然经济下的自给自足的生产完全不同，这时生产的目的不是为自己。农场主今年的收成好坏不重要，重要的是今年卖得好坏。整个社会生产形成分工和不同分工间的商品交换。比如做鞋过程中有生产布和生产鞋底的，最后是整个鞋的生产者和消费者进行交换，形成一系列生产和消费交换流程，开始是国内交换，然后是国际交换，最后是生产和市场整个的与世界联系在一起。这个过程马克思称之为“历史向世界历史的转变”[②]。

（二）英国和法国是资本全球化和多极化历史的发祥地

今天人们以为全球化是近些年的事，其实，它是英国工业革命成功以后的事。全球化是指处于高势能地位的资本向处于低势能的外围市场扩散，并

---

① 马寅初认为中国的确存在着严重的人口问题。人口基数大，增殖快。马寅初提出了解决中国人口问题的途径：1. 积极发展生产；2. 控制人口数量；3. 提高人口质量。在控制人口数量方面，他特别强调，提倡晚婚，实行计划生育；在提高人口质量方面，他认为只有提高人们的知识水平，才能有科学技术的高速度发展，才能有生产力的高速度发展，国家和人民才能富强起来。《新人口论》是20世纪50年代马寅初研究中国人口问题的重要成果。

② 《马克思恩格斯选集》，第1卷，北京，人民出版社，1972年，第51页。

不断制造新的外围市场的过程；通过资本优势获得高额利润，并由此不断形成压迫外围市场的新优势。英国是“资本的祖国”（马克思语），当然也是资本全球化进程的源头。在英国，资本主义交换先是在国内发生，其目的是追求利润。追求利润就使人类经济有了麻烦：本来生产和消费是统一的，现在则必须通过市场交换来完成。这样，就产生了生产与消费对立的现象。生产者为了追求高额利润尽量压低劳动力购买价格，其结果就是因老百姓没钱而影响了国内消费市场。生产者也是国内最基本的消费群体，劳动者在利润不断上升的同时却因收入减少而支付能力降低，结果是国内消费市场的持续萎缩。19 世纪 40 年代，英国工人罢工、游行，就是国内消费市场萎缩的直接后果。为了在不降低利润的同时又保证国内的政治稳定，英国只好开辟国外市场，搞殖民地。印度是英国较早的殖民地。起初印度的纺织业生产水平比英国高，英国就用各种方法摧毁了印度的民族工业，强迫印度人必须消费英国的纺织品。这使大量的超额利润返流到英国，英国便因此富起来了。19 世纪 70 年代英国出现工人阶级贵族化现象，整个国家成了一个大生产单位，原来英国工人阶级遭受的苦难，现在被转嫁到殖民地国家的人民身上。英国与印度形成宗主国与殖民地的关系，这是原来英国国内畸形的生产与消费矛盾的国际转移。世界各民族在资本的推动下日益卷入国际市场，各国的政治状况都与外部世界发生了紧密的联系。英国殖民地出现的任何变动，都会在英国本土引起政治动荡。[①] 马克思曾以 1840 年鸦片战争后的中国为例对此做过分析，他在《中国革命和欧洲革命》（1857 年）一文中说：“中国这样重要的一个市场缩小的时候，正是西欧发生歉收，从而使肉类、粮食及其他一切农产品涨价的时候。这将引起工业品市场的缩小，因为生活必需品每涨一次价，国内和国外对工业品的需求量就要相应地减少”；“如果有一个大市场突然缩小，那么危机的来临必然加速，而目前中国的起义对英国正是会起这种影响”。[②] 马克思的分析在当代国际关系已发生巨大变化的情况下仍未过时：在今天，南方国家，尤其是中东石油国家，只要有一点波动，西方国家就惊慌。20 世纪 70 年代发生的两次“石油危机”，至今仍令西方人记忆

① “英国经济依赖于进口原料，如果不进口食品，它的居民就会受到饥饿的威胁，因此，英国对海上的封锁有着特别深刻的感受。”［苏联］谢·格·戈尔什科夫：《国家的海上威力》，生活·读书·新知三联书店，1977 年，第 170 页。

② 《马克思恩格斯选集》，第 2 卷，北京，人民出版社，1972 年，第 5、4 页。

犹新。1973—1974 年和 1979—1980 年石油输出国组织不顾西方国家反对，大幅提高石油价格，1974—1975 年以及 1979—1982 年，西方就爆发了经济危机。

较早对资本全球化有较深理解的还有拿破仑，在当时的政治家中，他似乎是能较深地理解法国大革命产生根源的人。法国是第一个遭受全球化危害的国家。法国是英国最早的外围市场之一，法国人起初并不了解英国工业革命对法国未来的意义。中世纪的法国比英国富裕，在 12、13 世纪的英国如果谁能讲两句法语，就算是有身份的人。英国资本主义革命后，法国当时很多技术人员都跑到英国去了。几十年后英国发展很快，多数法国学者不理解英国怎么就能后来居上，超过了法国。

这就要说到人类历史中出现的市场经济方式。这完全是一种新的生产方式。与自然经济不同，这种经济是以利润为目标和动力，而不是以自给自足式的消费为目标和动力。市场经济为的是利润，不是生产者自己的消费。法国开始在琢磨办法赶超英国，开始认为只要法国富裕了就能强大，用现在的话说就是“只要有钱就行”，有的东西可以用钱买，但国家的生产力却不是拿钱能买来的。认识到这一点对处于资本外围国家的人很重要。1786 年法国跟英国签订《伊甸条约》。其性质有点儿像我们加入世界贸易组织（WTO）。法国是一厢情愿，认为只要自觉“融入全球化”，就会受惠于英国工业，就会与英国一样快速发展。但法国没有想到英国资本的势能比较高，产品的附加值比较高，英国在工业生产体系处于优势竞争地位，这使法国经济不堪英国资本的冲击。

法国的情况如何呢？法国自认为与英国比有资源优势，想拿红葡萄酒等低劳动力成本产品跟英国交换，自认为肯定赚钱。结果是英国资本到了法国，法国农民一下子就解体了。这使我想起 20 世纪 60—70 年代，我们想买美国一台计算机，几乎用了一个省的橘子才能换回这么一个东西。拿农产品或用附加值比较低的东西换资本附加值比较高的产品是没有竞争力的。当时法国农民是小农业，没办法跟英国工业品竞争，价格战也打不过英国。

农民的解体使法国经济陷入失控状态。失去土地的农民涌到城市，法国彻底混乱了。有人说是腐败问题，也有人说是官僚问题，但不管怎样还是出现了“法国大革命”。开始是君主立宪派，接着是吉伦特派，最后是雅各宾派，它重视反腐败并倡导个人自由和人权。比较完备的现代人权理论发轫于这一时期的法国。大家知道《人权宣言》是在法国大革命初期推出的，但断头台也是在革命的后期即雅各宾专政时期出现的。法国在喊人权最凶的时候出现了断头台，这是绝妙的讽刺。上断头台的当时多是那些所谓的“贪官”和“贵族”，但“野火烧不尽，春风吹又生”，砍头并不能解决根本问题。

拿破仑法国当时面临的主要对手是英国。1798 年 3 月 5 日，法国督政府任命拿破仑为远征英国的总司令。但他打击英国的方向并没有直接选择英国本土，而是英国的殖民地。他提出远征埃及、切断英国同印度的通道并由此打击英国的计划。该计划为督政府批准后，拿破仑于 5 月 19 日率军远征埃及。为什么到埃及去呢？埃及是英国通往印度的地理咽喉。当时英国的存在不只是英国本身的存在。大家看现在一些自然经济国家，自给自足，它自己生产自己用，跟外部没关系，除武力干涉外，别人真拿它没办法。英国不一样，当时的英国本身是一个世界工厂：它从殖民地廉价掠夺原料并高价在殖民地出售其产品。英国赚了大量钱以后再用以提高本国社会福利，缓和原已激化了的国内矛盾。拿破仑试图从埃及入手，掐断英国与印度的联系，他认为几个月内必能占领印度。他曾计划挑动印度内部的民族分裂，以此干预印度内政并控制印度。[①] 印度是英帝国存在的重要条件，占领印度，对英国经济而言，就是釜底抽薪。

就像现在有些人说全球化理论有益于落后国家发展一样，亚当·斯密把“自由贸易”吹上了天，认为不管强的弱的都应参加自由交换。亚当·斯密当然愿意进行世界贸易，因为他是英国人，英国经济势能高，辐射力强，它就希望资本外围地区对它更多地开放；能量小的国家就不能像它那样自由，就得通过限制经济高势能国家的产品来保护和发展自己的民族经济。当时很多经济学家都听亚当·斯密的，拿破仑不信。拿破仑说：“在世界当前情况下，任何国家要想采用自由贸易原则，必将一败涂地。”对英国经济学家亚当·斯密持激烈批判态度的德国历史经济学家弗里德里希·李斯特认为：就当时法国的商业政策来说，他这句话所表现出的政治智慧，超过了他同时代

① 参见《拿破仑文选·下卷》，陈太先译，北京，商务印书馆，1980 年，第 175-177 页。

一切经济学家。这位伟大天才，以前并没有研究过这些学说，“这对于他，对于法国来说，真是一件好事”①。有人说1789年的法国大革命是一场资产阶级革命，但从某种意义上讲，它又是由英国资本冲击在法国产生的一场政治动乱。只有拿破仑看出了问题的要害。

全球化和多极化是一对对应概念。全球化和多极化是互动的，全球化促进了多极化，多极化反过来进一步使全球化负面影响受到限制，使世界秩序发生变化。如果说全球化的源头生发于英国，那么生发多极化的源头就是法国，创造这个奇迹的就是拿破仑，而试图向以英国资本为中心的世界秩序挑战的第一人也是拿破仑。但他失败了。他败在哪里呢？他败在海上：拿破仑没有海权，他在海上打不过纳尔逊舰队。“虽然法国拥有强大的陆军，但海军力量的薄弱却成了法国政府的宏大政治行动计划——夺取埃及和印度从而削弱英国的殖民势力——破产的主要原因之一。”② 拿破仑观念保守：他打英国的时候，美国科学家富尔顿给他送去蒸汽发动的轮船图纸，拿破仑对此没有予以认真对待。就这样因一个技术问题，拿破仑失去本属于他的历史，这与拿破仑由于最先采用群炮攻坚技术而赢得了他的历史的道理一样。③

后来拿破仑怎么解决资本全球化与多极化这个矛盾呢？他通过暴力强行介入国际资本的中心。登陆英国计划失败后，拿破仑于1806年至1812年间实行以英国为封锁对象的“大陆封锁体系”，他从大陆开刀：把欧洲整个封住，建立了一个大欧洲“共荣圈”——日本人后来的思路与此很相

① ［德］弗里德里希·李斯特：《政治经济学的国民体系》，陈万煦译，北京，商务印书馆，1961年，第69页。

② ［苏联］谢·格·戈尔什科夫：《国家的海上威力》，生活·读书·新知三联书店，1977年，第109页。

③ 苏联海军元帅谢·格·戈尔什科夫对拿破仑的海上失败有过精彩的评论，转录如下：

英国人成功的真正原因首先在于拿破仑战略上的片面性。这种片面性的产生是由于他醉心于陆上战区的行动，不了解海军的作用和忽视海军的作战潜力，因而也就不善于在同当时英国那样的海上敌人进行作战时使用海军的结果。

当拿破仑需要一些天才的元帅来实现他的陆上远征计划的时候，他善于从军队中发现他们。而法国海军在这些远征过程中屡遭失败的情形乃是拿破仑没有能力及时估价法国海军拥有的潜力并在同敌人进行战斗的时候加以使用的又一例证。

参见［苏联］谢·格·戈尔什科夫：《国家的海上威力》，生活·读书·新知三联书店，1977年，第357、358页。

似，不准英国产品进来。另一方面，他用暴力打散欧洲的庄园经济，使农奴转变为自由农民。同时他全力启动法国民族资本，扩大生产，让法国工业资本家随军占领欧洲市场；法国的军队走向哪里，产品就走向哪里，整个欧洲形成了一个以法国资本为中心的全封闭市场。法国明令全欧洲不准跟英国进行贸易交换，否则就会受到惩罚。但是拿破仑由于没有海权，最终还是失败了。如果说英国纳尔逊领导的海军是拿破仑的海上克星的话，那么俄国库图佐夫率领的俄国陆军则是拿破仑帝国的陆上克星。1812 年拿破仑远征俄国，遭到惨败。后法国虽降，但拿破仑时期建立的资本主义生产力并未破坏，这使法国由此一跃跻身国际资本的中心，在全球化进程中成为最早的“北方国家”成员。

（三）经济全球化催生海权新观念

自从英国资本主义工业革命主导世界经济潮流之后，海权就成了工业国家对外开放的重要助推器，是国家发展战略极重要的部分。

海洋是最廉价的运输载体。与陆地不同，在公海上航行没有国界障碍，基本是畅通无阻的。从军事角度看，与陆上运输比，从海上集中调动装备、军力等，所需时间应是最快的。比如从“9·11”到美国发动阿富汗战争，美国调运兵力装备时间不到 1 个月。由于海洋的天然无障碍特点，与陆地防务相比，在广阔的海上拥有基地，可大大减少战时所用守备兵力；只要掌握了海上运输线，就可以最机动的方式集中最优势兵力在海外某一区域实施作战。而在陆上取得每个军事胜利都得部署大量守备兵力以巩固成果，同等数量的部队，海上比陆地使用起来会更加高效。海军可以在一国沿海自由运动并拥有广阔的打击面，而陆军则不能，陆军只有靠其数量扩大其打击面。这正如鸦片战争中，中国陆地防御兵力远比进攻中国的英国海军多，英方能够及时调动海军，并在必要处随时集中使用，而中国陆军则要处处修炮台、修兵营、增加驻防。

正是人类的经济活动与世界发生了日益密切的联系，人类才产生了海权的观念。

英国人和美国人开始也都没有海权意识，他们也是骑着马打仗的。在第二次世界大战前美国的海军尽管发展很快，但其军事作战主体观念还是基本上囿于骑马舞大刀的陆战决定论。

巴顿将军[①]特别反对这种作战方式，认为未来的战争将是坦克集团军，在飞机配合下的大纵深立体战争。有人说巴顿的观念是超前的，其实不然，他只不过跟上了那个大多数人尚未意识到的时代。当时还有一个认识超前的人物就是戴高乐。戴高乐在军事学院读书时写了一本书，讲的大致是集团军大纵深作战。他提出未来战争与第一次世界大战的打法不同。作战前锋力量主要不是人力，而是坦克群、集团军，配合飞机的立体式联合作战力量；并且作战时也不主要是正面攻坚，而是纵深到敌人背后席卷过来。希特勒打法国时用的就是这种方法。马其诺防线是第一次世界大战英雄贝当的作品。经验证明，国家在什么地方成功，往往就在什么地方失败。失败是成功之母，同时成功也是失败之父。德军根本就不走马其诺防线，而是从阿登森林插入法国，长驱直入，然后再从法国后面横扫法国，整个法国一个月就被打败了。第二次世界大战前戴高乐这本书在法国没有被认可。书出版以后，法国也没人知道。戴高乐军校毕业后在国防部任职，当时只不过是个小职员。

第二次世界大战前，作战观念已发生了两次革命。先是陆权革命，它使人们认识到控制地面要塞是战争成败的关键；后来是海权革命。西班牙人和英国人较早地认识到这个问题：海军最早是从保护商船开始的。他们的海军从最早的意义上来说既是海盗又是保护者，它伴随着商船走，因为途中海盗太多。而真正开阔人们对大海认识的是麦哲伦和哥伦布。麦哲伦和哥伦布发现的不仅是新大陆，他们实际上不自觉地开辟了一个海洋时代。海洋对当时的人们来说是一个新的认识空间，大海将世界联系在一起。麦哲伦和哥伦布没有意识到他们的探险活动将对历史产生的伟大意义。

英国海军早期将领大都是海盗出身，所以军事学习课本上的知识虽然

---

① 巴顿（George Smith Patton，1885—1945 年），美国陆军上将。加利福尼亚州圣加夫列尔人。毕业于西点军校和陆军军事学院。早期在骑兵部队服役。1916 年参加美军对墨西哥的武装干涉。1917 年，在驻法美国远征军中从事美军第一支坦克部队的组建工作，并参加圣米耶勒和马斯-阿贡讷战役。战后仍返回骑兵任职，同时从事坦克作战的研究工作。1940—1942 年参加北非作战，先后担任坦克旅长、师长和军长。1943 年 7 月升任第 7 集团军司令，参加西西里岛登陆战役。1944 年 6 月，盟军在诺曼底登陆后，率第 3 集团军转战法国、德国，进至捷克斯洛伐克和奥地利边境。德国投降后，任第 15 集团军司令兼巴伐利亚军事行政长官。重视坦克作用，强调快速进攻。1945 年 12 月死于车祸。著有回忆录《我所知道的战争》。

重要，但最重要的还是实践。海上实践形成了英国人的海权观。真理必须在具体客观对象中检验，正如刀刃利否取决于所及对象。检验中国军事理论的标准就是打得赢和守得住。打败了或打赢了又守不住，你吹得再高也没有用。我们讲制海权、制空权等理论，都是为了在未来的战争中打得赢和守得住。

(四) 强大的海军是国内财富积累和民主政治发展的保证

英国跟美国是两个很有意思的国家，既是朋友又是冤家。较早去北美洲的人主要是从欧洲特别是从英国逃过去的清教徒。这些清教徒有自由的信念，要闹革命，要开辟新世界，在英国行不通并遭到迫害，就坐船逃亡。最著名的一艘船叫“五月花”（May Flower）号，后人将“五月花”信念视作美国精神的先驱。早期美国人的精神实际上是一种叛逆精神，被赶到美国去的是宗教叛逆者。那时美国是英国的殖民地，英国压迫它、剥削它。1775—1783年美国人武装反抗英国殖民压迫，建立了美利坚合众国。1811 年美国与英国海战，英国战败。1812—1814 年美国再次与英国发生战争，英军一度占领华盛顿，最终还是被美国人打败。美国这时进行的战争是争取独立和维护独立主权的战争。

此后美国面临的主要挑战是英国和西班牙的海上霸权，但美国并未向霸权屈服。1898 年美国占领夏威夷并于次年使之成为美国的领地；同年又占领古巴和菲律宾；1903 年 11 月又唆使巴拿马脱离哥伦比亚并获得对巴拿马运河的永久性使用和占领的权力。就这样美国步步为营打破英国和西班牙的海上霸权。英国以压迫美国开始，后来打不过美国，又以美国人为朋友并与美国分享海权利益。有人说中美之间是朋友，这是毫无疑义的。从长远的观点看，中美肯定是朋友，但美国人找朋友的标准是打不败的对手，永远如此。凡是能打败的，没有一个被美国当作平等的朋友。吴廷艳、达赖、蒋介石，都紧跟美国，但美国从来不尊重他们，说变脸就变脸，一甩手就不认人。美国人只与打不败的对手交朋友，比如毛泽东。

在海权理论建设方面，早期美国人是我们的先生。美国人的海权理论产生于强烈的反霸权愿望和实践。艾尔弗雷德·塞耶·马汉是海权理论的创始人，但是在他提出制海权理论的初期，美国人并没有真正认识到海权对美国未来发展的重要性，相反倒是英国人注意到了这一点。马汉在英国受到特别高的待遇。因为英国的百年海洋实践在马汉这里被高度理论化了。美国人没有太多的海上实践，在老罗斯福前后，美国政府开始注意到这一点。当时资本主义市场经济的快速发展使美国国内也产生英国和法国曾经历过的社会两极分化和劳资矛盾激化问题。19世纪下半叶，美国国内工人运动频频发生，有的规模和影响相当大，比如“五一国际劳动节”和“三八国际劳动妇女节”就是纪念1886年5月1日美国芝加哥、底特律、纽约等城市举行的大罢工和1909年3月8日美国芝加哥妇女举行的示威游行得名。为了缓解国内社会矛盾，美国政府于19世纪末期，开始注重海外市场的开拓，这样，海军问题便日益引起国会的注意。

大凡市场经济体制国家，不管其性质如何，也不管是否愿意，它必然是世界性的。外部世界发生任何变动，都会导致国内发生变化。一旦利润成了生产的、继而人的主宰，生产与消费、资本与劳动就会形成对立性矛盾，社会生产就会在这种矛盾的推动下畸形发展。为了不至中断生产过程，市场经济国家就必须注意在保证国家利润的前提下调和国内劳资矛盾。而要做到这一点只能从海外寻找出路，按资本的原则，从海外——开始还是凭借暴力——获得高额利润，并由此不断拓展新的海外市场。只有高利润回流，国内才可能有充分用于调和阶级矛盾的资源。其次就是它有强大的海军。凡是威胁到美国的因素，不管在哪，美国海军都可以就地将它消灭在萌芽之中。

强大的海军是国内财富积累和民主政治发展的保证。海军必须是远程的。战争不能等它起来或找到家门口以后再做准备，再鼓足勇气跟它打。勇气很重要，但更重要的是有能力将威胁及时地消除于“青蘋之末”。2001年6月，时任美国国防部部长拉姆斯菲尔德在美参议院军事委员会上谈美军战略调整时曾说：“作出调整的最安全和最佳的时刻是在它独占鳌头的时候，而最危险的时刻是等到一个富有新竞争的对手来临并找到方法来打击你的时候。”这句话对任何国家都是适用的。防御必须是积极的，而要做到这一点，就必须有远程海军。有人说台湾当局要试导弹，对我们来说，代价最小的办法就是将这种企图消除于其初发阶段。1981年，以色列就是在伊拉克核反应堆初建时就将其除掉的，何况台湾还是我们自己的领土。但要做到这一点，就必须有海军，而且是一支战斗力可覆盖东经120°—125°海域的海军力量。必须清醒地看到，解决台湾问题的核心是中国的海军问题。中国海军的力量如果不能扩展到台湾以东海区，两岸统一是不可想象的。没有硬的一手，即使在我们手边的东西也是拿不回来的。台湾是中华人民共和国的一部分，这没有什么可讨论的。为了和平统一，我们必须把台湾岛抱在我们海军的怀里，我们对“台独”分子的威慑力越强大，两岸统一的概率也就越大。

20世纪初美国国内出现危机，促使美国政府开始关注马汉的海权理论及海军建设问题，从而使美国建设了一支两洋舰队的海军，并冲破英国、西班牙的霸权封锁。马汉的海权理论生逢其时！当时西奥多·罗斯福总统在给马汉写的一封信里说：“我亲爱的战略家，务必不要谈论你的活动的结束！我们必须依赖你这位在社会思想方面的第一流教育家之一，在今后许多年里我必须依赖你。”[①] 20世纪初，美国的海军已进入世界前列，发展特别快；到第二次世界大战前它已成为一个很强大的海权国家。

那么同期的中国又怎么样呢？

那时的中国军事基本上都是注重于陆权理论，这和西方的性质不同。西方的陆军军事理论是外向型的，中国是内向型的，就是研究国内关隘、要塞以及人口等。那时我们对外不依靠货物交换，因而不需要大海。郑和下西洋跟哥伦布不一样，他远航大海不是要与外部进行货物交换，只是炫耀皇威；听说他还负有寻找前朝遗老遗少的秘密任务。到近代我们需要打海战的时候，我们的观念还没有变，我们在东南沿海修长城用以抵御海上侵犯。

除陆军外，中国古代的骑兵比较发达。这又是为什么呢？我们不妨看一看中国地形图。

中国的地形很有意思，西边是喜马拉雅山、昆仑山，东部沿海整个是被大海包围着。总体看古代中国人实际上是在大自然保护的摇篮里生活。喜马拉雅山是天然屏障。亚历山大大帝（公元前356—323年）是亚里士多德的学生，了不起。伟大的思想家必然要有伟大的实践者跟随。亚历山大

---

① 阎广耀，方生：《美国对华政策文件选编》，北京，人民出版社，1990年，第417页。

曾听他老师亚里士多德说，你往东走，见到大海，你就走到世界的尽头了。当年亚历山大打到印度的时候，见到大海，看到印度洋，他以为这就是世界的尽头，就没再往前走。事实上，他再往前也无法走了，喜马拉雅山挡着。如果印度与中国之间是一马平川的话，那这个故事对我们中国的意义就不一样了，今天的中国云南可能由此就是另一番文化景观。

我们再看中国东部和北部。东部是大海，也是天然的保护屏障，在蒸汽动力为基础的远程航海出现之前，征服大海远比征服大陆困难。忽必烈远征日本败在海上就是明证。古代中国另一个比较发达的兵种就是骑兵。这和北方游牧民族长期南犯有关。哪里有压迫，哪里就有反抗，凡是受刺激的物体往往会生长出一种反制功能，我们身体上的指甲、牙齿等，都是由于刺激出现的。军事上也是这样。有了大海的保护，我们的海上作战力量反而没有发展起来。一直到近代才知道敌人从海上也能过来。见了西方蒸汽船不知道怎么打，还用抵御北方游牧民族南犯的方法——修长城。可是修城墙的速度能快过船速吗？“深挖洞，广积粮”的那种打法是不适合于海上的，当时我们没有关于海上作战的观念，1840 年鸦片战争我们打了败仗。这不仅对我们中华民族，而且对整个亚洲，特别是日本的心理刺激都较大。但当时我们还没有真正意识到海权对中国的意义，而日本却迅速意识到这场新军事革命对日本未来的意义。1895 年中日甲午战争中国又被日本打败。

到了 20 世纪 30—40 年代，中国与日本人再次交手，我们又落后了一步，这次落后在于我们没有制海权，同时也失去制空权。这使我们在全面抗战初期连连受挫。当然在战略战术上国民党部队也有问题。当时蒋介石打仗的方法是从日本人和德国人那儿学来的。搞反清革命时中国不少有志青年到日本去学军事，蒋介石也去了。而日本人在明治维新前后也曾到德国人那儿学习，因此日本和德国的战略战术思想属于同一个体系。写《战争论》的克劳塞维茨是这个体系的集大成者，他讲求大部队决战。台儿庄战役，从战术意义上看可谓是一场没有赢输的战役，双方对等消耗殆尽，用现在的话讲就叫“零和”。好的战略战术是以少赢多。毛泽东曾写过文章讲，好的指挥员就是将全局的劣势转为局部的优势，集中优势兵力，各个歼灭敌人。平型关战役的胜利就是毛泽东军事思想的结晶。抗日战争中的国民党战场上蒋介石没有制空权，日本人是飞机先行，大炮跟进。

近现代史上遭到的军事挫败，并未使我们深刻反省其深层原因。这是由于我们跟外部经济没有发生关系，其次我们还有胜利喜悦的掩盖，使我们在感情上不愿深入思考我们曾经历的失败产生的原因。中华人民共和国成立之初我们虽提出建设强大海军的口号，但当时经济和外部联系不密切，我们对海军的作用及相应的海军建设尚未有实质性的认识飞跃。

（五）中国已将部分命运托付给了没有安全保障的世界

世界历史上有两个国家的建设经验值得我们中国学习：苏联计划经济的经验和美国的市场经济经验。苏联用计划体制优先发展重工业的方法，低成本和快速地建立以大工业为骨架的国民经济体系，把一个软绵绵的没有脊梁骨的农业国硬是打造成一个强大的工业国。在计划经济的框架下当时苏联也存有两种建设思路，一种是布哈林的思路，先从农业和轻工业开始，慢慢搞，有了一定的资金积聚后，再搞重工业。这相当于电影《武训传》中武训的做法。武训这个人也很爱国，但爱国的方式却显迂腐：他到社会上以最屈辱的方式去化缘，一分一分地攒，攒足了应该买武器了吧？他不，他办教育，从小孩抓起。他也认为人才是关键，教育出的人才多了以后再强国。这其实是一种回避挑战的无所作为的意识。布哈林不从大工业做起当然不行。与没有武器就不能改变命运一样，在当时没有工业就不能强国，而落后是要挨打的。

另一种是斯大林的思路。斯大林认为苏联应走与西方不同的反常规的道路。他搞农业集体化。为什么呢？作为生产资料的土地集体化利于低成本搞工业建设。我下乡时有这方面的经验：国家要修条铁路，公社一声令下，一路绿灯，国家不用花多少钱就把地征到手了。当时我们中国从东到西的大“三线建设”，要按西方市场经济的原则，其生产资料的交易成本几乎就是个无法承担的天文数字。但由于计划和集体所有制，我们在那么穷的情况下“大三线”也搞出来了，大型的工业基地也建成了。事后看，布哈林的办法书生气十足，不管用。斯大林意识到战争迫在眉睫，他不允许布哈林还在那里按所谓理论逻辑搞工业，于是他采用一部分有新思想的干部，用计划和集体的方式很快就把工业化这事办成了。1940 年希特勒打过来时，苏联重工业刚好发挥作用。敌人前面进攻，苏联后方兵工厂转起来了，大量的坦克飞机源源不断地从后方开到前线。结果苏联不仅取得反法西斯战争的胜利，而且成为第二次世界大战后世界最强大的国家之一。保家卫国，没有国何谈家！没有国你什么都没有，什么都是空的，就像第二次世界大战中有钱的犹太人一样。

有人说只要综合国力强了，只要钱多了就行，但是，大清时中国有的是钱，问题只是钱没有用到关键处。八国联军进来的时候，入侵者跟叫花子一样，见了我们故宫里大缸上的金子都掠刮。你说我们国民生产总值（GNP）低吗？综合国力低吗？文化水平低吗？我们的宫女都会背唐诗，打我们的那些人都会背莎士比亚的诗吗？我想不会。那你说谁的文化水平高呢？文化这时能起作用吗？事关生死存亡的关键时候，还是要枪杆子来解决问题。英国人在东面海上取得胜利，利用海上作战的机动性，一直打到了天津，老佛爷害怕了，我这么多的强将精兵，洋人怎么就打到我跟前了。因为他们有制海权啊。我们那时不知道这个。

国家成长与身体成长的道理一样，大家看自己的身体，身体肌肉和神经伸向哪里，骨头就跟向哪里。骨头、牙齿、指甲是硬的，这是国家的军队，神经是商人，肌肉是文化团体，所有这些才能构成国家走向世界的肌体。美国也是这样，它的四肢伸到世界，它的毛细血管伸向世界各个角落，它将世界大量的财富都顺着这些管道吸回美国本土。那支撑这些毛细管道的是什么呢？是国家军队，走在最前面的是强大的国家海军。所以从这个意义上来说，我们不能单纯地认为，只要国内生产总值（GDP）上去了就会万事大吉；这与胖并不是人健康与强壮的标志一样。地主家的孩子胖，怎么穷人的孩子都把他们打哭了呢？关键是拳头硬、灵活。大自然中熊猫够胖了，长得也不错，但上树摔成骨折还得人给它治。狼、豹子为什么能存在下来？灵活、爪牙厉害，能蹦能跳能咬。国家也是一样。国际法不管它多么公正，如没力量配合就是废纸一堆。

毛泽东当时搞的是计划经济。计划经济是不是就真的像一些经济学者所说的那么不好呢，显然不是。我下过乡，农村组成人民公社，曾有人说人民公社快搞糟了。到农村后我才知道毛泽东为什么要快搞农业集体化：国家工业化起步阶段要和农业发生交换，土地、工厂都要发生交换。如果农村还是私有制，那中国的现代化成本就会因生产资料交换成本过高而无法进行。国家每用一块农耕地都得付钱，这样什么也干不成。毛泽东快速搞人民公社，土地归国家所有。生产资料交易中的制度成本降了下来，国家迅速完成基本建设，这是真正的“多快好省”。

2000年我去印度，体会到了当时尼赫鲁搞“混合经济”的后果。尼赫鲁开始时也搞社会主义，后又转为“混合经济”，既有私有制又有国有制，结果步履维艰，用一点地就得给地主钱，生产资料的交易成本极高。地主在议会有代表，可维护其私有利益。印度基础设施至今陈旧。我在新德里，有一次印度整个北方停电有两天之久，说是哪出了故障，电力系统坏了。这要在西方，甚至在中国，都是事关国防安全的大事。而在印度这事却是此起彼伏，经常发生。印度北方有些邦至今都是最富的大地主掌权。南方共产党搞得好，受到人民拥护，南方喀拉拉邦大街小巷挂的尽是镰刀斧头共产党党旗。在印度任何书店都能买到马克思、恩格斯、列宁、毛泽东的书，还有邓小平的书，都译成了英文或印地文。为什么呢？印度的穷人多，穷人知道马克思、列宁是为穷人说话的，毛泽东是为贫苦农民说话的，共产党给农民分土地。因此，他们挂共产党党旗是发自内心的。共产党在喀拉拉邦执政时间很长，一个最重要的原因就是做到了“耕者有其田”，贫民有温饱。印度共产党在其辖区内没有搞打土豪、分田地。尼赫鲁也没有搞，因此在所有制改造上，不如我们彻底。中国的发展现在已进入新的历史时期：中国的计划经济已为新中国打下了钢筋铁骨，此后的任务就是打通全身的神经脉络，让身体各关节正常和自然循环，各部正常“营养”交换，搞市场经济。社会主义市场经济是邓小平对中国的最伟大的贡献，市场经济提高了生产力，此后中国与世界的联系便不可分割并越来越紧密。中国从世界革命的一部分转变为世界经济继而世界政治的一部分：中国的历史从此才成为世界历史的一部分。

现在中国内需疲软，原因在于两极分化严重，造成大部分百姓手头的钱太少，没钱就没有消费。你看我们产品多了，价格这么低，可在国内就是卖不出去，市场经济条件下，产品滞销就不能实现利润，所以就只有依靠海外市场拉动，其结果就是我们对国际资本依赖日益严重，这样，国际市场一旦有个风吹草动，我们的经济就吃不消。比如前些年，欧盟对中国温州打火机进口不断提高“门槛”，因为中国温州的打火机竞争力强，到欧洲一下就占领了那里的市场。西方人竞争不过就会人为给你制造麻烦，说打火机有质量问题。这是小事。如果说美国和欧洲发生经济危机，中国工厂的产品就会积压。

生产发展不仅仅是生产本身的问题，还有资源消耗问题。生产力的良性发展应该是生产力在发展的同时，资源消耗在下降。我们现在是生产力上升的同时资源消耗也在上升，其速度后者还比前者快，这种发展模式已给我们造成生态灾难。我们现在主要是在靠国内资源支撑生产力，如果我们用挣来的钱再去补资源，搞生态，正负抵消，国内生产总值的增长就会回到它的起点，等于什么都没有。[①] 这是不正常的经济发展方式，短期内还可以，长期不能这么搞。美国人的危机观、消费观跟我们不一样，他们停会儿电就是大事。2001 年年初，加利福尼亚断断续续的民用停电在美国国内产生的影响就跟地震一样。我们中国要是民用停一会儿电，一般来说没什么事。但将来就不行了。我们的高速公路都上去了，如因能源供给不足，石油因紧缺而价格上升，这就会摧毁中国的汽车市场继而汽车产业。到最后只有让少数有钱人买汽油，没钱人把车放在家里，过期报废。那当然不行。我们得想办法。中国一些地方的煤已挖得不能再挖了，再挖下去地质结构就会发生变化。我们现在所需石油已有过半靠进口，美国石油几乎一半靠海外来供应，但我们对海外石油进口线的保护几乎无能为力，它完全掌握在美国海军手里，这对当代中国来说是致命的，因为当代中国已将自己的部分命运（即市场和资源）托付给了世界，而且是一个没有安全保障的世界。

① 国家环保总局和国家统计局 2006 年 9 月 7 日向媒体联合发布了《中国绿色国民经济核算研究报告 2004》。这是我国第一份经环境污染调整的 GDP 核算研究报告，标志着中国的绿色国民经济核算研究取得了阶段性成果。研究结果表明，2004 年全国因环境污染造成的经济损失为 5118 亿元，占当年 GDP 的 3.05%。虚拟治理成本为 2 874 亿元，占当年 GDP 的 1.8%。绿色 GDP 是指从传统 GDP 中扣除自然资源耗减成本和环境退化成本的核算体系，能够更为真实地衡量经济发展成果。除了污染损失，此次核算还对污染物排放量和治理成本进行了核算。结果表明，如果在现有的治理技术水平下全部处理 2004 年点源排放到环境中的污染物，需要一次性直接投资约 10 800 亿元，占当年 GDP 的 6.8%左右。来源：《人民日报》2006 年 9 月 8 日第 1 版，http：//paper.people.com.cn/rmrb/html/2006-09/08/content_ 11252848.htm。

(六) 没有海上军事远投能力，海外贸易保护就是一纸空文

中国的地理环境有一个东接财源西接能源的优点。东部接着市场，西部接着世界石油宝库。我们与俄国及中亚国家搞了个“上海合作组织”。现在有人研究中国的能源战略，认为中国应当走出去和参与国际市场竞争。我们现在跟一些国家签了贸易合同，取得了很大胜利。但我想，如果没有军事自卫能力，尤其海上军事自卫能力，我们就不能保证与我们签订的合同协议的有效性。说实话，美国轻则施压，重则搞个政变就能在一天之内把这些合同协议全都变成废纸。[①] 马克斯·韦伯说过：“部署一打舰只在一定时刻比掌握一打可以废止的贸易协定更有价值。”[②] 这话对我们理解贸易与海军的关系绝对是有帮助的。

保卫海外能源自由贸易权利的能力取决于海外军事投送能力的远近。没有海上军事投送能力，海外贸易的保护就只是一纸空文。美国是“欲加之罪，何患无辞”，不是说我跟你好，你就得对我好。南斯拉夫当年在美苏抗衡中可说是为美国立了大功，怎么样？苏联一解体，美国一甩手，回手给南斯拉夫一巴掌。南斯拉夫曾经是中等发达国家，人民享受了近 50 年的幸福，一打就完了。南斯拉夫知识分子长期受西方影响，觉得美国讲人权，不会真打我们念书人，在科索沃战争中，他们每人戴一个星靶，走到桥头上唱豪迈的英雄歌曲。但等导弹打过之后，一看是真的，可以爆炸，这些学者们后来就不再出来了。真导弹与假导弹是不一样的。战场是国民教育的最后课堂。理念不是从书斋里走出来的，现实问题也不是光靠理念就能解决的。跟美国这样的霸权打交道，就得靠力量。在国际斗争中，力量

---

① 2003 年 12 月 16 日中国商务部网站消息：伊拉克的临时石油部宣布，终止或冻结前伊拉克政府与俄罗斯、中国、法国签订的 3 个石油合同，其中与俄罗斯 Lukoil 的合同被终止，另外一个和中国公司开发 al-Ahdab 油田的合同被冻结。38 亿美元的 Lukoil 合同在 1997 年首签，目的是发展伊拉克西部的 Qurma 油田的第二期工程，并且准备在联合国制裁令解除后马上开始经营该油田。西部 Qurma 第二期油田估计蕴藏了 25 亿桶石油，投产后每天产量可以达到 60 万桶。合同的终止首先是基于法律上的理由，其次是在商业上考虑合同是否完整无误，条款是否对双方都公平以及合同的执行是否有其他目的。http：//xyf. mofcom. gov. cn/article/200306/20030600101171_ 1. xml。

② ［英］戴维·比瑟姆：《马克斯·韦伯与现代政治理论》，徐鸿宾等译，杭州，浙江人民出版社，1989 年，第 46 页。

（军事）要走在前边，不然的话，我们的经济成就是保不住的。可喜的是，这些年中国开始重视这方面问题，中国军队建设，尤其是海军建设已有了长足进展。

我们中国的安全观念也正在经历着一个面向现代化、面向世界、面向未来的大变革。

邓小平同志给我们定了一个百年奋斗目标，就是在21世纪中叶，将中国建成中等发达国家。目标决定手段。目标既定，一切都会发生变化。邓小平曾说“教育要面向现代化、面向世界、面向未来”。[①] 这首先从思想观念上解放了人。当经济发展起来后，我们由此才发现中国国防也需要有一个面向现代化、面向世界、面向未来的大变革。打赢未来的战争不能再指望“诱敌深入”的战术。在你一贫如洗的时候，你可以诱敌深入。现在我们整个东部地区已接近现代化水平，成了国家经济发展的主动力所在。这时再诱敌深入，即便是打赢了，作为国家存在的核心能力即经济再生能力也没有了。

我在海外与中国商人交往，他们担忧的是他们在海外的安全。祖国强大，他们的安全感才强。你看美国，一个记者失踪问题就跟巴基斯坦纠缠不休，就得活要见人，死要见尸。中国的海外侨民走到哪里都要有底气，要有安全感，这靠什么？靠我们的军人，尤其是我们的海军。我们现在的军事外投能力在哪儿呢？我们海军出海远程友好访问的能力倒是有，但这是展示、交流，问题不大。但打起仗来，中国海军出海范围可能就不会太远。发生在我国南海的“撞机事件”和目前日益严重的台湾问题，就是我们海军力量不足的反证。

中美“撞机事件”，发生在我们家门口。有人说这是正常的嘛，美国军机到这儿来看看有什么了不起的。但我们的军机如果到夏威夷转一圈，你敢说这对美国人也“是正常的”吗？孔华润是研究中美关系的专家，他在比较近代中美两国得失原因时说：“美国人半个多世纪以来一直要求在中国获得权益，并且得到了这些权利；中国人要求在美国获得某些权益，却遭到拒绝。区别就在于：美国人不仅有自己的一套种族观念和政治信条，而且有炮舰作

① 《为景山学校题词》（1983年10月1日），见《邓小平文选》，第3卷，北京，人民出版社，1993年，第35页。

为后盾来强行推行这套东西。"① 美国的观念是跟它安全有关的事就是自己的事。大家读美国的战略报告，美国的"本土"两个字绝不意味着就是位于北美的国土，还包括了它在全球所有已控制的像迪戈加西亚这样大大小小的岛屿。在美国人看来，美国就是世界，世界也就是美国。美国的国务院跟我们的国务院不一样。美国国务院是世界的概念，是管世界事务的。有人说美国怎么这么坏，到处都去管。其实国家政治不重好坏，只重利益。美国商人到处投资，美国还得靠中东的石油，其欧洲盟国也要靠中东的石油，它怎么能不管？美国眼中的安全观念是世界的，它海外越安全，本土就越安全。它始终都是这样，这个思想就是从 19 世纪末马汉提出海权论开始的。这不仅对当时的美国人，甚至对今天的中国人来说，都是一种全新的安全哲学。

（七）国家利益所在即我们国家安全边界之所在

中国的安全哲学不应只是生存的也应是发展的哲学；中国的国际政治学也不应是自守家门而应是面向世界、面向未来和面向现代化的学说。发展是一个国家主权中必然拥有的一种权利。既然中国是发展的，那么，中国也应该是世界的，中国概念也应当是一个世界性的概念。

全球化不能不包含着自卫手段的全球化。进入全球化进程中的国家的安全是"边界安全"与"安全边界"的统一：前者是主权安全或领土安全，后者是利益安全；前者是有限的，后者是无限的，也就是说，安全边界越远大，边界安全就越有保障。我们的主权安全即边界安全是一个国家生存的概念，而发展则在时空上是无限的，它不仅涉及世界一切地区，必要的话，它还包括外层空间和深层海域。由此便派生出涉及发展利益的"安全边界"的概念。安全边界就是利益边界。我们的利益走向哪里，我们的安全边界就得走向哪里，我们的军事力量就得走向哪里。经济走向世界，外交、政治也应走

---

① 转引自［美］孔华润：《剑桥美国对外关系史》（上），王琛等译，北京，新华出版社，2004 年，第 321 页。另外，1869 年在美国国务卿菲什给美国驻德大使班克罗夫特的指示中就美对华政策交代得很清楚："为了实施条约，必须进行另一次战争。条约所包含的特许权是用武力从该帝国政府夺取的。"参见阎广耀，方生选译：《美国对华政策文件选编》，北京，人民出版社，1990 年，第 87 页 。

向世界，所以我们不能不考虑保护我们在世界的利益。[①] 过去在自然经济下，边界安全和安全边界是合一的。那时候危险的概念是敌人入侵，把敌人入侵定为安全与否的标尺。但是在全球化时代，国家安全就应当考虑到国家利益安全而并非仅仅只考虑国家领土安全。只要威胁到我们的国家利益，而不管利益在哪里，就威胁到我们的国家安全。国家利益所在即我们国家安全边界之所在。而联系全球各地区的最便捷的通道就是海洋，所以我们就必须拥有强大的海军。

我们的石油消费的主要部分将来要依靠中东进口，我们的产品要依赖国际市场。在公正的情况下，我们按照 WTO 的规则做事，这问题不大。但不公正怎么办？西方给你随便找个借口，就会制裁你。找借口很容易，1993 年的“银河号事件”，就是美国人没事找事。我们的海军到不了那里，没有办法，你就得让人家上船检查。还有印度尼西亚部分人挑起的“排华”事件。有人解释说，他们入了人家的国籍了，我们管不了。但这正如我们家的姑娘，尽管嫁出去了，跟我们还是有关系的。嫁出去了是人家的人，但你不能欺负她。受欺负了，我们不好说你什么，但我们接回娘家，这是可以的。现在咱家外嫁的姑娘受气了却没处躲，是因为娘家没有力量。再从经济战略考虑，这些人大部分是有投资能力的，如果接回来 100 个，国内投资也会增多，因为保障他们人身安全会使他们相信中国投资环境是安全的。把命都保了，他为什么不回来投资啊？但是我们没有办法，我们海军力量到不了那里。尼克松说得好：“抗议的声音远在几千公里以外，是听不见的。”[②]

在安全边界和边界安全的关系上，毛泽东处理得比较有长远眼光。1950 年，我们刚解放，很弱。毛泽东为什么做出参加抗美援朝的决定呢？这是由

① 2005 年 6 月 24 日，中国商务部研究院信用管理部主任韩家平接受记者采访时表示：我国企业海外应收账款累计额约有 1 000 亿美元，并且还会以每年 150 亿美元的速度增长。最近被曝光的长虹 40 多亿元人民币的海外坏账损失只是冰山一角。叶陈毅：《公司信用管理》，上海，复旦大学出版社，2011 年，第 106 页。

② ［美］理查德·尼克松：《尼克松回忆录》，董乐山等译，北京，世界知识出版社，2001 年，第 681 页。

于东北是我们的重工业基地①，毛泽东绝不能让它旁边有美国的军事存在。美国一旦把朝鲜占了，就可以影响我们战后仅留的一点决定中国未来经济命运的重工业家底。美国当时的报告里确实是说不进犯中国，毛泽东却不那么想，他认为口头承诺没有用，报告里写的也没有用。国际斗争中帝国主义者一旦得寸就会进尺，没有道理可言。所以毛泽东选择了参战并赢得了战争。那个时候我们是什么条件，美国是什么条件。如果从武器对比上说美国绝对领先，它 1945 年就有原子弹，我们 1964 年才有。那时候毛泽东敢拍板，最后战争在“三八线”停下来。脊梁硬才能赢得和平，中朝边境到现在保持着和平安宁。

还有 1950 年人民解放军向西藏进军。大家知道 1947 年印度独立，中国国共两党正在进行事关中国命运的大决战。当时蒋介石代表的是买办力量，共产党代表工农力量。1947 年、1948 年，印度和美国都开始考虑涉藏问题了。尼赫鲁这个人是受英国教育的，他一点点地搞“前进政策”。而我们的毛泽东兵贵神速，出手不凡，1949 年 10 月中华人民共和国成立，次年春就出兵并一举拿下西藏。试想如果尼赫鲁将 1962 年军事入侵西藏的行动提前到 1948—1949 年间，那不管你后来怎么谈，西藏也不会是今天的情形，很可能雅鲁藏布江不保。所以政治有时候不能犹豫，该出手就得出手。片刻犹豫，敌人都会夺走你的利益，让你后悔。1962 年毛泽东又对尼赫鲁的不轨企图再出重拳，中印此后再无战事。毛泽东以斗争求和平，在他的任期内将中国的安全边界，在可能的条件下推得较远，他们那一代人的伟业无愧于中国人民。

---

① 1950 年 3 月中央财委的关于《全国财政经济现状》报告中指出：“煤炭、钢、铁、电力等基本工业大都在东北，按原有设备计，我国年炼铁能力为 300 万吨，东北占 71%，炼钢能力为 147 吨，东北占 91%，轧钢能力为 70 万吨，东北占 50%，全国现有发电设备 207 亿千瓦，东北占 30%，各项主要化工如酸等工业，东北比重大，东北资源又比较丰富，目前工业建设的重点应放在东北。”转引自董志凯：《1949—1952 年中国经济分析》，北京，中国社会科学出版社，1996 年，第 285 页。

(八) 获得制海权，也就在相当程度上获得了历史的主动权

中华人民共和国成立 70 多年后的今天，我们的国民经济重心移到东南部地区。如果说中国西部地区和东北地区的国防工业是中国生存安全的重心所在，那么，中国的东南地区则是我们国家发展安全的重心所在，既如此，中国的安全边界就绝不能与中国的东南沿海重合，至少要扩展到台湾以东海区。台湾如不在我们所控制的范围内，上海、广州，包括江苏的边界安全就无法保障。跟毛泽东当时理解东北问题的道理一样，当时中国的经济建设要靠东北，东北是重工业中心，日本人、苏联人的一些建设都留在那里，毛泽东要利用这个旧工业基地。今天我们面临着的不仅有安全边界的威胁，比如海外能源进口线路不保，而且边界安全也面临巨大的威胁。

从经济史来说，人类迄今所经历的所有经济形式可概括为自然经济和市场经济；从军事史来说，制陆权与制海权是造就古今大国兴衰的重要杠杆。①中世纪国家是依靠地区性的和封闭条件下的资源配置维持的。在这样的资源配置中居有主导地位的国家，就是地区性贡赋体系中的中心国家，并由此保持其大国的地位；而保持这样地位的国家的军事前提就是强大的制陆权。比如古代埃及、古代中国、古代印度、古代巴比伦都曾是这样的国家。到了近代，特别是英国工业革命后，市场和利润成了生产的主导力量，资本及与此相应的包括市场资源在内的资源配置在全球范围铺展开来，此时国家兴衰取决于其在资本全球化和资源全球性配置中的地位。其间居于主导地位的国家可以获得较多的市场和资源，从而获得大国必需的物质条件。同样正是这些国家，比如现在的北方七国，在世界资源和市场的分配中占据主要份额，才使其成为大国。既然世界资源配置方式已突破中世纪的地域封闭性质并转化为世界性的开放性质，而海洋又是畅流世界各个角落的最便捷的载体，那么从军事上控制海上主要战略通道即掌握制海权，就成为大国控制世界资源并

① 在笔者的概念体系中，“制陆权”和“制海权”已涵盖了“制空权”“制外空权”“制电磁权”，甚至所谓的“制思想权”等概念。这是因为，影响人类生活的最基础、最直接，或者说是最立得住的空间是陆地和海洋，我将它们称为绝对空间。人类战争的任何手段及由此产生的空间占有也都首先服务于对陆、海空间控制和占有的目的。这个目的我称之为绝对目的。如不分主次，不区分概念间的主次涵盖关系，军事学研究就会衍生出无限多的“制……权”的概念而让人无所适从。

据此保持其大国乃至霸权地位的主要方式。同样新兴国家也正是通过优先发展海军并争取与大国平等分享海权利益而进入大国行列的。近代历史表明，率先获得制海权的国家，也就在相当程度上获得了历史的主动权[①]。比如英国与西班牙、荷兰的海上较量，美国与英国、西班牙的海上较量，胜利的一方也就成了主导历史方向的国家力量。当然，后来又出现制空权、制太空权（外层空间）的军事技术革命，但其性质还是服务于制陆权和制海权的。在21世纪的今天，建立在卫星信息监控技术和导弹远距离精确打击与准确拦截技术的制海权，仍是国家兴衰的决定性的杠杆。美国在20世纪末发动的海湾战争、科索沃战争及21世纪初的阿富汗战争初期取得的军事胜利，都是很好的说明。

要保护我们的国家利益，在军事上要赶上军事技术革命浪潮，情报、速度与后勤是三个关键的要素。现代情报靠卫星，速度靠远程导弹，远程导弹使陆军攻坚和后勤跟进的工作量大为简化。阿富汗战争中，美国可以从阿拉伯海上用导弹打阿富汗的山洞或摧毁某个堡垒。高科技使后勤也省了许多事，作战速度也因此得到极大扩张。高科技使军事作战中的情报、速度、后勤这三个关节点都发生革命。南斯拉夫在这个问题上掉以轻心，他们曾设想诱敌深入，打人民战争，让敌人陷入人民战争的汪洋大海之中。听说南斯拉夫的军人不认输，可败了就是败了，败了国家就完了。现在美国人打仗，基本上不用大部队南征北战。美国在朝鲜战争和越南战争中两次都因深入内陆而失败，那个时候它没有经验，再就是也没有远程精确打击的技术。

航空母舰是实现制海权的最重要工具。航空母舰是制空权、制海权，从某种意义上还包含一部分制陆权的作战力量三位一体的统一。航空母舰不应被理解为一只战舰，而应被理解为一个最具机动性质的国家海上作战大平台。航空母舰可以比陆地运输更快的速度，根据战争需要，将集海陆空一体的作战力量及时推进到作战海区。

有人认为，随着导弹远程精确打击技术的出现，航空母舰不仅成为多余，

---

① 实际上，马汉的《海权对历史的影响（1660—1783）》主要引用了1660年至1783年英国、荷兰、法国、西班牙在争霸过程中在海军、军事、外交和商业等方面所发生的事件，以便表明下列主张，即获得制海权或控制了海上要冲的国家就掌握了历史的主动权。参见［美］罗伯特·西格：《马汉》，刘学成等译，北京，解放军出版社，1989年，第194页。

而且还成了海上毫无自卫能力的“海上活棺材”①，因此发展航空母舰应为发展远程精确打击武器所代替。

其实，这是一种误解。因为远程精确打击技术并不是导弹技术的产物，而是外层空间卫星及以此为载体的信息技术发展的结果。而现代航空母舰本身就已与现代卫星信息技术紧密结合并据此拥有远程精确打击能力。问题是远程精确打击仅具有本土防御的意义，对于世界范围的制海权而言，则意义不大，它解决不了关于海外商业争执、资源进口线受阻及海外商人和侨民保护问题。一句话，航空母舰不是一般的战舰，它也不仅仅属于海军，它是一个集海陆空及一切最先进军事技术为一身并在全球范围最具机动性质的作战平台。它本质上是国家作战力量而不仅仅是海军作战力量的标志。其次，航空母舰是与经济发展概念相联系的因而具有攻势性的军事工具，而发展本身就是一种攻势社会运动。和平时期，对航空母舰的打击意味着对它的国家的宣战，因此，这时航空母舰的意义已超出作战范围，它更多的还是一种国家外交语言。没有航空母舰，或没有与航空母舰同等效力的海上机动作战平台，我们在国际上任何重大涉我事件中，就不会有实质性的发言权；就不能对影响我国海外安全的行为，在其初始阶段实行制止；最后，中国日益卷入世界的巨大的海外利益就不会有实质性的保障，从而中国国内经济就会因资源进口和利润回流中断而发生危机并由此阻碍中国的和平发展。

关于中国的海权，至今还有同志认为中国不需要发展强大的海权。批评“一些人对马汉的海权论的崇拜几乎到了偏执的地步”，认为“中国始终无法在发展海上力量上倾注太多的资源（海军要比陆军昂贵得多）”。② 但问题是，如果不大力发展海权，第一个问题即东部的国民经济命脉就保不住；再一个就是我们日益巨大的海外利益得不到保障；最后，如没有强大的海权，统一台湾的难度将会成倍增大。但同时我认为未来50年内，中国海权的发展目标不应当是美国式的无限海权，即海军力量可覆盖世界任何地方的海权。此间中国的海权还只能是有限海权，其覆盖范围主要限于中国台湾及南沙群岛等属于中国主权范围的海域。中国的海权并非霸权。霸权是什么呢？霸权

① “有些人说航母是‘海上移动的靶子’、‘海上活棺材’，并非毫无根据。”李杰：《航母解码》，北京，海潮出版社，2012年，第124页。

② 唐世平：《再论中国的大战略》，载《战略与管理》，2001年第4期，第33、37页。

是一种垄断权力而非权利，是“只许州官放火，不许百姓点灯”式的恶霸行为。中国人不想放火，只想为自己点一盏“海权之灯”。可这对霸权主义来说就不行，灯只能由它来点。[①] 因此中国必须为自己争取本属于中国的平等使用海上交通资源的权利。

地缘政治与资源政治的统一，是现代地缘政治学说的本质特征。也就是说，控制世界资源而不仅仅是控制地理要塞是现代地缘政治的要义，同时也是国家地缘政治的核心目标所在。

世界海权是一个体系，而这个体系的核心就是印度洋，因为世界资源最密集的地方在这里，世界海上交通要塞和关键的地方也在这里：一个是马六甲海峡，一个是曼德海峡。从拿破仑、彼得大帝、勃列日涅夫到小布什，都在争夺这个地方。阿富汗是俄国人南下印度洋的最近通道。1907 年英俄争霸最终在阿富汗结束。美苏冷战的终点也在阿富汗。历史上谁占据了阿富汗，谁也就占据了中亚；谁占据了中亚，谁也就占据了世界。而历史留下的悖论是：中亚既是世界政治的中枢，也是世界霸权的坟墓。

（九）两岸统一是中国迈向强国目标的关键环节

中国在近代军事技术革命中已经失去了两次机会，并由此两次遭到几乎是灭顶之灾。

第一次由于没有海权，差点让西方国家把我们中国给肢解了。1870 年“天津教案”时曾国藩跟洋人打交道真难，可不久李鸿章接手此案再与法国人谈，法国人又很快就答应结案条件。李鸿章还纳闷呢，洋人怎么这么容易打发？实际上他不知道“普法战争”在欧洲爆发，洋人得赶快回去打仗。1900 年，中国爆发义和团运动并为“八国联军”弹压。此后，中国陷入空前危机，西方列强在中国东割一片土地，西割一片土地，中国濒临分裂亡国的边缘。1914 年第一次世界大战爆发，中国因此有幸脱险；更重要的是，第一次世界大战期间，列强无暇东顾，中国的民族资产阶级因此迅速发展，1926—1927 年的北伐至少使南方地区政治统一，这是很重要的一件事。从此中国国力开始上升。

---

① “18 世纪时，在辽阔的海洋，美国是国际法的坚定拥护者，而号称‘海洋情人’的英国海军却是坚决的反对者。”［美］罗伯特·卡根（Robert Kagan）：《天堂与实力——世界新秩序下的美国与欧洲》，肖蓉、魏红霞译，北京，新华出版社，2004 年，第 58 页。

第二次是抗日战争。日本在近代时候是在亚洲率先实行海权战略的国家。日本政府认为其本土太狭窄，资源缺乏，对海外具有很强的依赖性。领土狭窄，不足以应付本土战争，因此将未来可能发生的战争远远推到敌国境内，是日本最易选择的安全政策。日本政府还认为，日本从地理位置上看很像英国，因此它必须有强大的海权并有日本可控制的安全外围国家和地区。1895 年日本利用强大的海上力量击败亚洲最强大的中国，并迫使清政府割让辽东半岛、台湾全岛及所有附属各岛屿、澎湖列岛。日本从此打通南下南海最关键的一环。1905 年日本又把俄国打败，此后它在东北亚地区迅速扩张。1910 年日本将朝鲜据为己有，紧接着侵占中国东北、华北，在中国南京扶持汪精卫傀儡政权。当时日本大体上已建成了以日本为中心的地缘政治环境。假设日本不发动太平洋战争，当时美国很有可能对日本在东北亚的势力范围实行妥协，由此带来的后果必然是中国东部被肢解成几个围绕日本的“卫星国”。日本当时执政的是近卫文麿政府，他们打算在汪精卫伪政权建立后对华作战告一段落。但日本军方不听，1941 年 10 月东条英机组阁，偏要一打到底，发动了太平洋战争。1937 年卢沟桥事变和 1941 年偷袭珍珠港得罪了亚太两个最大的国家即中国和美国，由此日本败局注定。

我们中国人应该从这两次灾难中吸取怎样的经验教训呢？有人简单地将近代中国失败归结为“经济不发达”，这显然没说服力。因为在 1890 年的时候，中国经济远远高于日本，而 1933 年时也是中国经济发展较好的时期。①如果从军事上看，我们犯了忽视军事技术革命的错误。19 世纪下半叶日本在亚洲率先接受制海权观念，大力扩张海军，这导致中国 1895 年的失败。20 世纪日本又注重制空权，中国在海上没有制海权的情况下，在陆地又失去制空权，结果又是惨败。而日本在太平洋被美国打败也首先是从失去制海权和制空权开始的。

---

① 1890 年中国国民生产总值在世界中所占比重是 13.2%，日本 2.5%。参见［英］安格斯·麦迪森：《中国经济的长远未来》，楚序平、吴湘松译，北京，新华出版社，1999 年，第 57 页。

在中国经济已取得巨大成就的今天，我们还应在军事高科技领域有所作为。

从20世纪90年代之后，军事技术发展最快也最见效的是依托于卫星技术的信息革命；其标志是外层空间、空中预警和海陆空导弹精确远程打击力量有机结合。打击的精确取决于军事卫星从外层空间发出并被空中预警机先于敌方接收到的准确的情报，没有在这两个领域的技术领先地位，我们的任何地面或海空打击力量就犹如瞎子，再多的航空母舰或陆海空部队也只能任由敌人宰割。因为你不知道敌人从哪儿来，也不知道人家在哪儿，根本没办法打仗。外空和深海信息技术、空中和海中预警技术、陆海空远程精确打击技术，这三大不可分割并有机联系的技术链环是未来中国国防现代化必须攻克的关键。未来中国的海权不应当只是海军的事，它实际是国家总体国防力量的集中表现，是在外空深海、空中预警等技术链拉动和引导下，集陆海空导弹精确打击技术并被应用于海上作战的力量结构。

我们空中预警技术还不够先进。原因在哪儿呢？部分由于我们长期买别人的飞机，使国防技术研制链环中断。当然这有各种各样的考虑，但是国防技术是不能靠买解决根本问题的。国防技术是世界保密性最强的领域，国家军事技术递次升级链条一旦中断，其性质无异于终结，很难接上。20世纪90年代迄今，国际斗争留给中国的最重要的经验是：今后不管经济发展的任务如何繁重，中国的国防技术升级链条在任何时候也不能中断。中华人民共和国成立以来国防建设的重要经验应当是：市场的方式基本不能应用于国防战略产业的发展，绝对不能应用于国防核心技术的发展。国防产业的投入产出效益不是在股市指数中表现出来的。国防技术是世界上唯一不能自由进入市场并由短期利润主导的产业，它得按国家意志有计划地发展。曾有同志反驳说，你搞大型飞机、空中预警机，可是你有没有算过我们的投入产出和市场效益。我说中国成功研制出原子弹，其市场效益就是近40年的和平和有利于经济发展的安全投资环境。这个账怎么算？因此，国防战略产业根本不能用近视的数学曲线来描绘。

现在，我们已经加入世界贸易组织，加入全球化了，中国的市场也日益依赖于世界。国家同理。家里人看天气预报，儿子在哪儿上大学或打工，做母亲的准保看那个地方下不下雨，冷不冷。经商与此同理，自己的钱投向哪里，利益走向哪里，投资人的关注点就投向哪里，安全就走向哪里。中国农户粮食卖到加拿大了，加拿大的政治就与他们家有关系，他们就得看加拿大的报纸，看哪个政府上台对自己的产品销售有利。中国既然已与世界产生了日益紧密的联系，就不得不从世界联系的角度看问题。

中国要实现建成富强民主文明和谐美丽的社会主义现代化强国的目标，仅靠国内资源不足以支撑这个目标，所以我们必须参与世界资源分配。除非我们放弃这个目标，不然中国就必须拥有作为一个地区大国最起码的海权。而达到这个目标的第一个台阶就是两岸统一，其次是南沙地区。两岸统一是中国迈向强国目标的关键环节。东部沿海一带是我们的工业重心，两岸统一后我们东南沿海经济就有了安全的屏障；而南沙群岛则是我们寻求中太平洋国际资源最起码的滩头堡。没有南沙群岛，我们就对通过马六甲海峡的中国海运安全没起码的保障力。在海上有战略意义的岛屿，必有大国插手。从历史上看，凡是海峡密集的地方必然出现小国，巴拿马、厄立特里亚、塞浦路斯、新加坡等都是这样。另外，印美矛盾很有可能就是中美矛盾之后的下一个世界性的矛盾。届时，从印度南部分裂印度就成了西方海权大国可能的选择。在斯里兰卡北部和南印泰米尔纳德邦之间可能还会出现小国。西方海权大国不会允许在世界海权心脏地区存在一个核大国。尼赫鲁对这样的危险早有预警，他告诉他的后继者，印度的前途要么是有声有色，要么就销声匿迹。在这二者中，尼赫鲁担心的是后一种危险。

（十）赢得挑战才能获得历史机遇

东急西重仍是中国安全环境的基本特点。在东部地区，“台独”气焰越烧越大；在西部地区，一场阿富汗战争使美国军事插入了中国必须依赖的中亚石油的源头。前者挡住我们的财源，后者卡住我们的能源。小布什上台后把话说得很明白：中国是美国的潜在对手。有些人还抱有幻想，认为不至于吧：我们中国在 1945 年和 1971 年两次用体温暖活了美国这条已被冻僵的蛇，你苏醒后总不至于反咬我们中国。但美国为了自己的利益是要咬人的，不管你是敌人还是恩人，也不管你买还是不买它的国债。美国南北战争中，俄国人对美国人帮助最大，战后还将阿拉斯加卖给美国。但美国崛起后，美国人却将俄国人视为死敌，将昔日的死敌英国人视为至友。

国际斗争就是这回事。美国对中国的东西夹击使我们的安全环境处于相对困难的时期。但是，与英国的压力曾使美国破土而出一样，目前美国对中国的压力也使我们面临有史以来最大考验，这同时也使我们面临一次破土而出的和必须通过赢得挑战才能获得的历史机遇。

五、世界地缘政治体系中心区域的大国政治[①]

印度和中国在亚洲政治中占有举足轻重的地位，从而也对世界政治有重要的影响。每当历史出现重大变动从而世界秩序发生重组的时候，印度和中国合作的话题都被对时代有重要影响的政治家提了出来。十月革命后，列宁曾寄希望于印度、中国等呼应俄国社会主义革命的胜利，他说："斗争的结局归根到底取决于这一点：俄国、印度、中国等构成世界人口的绝大多数。"[②] 1988年，也就在世界秩序将因苏联解体发生重组的前夕，邓小平在会见印度总理拉吉夫·甘地时说："中印两国不发展起来就不是亚洲世纪。真正的亚太世纪或亚洲世纪，是要等到中国、印度和其他一些邻国发展起来，才算到来。"至于如何达到目标，邓小平同志说："只要有高度的智慧和战略的胆识，就一定可以完成。"[③] 2008年以来世界金融危机对世界现存秩序再次产生重大冲击，历史再次将印度和中国战略合作的重要性提了出来，这需要中印两国政治家"高度的智慧和战略的胆识"来把握住这难得的历史契机。笔者试着从世界地缘政治体系及印度在其中的特殊位势，分析印度发展面临的安全风险以及印度与中国安全合作，尤其是海上安全合作的战略互补意义。

（一）资源是地缘政治及其制权理论演绎的逻辑原点

地缘政治，并不仅是与土地相关的学说，但却是从土地中诞生的学说。这么说有两层意思：一是生活资源是地缘政治学说演绎的逻辑原点；二是地缘政治学说本质上是关于人类生活，因而是扎根于土地而不是扎根于天国星

---

① 该部分主要内容刊发于《太平洋学报》2010年第3期。

② 《宁肯少些，但要好些》，见《列宁选集》，第4卷，北京，人民出版社，1972年，第710页。

③ 邓小平：《以和平共处五项原则为准则建立国际新秩序》（1988年12月21日），见《邓小平文选》，第3卷，北京，人民出版社，1993年，第283页。

空中的学说。围绕生活资源，人类对地理的控制手段经过如下阶段的演变。

1. 制陆权

人类生产最初是要解决人类最基本的问题即吃饭问题，因此农业就成了人类生产最初的基础产业。这样土地，特别是农业耕地，就成了当时关乎人类生存的第一资源。自然经济条件下，土地资源的占有量及使用这种资源的人力即农业人口总量是决定国家力量的主要因素。中世纪时国家土地总量决定人口总量，人口总量决定国家地租和赋税总量。应征参军是中世纪农民向国家交纳贡赋的形式之一，因此，地广意味着人多，人多意味着财源（贡赋）多和兵源多，兵多粮多则意味着王朝或国家强盛。这样便出现了以攻城略地为目的的制陆权学说。中世纪对世界政治产生重大影响的国家，几乎都是拥有强大制陆权的国家。中国是中世纪具有世界影响力的大国，也是当时世界文明的重心之一，其地缘政治学说中的陆权理论和实践也相应比较发达。“武经七书”① 为中国古代选拔将领考试内容之一，而制陆权则是其中的绝对主题。

2. 制海权

工业革命出现以后，人类的生存方式和获取财富的生产方式发生了变化。过去是以简单扩大再生产保障生存，现在则是以内含扩大再生产以保障生存，这时的生存已是发展意义上的生存。在工业革命出现后，发展成了决定国家兴衰的“硬道理”②。这时是价值而非使用价值，是资本而非货币成了主导人类生产的目标；于是无限利润而非有限的实物贡赋，储量巨大的矿产资源而非有限的农业耕地等，就成了资本主义工业化时代国家发展的基础和国家之间竞争的目标。拿破仑对此有清醒的认识，他说：“以前对于财产只有一种说法，就是土地的占有；但是现在兴起了一种新型的财产，这就是工业。”③ 以利润为目的的资本主义工业发展需要动力、科技和资源，在这种情况下，

① “武经七书”是宋神宗元丰年间（1078—1085 年）选编颁行的武学必读的七部兵书，它包括《孙子》《司马法》《尉缭子》《六韬》《吴子》《三略》和《唐李问对》。南宋高宗时，“武经七书”为选拔将领考试内容之一。

② “要注意经济稳定、协调地发展，但稳定和协调也是相对的，不是绝对的。发展才是硬道理。”邓小平：《在武昌、深圳、珠海、上海等地的谈话要点》，见《邓小平文选》，第 3 卷，北京，人民出版社，1993 年，第 377 页。

③ 转引自［德］弗里德里希·李斯特：《政治经济学的国民体系》，陈万煦译，北京，商务印书馆，1961 年，第 69 页。

仅靠地租所获显然没有竞争力。结果是像英国小说作家哈代（Thomas Hardy, 1840—1928 年）在《苔丝》（1891 年）中所描写的那样：农民总竞争不过工人，地主总竞争不过资本家，其原因是工业品技术含量高于农产品。这样便出现了人类经济活动重心从农业向工业转移，而暴力也成了这种转移的重要助推力。在 18 世纪和 19 世纪，英国的纺织品质量远不如印度，英国在征服印度的同时，也把印度的纺织业用暴力人为地摧毁。在一百多年的时间里，印度就由一个富饶的东方大国迅速衰落。[①] 1813 年前，印度大体上是出口贸易国家，可到 19 世纪中叶，印度已经变成英国工业的主要国外销售市场。1850 年，英国对印度输出总价值已达 802.4 万英镑，其中棉织品一项即有 522 万英镑，占英国对外出口总值的 1/8，占棉纺织品对外输出的 1/4。在棉纺织业成为英国经济命脉的同时，印度也成为英国纺织业的命脉。[②] 这说明世界性的财富转移或国家经济安全利益的维护，本质上不是靠贸易谈判而是靠暴力实现的，有些学人只告诉南方国家要靠勤劳致富，但历史的经验则是，致富更要靠政治，靠军事国防。19 世纪印度和中国的财富向西方转移，都是从西方列强对这两个国家的军事胜利开始的。有趣的是，中国文字“钱”那双“戈”叠架的造型所表达的含义与这个判断正好吻合。

全球化是资本的本性，正是资本才使世界被纳入一个体系，才实现了“历史向世界历史的转变”[③]。因此，资本全球化并不是近些年才出现的，而

① 马克思在“不列颠在印度的统治”一文中指出：“不列颠侵略者打碎了印度的手织机，毁掉了它的手纺车。英国起先是把印度的棉织品挤出了欧洲市场，然后是向印度斯坦输入棉纱，最后就使这个棉织品的祖国充满了英国的棉织品。从 1818 年到 1836 年，大不列颠向印度输出的棉纱增长的比例是 1∶5 200。在 1824 年，输入印度的英国细棉布不过 100 万码，而到 1837 年就超过了 6 400 万码。但是在同一时期，达卡的人口却从 15 万人减少到 2 万人。”见《马克思恩格斯选集》，第 2 卷，北京，人民出版社，1972 年，第 65 页。

② 周一良，吴于廑：《世界通史·近代部分》（上册），北京，人民出版社，1972 年，第 230-231 页；关于英国这一时期对印度的暴力掠夺可参阅同引书第 225-233 页。

③ “世界历史”，黑格尔术语，是指一个建立在工商业基础上开放和相互联系的世界。工业文明以前的历史在他看来只是“历史”，即处于“非历史的、没有开发的精神”阶段的历史，是“非历史的历史”。他以非洲为例说：“我们对于阿非利加洲正确认识的，仍是那个‘非历史的、没有开发的精神’，它还包含在单纯自然的状态之内，可是在这里只能算做在世界历史的门限上面。”（参阅［德］黑格尔：《历史哲学》，王造时译，上海，世纪出版集团、上海书店出版社，2001 年，第 102、108 页。）马克思借用黑格尔概念将前者向后者的转变称为“历史向世界历史的转变”。（《马克思恩格斯选集》，第 1 卷，北京，人民出版社，1972 年，第 51 页。）

是随资本诞生而出现的，贯穿其中的则是不变的暴力征服。在 18 和 19 世纪，资本主义的暴力表现为赤裸裸地对殖民地的掠夺，而到 20 世纪，即使在殖民地国家独立之后，西方仍是通过暴力（比较典型的是 20 世纪末的海湾战争、科索沃战争以及 21 世纪初的阿富汗战争、伊拉克战争等）为资本在其全球化进程中的优势地位开辟道路，迫使“南方国家”为“北方国家”提供廉价原料和市场。这时的世界矛盾仍是中心和外围的矛盾。与以往不同的只是，原先隐藏于商品内部的价值和使用价值，继而劳动和资本、工人和资本家的国内矛盾这时已外移为世界性的南北矛盾。邓小平对此一语中的，他说：“南北问题是核心问题。”①

这样，一国经济的发展，已走出国界并与世界市场和世界资源相互依存为一体。国家经济竞争力更多地表现为对世界市场和资源的拥有总量及其控制能力。而与世界联系的最方便的载体就是海洋，最简捷的途径就是海上通道。在资本全球化时代，谁拥有强大的海军并有效地控制海上通道，谁就在国际利益分割中居优势地位。因为与陆地相比，大海是各大陆板块之间最方便的通道，控制海洋就能够及时地让世界资源流向本国。这正如医生重视血液检验一样，医生可通过血液了解身体病因所在，也能通过血液以最短的时间将药效送到身体发病部位。英国和美国都是随其民族资本崛起而崛起的国家，它们的发展随海军向世界扩张并依靠海军控制了世界。所以在资本全球化时代，制海权强大的国家往往也就是财富大国，这与自然经济时代陆权大国就是财富大国的道理一样。1588 年英国击败海上霸主西班牙，此后它也就成了世界财富的中心。

改革开放以来，中国人日益意识到制海权对中国发展的重要性。今天中国经济的对外依存度已达 33.9%，石油进口大部分都要通过海上运输。在这样的条件下，要我们不关心海洋是不可能的。人的经济利益走向哪里，人的关心焦点就投向哪里。但利益并不是靠美丽的口头承诺而是靠枪杆子来保卫的。马克斯·韦伯说：“部署一打船只在一定时刻比掌握一打可以废止的贸

① “现在世界上真正大的问题，带全球性的战略问题，一个是和平问题，一个是经济问题或者说发展问题。和平问题是东西问题，发展问题是南北问题。概括起来，就是东西南北四个字。南北问题是核心问题。”邓小平：《和平和发展是当代世界的两大问题》（1985 年 3 月 4 日），见《邓小平文选》，第 3 卷，北京，人民出版社，1993 年，第 105 页。

易协定更有价值。”[①] 伊拉克政府被美国颠覆后，原来伊拉克与一些国家签订的石油合同就作废了。既然是自由贸易，怎么能这样呢？但历史的事实是，贸易首先随炮舰而非随合同同行。任何一个贸易大国同时也都是海上力量大国。海军更多的用于海上打击和海洋要道的控制，航空母舰则多用于威慑。有人说，在导弹时代航空母舰已失去了作用，那可不对。如果在世界的另一端出了大事，能用远程导弹来解决吗？当然不能，还得国家外交配之以航空母舰出面来化解问题。西方人历来都是这么处理问题的，我们要重视这方面的经验，不能太书生气。制海权问题即世界问题。今天中国经济已深深地卷入世界市场，我们已不是昔日种地的农民。我们有多一半的石油来自中东地区，庞大的贸易要依托海外市场，因此我们必然对海洋、对中国之外的世界予以充分的关注。

中国面临的上述问题，也是印度面临的问题。印度不仅对世界贸易，而且对中东的能源有着深深的依赖，更何况印度那位于世界海权心脏地带的地理位势和直插印度洋中心的地理版图，都迫使印度将海洋，尤其是印度洋视为其国家安全的命门。

这里需要说明的是，从浅海向深海延伸，是20世纪50年代以来世界大国制海权实践的重要变化。第二次世界大战前，世界大国的制海能力还处在海水平面和浅水海域；第二次世界大战后，特别是20世纪80年代美苏争霸中，其制海深度已达300米至900米的深海领域。[②] 这种变化与第二次世界大战后制空权向太空延伸的进程正好吻合。

3. 制空权

军事技术的发展带来的直接结果是战争攻防空间的拓展。机械动力的出现使制陆权和制海权的拓展已覆盖世界主要区域；第一次世界大战前后，飞机的出现使战争攻防出现新的即低空领域，这样，制空权成了决定战争成败的重要因素，战争样式由此也就从平面转向立体：制陆权、制海权和制空权成了支撑现代战争的三大支柱。在第二次世界大战中，德国、意大利和日本

---

① ［英］戴维·比瑟姆：《马克斯·韦伯与现代政治理论》，北京，浙江人民出版社，1989年，第46页。

② 如苏联时期建造的阿库拉级核动力攻击潜艇和A级核动力攻击潜艇下潜深度分别可达750米和900米。可参阅张序三：《海军大辞典》，上海，上海辞书出版社，1993年，第599页。

由于率先获得制空权而赢得战场初期的主动权。

这里也需要说明的是，随着微电子、计算机，特别是航天技术和人造卫星技术的迅速发展，以至到20世纪下半叶，信息成了一种可控并因此对人类生活有重大影响的资源。比如一颗静止通信卫星大约能够覆盖地球表面的40%，使覆盖区内的地面、海上、空中的地球站能同时相互通信。在赤道上空等间隔分布的三颗静止通信卫星可以实现除两极部分地区外的全球通信。这样制空权便进一步向太空领域延伸。争夺太空就成了控制信息资源，并通过控制信息资源获得国家在世界各种资源分配中优势地位的关键。1957年10月4日，苏联发射了世界上第一颗人造地球卫星。中国于1970年4月24日发射了人造地球卫星“东方红1号”。2001年10月，美国航天咨询公司蒂尔集团发表报告统计，1957年至2001年约有5 070颗人造卫星被成功送入轨道。[①] 人造卫星技术导致全球定位系统（GPS）的出现。这在军事领域再次引起新的革命。它使导弹精确打击和精确拦截成为可能。1984年，美国总统里根批准实施“星球大战计划”，其目标是建立一个多层次、多手段的反弹道导弹的综合防御系统。1990年，美国“爱国者”拦截导弹在海湾战争中初获战果；2002年，美国退出《反弹道导弹条约》并大幅度地调整其太空政策。这说明，世界大国制空权实际已从低空转向太空。需要说明的是，这个过程与上述制海权向深海推进的进程相吻合，但不同步。自20世纪50年代以来，太空技术还是世界大国国防资源优先倾斜的领域。但这里应当提前预警的是，随着太空技术竞争日趋饱和，争夺信息资源的战场将进一步转向深海。

(二) 世界体系中的现代地缘政治及其特征

在展开下面的讨论之前，有几个概念需要提前定义。在以下行文中，如果从海洋方面强调世界地缘政治体系中心区域，笔者多选用“印度洋及其北岸”的概念；从陆地方面强调世界地缘政治体系的中心区域，则多选用“大中亚”或“中亚”概念。现在也有人用“大中东”的概念[②]，这个概念包括的范围过于宽泛，因而不能准确地表示我们所要讨论的“世界地

① 研究报告称在太空运行的人造卫星超过600颗。http：//tech. sina. com. cn/o/2001-10-03/86787. shtml。

② 陆卓明：《世界经济地理结构》，北京，中国物价出版社，1995年，第194页。

缘政治体系中心”的内容。

1. “一个中心、两个基本点”是现代世界地缘政治体系的基本特征

“一个中心，两个基本点”是世界地缘政治体系的基本特征：从陆地上说，它是一个以大中亚（整个中亚、南亚和中东地区）为中心，以欧洲大陆和亚洲大陆为两翼的构造；从海上说，它是一个以印度洋为中心，以太平洋及其两岸地区和大西洋及其两岸地区为两翼的构造。

从制陆权的角度看，大中亚是世界地缘政治体系的中心，哈尔福德·麦金德（Halford John Mackinder，1861—1947年）认为这里也是世界地缘政治的轴心。从古代希腊的亚历山大（Alexander the Great，公元前356—前323年）到蒙古帖木儿（Timur-I-lang，1336—1405年），再到苏联的勃列日涅夫，历史上凡是造成世界性扩张的陆上帝国多发轫或结束于大中亚地区。谁占领了中亚，谁就控制了世界：古罗马灭亡就与中亚民族迁移有关，而蒙古人征服欧亚大陆的关键是占据了作为世界地缘政治中心的大中亚地区。所以，欧亚大陆结合区域的大中亚是世界地缘政治体系的关键地带。除地理原因外，这一地区恰恰还是现代工业不可缺少的石油和天然气储藏量最丰富的地区。地缘政治与资源政治在大中亚地区的高度一致性，使中亚成了近现代世界性大国的必争之地。

从制海权的角度看，印度洋是世界地缘政治的海区中心。印度洋是世界级的海上交通要塞相对密集的海区，它西连曼德海峡，北衔霍尔木兹海峡，东接马六甲海峡，南面有莫桑比克海峡、南非好望角，这些都是国际大宗能源、矿产资源及粮食运输必经要道。位于印度洋北岸并被称为“亚洲命运的旋转门”的阿富汗，一向是海陆大国争夺世界霸权“大规模推进汇合的地点之一”。①

此外，南印度洋西岸的非洲地区储藏丰富的战略矿产资源进一步提高了印度洋在世界地缘政治体系中的地位。世界已知铬矿的96%在南非、津巴布韦；南非拥有占世界储量1/10的石棉，1/2的黄金，1/3的锰矿，1/5的铀矿，1/3的金刚石。交通运输方面，欧洲国家所需石油的80%、其他战略原料的70%都是通过好望角海路运往欧洲的。而位于印度洋西北岸的波斯湾为世界最大石油产地和供应地，这里已探明石油储量占全世界总储量的一半以

① ［美］尼克松：《真正的战争》，常铮译，北京，新华出版社，1980年，第11页。

上，年产量占全世界总产量的1/3。所产石油经霍尔木兹海峡运往世界各地，波斯湾沿岸地区素有“石油宝库”之称。中东是最大的石油输出地区，所产石油75%用于出口；世界石油进口国主要是美国、西欧和日本，2000年它们进口石油总量占世界各国进口总量的62.1%。其中，美国是世界第一大石油进口国。随着中国的发展，海湾地区对中国的战略利益日益重要。2001年，中国从海湾地区进口的原油份额高于世界其他地区，占原油进口总量的56.2%。[①] 美国前总统尼克松在《真正的战争》一书中认为：“欧洲把基本能源从它自己的煤改为进口的石油，这一点大大改变了世界的地理政治结构。中东长期以来是亚洲、非洲和欧洲交界的十字路口。现在中东石油成了现代工业生命所必需的血液。波斯湾地区就是把这种血液输送出来的心脏。波斯湾附近的海路是输送维持生命的血液所要通过的咽喉。”[②]

2. 地缘政治与资源政治的统一是现代地缘政治的本质特征

现代工业及其生产方式的出现对世界地缘政治理论产生了革命性的影响。如果说以前的学者和政治家们是从争霸对手所在地理位置及军事和商业贸易的角度理解地缘政治利益重心所在的话，那么，随着20世纪太平洋地区大国的崛起及其对世界资源需求迅速扩大，战略家们日益注意到：在现代市场经济中，不仅市场决定生产，而且资源也决定生产。一国的实力不完全取决于该国的生产力总量，还决定于该国可绝对控制并能稳定地获取世界资源的总量；一国在全球政治中的胜负兴衰，不再单纯地决定于它所表现出的财富总

---

① 2001年中国原油进口来源国家及份额（资料来源：国家海关总署）

进口地区	地区份额	国别（依次排列，未超过2%的不注明份额）
中东国家	56.2%	伊朗（18%）、沙特阿拉伯（14.6%）、阿曼（13.5%）、也门（3.8%）、科威特（2.4%）、卡塔尔（2.2%）、阿联酋、伊拉克
非洲国家	22.5%	苏丹（8.3%）、安哥拉（6.3%）、赤道几内亚（3.6%）、喀麦隆、尼日利亚、刚果、利比亚、加蓬
亚太地区	14.4%	越南（5.6%）、印度尼西亚（4.4%）、马来西亚、文莱、澳大利亚、泰国、巴布亚新几内亚、蒙古
欧洲中亚	6.9%	俄罗斯（2.9%）、挪威、哈萨克斯坦、英国

转引自刘新华，秦仪：《中国的石油安全及其战略选择》，载《现代国际关系》，2002年第12期。

② ［美］尼克松：《真正的战争》，常铮译，北京，新华出版社，1980年，第92页。

量，而决定于保证这些财富不断得以产出从而使生产稳定、持续、健康发展的资源占有量；国家的失败，不再表现为国家财富的丧失，而表现为国家生产这些财富的生产力及支撑这种生产力的海外资源供应线路，特别是控制这些线路的军事力量的丧失。因此，这一时期的地缘政治不再仅仅是一个单纯争夺控制世界地理要道和控制世界市场的理论，它已深化为以控制世界资源为中心的理论。在他们的理论中，控制世界不再是以控制某一地区为前提和目标，而是以控制世界资源贮藏丰富和开发条件最好的地区为前提和目标；这时的地缘政治学说，已是一个随资源中心变化而变化的动态学说，而不再仅仅是"地理决定外交"的静态学说；特定时期人们对贮存于特定地区的特定资源的需求程度规定着的世界地缘政治的重心所在，也就是说，这一时期的资源中心就是世界体系中的地缘政治的中心。如果说，以往的地缘政治是对手确定战略的话，那么，新的地缘政治逻辑则是，资源决定战略：谁控制了资源，谁就控制了世界。

资源价值与地缘价值在时间和空间上合二为一并以前者为主要矛盾的主要方面，是现代地缘政治理论的鲜明特色。在这新的视野中，印度洋和大中亚在世界地缘政治体系中的关键意义再次得到大国政治家的高度重视。大中亚和印度洋地区丰富的矿藏资源和海陆要道使其成为世界地缘政治的中心。地缘政治与资源政治的统一，是现代地缘政治学说的本质特征。

鉴于此，尼克松认为："谁在波斯湾和中东控制着什么的问题，比以往任何时候更加是谁在世界上控制着什么这一问题的关键。"①

3. 中亚是世界地缘政治的中枢，也是世界霸权的坟墓

上面已经分析了世界地缘政治体系的基本概貌，现在我们将注意力集中在世界地缘政治体系的中心区域。

自从苏伊士运河开通并由此贯通印度洋与地中海之后，印度洋北岸地区就成了大国地缘政治利益交汇最密集并持续涌入的区域。历史经验表明，这一世界地缘政治资源最为丰富的地区，也是终结世界霸权的地区。

法国大革命时期，英法两国矛盾尖锐。为了打败英国，拿破仑不是直接进攻英国而是出兵埃及，并企图最终占领印度并控制印度洋，目的是从英国

① ［美］尼克松：《真正的战争》，常铮译，北京，新华出版社，1980年，第92页。

的大后方击败英国。拿破仑深知对英国这样的国家而言，从资本外围地区打击它比直接进攻其本土更能达到釜底抽薪的效果。① 但拿破仑在其海军在地中海被英国纳尔逊的舰队打败后不得不放弃这个计划。拿破仑帝国之后，紧接着就是俄国跟英国长达百年之久的“冷战”。他们从欧洲争霸开始，到阿富汗争霸结束。德国崛起后，英俄两国必须妥协以应付新的多极化形势，于1907年签订了关于阿富汗利益分割的协议，英俄长达百年的“冷战”终于在中亚和平结束。第二次世界大战后，美苏争霸路线从大西洋和太平洋两翼开始，最后也在中亚阿富汗结束。这是19世纪俄国与英国的争霸路径在更大范围的重复。

历史表明，大国力量增殖于地区性守成，消释于世界性扩张。而中亚在世界地缘政治体系中的轴心地位反使其往往成为大国争霸的终结点。这是因为，当大国力量触及中亚的时候，其国力透支性扩张也基本达到尽头。从古代罗马到当代美国，没有一个国家的国力可以长期独霸世界，更没有一个大国的军事力量可以长期独控中亚。这条经验告诉我们，地区性守成——这是俾斯麦在德国统一后始终坚持的外交原则，也应是中国未来外交遵循的基本策略。中国决不能走当年德国皇帝威廉二世在世界全方位扩张的道路。长期守成式地经营亚洲，才能使中国长期立于不败之地。毛泽东“深挖洞，广积粮，不称霸”的思想，邓小平的成为“中等发达国家”的目标，其中都贯穿着长期坚持地区性守成，不做超级大国的国策理念。美国小布什重蹈德国威廉二世的老路，冲进中亚，自封为世界霸主，从历史上看，这似乎还没有成功的先例。②

① “拿破仑曾经锋芒毕露地说过，在世界当前的情况下，任何国家要想采用自由贸易原则，必将一败涂地。就法国商业政策来说，他在这句话里所表现的政治智慧，超过了他同时代一切经济学家在他们著作中所表现的。这位伟大的天才，以前并没有研究过这些学说，却能明智地了解工业力量的性质与重要性，不能不叫人惊叹不置。他没有研究那些学说，这对于他，对于法国来说，真是一件好事。”［德］弗里德里希·李斯特：《政治经济学的国民体系》，陈万煦译，北京，商务印书馆，1961年，第69页。

② 2003年12月18日，俄罗斯总统普京举行电视现场直播的年度问答会，重申美国领导发动的伊拉克战争没有得到联合国批准，是不合理的。他说：“我必须指出，在所有时代，大国、帝国总是因为一系列让其处境复杂化的问题而受到损害——这是一种无懈可击、不可一世、从不犯错的感觉。这种感觉总是伤害那些自称帝国的国家。我希望这种遭遇不会发生在我们的美国伙伴身上。”《普京警告美国勿重蹈帝国衰亡覆辙》。http：//www7. chinesenewsnet. com/gb/MainNews/Topics/2003_12_18_7_33_50_5. html。

(三) 印度洋及其北岸地区的地缘政治与印度未来安全

印度洋在世界海权体系的中心地位，尤其是印度洋北岸在世界资源政治中的中心地位使其成为近代以来世界霸权争夺的核心目标。在印度洋及其北岸地区有直接利害关系的大国是俄国、美国（第二次世界大战前是英国）和印度，他们之间是一种直接博弈的关系。欧洲和中国在这一地区的利害关系则属于间接博弈关系。

1. 印度洋北岸地区的大国地缘政治博弈

打通从中亚进入印度洋的战略通道，是自俄国彼得大帝以来所有俄国重要政治家的理想。彼得一世临终前在遗嘱中向后继者明确了他关于世界地缘政治的思想及争霸世界的战略目标："尽可能迫近君士坦丁和印度，谁统治那里，谁就将是世界真正的主宰。因此，不仅在土耳其，而且在波斯都要挑起连续的战争。在黑海边上建立船坞，在黑海边和波罗的海沿岸攫取小块土地，这对实现我们的计划是加倍必要的。在波斯衰败之际，突进到波斯湾，如有可能应重振古代与黎凡特（今中东和巴尔干南部）的贸易，推进到印度，它是世界的仓库。达到这一点，我们就不再需要英格兰的黄金了。"①

马汉曾从美国人的视角对俄国在印度洋的意图也有过分析，他说："不少人猜测俄国对印度也有野心。这如果是真的，那它就是从中间地带而不是两翼发起推进了。研究一下地图就可知道俄国在波斯的进展不仅会使它靠近海湾，也可能使它跨越阿富汗的山脉，如果暂不考虑阿富汗的艰辛环境和居民强悍性格所造成的困难。这样，俄国就能在阿富汗及其与北部地区的交通方面获取良好区位，从而便于进行针对印度的行动。"②

20 世纪 70 年代末，勃列日涅夫在中亚发动了自斯大林时代以来最大胆和最直接的行动：直接出兵占领阿富汗。对此尼克松写道："莫斯科已经打到离霍尔木兹海峡——西方石油咽喉上的战略性控制点——不到 300 英里的地方。从阿富汗西南部的基地，米格战斗机能够飞到海峡，而在这以前，它们是飞不到这个地方的。"尼克松分析说："整个西方联盟战略地位取决于可

① 《彼得一世遗嘱》，转引自李际均：《军事战略思维》，北京，军事科学出版社，1988 年，第 145 页。

② ［美］马汉：《海权论》，萧伟中、梅然译，北京，中国言实出版社，1997 年，第 231 页。

靠地获得波斯湾的原油。而这则需要我们成功地制止苏联为在这个地区获得占统治地位的影响所作的努力。”最后，尼克松呼吁美国政府“不仅必须作好准备，而且还必须使人们看到我们做好了准备。我们必须表示这种意志。我们还必须拥有可以使用的力量。我们在保卫我们在波斯湾的利益时可能冒有风险。可是，如果我们不去保卫这些利益，我们就会冒大得多的风险”。①

20世纪，大国在阿富汗的争霸并未随苏联解体而结束。在1999年波兰、匈牙利和捷克加入北约的同时，美国借科索沃战争成功地将其影响力首次嵌入俄国的传统势力范围——巴尔干半岛。2001年，美国借“9·11事件”将军事力量投入阿富汗。这样从西南两向堵死了俄国南下地中海和印度洋的陆上通道。在往后的若干年内，美国将通过整合中亚各种战略力量，逐渐消化在中亚已取得的地缘政治利益，以确保美国在印度洋北岸地区的制陆权和对印度洋的制海权。为此，布热津斯基1997年就开始为美国未来的地缘政治谋篇布局。关于中亚地区，他说：“美国的首要利益是帮助确保没有任何一个大国单独控制这一地缘政治空间，保证全世界都能不受阻拦地在财政上和经济上进入该地区。”针对遏制俄国南下的战略目标，布热津斯基将阿塞拜疆、乌兹别克斯坦和乌克兰列为该地区美国必须“给予最有力支持的国家”，并认为“这三个国家都是地缘政治的支轴”。② 其中，处于中亚中心位置的乌兹别克斯坦则最具战略意义。2003年11月，布热津斯基在接受俄罗斯《独立报》访谈中，当问及在2003年年底是否有必要对20世纪90年代写的《大棋局》中的观点进行修改的问题时，他说：“我认为没有必要做大的原则性修改。显然，出现了新情况，事态发展有了新特点，这些不能不引起注意。”他再次强调“从战略的角度看，乌兹别克斯坦是中亚的一个关键国家”，“乌兹别克斯坦是这一地区最重要的国家，因此美国如此重视与它的关系”。③ 2003年11月，格鲁吉亚发生亲美政权更迭，中亚的西大门向西方彻底敞开。2008年8月8日，第29届奥运会在“同一个世界，同一个梦想”的主题下

---

① ［美］尼克松：《真正的战争》，常铮译，北京，新华出版社，1980年，第108、115-116页。

② 参见［美］兹比格纽·布热津斯基：《大棋局——美国的首要地位及其地缘战略》，中国国际问题研究所译，上海，上海人民出版社，1998年，第197-198页。

③ 《布热津斯基寻找安全模式——华盛顿与塔什干的合作保证着中亚的稳定》，载俄罗斯《独立报》2003年11月11日。

在北京开幕的时刻，格鲁吉亚在美国的支持下向南奥塞梯发起攻击，遭到俄罗斯的有力遏止。

随着中国近年来的快速发展及对中东地区能源需求的急速增加，中国对其在中亚地区的地缘政治利益倍加关注。由于中国西气东输工程已经完工，中国东中部地区经济发展就与中亚富油地区的稳定息息相关。1996 年 4 月 26 日，中国、俄罗斯联邦、哈萨克斯坦、吉尔吉斯斯坦、塔吉克斯坦五国元首在上海举行首次会晤，建立“上海五国”会晤机制。2001 年 6 月 14—15 日，中国、俄罗斯、哈萨克斯坦、吉尔吉斯斯坦、塔吉克斯坦和乌兹别克斯坦六国元首在上海签署了六国联合声明。无疑，今后中国将会在与中亚各国日益紧密的经济联系中扩大在中亚地区的地缘政治利益，保证中国西气东输管道西端能源的稳定供应。

2. 位于世界地缘政治体系中心位置的印度安全

如果说历史上中亚地区大国关系本质上是英国及其后继者美国与俄国的博弈关系，那么，在印度洋地区的大国关系，则更多地表现为英国及其后继者美国与印度的博弈关系。关于这一点，印度人的认识具有悲剧色彩。

自印度独立后，印度洋的制海权从英国手中转到美国手中，印度始终对其海上安全保持警觉。印度现代海权理论的奠基人潘尼迦（K. M. Panikkar）认为：

> 二次大战结束后，美国成了至高无上的海军国。不错，它还没有能搞成世界海权国必备的一系列基地、油站、船坞等等，但是从它在对日战争中所表现的海军联合作战规模之大，以及从它在海军建设中强调航空母舰的重要，都说明了美国海军可以远离基地作战，实际上是爱在哪里动手就可以在哪里动手。它在太平洋上有珍珠港和马尼拉，又占领了从前日本手里的雅浦岛和关岛，真是不可一世。而对印度洋，美国战后确也搞了不少名堂。美国在阿拉伯、中东、巴林群岛的油权，表明了它同印度洋区域的联系正在大大增长。就是对伊朗的统一，阿富汗的建设，美国也是兴趣很浓。实际上，由于美国奉行到处“遏制”共产主义的政策，所以各国沿海，凡是共产主义可能插足的地方，此刻都成了对美国安全有关的地区。战后的世界形势给印度洋带来

的对立局面如此，它很可能又一次把印度洋变成一个主要的战略性战场。[①]

1950年，潘尼迦又被任命为首任驻中华人民共和国大使，这不能不说与尼赫鲁本人对第二次世界大战后印度安全大战略的考虑有关。

印度独立后首任总理尼赫鲁在对印度共和国历史有深远影响的《印度的发现》一书中说：

印度以它现在所处的地位，是不能在世界上扮演二等角色的。要么就做一个有声有色的大国，要么就销声匿迹，中间地位不能引动我，我也不相信中间地位是可能的。[②]

这里需要提及的是，有些中国学者写文章将尼赫鲁这句名言当做印度首届领导人在南亚地区“推行强权政治”和“印度中心论”的霸权主义心态的表白，[③] 其实，这是对尼赫鲁思想的误读。对于长期受英国文化教育，并对英国地缘政治学说有深刻理解的尼赫鲁而言，他在这句话中所表达的与其说是地区“强权主义”的野心，不如说是表达了他对存在于世界地缘政治体系中的中心海区并拥有巨大版图的印度能否长期完整存在的前途的不安和忧虑。[④]

印度的安全取决于印度洋的安全。1998年印度人民党竞选获胜，为了扭转日益恶化的安全困局，印度人民党政府日益重视印度洋安全。印度在成功拥有核武器的基础上，逐渐将国防资源向海上防务倾斜。据印度国防部年度报告：1996—2000年的国防支出中，陆军军费支出年均递增15%；空军约

---

① ［印］潘尼迦：《印度和印度洋——略论海权对印度历史的影响》，德隆等译，北京，世界知识出版社，1965年，第83-84页。

② ［印］贾瓦拉哈尔·尼赫鲁：《印度的发展》，北京，世界知识出版社，1956年，第57页。

③ 姜兆鸿，杨平学：《印度军事战略研究》，北京，军事科学出版社，1993年，第106、133页。

④ 曾任印度总督的寇松称：“没有印度就没有大英帝国。”转引自周一良，吴于廑：《世界通史·近代部分》（下册），北京，人民出版社，1972年，第262页。

9%；海军约 18%。[①] 2000 年之后，印度国防资源向海洋倾斜的趋势越发强劲。如下表所示。

1999—2008 年印度国防费按部门支出（亿美元）及所占比例

年份	陆军	空军	海军	研发	其他
1999	53. 1 (52. 2%)	23. 14 (22. 8%)	14. 76 (14. 5%)	4. 39 (4. 32%)	6. 29 (6. 2%)
2000	59. 28 (42. 7%)	23. 74 (17. 1%)	15. 671 1 (11. 1%)	6. 44 (4. 2%)	33. 8 (23. 5%)
2001	76. 82 (46. 0%)	25. 43 (15. 2%)	18. 48 (11. 1%)	6. 98 (4. 2%)	39. 25 (23. 5%)
2002	74. 35 (51. 4%)	24. 92 (17. 2%)	18. 14 (12. 6%)	6. 96 (4. 8%)	20. 24 (14. 0%)
2003	67. 75 (49. 3%)	24. 35 (17. 7%)	16. 54 (12. 0%)	6. 25 (4. 6%)	22. 50 (16. 4%)
2004	70. 16 (45. 2%)	29. 98 (19. 3%)	21. 95 (14. 2%)	7. 44 (4. 8%)	25. 58 (16. 5%)
2005	79. 69 (40. 6%)	50. 67 (25. 8%)	22. 46 (11. 4%)	8. 70 (4. 4%)	34. 96 (17. 8%)
2006	92. 86 (42. 1%)	52. 95 (24. 0%)	33. 46 (15. 3%)	12. 30 (5. 6%)	29. 23 (13. 2%)
2007	92. 51 (41. 3%)	50. 24 (22. 4%)	34. 2 (15. 3%)	12. 00 (5. 4%)	35. 27 (15. 7%)
2008	113. 98 (39. 8%)	68. 30 (23. 8%)	43. 64 (15. 2%)	15. 01 (5. 2%)	45. 78 (16. 0%)

备注：括号中的数据为各部门占国防总支出金额的比例。

来源：根据《中国国防经济》2009 年第 3 期提供资料整理。

由上表可知，1999—2008 年，印度陆军军费增长了 114. 7%，但在国防

① 据 Indian Defence Yearbook 2001（Natraj Publishers，India）提供的数据计算整理。

总支出中的比例却下降了 12.4%，空军和海军军费增长了 195.2% 和 195.7%，其在国防总支出中的比例却增长了 1%和 0.7%。这说明印度核武器试验后，印度的国防安全重心及相应的国防资源加速地向印度洋倾斜。

造成印度军费投入这一变化的原因是冷战结束后日益恶化的印度的安全环境。这不仅由于印度经历了美国发起于印度洋的海湾战争（1991 年）、阿富汗战争（2001 年）和伊拉克战争（2003 年）及其毁灭性的后果，而且还由于印度海上防务力量与美国在印度洋的军事存在严重不对称的现实。印度在印度洋地区已建立了以印度本土为依托的东自安达曼-尼科巴群岛，西到拉克沙群岛的海上防务体系，但这个体系也遭到美国北从阿富汗、沙特阿拉伯，南到迪戈加西亚岛的海陆打击力量的纵向切割。尤其是美国在印度洋上的军事力量经过海湾战争、阿富汗战争和伊拉克战争的牵动，日益向印度大陆逼近。

印度政治家注意到印度洋的制海权日益向美国人手里集中，而不是像 20 世纪 70 年代、80 年代那样被分散在苏美两家手中。冷战时期，作为印度洋东西屏障的中南半岛和巴尔干半岛都在苏联人手里，印度因支持苏联在阿富汗和越南在柬埔寨的军事行动而与苏越形成准同盟关系。也正是在这样的大背景下，印度于 70 年代初才可能肢解巴基斯坦和吞并锡金。苏联解体后，印度洋西翼的巴尔干半岛已脱离俄国的影响。在印度洋地区，美国不仅全面剥夺了俄罗斯在苏联时期的制海权，而且在一定程度上也获得了印度洋北岸的部分制陆权。“9·11”后，美国在印度洋洋面上对阿富汗和伊拉克实施的快速有效和毁灭性的军事打击，不能不在视印度洋为第一生命的印度领导人的心理上投下重重的阴影，并引起他们强烈的外交反弹。

就在美国于 2001 年底从印度洋上发起对阿富汗军事打击后不久，印度海军参谋长马德维德拉·辛格海军上将于 2002 年 1 月 19 日在印度南部港口城市科钦表示，印度军队拥有可信的反击能力，其造成的破坏程度超出对方的想象。印度海军拥有的火力已超出“足够”的范围，能执行任何类型的作战任务。在回答印度海军是否已在军舰上装载了核武器时，他强调，任何奉行“不首先使用核武器”的国家都会确保拥有海陆空三位一体的“第二次打击”的核能力。2 月 8 日，印度和俄罗斯签署一个涉及范围广泛的军事协议，为双方即将进行的数十亿美元的军火交易奠定基础。此前（2 月 6 日）美国《世界网每日新闻》转载美国战略预测公司发布的《印度扩展核能力》一文，文章认为：“印度的采购单清楚地反映了三个问题。第一，印度在集中发展海上能力。第二，它的战略计划范围已经扩大，并非专门针对巴基斯坦的威胁。第三，印度真正想成为一个核大国”，“它突出反映了新德里决心发展能够威慑南亚任何挑战的三位一体的战略核力量，并使印度取得该地区霸权地位。这是印度防务决策的主要目标”。“9·11事件”后，与美国投兵于阿富汗的方向相反，印度却着手加强其在印度洋的防御力量。2001年9月18日，印度国防部宣布成立安达曼-尼科巴战略防御司令部，它与印度大陆西侧的海军及印度大陆的陆军相呼应，在空军的配合下形成强大的陆海空一体化的综合国防力量，并对美国在印度洋上的迪戈加西亚基地形成犄角攻势。

为了消除长期以来国防布局存在的南北掣肘的被动局面，将有限的国防资源集中用于确保印度洋安全，印度在成功核试验造成的国际震荡基本平息后，果断采取步骤，在缓和印巴冲突和改善对华关系方面迈开较大的步伐。

2003年4月，印度总理瓦杰帕伊在向巴基斯坦伸出“友谊之手”之后，于6月访问中国。中印双方签署了《中印关系原则和全面合作宣言》。在这份文件中，印度政府首次明确承认，“西藏自治区是中华人民共和国领土的一部分”。这一承诺的意义在于，印度基本放弃了用分裂西藏的方式在印度北方建立中印缓冲区的安全战略。11月14日，中国和印度在上海附近海域举行有史以来第一次军事演习。2005年4月，中国国务院总理温家宝访问印度，中印双方签署了解决边界问题的政治指导原则。这是双方建立边界问题特别代表会晤机制后取得的重要成果，标志着双方在朝着最终解决长期悬而未决的边界历史遗留问题迈出了重要的一步。双方确认要以和平友好方式，本着相互尊重、互相谅解的精神，一揽子解决边界问题。双方边界问题特别代表将继续进行会晤和磋商，努力争取早日解决边界问题。

2008年1月，印度总理曼莫汉·辛格访华。双方一致强调，中印不是竞争对手，而是合作伙伴，要做好邻居、好朋友、好伙伴。双方发表了关于21世纪的共同展望文件，文件高度凝聚了中印就当今国际形势、两国关系及两国关系中的一些问题达成的重要共识，它向世界发出了中印两国要相互支持、共同发展、共建和谐世界的积极信号。辛格总理强调印度将继续恪守一个中国政策。双方决定提高相互经贸投资的水平，加强在能源、科技、环境等领域的合作。双方对两国双边贸易的发展提出了更高目标，即到2010年，双边贸易额要达到600亿美元；双方同意要择机启动两国关于区域贸易安排的谈判。双方要设立中印交流基金，鼓励两国人员特别是青少年交往；将2010年确定为举办“印度年”“中国年”的年份；还要加强两军的交往、防务对话，要在适当时候举行两军第二次反恐联合训练。双方也一致同意要进一步密切在国际和地区问题上的磋商与配合，共同应对传统和非传统安全领域的挑战。

3. 印度未来安全依赖于中国的发展

2003年6月，印度总理瓦杰帕伊在北京大学演讲时，间接引用了邓小平的名言说：如果中印携手，21世纪必将是亚洲的世纪。[①] 这句话婉转地表达了瓦杰帕伊对中印关系40多年曲折的看法，即如果中印之间还不能再次携手，21世纪仍不能成为亚洲的世纪。

这是一个重要判断，它不仅适用于启示今天，也适用于总结昨天。

1923年，列宁寄希望于印度、中国等东方国家，希望它们能呼应俄国社会主义的胜利，他说：“斗争的结局归根到底取决于这一点：俄国、印度、中国等构成世界人口的绝大多数。”[②] 印度独立和中华人民共和国成立后，中国、印度、苏联三国在20世纪50年代初有过一段蜜月时期，1950年中国抗美援朝更使中苏关系具有战略同盟的特点。苏共二十大后，苏联实行机会主义外交。1957年赫鲁晓夫认为只要美苏“两个最强大的国家”达成协议，“世界局势就将大大好转”。1959年9月，赫鲁晓夫访问美国，两国首脑举行戴维营会谈。会谈被苏联概括为以苏美合作主导世界的“戴维营精神”。此后，苏联开始抛弃中苏同盟关系，1960年初，苏联从政治和经济上全面与中国拉开距离。与此同时，印度在外交上转入“不结盟运动”。1962年，中印发生边境冲突，1969年，中苏发生边境军事冲突，至此，中国、苏联、印度三国自50年代以来的良性互动关系从高峰跌入低谷。70年代，苏联在中苏边界大兵压境，勃列日涅夫从世界范围向美国发起全面攻势，美国节节败退。印度乘机造成巴基斯坦与孟加拉的分离。1972年，美国总统尼克松访问中国请求与中国合作。此后中美之间形成反对苏联霸权的盟友关系，美国从亚太困境中由此得以抽身，全力反击苏联的扩张，最终导致苏联在阿富汗战争引发的国内危机中解体。苏联解体后，美国并未就此停步，开始从印度洋东西

---

① 《印度总理瓦杰帕伊北大演讲》，http：//www. pku. edu. cn/news/xiao_ kan/newpaper/994/1-2. htm。

② ［苏俄］列宁：《宁肯少些，但要好些》，见《列宁选集》，第4卷，北京，人民出版社，1972年，第710页。

两侧全面回收苏联时期的地缘政治遗产，并在北约东扩的同时，在西太平洋地区再次拉起意在堵截中国的从日本经中国台湾地区到澳大利亚的环岛链条。其间，印度再次以反华为借口，成功核试并成为事实上的有核国家。这引起美国对其在印度洋制海权的担忧。新世纪伊始，小布什上台后立即挥师印度洋并向中亚发起一连串的战争。

现在，美国军事力量已压入印度洋北岸。俄国、中国、印度这三个远东最大的国家中，俄国已经随苏联解体而衰落；就像多米诺牌一样，整个压力已推向中国。为了孤立中国，美国在中亚驻军后又开始拉拢印度，这无疑对印度是个机遇：印度可以从其机会主义外交政策中获取相应的安全空间和安全资源。但可以肯定的是，如果中国像苏联一样倒下，接下来美国打击的对象只能是印度；而且，在尼赫鲁预见的“有声有色”和“销声匿迹”的两种结局中，印度很可能被迫接受后者。

丘吉尔曾将印度比喻为“英王皇冠上的那颗真正最为光亮而珍贵的宝石”。[①] 西方人清楚世界地缘政治的中心在北印度洋。印度在其间又占据着关键位势。西方霸权国家明白占领印度，就占有了中亚资源和世界制海权的心脏。印度洋是地缘政治利益最密集的地方，是西方控制世界的关键海区，而只有像近代英国那样全面占领印度，才能彻底地控制世界资源和世界政治。从这个意义上来说，印度在未来面临的安全压力要比中国大得多。印度政治家现在跟美国打交道虽然有机会主义的成分，但其危险的处境他们也是非常清楚的。这一点我们可以从尼赫鲁写的《印度的发现》一书中体会出来。尼赫鲁在当时是对英国地缘政治思想理解比较深入的政治家，他知道印度生活在世界政治矛盾的火山口即世界海权的要害地区，所以他认为印度如果不能崛起为“有声有色”的大国，就必然要“销声匿迹”即面临被肢解的结局。

长时间以来，印度的国防总是在北方和南方之间徘徊。北方山区是古代印度的防务重心，而南方海区则是近代印度的防务重心。印度拥有核武器后，印度政治家们对北方安全的担忧已大为缓解，中印两个有核国家发生大战的可能性基本消失。这也是造成印度近几年来的国防投资迅速向海上倾斜的重要原因之一。印度政治家们已充分认识到未来印度国防的主要矛盾在海上。

---

① 转引自［印］哈瓦拉哈尔·尼赫鲁：《印度的发现》，北京，世界知识出版社，1956 年，第 580 页。

他们同时也可能意识到，中国的发展对印度的未来安全有正面意义：如果中国真的垮下去，印度在印度洋面对的霸权压力将不可承受；西方绝对不允许有像印度这样一个有民族个性的核大国控制，甚至存在于印度洋。鉴于印度洋安全压力的增大，核试验之后，尽管印度一些政府官员在不同的场合通过攻击中国为本国核试验辩解，但迄今为止，印度却没有采取什么有实质性的挑衅中国的外交举动。更值得玩味的是，印度一方面明修“中国威胁”的栈道；另一方面，其国防重心却在往印度洋暗度陈仓。当核试验产生的外交震荡过后，印度就采取措施改善与中国的关系。

4. 印度扩大在印度洋的作用有利于中国的发展

从中国方面看，印度在印度洋的发展有利于中国安全。印度越向印度洋发展，中国藏南边陲就越安全。同样，印度在印度洋的影响力越大，对美国世界霸权力量的牵制就越大。印度洋是西方的能源心脏，在全球战略中也是西方人优先考虑的目标。俄罗斯对印政策的主线是扩大印度在印度洋上的作用：它将大量军事装备，特别是海上作战装备卖给印度，支持他们发展海上力量。印度有人说发展海军是为了“遏制中国”，其实，这是在瞒天过海：要遏制中国，直接到印度北方边界就行了，干吗要跑到印度洋上。如果印度能从印度洋上遏制中国，那就意味着它更可以遏制其他海洋大国，这当然要包括美国。如果印度从印度洋上发射的远程导弹能覆盖中国主要城市，难道它就不能覆盖美国或其他西方国家的主要城市吗？历史经验表明，印度洋是印度未来安全所在；而21世纪初发生在印度洋北岸地区的由美国发动的几场战争更进一步表明：在印度洋面上，印度的真正对手已经主要是美国，而不是中国；对印度威胁最直接的就是美国以迪戈加西亚等基地为依托的军事存在。所以印度实力在印度洋上的任何发展首先触动的主要是美国及西方的利益而不主要是中国的利益。

值得说明的是，近年来，印度加强与越南的关系。印度有舰只进入中国南海的举动，被舆论认为印度有一个庞大的“印度洋控制战略”[①]。只要去过印度的人都不会怀疑，即使它有这样的想法，也无异于痴人说梦，因为在相当的时间内，印度根本不可能有相应的财力来支撑这样一个庞大的海洋战略。

---

① 高天：《扬威南中国海　印度海军西延东扩野心勃勃》，2001年3月13日《中国海洋报》。http：//www.coi.gov.cn/oceannews/hyb996/411.htm。

近现代史上，只有英国和美国这种垄断着世界资源的国家，才有能力实施这样的海洋战略。其次，如果印度真的实施了这样的战略，那印度首先威胁的更不是中国，而是美国及西方国家。中国南海的制海权目前在美国人手中，这里也是美国人的关键利益所在。报道中所列印度所要控制的“五大战略水道”，均触及美国至关重要的制海权利益。要实现这些目标，印度则需要有当年日本发动对美“太平洋战争”的财力、能力和胆量，目前来看这是不可想象的。尽管如此，印度急迫强化和扩大对印度洋制海范围的需求和努力，确是真实与合乎逻辑的。

我们应当注意，制海权是英美国家战略的命根子。苏联与美国矛盾的激化表面看是为中亚阿富汗，实则是为印度洋的制海权，因为在雅尔塔体系中，西方已向苏联让与了广大的陆上地缘政治空间；20 世纪 70 年代和 80 年代，中美关系改善的前提是中国还没有向太平洋发展的迫切需求，而 90 年代后期以来中美矛盾升级，也是由于中国在台湾问题和资源进口及海外利益保护问题上对制海权，尤其是西太平洋的制海权的需求日益迫切。鉴于西方国家——如前所述——在世界海权心脏即印度洋及其北岸地区与印度是一种直接博弈的关系，那么，可以肯定，不要说印度想有将其制海权“扩展到全球”的愿望，即使印度要想在北印度洋海区拥有真正有实效的制海权，它所面临的来自美国的压力决不会低于中国在台湾海峡和南海海区面临的同种压力，而这些海区对中印两国都具有生死攸关的意义。从这个意义上说，印度在印度洋上的扩展与中国台湾问题的解决及在西太平洋主权海域的制海权扩展，对印度和中国均有积极的互补意义。

（四）“麦金德悖论”与英美霸权的衰落——基于中国视角的经验总结①

19 世纪末，哈尔福德·麦金德的地缘政治学说在英国流行。1887 年麦金德在英国皇家地理学会上宣读《地理学的范围和方法》，1904 年又宣读《历史的地理枢纽》。前一篇论文在当时的英国被认为是“英国地理学的一篇经典文献”，后一篇论文则于 20 世纪 80 年代初在美国与达尔文的《物种起源》、马尔萨斯的《人口论》、爱因斯坦的《相对论》、潘恩的《常识》等 15

① 此部分内容刊发于《国际关系学院学报》2012 年第 5 期。

种书并列，被称为改变世纪的“巨著”①。英国牛津大学还为麦金德专设为期5年、薪水丰厚的讲师席位，并于1899年设立地理系，聘麦金德担任系主任。麦金德提出的地缘政治学说影响之大，由此可见一斑。但这种理论不仅没有挽救大英帝国，它还在随后的两次世界大战中被推向极端并加速大英帝国的衰落。这个现象值得关注。

1. 世界扩张理论与实践之间存在着“麦金德悖论”

1919年，麦金德将其地缘政治学说的基础部分即“枢纽地区”的内容提炼为更富有冲击力的“心脏地带”的概念，并以简洁的短句做出如下概括：

> 谁统治东欧，谁就能主宰“心脏地带”；
> 谁统治“心脏地带”，谁就能主宰“世界岛”；
> 谁统治“世界岛”，谁就能主宰全世界。②

麦金德这一经典表述，可以说是其地缘政治理论的经典概括。

“英国的海上霸业是在拿破仑战争时期全部完成的。”③ 而英国实现海洋霸权的关键是对其“心脏地带”即印度洋的控制。19世纪初，英国乘拿破仑在欧洲大陆征战的时机，在印度洋大举扩张且大获其利：1798年，英国攻占锡兰（斯里兰卡），1806年占领荷兰人在好望角的据点，1814年从法国人手中夺回毛里求斯，1826年从荷兰那里获得马六甲。1824年，英国人占领新加坡，这“可说是替英国在印度洋上的霸业安下了一块基石”④。印度驻中华人民共和国首任大使卡瓦拉姆·潘尼迦（Kavalam Madhava Panikkar）评价说：“英国，维也纳条约以来印度洋上唯一的强国，现在牢牢掌握了印度洋各处的战略要冲；得此海上凭借，它在印度的江山是坐稳了。从此英国就这样统治了整个印度洋。”⑤此后的印度洋，潘尼迦认为：“这就比别处更像是英国的一个内湖了。偌大的印度洋面，其他欧洲国家一点好处也沾不上手，就是在海洋附近的地方，亦复如此。”⑥

---

① ［英］哈·麦金德：《历史的地理枢纽·译者前言》，林尔蔚、陈江译，北京，商务印书馆，2007年。

② ［英］哈·麦金德：《历史的地理枢纽·引言》，林尔蔚、陈江译，北京，商务印书馆，1985年，第14页。

③④⑤⑥ ［印］潘尼迦：《印度和印度洋——略论海权对印度历史的影响》，德隆等译，北京，世界知识出版社，1965年，第68-69页。

拿破仑·波拿巴（Napoléon Bonaparte）在圣赫勒拿岛流放期间，看到英国利用欧洲战争在印度洋的收获，对当年放弃征服埃及追悔莫及。他认为他应该留在东方，征服阿拉伯、印度，成为东方皇帝而不是西方的皇帝。他说："如果我占领了阿克尔，我就可以进攻印度。谁统治埃及，谁就能够统治印度。"关于英国人在印度的统治，他说，如果他带着一小队人到印度去，就能把英国人赶跑。[①]

印度洋处于麦金德学说中的"心脏地带"，英国前首相丘吉尔（Winston Leonard Spencer Churchill，1874—1965 年）把印度称为"英王皇冠上的那颗真正最为光亮而珍贵的宝石"[②]。根据葡萄牙人和荷兰人退出印度洋的经验，英国人明白，如果没有对印度次大陆的全面占领，英国已拥有的对印度洋的制海权是得不到持久巩固的。1757 年，英国人发动普拉西战役，印度战败，英国占领孟加拉。拿破仑战争后，英国清除了所有印度洋上的对手，便将目光瞄向整个印度次大陆。1857 年，英国镇压了印度民族大起义并由此形成对印度的绝对统治。1858 年英国取消东印度公司，改由英女王直接统治印度。

潘尼迦认为："自从 1805 年法国舰队在特腊法耳加[③]被歼之后，在整个 19 世纪，英国是世界上唯一拥有制海权的国家，这是英国当之无愧称得起威镇四海的世纪。"[④] 如果不算 1757 年普拉西战役后英国在印度洋上形成相对优势的时间，我们仅从拿破仑失败后的 1815 年的维也纳会议算起直至第二次世界大战结束的 1945 年英国开始退出世界霸主地位，英国对印度洋绝对制海权的时间大约有一个半世纪之久，此间英国对印度洋的绝对制海权成了英国建立世界海权从而世界霸权的关键支柱，它是如此坚固以至英国在这一百多

---

① ［苏联］叶·维·塔尔列：《拿破仑传》，任田升等译，北京，商务印书馆，1976 年，第 382 页。

② 转引自 Jawaharlal Nehru：The Discovery of India，Teen Murti House，1999：438。

③ 又译"特拉法尔加"，19 世纪初英国舰队与法国、西班牙混合舰队在西班牙特拉法尔加角（Cape Trafalgar）附近海战。1805 年秋，第三次反法同盟形成，拿破仑决定进军奥地利，于同年 9 月 14 日命令泊于加的斯港，由法国海军上将维尔纳夫指挥法、西混合舰队驶入地中海，进攻那不勒斯，以牵制同盟国在意大利的军队。10 月 21 日，法西混合舰队与纳尔逊指挥的英国舰队遭遇。法西混合舰队战败，维尔纳夫被俘，英舰未有损失，但纳尔逊受伤。这次海战使英国取得了延续一个多世纪的海上霸权。

④ ［印］潘尼迦：《印度和印度洋——略论海权对印度历史的影响》，德隆等译，北京，世界知识出版社，1965 年，第 69 页。

年间能够相继挫败俄国人、德国人乃至日本人向印度洋发起的全面进攻。而这样的“战绩”，美国至今也难以企及。

近代历史表明，只有一流国家才能获得对印度洋的制海权，而只有最终占领印度大陆的国家才能获得对印度洋的绝对制海权。从这个意义上说，印度洋是实现世界海权的“心脏地带”。比较此前的葡萄牙、西班牙、法国以及后来的美国等霸权国家，可以说英国是控制印度洋时间最长的帝国，其巅峰时期，印度洋俨然成为“英国的内湖”。理查德·米尔豪斯·尼克松（Richard Milhous Nixon）看得明白，他说：“英国不仅控制了海湾，而且还控制了从印度洋各个地区来到海湾的通道。印度洋各个地区包括新加坡、马来亚、缅甸、印度、锡兰、亚丁、苏伊士、肯尼亚、南非、澳大利亚、迪戈加西亚和印度洋的其他岛屿，这些地方在以前某个时候全是英国属地。波斯湾和波斯湾外面的印度洋都是‘英国的内湖’。”①

英国之所以能做到这一点，是因为英国对印度的百年占领；换言之，正是英国对印度的百年占领，才得以拥有其在印度洋上建立绝对制海权所需要的巨量的物资支持；同理，不能在印度洋内就地获得这巨量的物质资源支持，也是今天美国这样的海洋强国不能对印度洋形成“英国式”控制的原因。

但是，历史的辩证法是无情的。对印度洋的占领使大英帝国的扩张和随之而来的繁荣达到顶峰，接踵而至的就是英国转入——尽管速度很慢——衰落。第一次世界大战使英国的世界霸权受到重创，此后印度出现民族独立运动。第二次世界大战中，英国先经德、意、日法西斯在世界范围的合击，后又遭美、苏合谋及印度本土民族独立运动的多重打击，最终被逐出印度洋。1956年苏伊士运河危机，是英国向印度洋的最后告别。② 似乎是历史的讽刺，就在麦金德对英国海洋实践做出如此经典的理论总结且因此誉满全球的时候，他却看到了帝国的黄昏。好在眼不见为净：1947年3月6日麦金德去世，同年8月15日印度和巴基斯坦分治，印度独立。

可能是历史没有在较短的时间内提供足够多的教训，麦金德的“心脏地带”理论与英国实践上存在的上述悖论现象不仅没有引起后人的警觉，相

① ［美］尼克松：《真正的战争》，常铮译，北京，新华出版社，1980年，第92-93页。

② 关于这段历史，可参阅《世界霸权与印度洋——关于大国世界地缘战略的历史分析》，见张文木：《世界地缘政治中的中国国家安全利益分析》，济南，山东人民出版社，2004年，第104-126页。

反，它在包括美国在内的后发强势国家中还得到激赏并被大规模地推向实践。如第二次世界大战期间的希特勒联手苏联击败欧洲，又回头与苏联冲突以争夺东欧和小亚细亚的政策①、“二战”后美国乔治·凯南（George Frost Kennan）的遏制理论②以及以“艾森豪威尔主义”③命名的与苏联抢占中东的政策、苏联勃列日涅夫时期在对“心脏地带”的两翼战略布局完成后向阿富汗实行最后一击的政策，特别是21世纪初小布什上台后直击阿富汗和伊拉克的政策，都有明显的麦氏“心脏地带”的烙印，这些政策的结果也无一例外地使实施它们的国家的国力因此透支并走向衰落。

第一次世界大战前后，列强之间多为市场争夺，第二次世界大战前后，列强转入对资源的争夺。这时世界地缘政治发生的重大变化是资源政治与地缘政治在时间和空间上合二为一并以前者为主要矛盾的主要方面。在这新的地缘政治视野中，麦金德“心脏地带”理论被注入资源政治的内容，而作为世界现代工业动力基础的矿物资源分布相对比较集中的印度洋沿岸地带与麦金德的“心脏地带”又恰巧重合。这样，印度洋在世界地缘政治体系中的关键意义在战后进一步得到大国政治家的高度重视。曾在20世纪70年代初任美国总统的理查德·米尔豪斯·尼克松，更将麦金德“心脏地带”的理论注入资源政治的内容并使前者服从于后者。苏联出兵阿富汗不久，尼克松出版

① 1940年11月25日，莫洛托夫邀请德国驻苏联大使舒伦堡，表示“苏联准备接受里宾特洛甫在柏林提出的德、意、日、苏四国关于实行政治合作和经济互助的公约”，其重要条件是要求德方“承认总方向面对波斯湾的巴统和巴库以南的地区为苏联领土意向的中心点”。沈志华：《苏联历史档案选编》，16卷，北京，社会科学文献出版社，2002年，第166页。

② 乔治·福斯特·凯南（George F. Kennan，1904—2005年），美国“遏制”政策提议人。1946年2月22日，时任美国驻苏联使馆代办的乔治·凯南向国务院发回长达5 542个英语单词的明码电报，这封电报被认为是导致美苏冷战的先声。在电报中凯南对苏联的内外政策进行了深入的分析，提出了对付苏联的长期战略。1947年7月7日，美国前驻苏使馆代办凯南化名“X”，在同年7月出版的《外交季刊》上发表《苏联行为的根源》一文，明确提出“遏制（containment）战略”并被美国政府所采纳。

③ 1957年1月5日，美国总统艾森豪威尔向国会提出《对中东政策特别咨文》。主要内容是：由国会授权总统动用2亿美元给中东国家以经济和军事援助；只要这些国家面临“国际共产主义控制的任何国家的武装侵略”，总统有权应这些国家的请求提供武力援助。特别咨文的基本原则被称为“艾森豪威尔主义”，成为美国在中东地区扩张势力的重要纲领，此后美国竭力利用英法两国地位削弱的时机“填补”中东地区出现的“力量真空”。

《真正的战争》，其中对阿富汗地缘政治位势的分析可视为美国中东中亚政策最到位的注脚。他写道："波斯湾的战略重要意义今天集中于两个因素：它的位置和它的石油。军事力量和经济力量现在都有赖于石油。这个基本事实在20世纪最后这几十年里使波斯湾成了全球风暴的风眼。"① 1988年，尼克松出版《1999：不战而胜》，再次强调美国必须在"心脏地带"遏制俄国人的极端重要性。他说："我在1979年苏联入侵阿富汗后不久出版的《真正的战争》一书中把波斯湾称为西方的'石油咽喉'。我曾写道，如果有朝一日苏联控制了波斯湾地区的石油资源，克里姆林宫就可以通过威胁扼杀以石油为动力的西方经济，来对西方进行讹诈。今天的情况仍然如此——至少在本世纪剩余的年月里，这种情况仍然将继续下去。"②

尼克松可能是罗斯福之后美国人中对麦金德地缘政治学理解最为深刻，同时也是在其误区中陷得最深的政治家：他认识并创造性地发展了麦金德的"心脏地带"学说，并使美元与黄金脱钩后迅速与石油挂钩，成为"石油美元"，他要求美国政府从国家生死存亡的高度牢牢控制"心脏地带"的主导权。可能是由于此时的美国继承大英帝国遗产不久，还没有更多的世界治理的经验，这使得尼克松——如果再往前说还有凯南的"遏制理论"——在将地缘政治理论推向深入的同时，也反使美国更深地陷进"麦金德悖论"的泥淖之中。尼克松呼吁美国政府：

今天，美国是唯一有能力在波斯湾保护西方利益的国家。亲西方的波斯湾国家都不够强大，无法承担这项工作。我们的欧洲盟国也都无力或没有决心来完成这项任务。因此，我们必须站起来解决这一至关重要的问题，但是迄今为止，我们还未这样做。③

在外交战线上，我们一定不能够允许莫斯科在谈判桌上赢得在战场上得不到的东西。阿富汗不是一个像文化交流计划那样的小问题，不应该在首脑会晤中为了缓和气氛而把它放弃掉。它是一场重要冲突，将决定谁在美苏争夺中获胜。④

---

① ［美］尼克松：《真正的战争》，常铮译，北京，新华出版社，1980年，第88-89页。

②③④ ［美］尼克松：《1999：不战而胜》，王观声等译，北京，世界知识出版社，1997年，第127、131、158页。

但是，理论上的推进并没有给美国带来外交实践上的进步。美国对印度洋的控制远没有达到当年英国那样的水平，但为了控制印度洋透支国力的速度却远超过当年的英国。

不错，与19世纪的英国一样，美国曾在中亚地区成功地阻止了苏联对阿富汗的占领，但美国没有由此形成当年英国那样对印度洋的有效和持久的控制。如果说，勃列日涅夫出兵阿富汗是苏联利用当时美国的颓势实现19世纪没有实现的向印度洋冲刺的战略目标，那么，1991年和2001年布什父子俩[①]也是利用当时苏联的颓势及其解体后出现的机遇，试图在“心脏地带”实现“英国式”（即陆地占领）的推进。美国在1999年的科索沃战争中拿下印度洋西侧的巴尔干半岛——这与当年苏联利用越南拿下印度洋东侧的中南半岛而后进军阿富汗的路径相似——并以此为小布什2001年发动阿富汗战争、实现对中亚的军事占领做了铺垫。老布什通过帮助科威特收复国土实现了军事力量在海湾地区的“英国式”部署，这为小布什在任期内大规模挥师中亚做了前沿铺垫。但不出意料的结果是，美国在伊拉克被搞得灰头土脸，随之而来的便是2008年美国的金融危机和从伊拉克的撤军。

2. “麦金德悖论”及其产生原因的历史分析

英国和美国当然还有俄国在中亚多次失败的教训说明：麦金德的地缘政治理论是有缺陷的，集中表现是其理论上的合理性与实践上的不可行性之间存在着严重的悖论。我们不妨将这种现象称之为“麦金德悖论”。

造成这种悖论的原因，从实践上分析是由于世界上没有一个国家的国力，尤其是海权国家的国力可以支持其从本土扩张至麦金德“心脏地带”的战略目标，在理论上分析更是在国家战略能力和目标之间缺乏资源和运用资源经验的维度。“巧妇难为无米之炊”的古训，在不成熟的理论家或政治家那里得不到应有的重视。他们缺乏的并不是理论逻辑训练而是运用国家资源的经验积累，因此他们设计的目标往往超出资源许可范围，其结果无一不是陷在理论目标的合理性与其实践的不可行的悖论中不能自拔并最终走向失败。

资源的绝对有限性与发展的绝对无限性的矛盾，以及由此引导出的国家力量的绝对有限性和国家发展需求的绝对无限性的矛盾，是人类及其赖以生

---

① 即美国第41任总统乔治·布什（1989—1993年）及其长子美国第43任总统乔治·沃克·布什（2001—2008年）。

存的国家发展自始至终面临的基本矛盾。前一种矛盾决定了国家间的斗争贯穿人类发展进程的始终，不管这种斗争采取什么形式，它是人类文明进步的基本动力；后一种矛盾使国家在抗力接近的条件下有了强弱转化的空间。国际关系好比小孩子手中玩耍的橡皮圈，不管他翻出多少花样，它的伸展总有其资源允许的底线和极限。超越了极限，国家就会由强转衰；过了底线，国家主权就会受到伤害。如果橡皮筋的某一边被拉断，则意味着沿此扩张的国家因力量不支而失败，轻则导致国际体系的局部重组，重则会导致“橡皮圈”即整个国际体系的崩盘。

国家为获利而扩张，也为过度扩张并由此透支财力而衰亡。造成这种规律性现象的原因是扩张规模如此之大以至需要更多的财力来巩固已有的扩张利益。保罗·肯尼迪说：

> 财富永远是加强军事力量的基础，而获利并保护财富又往往需要军事力量。然而，如果一个国家把过多的资源用于军事目的而不用于创造财富，那么，从长远看，就很可能导致该国国力的削弱。同样，如果一个国家在战略上过分扩张——如侵占大片领土或发动耗资巨大的战争——那么它就会冒这样的危险：为此耗费的巨资可能超过对外扩张所带来的潜在利益。16世纪西欧进步以来，大国体系中各领先国家——即西班牙、荷兰、法国、英帝国和当今的美国等——的勃兴而后又衰落的历史说明，从长远看，生产能力获取收入的能力同军事力量两者之间有很重要的相互关系。①

这从扩张中获利到失利之间的关节点，对世界霸权国家来说，就是麦金德所说的“心脏地带”。20世纪60年代，美国曾将其战线拉得太长，透支了国力并使国家出现衰迹，这才有了尼克松的调整及其后的中兴。苏联勃列日涅夫时期将战线拉向全世界，到戈尔巴乔夫时期来不及调整反导致苏联解体。国家扩张的原则是不能将国力“拉断”，这是极限；国力收缩的原则是不能缩得受到入侵，这是底线。只要找出这两点之间合理的比例关系，建立其上的理论和实践之间才能避免上述悖论。而要做到这一点，在相当的情况下，

① ［美］保罗·肯尼迪：《大国的兴衰——1500～2000年的经济变迁与军事冲突》，蒋葆英译，北京，中国经济出版社，1998年，第2页。

仅凭书本上的逻辑知识是不够的，它还需要实施政策的经验。但从历史所呈现给我们后人的经验看，迄今为止，还没有一个大国的扩张能越过麦金德的“心脏地带”；也就是说，每当世界霸权国家的扩张“皮筋”拉到这一地区，其扩张就开始出现逆转并陷入“悖论”怪圈之中。

从某种意义上说，战略哲学就是在战略力量使用上拿捏分寸的学问。关于此，早在250年前的卢梭就有经典的论述，他在《社会契约论》一书中说：“征服一个国家要比治理一个国家容易得多。有一根足够长的杠杆，人们只消用一个手指头便能够撬动全世界，可是要担负起全世界来，却非得有赫居里士[①]的肩膀不可了。”[②] 据说拿破仑是卢梭的信徒，但拿破仑没把握好卢梭哲学的精髓，在其事业巅峰时入侵俄罗斯，要担负只有赫居里士才能担负的重担，结果失败了。“二战”前罗斯福明白卢梭哲学的要义，他与斯大林合作，保证了美国在“二战”后步入世界舞台中心。此后的大多数美国领导人的战略认识日益远离哲学境界，步拿破仑的后尘，要接过赫居里士肩上的重任，到处透支国家力量，最终导致它今天的衰落。与英国相比，美国，尤其是“二战”以后成为世界霸权的美国，是外交理论最缺经验维度，因而最容易陷入“麦金德悖论”并更快衰落的国家。

美国接手英国世界霸权后不仅没有英国那样的物质条件，而且还没有当时英国所处的历史条件。由于有印度殖民地巨量资源的支撑，英国占领印度洋后出现的衰落速度要比今天的美国慢得多。况且英国独控印度洋时，印度、埃及和中国的国运均处颓势，其国家内部也是动荡不止（比如印度民族冲突、中国的太平天国运动等），外部冲突加剧（比如中国和英国的两次鸦片战争、印度反抗英国殖民统治的大起义、埃及和奥斯曼帝国的埃土战争等），而英国正处鼎盛时期。1856年在克里米亚成功阻挡俄国南下争夺地中海后，英国就挥师印度洋和太平洋，向同期的中国和印度这两个东方最大的国家同时开战并取得胜利。由此形成对印度洋的绝对控制权。第二次世界大战结束后，美国罗斯福总统为了打倒欧洲的世界霸权，释放出民族自决运动的浪潮。这场运动冲垮了欧洲殖民势力并建立起一系列独立的主权国家。但令美国人

---

① 赫居里士（Hercule），亦译赫丘利。罗马神话中的大力神，即希腊神话中的赫拉克勒斯（Hercles）。

② ［法］让·雅克·卢梭：《社会契约论》，何兆武译，北京，商务印书馆，2003年，第125页。

意料不到的是，经验老辣的英国人在被迫向美国移交霸权时，不动声色地大幅提升了美国掌控这个“心脏地带”的难度：英国借力打力，在印度洋地区释放出南亚最大的主权国家印度；在印度的东西两翼即亚洲和非洲还暗助中国[①]和埃及消耗美国。这样，美国独控“心脏地带”的目标反成了消耗美国从而导致美国衰落的原因。

美国人在20世纪五六十年代投入了朝鲜战争和越南战争，这是美国试图通过陆战实现对这两个国家“英国式”占领的初试。虽然其扩张还没到“心脏地带”，而且美国还出动了远比19世纪英国更多的兵力，但结果却败得让美国人至今也不堪回首。一句话，20世纪下半叶，美国从英国手中接收过来的世界已失去了海洋国家赢得大陆战争的有利条件；而印度、巴基斯坦、朝鲜等国家拥有核打击能力后，情形就更是如此。

“二战”后民族国家纷纷独立，这时的美国已无力对这些国家发动任何一场能实现“英国式”占领的陆地战争，而没有陆地的占领，就不可能有19世纪英国那样的对关键海域的绝对制海权及由此建立的海洋霸权；而没有“英国式”的绝对制海权，美国就不会获得稳定的海外资源回流及由此带来的国内政治的稳定。“二战”结束之初的美国人明白这样的逻辑关系，它缺乏的只是在现实中联接起这些逻辑环节的能力和经验。

近代以来的历史经验表明，绝对的制陆权来自绝对的制海权，而绝对的制海权同样也来自绝对的制陆权；没有陆战的胜利，海战的效果就会大打折扣。“从近三百年的历史来看，任何强国，只要掌握住绝对制海权，又有力量打得起陆战，就可以控制印度帝国，独占其贸易，剥削其无穷资源。”[②] 潘尼迦的话

---

① 1949年10月6日，英国领事格拉汉奉命以“备忘录”的形式告知周恩来说“英国政府仔细研究了中英关系的漫长历史，提议通过领事代表立即建立‘非正式的关系’”。10月17日，杜鲁门与艾奇逊谈话时说：“英国人在这件事情上对我们做得不太地道。”（参阅《柯乐博致艾奇逊》（1949年10月11日）、《艾奇逊和杜鲁门谈话备忘录》（1949年10月17日），见陶文钊：《美国对华政策文件集1949—1972》（第1卷上），北京，世界知识出版社，2003年，第157、160页。）英国于1954年6月17日与中国建立代办级外交关系。英国的对华承认态度对一些欧洲国家及英联邦等国家产生影响。1949年底和1950年先后有缅甸、巴基斯坦、锡兰、阿富汗、印度、印度尼西亚、越南等亚洲国家和挪威、丹麦、芬兰、瑞典、瑞士、列支敦士登等欧洲国家率先承认了中华人民共和国。

② ［印］潘尼迦：《印度和印度洋——略论海权对印度历史的影响》，德隆等译，北京，世界知识出版社，1965年，第81页。

可谓英国控制印度洋的经验之谈，而这样的经验似乎对后来的美国人，甚至对美国之后的可能的世界霸权国家来说，都成了天边那渐行渐远的彩云。

潘尼迦说的这些道理，美国人也不是不知道，更不是不愿去做，而是做不到。朝鲜战争后，美国人换了思路，试图通过地区集体结盟的形式替代“英国式”的直接占领：1950 年 10 月 17 日，美国同泰国签订《军事援助协定》；1951 年 8 月 30 日，美国与菲律宾签订《共同防御条约》；9 月 1 日，美国与澳大利亚、新西兰签订《澳新美安全条约》；9 月 4—8 日，美国、英国、法国等 48 个国家在没有中国、苏联等战胜国参加的情况下单方面与日本签署了《对日和约》（即《旧金山和约》），与此同时，美日也签订了《日美安保条约》；1953 年 8 月 8 日，美国与韩国签订《美韩共同防御条约》。1953 年 7 月 27 日《朝鲜停战协定》签订后，美国对中国的封锁链条从单边扩大到广泛的多边集体条约，从中国东部延伸到中国西部。1954 年 9 月 8 日，美国联合英国、法国、澳大利亚、新西兰、菲律宾、泰国和巴基斯坦签订《东南亚集体防务条约》；1954 年 12 月 2 日，美国与台湾当局签订《共同防御条约》，1955 年 2 月，美国拼凑起所谓的“巴格达条约组织”。当这些所谓的“集体安全”链条建立起来后，令美国尴尬的是，面对一个个嗷嗷待哺的盟国，美国用于“维修”这一串串防务链条的代价不比直接占领更少，其效果对美国外交来说——比如 1955 年的万隆会议——更是添乱。这又迫使美国重新回到“英国式”直接占领的思路，为此美国挑起越南战争并再次陷入其中不能自拔。尼克松上台后大幅收缩战线、暂时放弃了遏制中国的目标、压缩了美国为这些盟国承担的义务，这才使美国度过了战争失败带来的国家危机。

在古巴导弹危机中对苏联的胜利曾骄纵了美国挥师越南的万丈雄心；苏联的解体和美国在海湾战争中的胜利，再次燃起 20 世纪五六十年代美国政治普遍存在的“凯南式”冲动，21 世纪初的美国人再次考虑如何才能扩大由这些胜利带来的红利。这时他们的目光再次转向麦金德的、甚至更早先的克劳塞维茨的经典陆权学说，认为如果没有对中东的直接陆地军事控制，中东石油利益对美国只能是若即若离并令人不安的雨后彩虹。

小布什上任前夕，时任美国陆军学院院长的罗伯特·斯格尔思（Robert H. Scales）明白直言，不管美国军事技术如何进步，最终也替代不了陆军占领的军事效果。他告诫：“在 21 世纪，我们国家军事战略的两根支柱将继续是前方存在和力量的投送。”① 而“持续存在”的前提就是前沿的陆军部署即“直接控制陆地”。在总结美国面临的各种挑战后，斯格尔思写道：

虽然上述军事挑战的根源不同，种类不同，对美国利益的威胁程度也不同，但它们都有一个共同点：在每一种挑战中，战略胜利最终将要求直接控制陆地、人民和资源。与发展中国家对抗时，战争目的很可能是领土的控制。在与第三世界的对抗中，则很可能是人口的控制。镇压恐怖分子和其他非政府挑战者将要求剥夺他们的政治、心理和物质支持。②

战争是意志的考验。最有把握使敌人意志崩溃的办法是控制他的领土。如果没有实际占领，战争只能仅仅是远距离的惩罚，是任何一个想要抵抗的国家都能无限期忍受的东西。③

最后，罗伯特·斯格尔思似乎是在为即将上任美国国防部长的拉姆斯菲尔德做政策规划，④ 他提醒美国政府：

如果在下个世纪很长的时间里，我们还要像一个军事大国那样有发展能力，我们必须极大地改进夺取和控制地面的能力。我们必须将速度和灵活性建造在我们的战争系统之中，使得在通过大片地域时能不受阻碍地机动。我们必须像我们现在精确和灵活地把炸弹投掷在远距离目标上一样，能将战斗部队精确和灵活地部署在关键地点。

如果我们有能力将部队部署在广大地区，而且还能在敌人最脆弱和最虚弱时迅速地集中这些部队，那么我们就能在敌人自己的控制区域内将其打败。⑤

我们真的不知道时任美国国防部长的拉姆斯菲尔德是否了解到罗伯特·斯格尔思的意见，但从其在2001年、2003年发动的阿富汗和伊拉克战争分析，美国在这两场战争中的作战目标已与海湾战争和科索沃战争有了本质的

①②③⑤ ［美］罗伯特·斯格尔思：《未来战争——美国陆军学院最新理论》，薛国安、张金度译，北京，国防大学出版社，2001年，第36、83、84、114页。

④ 罗伯特·斯格尔思曾在美国国防部历任作战与计划副参谋长办公室下属的战略计划和政策处处长、陆军参谋部助理主任、作战与计划副参谋长办公室下属的“沙漠风暴”行动专门研究小组主任和陆军部作战战备和动员司令部主任。

不同，即从海空打击转变为地面的纵深占领。如果读了罗伯特·斯格尔思的书后会发现拉氏指挥的美军在阿富汗和伊拉克的作战样式与斯格尔思的观点，尤其是与其“领土占有”的观点有相当的契合。

斯格尔思的军事观点是否正确呢？可以说，它在理论上和逻辑上是绝对正确的，但由于缺乏资源供给或资源运用的经验，其实践结果让美国很是难堪：拉姆斯菲尔德在伊拉克和阿富汗失败了。与此前的朝鲜战争继而越南战争中的麦克阿瑟和麦克纳马拉辞职的结果一样，拉氏在2006年辞职，此后美国陆军便从伊拉克的领土上退了出来。

逻辑正确的理论却在实践上不可行，继英国之后美国再次遭遇到“麦金德悖论”的尴尬。

3. “麦金德悖论”反映了霸权国家不可克服的内在矛盾

“战争的伟力之最深厚的根源，存在于民众之中。”[①] 事实上，霸权国家推行世界扩张政策的真正阻力来自世界被压迫的民族和人民，而技术，尤其是高技术可以解决一部分矛盾，但解决不了一切矛盾，尤其是压迫者与被压迫者的矛盾；而当推行扩张政策的国家开始与世界人民为敌的时候，这个矛盾基本就是无解。经验上看，英美海权国家的扩张在到达印度洋之前，它们与扩张地区的矛盾依其国力尚有调整的余地，但当它们进入印度洋及其北岸地区后，其一路所获的利益已使其与世界人民为敌。正因此，尼克松才说印度洋地区是“全球风暴的风眼”。[②]

深陷在技术拜物教的美国人大多不承认这个道理，他们认为一切皆可技术解决。一旦军事技术有了什么新突破，他们就开始想入非非，其战略制定也就容易脱离实际，其战略目标常常大到不与一切人为敌则不能罢休的地步。这时，美国从世界扩张带来的利益就日益不足以弥补其为巩固原有扩张成果所付出的代价。千夫所指，无疾而死，这样的战略是没有不失败的。

地缘政治，本质上反映的还是人地关系，也就是我们常说的“一方土地养一方人”的道理。人当然是在特定社会结构中的人，因此，特定的社会结构是影响地缘政治表现水平的深层次的内容，而地理环境则不过是不同社会

① 毛泽东：《论持久战》，载《毛泽东选集》第2卷，北京，人民出版社，1991年，第511页。

② ［美］尼克松：《真正的战争》，常铮译，北京，新华出版社，1980年，第88-89页。

结构的物质载体。同一地理环境，配之以不同的社会人群，其表现出的人地关系及由此产生的攻击或抵抗能量是完全不同的。

那么，麦金德的“心脏地带”是一种什么样的社会结构呢?

我们知道，麦金德的地缘政治理论是现代工业文明条件下的认识成果，但位于麦金德理论的“中枢”或“心脏”地带的中亚地区的社会结构还处于前工业化时代，整个社会细胞由社会化程度很低的松散部落群构成；与其相应，建立其上的政治结构多呈蜂窝状，局部的破坏不仅不影响它的整体，它自身还会迅速繁衍加以修补。这样的中亚地缘环境对现代工业国家的扩张而言就有了“百慕大三角”的特征。与当年英国在中亚的遭遇一样，美国目前在中亚真正的“敌人”既不是塔利班，也不是伊朗，而是中亚蜂窝状的社会结构：局部损失不影响整体，而且还能很快使这种损失得到自我修复。这样的社会结构就像一块大海绵，有多少外来资源都能被它吸干。这种蜂窝状社会包围却又不依赖大城市，是一种“农村包围城市”式的存在。部落居民不依赖城市商品生存，他们之间互不隶属，在任何地方都能战斗：一把铁铲、撒一些种子就能生长出粮食；有粮食就有人繁衍，“野火烧不尽，春风吹又生”，只要有人繁衍，就有战士，有战士，反侵略的战斗就不会终止。生活在这样的社会结构中的人群紧紧地镶嵌在当地以高原山地为主的地缘政治环境中，如果不能像对待印第安人那样将其全部灭绝，是很难用现代工业社会中产生的军事手段加以对付的。这就可以解释麦金德的“心脏地带”何以反成了埋葬世界征服者的“坟场”的原因。曾经横行世界的英国在19世纪三次侵入阿富汗，都败了；20世纪末期的苏联和21世纪初期的美国也是一样。尽管如此，吃尽了苦头的世界霸权国家及其地缘政治理论至今仍没有对此加以深刻解释，致使它们的扩张如飞蛾扑火，前赴后继，深陷中亚并使其国家或快或慢地走向衰落。

这是一种被马克思称作“亚细亚”① 的社会结构，它不仅是中亚国家的基础，也曾是整个东方国家的基础。英国人在海上打败中国，可在中国三元里却败在老百姓手中。美国曾打败了已进入工业化时代的日本和德国，却打不败朝鲜和越南；曾拿下已进入现代工业水平的南斯拉夫，却至今也控制不

---

① “大体说来，亚细亚的、古代的、封建的和近代资产阶级的生产方式可以看做是社会经济形态演进的几个时代。”［德］马克思：《〈政治经济学批判〉序言》，见《马克思恩格斯选集》，第2卷，北京，人民出版社，1972年，第83页。

了中亚。当它们轻率地进入中亚后，就仿佛来到中国黄河岸边，跳得越起劲，陷得就越快越深。

那么，美国人难道不明白其世界扩张给它带来的上述困境吗？倒也不是，明白人在美国还是有的。曾任陆军部长助理并参加过巴黎和会的沃尔特·李普曼（Walter Lippmann）就是美国人在“二战”后最不冷静时期的最冷静的战略思想家。1947 年凯南在《外交季刊》上发表那篇著名的论文《苏联行为的根源》后不久，李普曼就在《纽约先驱论坛》上陆续发表文章批评凯南的“遏制”政策。李普曼认为，美国的政治、经济和军事力量不适宜于执行凯南的遏制战略。他认为，在美国现行宪法制度下，国务院不可能从国会取得“一张从国库领钱的空白支票和使用武装力量的绝对权力”，因而也无法做到“随时在全球不断转移的地点上使用‘对抗力量’”。而且，美国的经济是“没有划一组织和不受控制的”，国务院也不可能“规划和指挥进出口贸易”来推行“遏制政策”。在军事方面，李普曼也认为：“没有理由确信美国能够在一切个别的地点都集结‘坚定的对抗力量’。欧亚大陆是一块很大的地方，而美国军事力量尽管很大，但有一定的局限性，如果要使它得到有效的使用的话，就应该对这种局限性心中有数。我们生活在像岛屿一样的大陆上。我们同冲突地区之间远隔重洋。我们的人口相对较少，在战时就得把较大比例的人口用于生产、运输和维修那些构成我们军事力量的复杂的武器和机械。同俄国相比，美国缺乏足够的步兵后备队。我们的海军控制着海洋，我们拥有重要的进攻武器。但在欧亚大陆的内陆地区，像我们在希腊山区所领教的，可能有很多‘个别地点’，在那里只能使用步兵作为‘对抗力量’。”而美国却没有足够的能够占领这些地区的步兵力量，“美国军事力量的优点在于它的机动性，它的速度，它的射程和它的进攻威力。因此它并不是执行遏制外交政策的有效工具。它只能服务于一种以决战和解决问题为目标的政策”，而不适合服务于在这些地区实行长期陆军占领为目标的政策。①

李普曼进一步设想，如果美国一定要执行凯南设计的遏制政策，既然它不能依靠自己的步兵力量，那它只有采用扶持代理人及其联盟的政策，但这样的代价并不比直接出兵占领的代价低。李普曼说：如果美国没有力量直接

① Walter Lippmann：The Cold War，转引自《战后世界历史长编》，第 1 编第 3 分册，上海，上海人民出版社，1977 年，第 69-70 页。

出兵，那它就“只能依靠招募、津贴和支持一支由卫星国、附庸、仆从和傀儡所组成的杂牌军。因此，遏制政策的工具是处于苏联外围的那些无组织的、内部分裂的、软弱的或者混乱的民族、部族和派系联合体”。为了维持这个联合体，“美国就得对它打算去组织、去保护、去领导和去利用的这个联合体的全体成员的事务，进行不断的、复杂的干涉。我们海外的外交代表就得具有几乎万无一失的才能，能够正确而迅速地判断哪些人和哪些政党是可靠的遏制分子”，以及“谁应被任命，谁应受津贴，谁应给他涂脂抹粉，谁应得到青睐，谁应充当我们的仆从和我们的盟友”。这样，杜鲁门主义实际上“不可避免地意味着（美国）不断干涉所有那些号称在‘遏制’苏联的国家”。[①] 但是，与苏联毗邻而又受美国控制的“卫星国和傀儡政府并不是用来建立攻不破的藩篱的好材料”。“它们显然是软弱的。而一个软弱的联盟并非一笔资产。它是一笔债务”。[②]最后，李普曼得出结论：美国力量是有限的，有限力量只能配之以有限目标，如按凯南的全球“遏制”战略制定政策，结果是“在俄国人远没有受挫之前，美国人自己倒很可能被 X 先生[③]的政策所挫败了”。[④]在约翰逊政府时期，他批评说：“事实上，他（约翰逊）的战争目标无限大：它担保整个亚洲的和平。这样的无限大目标，战争不可能以有限的手段去打赢。由于我们目标无限，我们必然会‘被击败（defeated）’。”[⑤]

恩格斯说：“任何民族当它还在压迫别的民族时，不能成为自由的民族。”[⑥] 同样的道理，当一个民族还在压迫其他民族时，这个民族也不会成为一个头脑清楚的民族。一个民族的自由程度反映着它对客观世界所达到的认识高度。

英国曾是一个受欧洲大陆封建国家压迫和欺辱的岛国，也因此成为最有希望的岛国。当时欧洲中世纪许多先进的思想在英国落根并使之成为欧洲反

①②④ Walter Lippmann：The Cold War，转引自《战后世界历史长编》，第 1 编第 3 分册，上海，上海人民出版社，1977 年，第 70-72、78 页。

③ “X 先生”，即凯南发表《苏联行为的根源》一文所用的笔名。

⑤ ［美］亨利·基辛格：《大外交》，顾淑馨、林添贵译，海口，海南出版社，1998 年，第 614 页。

⑥ ［德］马克思，恩格斯：《论波兰》，《马克思恩格斯选集》，第 1 卷，北京：人民出版社，1972 年，第 288 页。

封建教会势力的大本营。1846 年英国发生了开辟世界近代史的资产阶级革命，它带动了法国等欧洲资产阶级运动的发展，加速了欧洲封建制度的衰落。18 世纪英国完成了工业革命，巨大的生产力的出现改变了英国人的生存状态，市场和利润成了社会活动的中心，国家成了为资本开辟市场的机器，由此，向世界扩张，不断开辟新市场，就成了保持国家稳定的基本手段。这使得世界的不稳定就成了英国稳定的前提。英国的世界扩张产生了殖民地制度，殖民地制度让英国从世界得到丰厚的利润，同时也使英国与世界各民族的矛盾更加不可调和，以至战争成了促进英国工业发展的基本手段。当时有评论说，英国“把大大超过其税务收入的钱用于战争，这样一来它就把具有决定性优势的舰只和兵力投入同法国及其同盟国的战争，而没有这种优势，它先前所投入的人力物力便都付诸东流”[①]。战争使英国扩张为帝国，到 19 世纪末一般英国人都形成了这样的观念，即“英国分别是命中注定要统治其他国家的人民，英国是‘日不落帝国’”[②]；“帝国的感情是每一个英国人生而有之的。这是我们的世袭财产的一部分，和我们同生共死”[③]。19 世纪 60 年代，印度已完全成为英国的殖民地，与此同时，英国自身的寄生性也更强了，“它越来越依赖世界的贡赋来维持生存”[④]。高额利润需要高成本的战争。德国铁血宰相俾斯麦看出这一点，1868 年他在给友人的信中认为英国的殖民政策的“代价太大”[⑤]。

英国的这种扩张“多动症”是由其自身内在矛盾造成的。19 世纪末英国与欧洲主要国家的殖民地争夺范围已扩至全球，并为此于 20 世纪初发生了第一次世界大战。此后英国迅速衰落，其霸权地位在第二次世界大战后为美国所取代。英国历史学家帕姆·杜德说：“英国收支亏空的问题并不是从第二次世界大战之后才开始的，而是在第二次世界大战以前十年发展起来的。”[⑥]当时对外战争是造成英国财政亏空的主要原因。

在地缘政治实践方面，美国是英国后来却没有居上的学生。第二次世界大战后，进入资本主义垄断阶段的美国人从一个受欧洲压迫的民族转变为压迫世界的民族，此后的美国便沿着当年英国称霸世界的路径，将其整个生存

① ［美］保罗·肯尼迪（Paol Kennedy）：《大国的兴衰——1500～2000 年的经济变迁与军事冲突》，王保存等译，北京，求实出版社，1988 年，第 96-97 页。

②③④⑤⑥ ［英］帕姆·杜德：《英国和英帝国危机》，苏仲颜等译，北京，世界知识出版社，1954 年，第 8-9、60、68 页。

都建立在对世界资源，尤其是对中东石油资源的变相掠夺的基础之上。

与英国不同的只是，在敛财方面，美国更具金融寡头垄断的特征，因而其外交更具扩张和自毁合一的特性。

美国军火部门曾在两次世界大战和随后的冷战中立下汗马功劳并因此在美国政治中——通过其代理人——具有相当的发言权。[①] 尼克松为了使美国摆脱越战困境，让美元与黄金脱钩。从此美元——不同于当年英镑依托英国生产力和世界市场增值的方式——跳过劳动产品和实体经济而直接与世界资源（主要是其中的大宗消费品即能源）挂钩并以此为后盾。这大大刺激了美国能源部门的扩张，这种扩张又迅速得到军工和金融部门的呼应和支持，从而形成“军工-能源-金融”三位一体的经济推动复合体。在军工、能源部门的支持下金融与劳动产品相脱钩，其结果是在美国体外接了一个非全球扩张而不能生存且不能由政府控制的国家“心脏起搏器”。其工作流程是：军事扩张推动军工和能源的国际垄断和扩张，能源的国际垄断和扩张又带动金融的国际垄断和扩张，由此建立起美元在世界上的强势地位又从世界范围给美国带回巨大的利润以弥补财政收入和由此产生的社会繁荣和稳定。如此反过来逆推也就是：美国社会的繁荣和稳定依靠美元在世界的垄断地位，美元的垄断地位依靠能源垄断地位及由此保证的世界能源交易以美元结算。由于美国生存不以国家实体经济为基础，这迫使美国必须死保世界大宗资源消费品即能源交易以美元结算，而能达此目的的主要手段只能是战争。在这三者

---

① “实际上，美国军工企业在华盛顿极有影响。根据 Open Secrets. org 近期报告，2006 年，国会 151 名议员在军工企业中的投资，总计达到 1. 955 亿美元。主要的军工企业都参与到 2008 年大选中。洛克希德 · 马丁公司捐赠了 261 万美元的竞选经费，其中 49% 捐赠给民主党，51% 捐赠给共和党；波音捐赠 222. 6 万美元竞选经费，58% 捐给了民主党；通用动力向两党捐赠了 600 万美元。在 2008 年，诺思-格鲁曼公司和美国雷神公司，分别花了 2 000 万美元和 600 万美元的公关费用，以影响国会决策。特别值得一提的是，雷神副主席林恩——另一位保守主义者，还被奥巴马提名为国防部副部长。2009 年 2 月 11 日，美国参院以 93 票赞成、4 票反对的结果，批准了奥巴马对林恩的任命。”引自易强：《美国沉没》，北京，人民日报出版社，2009 年，第 218 页。

“发动两次伊拉克战争的布什父子都有深厚的财团支持背景，小布什的再次当选更是与他强力支持军工财团密切相关。2005 年他计划军费支出 4 160 亿美元，而庞大的军费开支是军工财团利润的来源。至于由各州选出的国会参众两院议员，他们的当选也和相关的支持密不可分。”引自杜文君：《美国战争经济论》，北京，中国财政经济出版社，2009 年，第 154 页。

中，只要有一个断环，尤其是军事扩张的断环，美国就会出现多米诺反应，直至国内社会动荡。2007—2009年间，美国提出从伊拉克撤军，其间美国国防支出占美国联邦财政总支出的20%左右，而同期军费支出却占国防支出的96%左右。[①] 这个比例大体反映了美国近十年的财政与国防以及国防与对外战争的关系。在这里，国防支出基本没有“浪费”，都用于军费了。这反映了对外战争与国家财政的关系：财政依赖华尔街金融，金融依赖军工部门和能源部门的国际垄断地位的扩张，而这一切则必须以对外战争拉动，战争胜利再反哺财政。战争成了国家财政增长的“推土机”，而成本越来越高的战争又进一步透支了国家财政，如此恶性循环。英美国家兴衰经验表明，当它们的战争“推土机”开到麦金德的“心脏地带”时，其战争成本就达到国家财政不能承受的极限，这时的战争收益已远不能弥补战争造成的财政透支，随之而来的就是国家的衰落。时至20世纪80年代，遏制战略的创始人凯南已认识到上述问题的严重性，他在一次讲演中向美国发出强烈的警告：

> 这种军事化不仅对我们的外交政策，而且对我们的整个社会都有严重影响。它造成国民经济的畸形发展，这一点我和许多人都越看越清楚了。每年我们都把国民收入的很大一部分用于生产并出口武器装备，保持庞大的武装力量和设施。这么搞的结果对我国的经济生产实力不会有好处，只不过使我们每年都不能把成百亿美元用作生产投资。这些年来，我们已被迫使自己习惯于这种情况。这个习惯已经达到我曾大胆称之为真正民族乖僻的程度。我们现在已经不可能在不出现严重后遗症的情况下把它甩掉。除了数以百万计的穿军服的人以外，还有成百万的人们已经习惯于从庞大的军事工业体系中谋得生计。数以千计的企业靠军工维持，更不用说那些工会和社区了。军工已经成了使我国经济极其不稳定的那些预算赤字的根源。在军需品的生产者和销售者与华盛顿购买者之间已经建立起复杂而极其有害的联系。换一句话说，由于我们在和平时期维持庞大的军事机构并向其他国家出售大批军火，

① 2007年、2008年、2009年，美国联邦财政支出总计分别为27 287亿美元、29 826亿美元、35 177亿美元，其中国防支出分别为5 513亿美元、6 160亿美元、6 610亿美元，国防部军费支出分别为5 285亿美元、5 946亿美元、6 367亿美元。资料来源：世界经济年鉴编辑委员会：《世界经济年鉴2010/2011》总第26卷，第191、194页。

成千上万的既得利益者业已形成，也就是说，我们在冷战中造成一个庞大的既得利益集团。我们已经使自己依赖于这种可憎的行径。而且如今我们对它的依赖程度已经很深，以致可以毫无偏见地说：假如没有俄国人和他们那莫须有的邪恶作为我们黩武有理的根据，我们还会想出另一些敌手来代替他们。①

值得注意的是，与当年工业帝国主义的英国以战争扩大市场，以市场扩大推动国内生产的路子不同，而与高利贷帝国主义的法国相似，这些由战争开辟的巨额海外收益并没有进入美国的生产领域而是进入了消费领域，由此刺激了美国服务产业而非实体经济，使美国服务业的比重在美国生产结构中反客为主。在古代罗马“一切生产劳动都是奴隶的事，不配自由人的罗马人来做”②，而在当今的美国大量的“自由人”却无工作可做，没有实体经济生产，美国只能听由金融家任意摆布，而金融家与吸血虫一样，需要的不是国家，而是供其吸血的附体。英国学者帕姆·杜德说：“注射美元也救治不了这一病症，因为它没有触到病根。相反地，倒使病情加重了，因为它人为地促进和保存了这一疾病特有的征象——寄生的依存性，扩大了较为强大的美帝国主义的侵略和统治，准备了战争的根源，阻止了健康的恢复。”③ 早在第一次世界大战期间列宁就点出了西方帝国主义国家的“死穴”，他在《帝国主义是资本主义的最高阶段》一书中说：

资本主义的一般特性，就是资本的占有同资本在生产中的运用相分离，货币资本同工业资本或生产资本相分离，全靠货币资本的收入为生的食利者同企业家和一切直接参与运用资本的人相分离。帝国主义，或者说金融资本的统治，是资本主义的最高阶段，这时候，这种分离达到了极大的程度。金融资本对其他一切形式的资本的优势，表明食利者和金融寡头占有统治地位，

---

① ［美］乔治·凯南：《美国外交》（增订本），葵阳、南木、李活译，北京，世界知识出版社，1989年，第136-137页。

② ［德］恩格斯：《家庭、私有制和国家的起源》，见《马克思恩格斯选集》，第4卷，北京，人民出版社，1972年，第146页。

③ ［英］帕姆·杜德：《英国和英帝国危机》，苏仲颜等译，北京，世界知识出版社，1954年，第14页。

表明少数拥有金融“实力”的国家比其余一切国家都突出。[1]

与昨天的欧洲国家相比，列宁所指出的这些特征在今天的美国身上表现得更为典型。正是从这个意义上列宁说：“帝国主义是过渡的资本主义，或者更确切些说，是垂死的资本主义。”[2]

列宁这么说不能被庸俗地曲解成资本主义马上就要灭亡了。与理解马克思“资本主义私有制的丧钟就要响了”的思想一样，理解列宁关于帝国主义诸如“垂死的”“寄生的”“腐朽的”等概念，应首先从黑格尔“扬弃”的概念入手。发展，本质上是包含“扬弃”的历史运动。自列宁之后的世界资本主义已失去了自我扬弃（改造）的能力，近百年来，它只是在维持既有的存在方式：不断经历着同一种危机，面临着同一种矛盾，用同一种高代价的方式即危机加战争的方式解决矛盾。其间，只有技术更新和危机的重复，而没有存在方式的更新，其结果是它对世界的创新速度远赶不上其破坏的规模。目前的美国人民——用凯南的比喻就是——已“变成随军谋生的一大帮子流浪者，就像前几个世纪在欧洲尾随军队蹒跚的那些无业游民那样，指望在衣食相对富足的部队后面捡点儿洋落儿”[3]；至于在财政上离不开华尔街经济接济的美国政府，面对一个险象环生的世界，目前除了使用拳头，便一筹莫展。

4. 经验与教训

“二战”后，尤其是尼克松将美元与黄金脱钩后，美国国内经济结构的上述变化影响到美国决策系统的变化，这时，决定美国外交政策的就不再是白宫政治家集团，而是为国家提供巨大财政资源的聚集于华尔街的能源、军火和金融财团。华尔街的利益需求而非国家民族利益的需求便成了美国政策的出发点。由此产生的必然逻辑是：美国军火能源和金融财团存在的前提是不断扩大的战争，不断扩大战争的结果是持续增加对手，对手增加的结果是以几何级的速度消耗美国的国力并使美国以同比的速度衰落。

---

①② ［苏俄］列宁：《帝国主义是资本主义的最高阶段》，见《列宁选集》，第2卷，北京，人民出版社，1972年，第780、843页。

③ ［美］乔治·凯南：《美国外交》（增订本），葵阳、南木、李活译，北京，世界知识出版社，1989年，第142页。

现在的美国已被它追求的世界霸权的目标折磨得病入膏肓，它那非扩张就不能存在的社会结构使美国在“麦金德悖论”面前，明知不可为而必须为之。由此便可以解释美国“二战”后出现政治家上台为华尔街利润奔走、下台后又为白宫失误而后悔不迭的现象。

凯南是美国遏制战略从而冷战理论的开创人。在一次讲演中，凯南“以一个上了年纪的人”的身份告诫年轻一代：“我们的国力还是有限的；为争取自由我们必须付出代价。我们要承认世界上有些问题我们是没有本领解决的，我们深深卷入其中既无益也于事无补；地球其他地区的难题只好在没有我们插手的情况下让人家自己去解决。”他认为，美国的外交政策应尽量“谦虚一些，作为一个国家，我们要更现实地承认我们的局限性，在卷入远离我国海岸的复杂局面时要比最近几十年表现的克制一些。我请大家记住：各民族之间相处也像个人之间相处那样，身教重于言教。而今天美利坚合众国向全世界做出的榜样较之它能够做到也应当做到的相差太远了”[①]。凯南这一思想显然不容于美国的决策层（实则不容于华尔街）。越到晚年，他的这一思想越清晰。当他看到美国被遏制战略拖垮后，在其晚年便对克林顿和奥尔布赖特的北约东扩政策持批评态度。1999 年，凯南接受采访时，批评美国政府四处充当教师爷的做法“不过脑子，虚荣，讨人嫌”，并表示，美国人要避免对别国指手画脚，特别是对中国和俄罗斯。[②] 2005 年，也就在凯南去世当年的 9 月 24 日，奥尔布赖特在艾奥瓦州出席一个研讨会时发表措词严厉的声明，抨击布什的伊拉克政策，指出美国 2003 年入侵伊拉克“不仅没有赢得朋友，伊拉克战争毒化了美国与中东地区和穆斯林世界许多国家的关系”。在伊拉克问题上，美国“现在没有好的选择，坏日子也许还在前头”[③]。2010 年 10 月 12 日，美国前国务卿赖斯承认，布什政府在“9・11”事件后犯了若干错误，而她在新近出版的回忆录中，却对发动伊拉克战争决议缄默不评。[④]

---

① ［美］乔治・凯南：《美国外交》（增订本），葵阳、南木、李活译，北京，世界知识出版社，1989 年，第 142-143 页。

② 《乔治・凯南曾被誉为美国“最睿智”的人》，http://news.xinhuanet.com/world/2005-03/21/content_2724794.htm。

③ 《奥尔布赖特炮轰布什伊政策，坏日子也许还在前头》，http://cn.news.yahoo.com/050925/1057/2f6ba.html。

④ 《美前国务卿承认布什政府“9・11”后曾数次“犯错”》，http://www.chinanews.com.cn/gj-10-14/2588427.shtml。

2011年2月25日，曾积极支持美军参与阿富汗、伊拉克战争的美国国防部长盖茨离任前夕在美国西点军校演讲时警告说：未来任何国防部长如果建议总统向亚洲、中东或非洲大规模派遣地面部队，“借用麦克阿瑟将军（General MacArthur）的委婉说法，‘都应该检查他的脑子是否正常’”[①]。

事实上，造成美国政治家上任后脑子不正常的并非他们的智力，而是他们必须服务的那个由“军工-能源-金融”三位一体集合而成的华尔街财团及由这个财团绑架了的美国政府。吃人的嘴软，拿人的手短。国家缺乏实体生产，美国政府只有屈服于可以为它提供大量海外利润的财团，并不得不为华尔街的利益采取世界扩张政策并受“麦金德悖论”的折磨。

5. 基于中国视角的经验总结

马克思说过：“一个工业民族，当它一般地达到它的历史高峰的时候，也就达到了它的生产高峰。实际上，一个民族的工业高峰是在它还不是以既得利益为要务，而是以争取利益为要务的时候。在这一点上，美国人胜过英国人。”[②] 光阴荏苒，历史的天空已是斗换星移。今天的美国已从“以争取利益为要务”的国家异化为“以既得利益为要务”的国家，其曾经有过的“工业高峰”已异化为“军火工业”的高峰。与此相应，今天的中国已走上“以争取利益为要务”的舞台，在这一点上，今天正处在“生产高峰”并即将由此进入“历史高峰”的中国已胜过了美国。当年英国的历史高峰已成为往事，今天美国的历史高峰也许不久就会成为只存在于好莱坞大片中的传说。今天对中国最为重要的是善于总结它们的经验和教训，为中国未来的可持续发展做好准备。

“往者不可谏，来者犹可追。”英美国家兴衰经验总结起来，大体说来，有以下三点值得中国注意并引以为戒。

第一，大国崛起于地区性守成，消亡于世界性扩张。守成可以保持国家目标与国家财力之间的平衡，这种平衡是国家可持续发展的基本保证；而扩张则会迫使国力透支，透支反过来又会迫使国家继续扩张以弥补国力的不足，结果因目标过大而使国力进一步透支，直到衰落。1972年尼克松收缩战线，

---

① 《美国不想再当世界警察》，http：//www.zaobao.com/wencui/2011/03/ft110307c.shtml。

② ［德］马克思：《〈政治经济学批判〉导言》，见《马克思恩格斯选集》，第2卷，北京，人民出版社，1972年，第89页。

毛泽东在尼克松访华结束后在一个批示中告诫全党："深挖洞，广积粮，不称霸。"[①] 毛泽东意在警示未来中国不要重犯美国式的国家目标与国家资源不匹配而导致国家衰落的错误。

第二，霸权主义是国家政治的死地。国际博弈遵循几何学“两边之和大于第三边”的原理；用国际政治专业术语说，就是一个国家不能和两个大国同时发生冲突。经验表明，世界上没有一个大国有力量可以与两个以上——遑论世界多数——的大国对抗。古罗马人开始只是为了自卫，先与北方的高卢人打仗，后又与南方迦太基人发生战争，取得辉煌胜利后继续向整个地中海国家进攻，结果导致罗马帝国整个灭亡；19 世纪初，拿破仑与英国作战，取得辉煌的胜利，继而于 1812 年轻率深入俄国，其后三年便遭到失败；20 世纪 40 年代，德国希特勒开始跟英国作对，赢得西欧，1941 年正在得意之际挥师直奔俄国，其后又是三年便遭到失败；同期的日本开始与中国开战，初期取胜，1941 年底又与美国开战，其后还是三年失败；50 年代在朝鲜战场上，美国与中国和苏联对阵，美国三年便败；60 年代在越南战场上，美国还是与中国和苏联作对，结果时间是长了些，但也是败得没有面子。勃列日涅夫时期的苏联与中美作对，结果苏联很快败阵并于戈尔巴乔夫时期解体。自苏联解体后美国外交早已超过这个限度，小布什曾点名向多个所谓“邪恶轴心”国家叫板，如果有一点历史知识的人，都会知道这是老虎吃天，只能是耗尽虎力后一无所获。

第三，失去实体经济的大国必然导致世界扩张，世界扩张必须要与世界为敌，与世界为敌必然导致国家透支并由此衰落。因此，发展实体经济可使国家立于不败之地，而发展实体经济就不能脱离国内的劳动者，特别是其中工农业劳动者。资本是劳动的克星，在资本破坏劳动的进程中，目前资本主义国家已使自己陷入首鼠两端的困境：先是对本国劳动者的剥削以实现资本增值，结果导致国内革命；为了避免国内革命，资本便向外部扩张，通过外部剥削实现资本增值，以缓和国内矛盾，结果又激化了资本中心与资本外围的矛盾，导致“9·11”事件。这个模式搞不下去时，资本又将增值的压力返回国内，引起国内劳动向资本的反抗，人民发起“占

---

① 《毛泽东军事文集》，第 6 卷，北京，军事科学出版社、中央文献出版社，1993 年，第 408 页。

领华尔街”运动。

这些西方大国在其世界治理过程中留下的几乎是血的教训，对于已建立起社会主义市场经济的中国，要引以为戒，未来中国要在实践中形成既能高效利用资本而又能有效驾驭资本、有效保障国家劳动者主体地位的政治管理机制，并以此为人类文明做出较大的贡献。

（五）美国政治结构与外交政策——兼谈美国“战略东移”及其后外交走向

国家外交政策及其走向不取决于它每隔几年发表的各种白皮书和各类研究机构发表的研究报告，而是取决于这个国家的政治结构和国际社会对其外交政策接受的程度。结构决定性质，外交同理。笔者试着从这个角度研究美国的外交政策并对其“战略东移”后可能的走向及中国应对政策做出必要的分析。

1. 美利坚民族国家形成及其异化

“权利永远不能超出社会的经济结构以及由经济结构所制约的社会的文化发展。”① 国家需求是一种结构性的存在。美国最早的社会结构主要是在反抗英国压迫中形成的。美国外交史学者孔华润等正确地指出：“第一次世界大战前夜的世界是由欧洲主宰的。在我们追溯 1913 年至 1945 年间的美国对外关系史时，重要的一点是应当认识到美国是在由欧洲军事、经济和文化主导下的世界体系当中得以建立并从事其对外事务的。”② 从华盛顿开国到第二次世界大战前，美利坚民族属于被欧洲压迫的民族，美利坚合众国属于被欧洲压迫的国家，因此，这一时期的美国外交政策带有很强的民族主义即反欧洲压迫的色彩。这一时期美国的工业资本和金融资本与美利坚民族的利益需求大体一致，尚属民族资本范畴。华盛顿早期强调工业立国。就职的当天，他特意穿着国产布料制成的服装，这“使一切后继者，一切后来的立法者，

---

① ［德］马克思：《哥达纲领批判》，见《马克思恩格斯选集》，第 3 卷，北京，人民出版社，1972 年，第 12 页。

② 参见［美］孔华润：《剑桥美国对外关系史》（下），王琛等译，北京，新华出版社，2004 年，第 1 页。

获得一次深刻的教训，告诉他们怎样才能够促进这个国家的福利”①。德国学者弗里德里希·李斯特对美国独立战争的性质作了中肯的评价，他说：“一切工业都垄断在祖国的手里，这一点就是美国革命主要原因之一，至于茶税事件只是提供了革命爆发的一个机会。”②美国在林肯时期完成了国家统一，终止了美国对英国的政治依附，走上了独立自主的资本主义发展道路。

第二次世界大战的爆发为美国跻身世界强国提供了机会，美国利用这次战争联手苏联，将法国诺曼底作为开辟第二战场的地点，将东欧让给苏军解放，由此欧洲为所谓“铁幕”一分为二，欧洲世界霸权从中心地带被摧毁。随后，美国与苏联并列成为世界霸权大国。“二战”后期，美苏在各式国际会议上“分田分地真忙”，终于形成由雅尔塔会议确定的苏联控制东欧和远东陆地部分、美国控制海洋和整个西欧的划分。这个划分是战后雅尔塔和平体系的法权基础。

在这“从奴隶到将军”的转变中，美国的军工生产起了极大的推动作用，同样美国军工集团也从国家那里得到极大的政策优惠。太平洋战争前夕，罗斯福曾对军火大亨们说，欧洲打仗，我卖军火：“越多越好！来，快来！使我们的工厂能进行批量生产，好！”“我将尽我所能，通过尽快地向世界上大约40或50个现在还保持独立的国家运送一切它们有能力支付的货物，以维护它们的独立。这就是美国的外交政策。（鼓掌）”③ 这里，“维护它们的独立”就是保持欧洲破碎状态的另一种表述；换言之，只要欧洲保持破碎，美国军火就有市场。第二次世界大战后，美苏进入冷战，美国与苏联的全球争霸再次刺激并强化了美国军事工业。两次世界大战中的大批量、长时间的军事订货在为美国崛起做出巨大贡献的同时，也为它制造了一个尾大不掉且反客为主的庞大的“军工复合体”。这是美国政治的一个结构性变化。艾森豪威尔意识到这一变化的危险，他卸任时“感到似乎有必要就这些发展的危险性向全国再次发出警告”，他说：

①② ［德］弗里德里希·李斯特：《政治经济学的国民体系》，陈万煦译，北京，商务印书馆，1961年，第88-89页。

③ “美国总统罗斯福同美国参议院军事委员会协商的会议记录”（1939年1月31日），李巨廉，王斯德：《第二次世界大战起源历史文件资料集（1937.7—1939.8）》，上海，华东师范大学出版社，1985年，第452页。

庞大的军事编制和巨大的军火工业的这种结合，在美国是前所未有的。它的整个影响——经济的、政治的甚至精神的——在每座城市、每个州政府、每个联邦政府机构里都能感受到。我们承认这种发展是绝对必要的。然而我们不可不看到它是牵连广远的。我们的劳动、资源和生计全都同它有牵连；我们的社会结构本身也是如此。

在政府的各种会议上，我们必须防止军事-工业复合体有意无意地施加不正当的影响。促成这种大权旁落的有害现象的潜在势力，目前存在，今后也将继续存在。

我们绝不可让这种结合的压力危及我们的自由和民主进程。我们不可掉以轻心。只有一个保持警惕和深明事理的公民集体，才能迫使巨大的工业和军事防务机器去紧密配合我们的和平方法和目标，这样，安全和自由才可能共存共荣。[①]

注意：艾氏提到美国当时已出现的“大权旁落”即指军火财团支配政府决策的现象。集中于华尔街[②]的军工财团——哪怕在和平时期——需要的不是面包而是军火，而拉动军火工业的只能是战争，最好是由美国直接发动的战争。为了巩固其在美国已形成的反客为主的政治地位，这个“军工复合体”从部门利益出发就必须不断制造敌人，以此促使美国外交不断强势升级。只要有战争，美国的军工集团就有军火赢利，由此它在美联储从而美国就有巩固的地位。巨大的利润——庞大的国内枪支销售利润只是它用于保底的底数——增加了军工财团的收入，华尔街财团再拿出其中部分通过美联储反补白宫并由此控制美国财政。如果白宫拿钱不办事，摆在白宫官员前面的

① ［美］德怀特·D. 艾森豪威尔：《艾森豪威尔回忆录（四）》，樊迪、静海等译，北京，东方出版社，2007年，第479-480页。

② 华尔街（Wall Street）原为1792年荷兰殖民者为抵御英军侵犯而建筑的一堵土墙，从东河一直筑到哈德逊河，沿墙形成一条街而得名。后拆除了围墙，但“华尔街”的名字却保留下来并成为美国和世界的金融、证券交易中心，通常把华尔街作为垄断资本的代名词。鉴于“二战”后美国金融资本在国际上的统治地位，华尔街越来越多地失去民族性，因而它已异化为国际垄断资本的代名词。本文正是从后一种意义使用这一词语的。

就是“财政悬崖”——由此可以解释为什么美国枪击案频发而禁枪难以立法，[①] 以及在获得第二次世界大战胜利后美国又提出遏制理论并继续发动朝鲜战争和越南战争的深层原因。

美国称霸世界之后，其政治结构便日益失去其民族性和独立性。这时美国政治已不由政治家而由军火商操纵了。美国政府许多重要官员，特别是国防部的官员都是军火商的代言人。而对于那些试图停止战争从而使国家摆脱军火商控制的具有民族主义意识的美国总统——比如肯尼迪[②]——不是被暗杀就是被换掉。他们知道，民生工业在和平时期只会有助于美利坚民族的发展而非军工复合体的成长；一旦美利坚民族有了日益壮大的民族工业，就会有自己财政来源继而国家可以控制的银行，这样白宫与华尔街的地位就会发生翻转。这是华尔街国际资本财团不愿意看到的结局，而避免这种结局的方式只有不断制造战争。

这里就提出了一个问题，美国到底是谁的，是美利坚民族的还是军工复合体的。列宁一针见血，他说：“生产的集中；由集中而成长起来的垄断；银行和工业的溶合或混合生长——这就是金融资本产生的历史和这一

① 2013 年 4 月 17 日，一项旨在扩大购枪背景调查的控枪法案草案在美国参议院未获通过，被美国媒体视为奥巴马“惊人的失败”。支持控枪法案的政要们纷纷发表愤怒声明，谴责“投票结果是特殊利益集团绑架了华盛顿政治”。奥巴马则直斥，这是华盛顿“耻辱的一天”。“参议员在全美步枪协会咄咄逼人的气焰面前退缩了，尽管康涅狄格州小学枪击案发生至今不过 4 个月”，美国全国广播公司称，一些支持控枪的人士，如纽约市长布隆伯格和康涅狄格州长等纷纷发表愤怒声明，称“投票结果是特殊利益集团绑架华盛顿政治所引发的严重后果”。“46 名议员宁肯无视 90%美国人的诉求，也不敢得罪越来越偏激的枪支支持者”，美国《华盛顿邮报》感叹道。文章称，参议院表决前，大多数参议员私下都表示了对控枪法案的支持，但到了现场许多人却变得不敢说话了。分析称，从目前状况来看，拥枪游说团体的力量太强大了。全美步枪协会不惜出巨资，动员会员用电话、邮件和信件对参议员发动“地毯式游说攻势”。表决当天，该协会就花了 50 万美元进行批评“奥巴马枪支禁令”的宣传活动，对外界宣称：“在该不该控枪的问题上，告诉你们的参议员，要听美国警察的意见，而不是美国总统和纽约市长。”《控枪案被议会否决，奥巴马怒称是华盛顿的耻辱》，http：//news. xinhuanet. com/2013-04/19/c_ 124601543. htm。

② 1963 年 10 月 11 日，即在肯尼迪遇刺前一个多月，他曾签署了《第 263 号国家安全行动备忘录》，决定在 1963 年底将 1 000 名美国军事顾问从越南撤出。11 月 22 日，肯尼迪遇刺。参阅［美］罗伯特 · 达克莱：《肯尼迪传》，曹建海译，北京，中信出版社，2005 年，第 444-459 页。

概念的内容。”① 具体说到美国，华尔街国际资本就是这个“银行和工业溶合或混合”力量的象征。如果它可以为美利坚民族国家所掌握，也就是说，如果白宫能够决定华尔街，那它就是民族的力量——比如当年的英国，这样的霸权还是压迫民族的霸权；现在的问题是，美国已与列宁时期大为不同，它已“大权旁落”：是华尔街国际资本决定白宫而非相反。奥巴马二期连任甫始便遇到的“财政悬崖”就是华尔街国际资本敲打和提醒新任美国总统的方式之一。委内瑞拉总统查韦斯曾称美国中情局常用暗杀手段对付与美国拉开距离的拉美左翼领导人，② 何止于此，即使是美国总统，如要想与华尔街国际资本拉开距离，其结果也是朝夕不保。事实表明，今日之“美国”已非华盛顿创建的那个美国，那时，正如李斯特所说，“一切工业都垄断在祖国的手里”③，而现在它已成了华尔街国际财团而非民族资本的代名词。

军工复合体的片面增长与当年工业帝国主义英国以战争扩大殖民市场，以殖民市场扩大推动国内生产的结果不同，而与高利贷帝国主义的法国相似。这些由战争开辟的巨额海外收益的相当部分在美国并没有进入除军工之外的生产领域，除了一部分中饱军火巨头的私囊外，其余的则经华尔街扣除后由白宫财政进入了国民消费领域，由此刺激了美国服务业以及随后的虚拟经济而非实体经济。2010 年美国服务业在 GDP 中所占比重达 70%左右，狭义上的制造业在美国 GDP 中所占比重由 20 世纪 90 年代中期的 17%强降至目前的 12%左右。④ 这使得美国由以往的实体经济为主体的社会结构不自觉地滑入一个以消费为主业的寄生性的社会结构，并且到目前为止仍“没能找到一个合理的办法把维持庞大的武装力量所需要的工业和财政支持跟社会上其他事业联系起来”⑤。结果与古罗马灭亡的原因相似，大量或真实或虚拟的财富涌入美国的同时，也窒息了美国的实体经济和美国人的劳动精神。实体经济的衰

① ［苏俄］列宁：《帝国主义是资本主义的最高阶段》，见《列宁选集》第 2 卷，北京，人民出版社，1972 年，第 769 页。

② 《查韦斯怀疑拉美领导人患癌因美国下毒手》，http：//news. cntv. cn/20120102/102141. shtml。

③ ［德］弗里德里希·李斯特：《政治经济学的国民体系》，陈万煦译，北京，商务印书馆，1961 年，第 88 页。

④ 世界经济年鉴编辑委员会：《世界经济年鉴 2010/2011》总第 26 卷，第 191 页。

⑤ ［美］乔治·凯南：《美国外交》（增订本），葵阳、南木、李活译，北京，世界知识出版社，1989 年，第 140 页。

落削弱了美利坚民族独立的根基：没有实体经济生产，美国政府只能听由华尔街金融财团的摆布，而金融家与吸血虫一样，需要的不是国家，而是供其吸血的附体——由此可以解释为什么美国不吸取在朝鲜和越南战败的教训，在国家持续衰落时还要屡败屡战，不断发动扩张战争的深层原因。至20世纪80年代，凯南已看得明白，他说：

> 由于我们在和平时期维持庞大的军事机构并向其他国家出售大批军火，成千上万的既得利益者业已形成，也就是说，我们在冷战中造成一个庞大的既得利益集团。我们已经使自己依赖于这种可憎的行径。而且如今我们对它的依赖程度已经很深，以致可以毫无偏见地说：假如没有俄国人和他们那莫须有的邪恶作为我们黩武有理的根据，我们还会想出另一些敌手来代替他们。[①]

如果说在尼克松之前，华尔街的主要财源是军火工业，需要战争以支撑其赢利。为了战争，他们需要理由：于是他们将凯南提出的其目标远超出美国国力的从全球遏制苏联的战略瞬间炒热，而对于同期李普曼从美利坚民族主义立场出发主张“目的和力量之间保持平衡”[②] 的节制国力的观点有意淡化，对于主张从朝鲜或越南撤军的总统或暗杀或缩短任期。这时的美国已成为华尔街赚钱的工具。美国乃至接受它资助的外国总统上任后不管推行什么政策，如不能为华尔街获利，那就必须走人。

但这对美国还不是最坏的结局，最坏的结局是在尼克松之后。

尼克松为美利坚民族做出的最卓越的贡献是成功使美国摆脱越战并与中国修好，但他为此付出的代价也是巨大的，对美利坚民族而言也许是致命的：他宣布放弃美元的金本位而将美元直接与国际石油挂钩。于是原来可以支持美元坚挺的美国工业——哪怕是军工——产品，直接变成了脱离了国民劳动且远离本土的资源产品即国际石油。这样，美元的坚挺就要靠国际大宗消费品石油的采购以美元结算来保证。从劳动形态上说，今后支持美元的就不是国民劳动而是国家对外战争。罗马的存在方式建立在对外战争而不是国民劳

---

① ［美］乔治·凯南：《美国外交》（增订本），葵阳、南木、李活译，北京，世界知识出版社，1989年，第136-137页。

② ［美］沃尔特·李普曼：《冷战》，裘仁达译，北京，商务印书馆，1959年，第19页。

动的基础上之后，罗马统治者依靠的就不是罗马公民而是军阀；华尔街的赢利方式一旦摆脱了美国的实体生产和国民劳动，也就摆脱了美利坚国家及其民族性约束。同样道理，由于美国国民已失去国民劳动的基础，就只有听凭华尔街国际资本的摆布了。学者梁亚滨指出石油美元这种不劳而获的寄生本质："美国凭借在世界政治经济中的优势地位使石油利润全部转换成美元资本，同时使石油美元的流动绕开国际货币基金组织，完全按照美国的利益，以购买美国各种债券等金融资产的方式回流美国，弥补美国的财政和贸易赤字。实现这一目标的关键在于确立石油的美元标价和结算制度，同时说服石油出口带来的巨额顺差用来购买美国国债。""美国对世界石油控制的关键是确保石油标价和结算使用美元，并且只能使用美元。"① 明乎此，也就不难理解尼克松连任的第二年（1973 年 10 月）便发生第四次中东战争的原因。沙特是第一个同意用石油美元购买美国有价证券——也只能购买有价证券而不购买股票、不动产或其他有形资产②——的"石油输出国组织"［简称"欧佩克"（OPEC）］国家。1975 年"欧佩克"成员国同意只用美元进行石油结算。③

---

① 梁亚滨：《霸权密码：美国霸权的金融逻辑》，北京，新华出版社，2012 年，第 221 页。

② 美国财政部的债券（其真正价值是日渐可疑的美国借条）代替了黄金，成为全世界中央银行持有的储备形式。中央银行不购买股票、不动产或其他有形资产。1972 年后，当沙特阿拉伯和伊朗提议，用其石油美元开始购买美国公司时，美国官员表示，这被视为一种战争行为。石油输出国组织被告知，它尽可以将石油提高到其想要的价格，只要它用这笔收入购买美国政府的债券。那样，美国人就可以用他们自己的货币，而不是黄金或其他"世界货币"购买石油。出口到美国的石油、德国和日本的汽车以及其他国家的商品，换到的是可以无限印刷的美元纸币。［美］赫德森：《金融帝国：美国金融霸权的来源和基础》，嵇飞等译，北京，中央编译出版社，2008 年，第 401 页。

③ "1974 年 12 月，尽管沙特政府和华盛顿都严格保守了秘密，但这种合作的性质是比较清楚的。美国财政部在利雅得与沙特阿拉伯货币局签署了一项协议，此协议的任务是为了'通过纽约的联邦储备银行，与（美国）财政部借贷业务建立一种新型关系。在此安排之下，沙特阿拉伯货币局将购买持有期至少为一年的美国财政部新的有价证券'。美国财政部部长助理杰克·贝内特对此作出了说明；他后来成为埃克森公司的董事。对这些两个月以前达成的协定进行解释的贝内特备忘录，标注的日期为 1975 年 2 月，并全文报送国务卿基辛格。对于不了解英美在波斯湾利益发展史的人来说，对美国与沙特阿拉伯之间的这一系列协议真正感到震惊的是，欧佩克石油国家只接受美元作为石油交易的结算货币，这是一项排他性政策；只是美元，不是德国马克，也不是日元、法国法郎或是瑞士法郎，尽管它们都有明确的价值。"［德］威廉·恩道尔：《石油战争》，赵刚等译校，北京，知识产权出版社，2008 年，第 165 页。

1977年10月，石油输出国组织宣布石油价格由每桶3.011美元提高至5.11美元。稍后，又再度提高到11.65美元，结果使得世界的国际收支结构发生很大变化。由于世界当时石油交易普遍使用美元结算，油价的暴涨使世界各国对美元需求激增，这大大“抵消了美元失去黄金支撑后各国对美元抛售所产生的副作用”[①]。由此美元从黄金本位被推入石油本位时代。美元的基础也从本国产品转移到中东石油——由此可以解释为什么尼克松之后的美国外交日益向中东集结以及石油价格在几十年间迅速严重偏离其价值的原因。

金本位条件下的美元要靠国民劳动产品支持，而石油美元则要依靠为控制世界富油区的对外战争胜利来保证，这大大地满足了美国华尔街军工财团的利益——当然也同比地加重了美国国民的负担，同时为华尔街金融在军工利润外又增加了新的能源支持。军工保证能源，能源保证金融，金融在军工、能源双滚动中增值，这最终保证了华尔街国际资本在美利坚合众国中的主宰地位。美元依赖国际石油交易后，华尔街国际资本就彻底与美利坚民族相分离，并利用其掌握的世界资源牢牢钳制着美利坚民族并使其成为华尔街谋利的工具。这时的“爱国”就成为美国国民日益听不懂的词汇。

现在看来，今天的华尔街财团就是被曾寄生于欧洲并被欧洲各国驱逐到北美，利用两次世界大战在美国坐大，并在尼克松之后彻底转变为寄生于美国体内且尾大不掉的癌变力量。他们关注的并不是军火和石油的使用价值而是价值，尼克松之后，其外交的重点不再是为了获取石油的使用价值而是要保证国际石油采购以美元结算；通过军事手段保持对石油的使用价值的垄断并由此强行保证国际社会对美元持续和旺盛的需求以使美元坚挺。对于那些不愿以美元而以其他币种进行石油结算的国家，美国不惜动用军事手段予以惩罚。就这样，石油美元使美国从一个依靠实体生产的国家彻底异化为一个寄生在“石油美元”上的国家，这时“美国生产”依靠的不再是劳动而是打仗，“美国制造”不再是民生产品而是美元和各式有价证券。美国前议员戴维·A. 斯托克曼[②]在《纽约时报》发表的一篇文章中写道：

---

① 宋鸿兵：《货币战争》，北京，中信出版社，2007年，第187页。

② 戴维·A. 斯托克曼（David A. Stockman）是美国密歇根州前共和党国会议员，曾在1981—1985年期间担任罗纳德·里根（Ronald Reagan）总统的预算办公室主任，最近著有新书《大变形：美国资本主义的腐败》（The Great Deformation: The Corruption of Capitalism in America）。

自标准普尔500指数于2000年3月首次达到目前水平以来，美联储疯狂的印钞机已将他们的资产负债表扩张了六倍（从5千亿美元增至3.2万亿美元）。然而，在此期间，经济产出年均增幅只有1.7%（这是内战以来最慢的增速）；真实商业投资的年增长率只有0.8%；正式就业岗位数量的年增长率也只有微不足道的0.1%。家庭真实收入中位数增长下降了8%，中产阶级全职工作岗位数量下降了6%。收入“最低”的90%人口的真实净值下降了四分之一。领取食品补助券和残疾救助的人数翻了一番还多，达到5 900万，约占美国人口的五分之一。①

这说明，以大量美国国民生命为代价、用战争维持的石油美元使美国财富瞬间剧增，但它的主要部分与军工利润一样并没有回流给美国国民而是回流到华尔街；也并没有增加美国的力量，而是增加了华尔街国际资本的力量。美国国民似乎比中国人更明白这是问题的关键，2011年他们发动街头革命的指向并不是白宫或各州政府而是华尔街。如果再考虑到美国没有国家控制的银行而美利坚国家财政要依赖华尔街控制的美联储为其注资、美国外交的决策权已不在白宫而在华尔街的事实，我们可以得出这样的结论：今天的美国已从早期民族主义国家蜕变为华尔街金融资本控制的国家，已从一个拥有独立主权和独立自主外交能力的国家转变为由国际财团控制的半独立、甚至具有“半殖民地”性质的国家。

2. 成为世界霸权后，美利坚民族利益和华尔街利益开始分道扬镳

黑格尔说：“哲学也必须在有国家生活的地方才能够出现。”② 黑格尔这里说的“国家”指的是民族国家，而不是国际资本控制的国家。目前像美国这样半独立的国家已很难执行有哲学高度和独立自主的民族主义的外交政策。一个民族的自由程度反映着它对客观世界所达到的认识高度，一般说来，压迫其他民族的民族在外交上不会成为头脑清楚的民族。恩格斯说：“任何民

① ［美］戴维·A. 斯托克曼：《美国经济是如何走向全面破产的》，http://www.xingong-ren21.com/show.asp?id=12950。

② ［德］黑格尔：《历史哲学》，王造时译，上海，世纪出版集团、上海书店出版社，2001年，第69页。

族当它还在压迫别的民族时，不能成为自由的民族。”① 而美利坚民族就是这样一个不自由的民族。

“二战”前的美利坚民族是被欧洲压迫的民族，这一时期尤其是华盛顿、林肯及两位罗斯福总统②时的美国外交，站在民族主义立场看真是精彩纷呈，可圈可点；“二战”后美国则转化为压迫民族，其外交的亮点从民族主义视角看则日益惨淡，若从国际资本标榜的“全球化”视角看则大可让一些人“仰望星空”。有比较意义的是，与英国的称霸经验不同，英国大不列颠民族是以压迫民族的身份称霸世界的，而美利坚民族则是作为被（华尔街国际资本）压迫的民族来称霸世界的；也就是说，当美利坚民族在“二战”后转化为压迫民族的同时它自身又受到华尔街国际金融财团压迫。这真是既辩证又讽刺：这时横行世界的美国已失去了它民族独立的性质，其外交成了在“美国”幌子下为华尔街财团谋利的工具——这就可以解释“二战”前美国外交充满战略智慧而在战后则挫折连连却又屡败屡战的原因。

“二战”期间罗斯福很明智地与斯大林联手在打败希特勒目标之下也附加了取代英帝国、解除欧洲世界霸权的目标。达到这一战略目标的关键就是将开辟第二战场的地点选在法国诺曼底而不是丘吉尔坚持的意大利。大兵所至即势力范围边界所至。如果从意大利登陆，东欧会被西欧控制。西欧离不开东欧，东欧在历史上一直是喂养西欧的头排“奶牛”。如果失去东欧，西欧的资本主义发展就失去了最近的外围市场。罗斯福和斯大林坚持从诺曼底开辟第二战场的目的就是让东欧由苏联军队来解放。东欧解放后，东欧这头“奶牛”就让斯大林牵走了。失去东欧，欧洲也就从内核圈内被击垮并由此去势。接着美苏再次联手将目标瞄向喂养欧洲的后排“奶牛”即非洲殖民地。1956 年“苏伊士运河事件”爆发，美苏利用联合国讲台把英、法从埃及赶走。英法退出后，非洲这头“奶牛”又被美国牵走。失去东欧、再失去非洲，欧洲的世界霸权也就寿终正寝了。

利用两次世界大战将美国推向世界霸主地位是西奥多·罗斯福和富兰克林·罗斯福的外交目标。这两位总统任期内对美利坚民族所做的贡献令美国

① ［德］马克思，恩格斯：《论波兰》，见《马克思恩格斯选集》，第 1 卷，北京，人民出版社，1972 年，第 288 页。

② 即西奥多·罗斯福（Theodore Roosevelt ，总统任期：1901—1909 年）和富兰克林·罗斯福（Franklin Roosevelt ，总统任期：1933—1945 年）。

人引以为豪。而这一时期美国外交能够如此挥洒自如并大获成功的原因，还在于这时美利坚民族还处在被欧洲压迫的地位，它还在为自身的解放而斗争以及被欧洲驱赶到美国的华尔街国际财团对欧洲旧恨未消，因而华尔街与美利坚民族在反欧问题上尚能结成暂时的同盟。希特勒在打倒英帝国的同时也在欧洲扫荡了以犹太人为经营主体的国际财团，由此引出的辩证结果就是希特勒为国际反法西斯的阵营尤其是其中的美国送去了迫切需要的国际资本。美利坚民族以其博大的胸怀接纳了这些来自欧洲的“破落户”，这批在欧洲接近破产的人也用他们的财富和才智帮助美国及其盟国打败了希特勒法西斯势力，由此带来的辩证结果便是在美国取代欧洲后他们也深深地扎根于美国并反客为主，很快成为美国真正的统治者。

在此，值得研究的并不是白宫或华尔街谁可以统治美国，而是谁可以代表美利坚民族的利益。我们看到，这些扎根于美国的国际财团对于美国并没有因在美国“半生食汉禄”[①] 而有回报国家的认识。如果我们看过电视剧《北京人在纽约》[②] 并了解其中三个人物即中国人王启明、美国人大卫和华尔街国际销售商安东尼之间的关系，以及安东尼在王启明和大卫激烈竞争中谋利的生存方式，就不难认识华尔街反对各国民族主义却不在意民族冲突和国家间战争的原因；也不难认识到今天的华尔街国际资本为什么如此超负荷地奴役美利坚民族，在美国已精疲力竭时还逼着美国启衅战争的原因。对华尔街来说，民族国家将来反正都要消失或被消灭。

有人会问：这不是与马克思“国家消亡”理论一样吗？恰恰相反，马克思、恩格斯强调在阶级斗争仍然存在的历史时期，国家是无产阶级解放的必要工具，他说“到目前为止还在阶级对立中运动着的社会，都需要有国家”[③]。至于国家消亡，恩格斯说：“无产阶级将取得国家政权，并且首先把生产资料变为国家财产。但是，这样一来，它就消灭了作为无产阶级的自身，

① “独相王继忠，瞽者骇之曰：‘此人可讶，半生食汉禄，半生食胡禄。’”（清）宋继郊：《东京志略》，王晟等点校，郑州，河南大学出版社，1999 年，第 693 页。

② 《北京人在纽约》是由郑晓龙、冯小刚执导，姜文和王姬主演，反映北京人在纽约奋斗与挣扎的生存故事。该片荣获中国广播电影电视部第十四届“飞天奖”，第十二届大众电视“金鹰奖”。

③ ［德］恩格斯：《反杜林论》，见《马克思恩格斯选集》，第 3 卷，北京，人民出版社，1972 年，第 320 页。

消灭了一切阶级差别和阶级对立，也消灭了作为国家的国家。”① 恩格斯特别强调：“国家不是‘被废除’的，它是自行消亡的。”②马克思在国家消亡后最终要实现的是全世界自由劳动者组织即“自由人联合体”，而国际资本最终要实现的是资本和资本家精英们统治的世界。正是在这个意义上，为了团结起来共同抵抗国际资本的剥削和压迫，马克思、恩格斯在《共产党宣言》中说“工人没有祖国”③；号召“全世界无产者，联合起来”④。马克思说：“资本不是一种个人力量，而是一种社会力量”⑤，列宁更是告诉世界工人阶级，资本是一种国际力量；为此列宁号召“全世界无产者和被压迫民族联合起来”⑥。为此，马克思、恩格斯创办了“第一国际”（1864—1876 年）和第二国际（1889—1914 年），列宁成立了“共产国际”。

19 世纪初，为了消除政教二元冲突，黑格尔将国家提到“神”的高度，他说：“神自身在地上的行进，这就是国家。”⑦ 在二百多年过去的今天，“神”还在地上行进，但它——至少在美国——已不是国家而是国际资本及其依附性半神半人的华尔街金融组织。华尔街国际资本是靠寄生在国家肌体上吸吮“血液”即金融而生存的，它并不在意国家“躯体”的民族特性——更不在意其所依附的组织是否叫“共济会”或其他名称，因而将来它也不会珍惜反而会在美利坚民族被榨干后抛弃美国继而抛弃美元并转身寄生到其他国家或组织的肌体之中。

目前国内对共济会的研究日益深入，何新先生是这方面研究的重要开拓者，他研究的结论通透了许多历史乱象，揭露出“一个全球性的资本主义核心领导组织——共济会的秘密”，认为现代共济会不是一个一般的社会组织，

①② ［德］恩格斯：《反杜林论》，见《马克思恩格斯选集》，第 3 卷，北京，人民出版社，1972 年，第 320 页。

③④⑤ ［德］马克思、恩格斯：《共产党宣言》，见《马克思恩格斯选集》，第 1 卷，北京，人民出版社，1972 年，第 266、270、286 页。

⑥ 列宁说“全世界已经分成被压迫民族和统治民族。被压迫民族至少占全世界人口的 70%。凡尔赛和约又使被压迫民族增加了 1 亿或 15 000 万人口。”《在俄共（布）莫斯科组织积极分子大会上关于租让的报告》（1920 年 12 月 6 日），见《列宁全集》，第 40 卷，北京，人民出版社，1986 年，第 73 页。

⑦ ［德］黑格尔：《法哲学原理》，范扬、张企泰译，北京，商务印书馆，2009 年，第 259 页。

而是“全球资本主义的核心中枢”[①]。这是一个准确的认识。但同时也应看到，这个“核心中枢”，只不过是全球资本依附的载体，“这里涉及到的人”，用马克思的话就是“只是经济范畴的人格化，是一定的阶级关系和利益的承担者。”[②] 由此推论，共济会不过是全球资本的“人格化”的重要但不是唯一形式。“共产国际”解散后，国际无产阶级运动仍然存在并以其他形式向前发展，同样的道理，如果仅仅消除了共济会，那国际资本还会找到其他组织形式继续存在和滋生。马克思说“资本不是物，而是一定以物为媒介的人和人之间的社会关系”[③]，这个“社会关系”就是资本主义的生产关系。正是从这个意义上，马克思在为第一国际成立准备的纲领性文件《共产党宣言》中，直截了当地宣布：“共产党人可以用一句话把自己的理论概括起来：消灭私有制。”[④] 明白了这一点，也就明白，目前损害人类利益的是私有制及建立其上的资本主义生产关系，但损害美国民族利益的目前则是国际资本而非民族资本，共济会只不过是国际资本需要借助且可以更换的一种谋利的重要形式而已。我们研究的目光既要高度凝聚于目前国际资本正在借助的“共济会”等组织形式，又不能忽视其后的本质。不然的话，我们就会得筌而忘鱼，为了搞清某种组织形式的细节反而忘记了斗争大方向，这样不仅扩大了我们的打击面，而且还会空耗我们许多精力。

就在美国步入霸权大国后，美利坚民族的利益和华尔街的利益开始分道扬镳，美国自身开始生长出自我否定的因素。华尔街转而将支持的目光投向“欧洲的复兴”。狡兔三窟，长期游荡在国家之间的资本开始为美国之后的下一个寄生体做准备——当然，欧洲的衰变也让华尔街看到了机会。

3. 从远东到中东：美国国力因反复透支出现严重“肾虚”

早在美国崛起之初，欧洲就有了“将美利坚重新纳入大英帝国”的考虑

---

① 何新：《统治世界：神秘共济会揭秘》，北京，中国书籍出版社，2011 年，第 9 页。

② “我决不用玫瑰色描绘资本家和地主的面貌，不过这里涉及到的人，只是经济范畴的人格化，是一定的阶级关系和利益的承担者。我的观点是：社会经济形态的发展是一种自然历史过程。不管个人在主观上怎样超脱各种关系，他在社会意义上总是这些关系的产物。”［德］马克思：《资本论》，第 1 卷，北京，人民出版社，1975 年，第 12 页。

③ ［德］马克思：《资本论》，第 1 卷，北京，人民出版社，1975 年，第 834 页。

④ ［德］马克思：《共产党宣言》，见《马克思恩格斯选集》，第 1 卷，北京，人民出版社，1972 年，第 265 页。

并得到共济会的支持。1891 年，全球最大钻石巨头戴尔比斯集团创始人塞西尔·罗兹（Cecil Rhodes）[①] 在罗斯柴尔德家族的支持下，在英国创立“罗兹会社”，会社确立的“崇高”目标是：

将大英帝国统治扩展至全世界；完善大英帝国向外扩张的体系，由英国国民对所有可资生存的地方进行殖民；将美利坚重新纳入大英帝国，统一整个帝国；在帝国议会实行殖民地代表制度，将分散的帝国成员统一起来，从而奠定永无战争，符合人类福祉的世界。[②]

第二次世界大战后，欧洲人更是深刻地反思了内部长期分裂导致其失去世界霸权的原因。对此感受最深的是丘吉尔。此前，他不理解张伯伦对希特勒德国绥靖政策的深意[③]，欧洲在“兄弟阋于墙”的两次大战中倒掉后，已至 72 岁高龄的丘吉尔下定决心为英国皇室“待从头，收拾旧山河，朝天阙”[④]。1946 年 3 月，丘吉尔发表“铁幕演说”，9 月，又在苏黎世重提雨果 1849 年提到的“欧洲合众国”[⑤] 的概念，决心将破碎的欧洲整合为像美国那样统一的国家联合体。此后，欧洲各国开始进行内部整合并在英国的带动下开始为恢复以欧洲为主导的世界体系而默默准备。苏联学者对丘吉尔的目的洞若观火，B. T. 特鲁汉诺夫斯基写道：“丘吉尔的计划是打算恢复英国在世界上的领导作用，企图把美国排挤到第二位。丘吉尔认为，为达到此目的，必须使美苏发生冲突。因此，丘吉尔加紧鼓动美国，在对苏关系方面采取更加强硬的立场。”[⑥]

---

① 塞西尔·罗兹（Cecil Rhodes），1853 年出生，世界最大的钻石巨头戴比尔斯集团的创始人，罗得西亚（Rhodesia，今津巴布韦）即以他的名字命名。

② 转引自宋鸿兵：《货币战争（2）》，北京，中华工商联合出版社，2009 年，第 226 页。

③ 参阅张文木：《张伯伦全球战略的深层设计及其失败》，载张文木：《全球视野中的中国国家安全战略》（中卷上），济南，山东人民出版社，2010 年，第 253–271 页。

④ （宋）岳飞：《满江红》。

⑤ 维克多·雨果（1802—1885 年），法国文学家。1849 年 8 月 21 日，在巴黎召开的第二届国际和平大会上，雨果发表演说表示“总有一天人们会看到，两个巨型组织，美利坚合众国和欧洲合众国，会越过大西洋握起手来”。转引自惠一鸣：《欧洲联盟发展史》（上），北京，中国社会科学出版社，2008 年，第 225 页。

⑥ ［苏联］B. T. 特鲁汉诺夫斯基：《丘吉尔的一生》，张德广等译，北京，北京出版社，1982 年，第 403 页。

欧洲历史学家汤因比更是号召欧洲人痛定思痛，用“五十到一百年”的历史，推动欧洲“内部的一次大革命”，最终使欧洲得以“恢复原状”。[①] 但丘吉尔知道恢复欧洲世界霸权不能用与美国对抗而只能用附和的方式。他因此在铁幕演说中说，“希望最终在英美两国之间实现一种共同的公民身份”[②]，意即我们就是美国的公民，我们是你美国的坚定支持者，你扛大旗的，在前面冲，我们欧洲在后面跟着你美国干。欧洲人远比美国人明白“笔杆子”的厉害，在枪杆子不灵的情况下，他们很快为美国捧出一个很不靠谱的“战略家”，他就是被捧为“遏制战略之父”的乔治·凯南。1946 年 2 月 22 日，时任美国驻苏联使馆代办的乔治·凯南通过明码电报（这显然是在有意刺激苏联），向国务院发回长达 5 542 个英语单词的电报。在电报中，凯南对苏联的内外政策进行了深入的分析，提出了对付苏联的长期战略。1947 年 7 月 7 日，凯南化名“X”在当月出版的《外交》上发表《苏联行为的根源》一文，明确提出“遏制（containment）战略”，此建议被美国政府所采纳。这封电报被认为是导致美苏冷战的先声。为了逼着美国上套，英国人又为美国推出一个更不靠谱的麦卡锡。[③] 凯南顶层设计在前，麦卡锡咄咄威逼在后，1950 年把美国推送到朝鲜，1964 年又将美国赶到越南，由此美国元气大挫。

麦卡锡就不说了，为什么说乔治·凯南的“遏制”战略是“忽悠”美国呢？这是因为他为美国设计的战略任务超过了美国的国力。当时李普曼等人对凯南的战略提出尖锐批评。但华尔街不允许这些理性声音进入主流。华尔街“军工复合体”财团在战后需要的并不是面包而是战争，这一目标与丘吉尔的用离间美苏的方式报复美国的战略客观上部分地一致起来。结果，在凯南设计的目标下，美国老虎吃天，耗尽了相当的力气。与此前一些具有民族主义情结的比如威尔逊、艾森豪威尔等上台为华尔街国际资本卖命下台却忏悔的美国领导人一样，20 世纪 80 年代，已入暮年的凯南对自己曾经提出的

---

①② 参见［英］汤因比：《第二次世界大战史大全》，第 5 卷，郑玉质、关仪译，上海，上海译文出版社，1995 年，第 1004、1161-1164 页。

③ 约瑟夫·麦卡锡（Joseph Raymond McCarthy）是美国共和党人，狂热极端的反共分子。1946 年，他依靠激进的反共观点当选为参议员，其间，他推动在全美清理共产党运动，指挥调查委员会调查美国民主党成员以及政敌、对他有意见的新闻人物，不少人被撤职、逮捕甚至被处死。后来他在军队中搞忠诚调查，引致艾森豪威尔的不满。1954 年，参议院通过法案谴责麦卡锡的政治迫害行为。1957 年死于肝炎。

“遏制”战略后悔不迭，他说：“这种军事化不仅对我们的外交政策，而且对我们的整个社会都有严重影响。它造成国民经济的畸形发展，这一点我和许多人都越看越清楚了。”①

1953年正在经历朝鲜战争的美国人发现了问题，他们推选出与罗斯福一样具有民族主义情结的艾森豪威尔（1953—1961年）上台。艾氏认识到美国已有“大权旁落”于“军工复合体”的危险，他果断地终止朝鲜战争并缓和与苏联的冷战。他恢复了罗斯福路线：再次联手苏联，利用苏伊士运河危机将英、法赶出埃及。失去埃及，欧洲就失去了非洲，自此，欧洲霸权彻底从世界范围退出。

不幸的是，进入冷静阶段的美国外交恰巧遇到不懂历史且喜欢冲动的赫鲁晓夫，而美利坚民族又同样是一个情绪化的民族。1962年赫鲁晓夫挑起的“古巴导弹危机”惹怒了美国。美国人被华尔街煽起后便挥师来到越南战场，其结果比朝鲜战争打得时间更长，败得更惨，国力透支得更为严重。

与艾森豪威尔一样，尼克松在任（1969—1974年）内也看出欧洲利用美苏冲突削弱美国的意图。为了恢复美利坚民族的元气——这与华尔街国际资本利益也没有太大的冲突，尼克松与中国握手并果断地从越南撤军。但就为了这一小小的要求，尼克松给华尔街以天大的补偿。尼克松之前，支撑华尔街金融力量主要是军火集团。尼克松上任后放弃美元的金本位，让美元与石油挂钩。这样美元就增加了另一支柱，这就是世界石油。尼克松在书中对此解释说：

波斯湾的战略重要意义今天集中于两个因素：它的位置和它的石油。军事力量和经济力量现在都有赖于石油。这个基本事实在20世纪最后这几十年里使波斯湾成了全球风暴的风眼。如果苏联有力量关掉中东的石油龙头，它就会有力量使工业化西方的大部分国家向它屈膝。为了做到这一点，苏联人没有必要像他们接管阿富汗那么实际接管波斯湾国家。他们通过外部压力或内部动乱，使西方得不到这些国家的资源，也可达到他们的目的。

在21世纪的某个时候，核能、太阳能、地热能和其他能源可能得到充分发展，以满足世界上的大部分能源需要。但现在我们生活在石油时代。在今后几十年里，这一点使波斯湾地区具有特别的战略重要意义。这意味着，世界上最

① 参阅［美］乔治·凯南：《美国外交》（增订本），葵阳、南木、李活译，北京，世界知识出版社，1989年，第136-137页。

多事、最不稳定和最受危害的地区之一，也是世界上最重要的地区之一。[①]

尼克松看到了石油中潜藏着巨大的交换价值。他说：

美国只是部分地依靠进口石油和战略矿物，而欧洲和日本则绝对地依靠海外来源。我们用的石油有一半是进口的，但是欧洲进口百分之八十五，日本进口百分之百。至于矿物，西欧进口百分之八十，日本进口百分之九十五。进口的小规模中断只会给美国造成不便和烦恼，但却可能在我们的工业化盟国中造成恐慌。因此，它们比我们甚至更有理由对于苏联向“西方所依靠的两个大宝库”推进感到关注。[②]

一般来说，主权国家的不动产是国家货币价值的承担者，在此之上的劳动产品价值是其货币增值的前提。美国曾主要以军事工业生产提升美元的价值。与世界石油比，美国军工这时毕竟还是国民劳动的产品。现在尼克松将美元直接与世界石油挂钩，美元在军工之外又多了世界石油这个新支柱。这样美国金融集团便有了双轮滚动出的利润：军事胜利既拉动了军工又保证了国际石油以美元结算，美元结算造成美元坚挺；美元坚挺又有助于军事持续胜利并反作用于美元的坚挺地位。但保证这一切的前提就是美国为控制世界富油区而必须进行持续不断而且必须胜利的战争。石油美元使华尔街不再依靠美国的国民生产；而实体经济不振的美国国民和没有独立财源的白宫却离不开华尔街。可怜的美利坚民族与当年罗马人一样——用凯南的话形容——已“变成随军谋生的一大帮子流浪者，就像前几个世纪在欧洲尾随军队蹒跚的那些无业游民那样，指望在衣食相对富足的部队后面捡点儿洋落儿”[③]。现在回头来看，尼克松在挽救美国的同时却又更深地伤害了美国：他使人民离劳动更远，离战场更近；为华尔街国际资本而不是为美利坚民族利益到世界各地打仗成了美国国家的“生产方式”和美国国民的“生存方式”。理解了尼克松让美元脱离金本位转为石油美元的背景，也就理解了为什么尼克松之

①② ［美］尼克松：《真正的战争》，常铮译，北京，新华出版社，1980年，第28-29、88-89页。

③ ［美］乔治·凯南：《美国外交》（增订本），葵阳、南木、李活译，北京，世界知识出版社，1989年，第142页。

后美国外交及美苏争夺的重心日益向中东集中的原因。

尼克松为华尔街国际资本完成了美元本位从黄金至石油的置换任务后便因“水门事件”而提前下台。接着，便是尼克松以巨大代价为美利坚民族换来的不到十年的休整期。后来的杰拉尔德·福特（1974—1977年）和吉米·卡特（1977—1981年）两位总统，对苏联基本采取缓和政策。卡特与苏联缓和的同时也与中国建交。但与有意结束越战的肯尼迪不幸遇上一个爱冲动和爱放狠话的赫鲁晓夫并由此造成两国关系迅速交恶的形势相似，这时的美国虽有缓和的愿望，却阴差阳错地遇上更不冷静且话硬手狠的勃列日涅夫。勃氏对美那“力拔山兮气盖世”的莽撞使卡特对苏缓和政策受到激烈的批评。美国史学家孔华润写道，“勃列日涅夫认为，美国由于越南战争和水门事件丑闻而遭到削弱，而且由一位优柔寡断和懵懂无知的总统领导着，此时此刻正是苏联加紧谋取优势的大好机会”；卡特执政期间，“苏联强权无论在何处都能所向披靡。苏联政治局成员们踌躇满志，认为不需要再出台什么新方针了”。[①] 当时苏联攻势不知节制，差点将美国赶出印度洋。孔华润说：“这件事想起来都让人后怕。”[②]结果，卡特只干了一届，就为强势的罗纳德·里根（1981—1989年）所代替，里根政府的强势外交政策扭转了美国的颓势。

现在回想起来，勃列日涅夫时期的对美政策确实打到美国的“七寸”即石油控制权上，也正因此造成了美国对苏联有史以来最直接也是最强烈的反弹，以至美国为击垮苏联而放弃与苏联建立的战后雅尔塔体系的欧洲部分。美国转而扶持和联手欧洲对付苏联。事情的切入口就是“波兰事件”。与1956年的波匈事件中美国不介入的政策不同，1980年的波兰事件中美国真正插手波兰，利用天主教的力量，整体性地拉动了东欧国家的反苏情绪，最终促成了苏联的逐渐“改革”和最终解体[③]。勃氏反美不知轻重，硬将美国打

---

①② 参见［美］孔华润：《剑桥美国对外关系史》（下），王琛等译，北京，新华出版社，2004年，第433页。

③ 2009年12月10日，奥巴马在诺贝尔奖颁奖典礼上的讲演中说：“教皇约翰·保罗与波兰的接触不仅为天主教教会，也为列赫·瓦文萨（Lech Walesa）等工会领袖拓宽了空间。罗纳德·里根为武器控制所作的努力以及对苏联改革的欢迎不仅与苏联改善了关系，也给整个东欧的持不同政见者增添了力量。这里并没有一个简单的公式，但我们必须尽可能在孤立与接触、施压与鼓励之间找到平衡，以使人权和尊严能够与时俱进。”美国国务院信息局：2009年12月10日《美国参考》，http：//www.america.gov/st/peacesec-chinese/2009/December/20091210211933eaifas0.7974513.html。

出由美苏共同支撑的欧洲雅尔塔体系，致使苏联继而美国因独木难支而坍塌。鉴于这样的经验，2011 年 6 月 2 日，美国防长盖茨在赴新加坡参加香格里拉安全对话的专机上，称“美国不想遏制中国发展”，并提醒中国“不要学习苏联”。[①] 前半句话的有效性盖茨本人无法保证，但后半句意在提醒中国外交不要重犯赫鲁晓夫和勃列日涅夫那样不给对手退缩留有余地的失误。

苏联解体后，欧洲和美国的日子特别好过。它们不仅控制着中东石油，同时苏联解体也向美国和欧洲流失出相当的战略资源和大量浮财。东欧再次成为欧洲的“奶牛”，为欧洲的复兴提供“原始积累”，苏联让出的战略资产和财富也养肥了美国。老布什开启海湾战争与苏联解体前后相随，这两件事为美国军工、能源及建立其上的金融集团带来了前所未有的利益，由此造成了从老布什（1989—1993 年）至克林顿（1993—2001 年）的十年黄金时期，此间美国似乎成了世界政治经济发展的参照系。到了 21 世纪初，苏联解体给西方带来的红利因普京上台和欧元出现而大幅缩水，美国危机随之加速扩大。小布什开启的阿富汗战争与欧元的出台也前后相随，这时的美国已感到了美元的危机。因为中东出现了以欧元结算石油交易的苗头。2000 年伊拉克宣布在“石油换食品”计划中改用欧元结算，[②] 这在勃列日涅夫之后再次触动了美国的“七寸”，由此引发小布什利用“9·11”事件，挥师阿富汗并继而发动伊拉克战争。

将国家的生存和发展的基础不放在国内产品而是放在海外石油，这等于将美国的安全基点从本土移至中东，这样，华尔街国际财团就将超负荷的国防任务强加于美利坚民族并使之自越南战争后再次透支了国力。2007—2009 年间，美国国防支出占美国联邦财政总支出的 20%左右，而同期军费支出却占国防支出的 96%左右，[③] 国防支出基本没有“浪费”，都用于军费了。其间的关系是，国家财政依赖华尔街金融，华尔街金融依赖军工和能源的扩张；

① 《盖茨声称美不会遏制中国发展 警告中国“别学苏联”》，http：//world. huanqiu. comroll2011-06/1733488. html。

② 《“石油美元”不再青睐美国》，http：//gb. cri. cn/2201/2004/12/23/381@ 400521. htm。

③ 2007 年、2008 年、2009 年，美国联邦财政支出总计分别为 27 287 亿美元、29 826 亿美元、35 177 亿美元，其中国防支出分别为 5 513 亿美元、6 160 亿美元、6 610 亿美元，国防部军费支出分别为 5 285 亿美元、5 946 亿美元、6 367 亿美元。资料来源：世界经济年鉴编辑委员会：《世界经济年鉴 2010/2011》总第 26 卷，第 191、194 页。

军工能源扩张又必须以对外战争拉动，战争胜利再反哺财政。战争成了国家财政增长的“推土机”，而成本越来越高的战争又进一步透支了国家财政。如此恶性循环，致使美国发生了迄今尚不见尽头的危机，而危机又恰恰以战争的失败或难以为继为先导。美利坚民族有自己的货币即美元，却没有独立支撑美元的民族产业，也没有独立的国家银行。其造成的恶果是：美利坚民族因反复透支导致“肾虚”，它只能按华尔街的旨意超负荷干重活以从华尔街国际资本那里乞讨点财政补贴——这样的民族着实让人可怜。

现在治愈美国“肾虚”重病的有效“药方”是对内加强民族产业，对外少搞侵略扩张。最近美国总统说要再工业化，也就是这个意思。美利坚民族若有自己的民族产业，就会有自己国家控制的银行和国家独立的财政来源，如此就可以摆脱华尔街国际资本的控制，但这是华尔街不允许的。正因此，华尔街国际资本势力不仅反对其他国家的民族主义，而且也反对美国的民族主义。前阵华尔街战略理论家布热津斯基说：“在民族主义主导的舆论氛围中，美中两国不可能合作。”[①] 这话正确的解读是：在民族主义主导的舆论氛围中，美中两国人民不可能与华尔街合作。在美国华尔街国际资本若遇上以美利坚民族的利益为优先的总统，轻则就会立即将他推向“财政悬崖”；若再不悬崖勒马，其下场不会比林肯、麦金莱、肯尼迪等更好。[②]

现在经常有人批评美国，其实美国人民与中国人民一样也是一个勤劳勇敢有智慧的民族，他们已认识到目下的美国已不是美利坚民族的而是华尔街国际资本的牟利工具。白宫已不能代表而最多只能兼顾美利坚民族的利益。它在主权形式上是独立的，但其核心部门比如金融、财政、外交等却被代表国际资本的华尔街势力所操纵。从外部说，美利坚民族已经变为一个压迫其他民族的被（华尔街国际资本）压迫的民族；从内部说，与美国初期不同，这时美利坚民族已与华尔街国际资本的利益尖锐对立且不可调和了，目前美国人民的抗议声浪日益向华尔街国际资本集中。

有人会问，难道华尔街会牺牲美国？这并不奇怪。如前所述，共济会的

---

① 《布热津斯基：民族主义正在损害美中关系》，http：//int. gmw. cn/2013-03/13/content_ 6989675_ 2. htm。

② 亚伯拉罕·林肯（Abraham Lincoln，1861—1865 年）、麦金莱（William McKinley，1897—1901 年）、肯尼迪（John Kennedy，1961—1963 年），三位总统分别于 1865 年、1901 年和 1963 年遇刺身亡。

目的就是要在资本权杖下实现超越民族国家的世界统一。他们也曾参与并支持民族国家的建立和冲突，但其目的并不是为了民族国家而是为了最终让国家屈服于国际资本并由此消灭民族和国家——目前希腊、塞浦路斯等欧洲小国正在发生的金融危机只不过是这场历史大剧的序曲。2013 年 4 月 22 日，德国总理默克尔说："如果欧元区真有诚意克服旷日持久的欧债危机并重新赢得市场投资者的信任和信心，各成员国就必须为在欧盟宪法框架内向欧盟机构让渡部分相关领域政策制定与执行的主权做好准备。"默克尔强调，欧盟各国不应只是在面对危机时才寻求团结，压力缓解时便各行其是。在欧洲一体化进程中，欧盟最高机构需要在某些领域被赋予强有力的最终话语权，否则欧洲一体化建设将缺乏根基。[①] 2002 年 8 月 11 日，《美国年鉴》发表记者威廉·香农写的题为《毁灭美国计划大揭秘》文章直称：

> 彼尔德伯格正在追求一个后自然主义时代，那时将没有国家存在，而只有不同的地区，全世界共同拥有一种价值观。也就是说，我们将拥有全球经济、单一世界政府（这一政府是选择而不是选举出来的）和共同的信仰。为了确保实现这几个目标，彼尔德伯格俱乐部致力于更先进的技术方法，很少考虑大众的想法。[②]

国家主权对目前的国际资本而言，只是它通向统治全球目标道路上必须利用同时又必须不断离弃的台阶。明乎此也就不难理解华尔街不会在意美国，在将美利坚民族榨干之前，它会准备好新的国家附体。第二次世界大战后，国际金融财团借其在反法西斯战争中的杰出贡献携带巨资大批重返欧洲——也可能还有一部分来中国"探路"。

2001 年的"9·11"事件打击的对象是世贸大厦而不是白宫，2011 年美国人发动的是"占领华尔街"而不是"占领白宫"的运动；以往的人民运动都直接以政府为对象，今天第三世界和美国人民却直接以华尔街国际资本为对象。与早期的工人砸机器行为不一样，而与中国 1919 年的"五四运动"

---

① 《默克尔：欧元区各国若想解决欧债危机 应为让渡部分主权做好准备》，http：//www.guancha.cn/europe/2013_ 04_ 23_ 140593.shtml。

② ［美］H. 保罗·杰弗斯：《操纵世界的黑手：彼尔德伯格俱乐部阴谋》，刘宁译，北京，中信出版社，2010 年，第 82 页。

有些相似，这两大事件的发起者和参与者多是受过高等教育的知识分子。知识分子是较早觉悟的人群。这说明，第三世界人民和美利坚民族正在觉醒：不管这种觉醒是自为的还是自发的，他们都意识到了世界问题的要害不是白宫而是华尔街，不是美利坚民族和美国人民而是国际资本垄断集团。值得注意的是，自"占领"运动后，美国出现了更具破坏性且愈演愈烈的"枪击案件"[①] 和正在一些州涌动着的从联邦中分离出去的情绪[②]：前者如果枪口一转就意味着社会革命，革命的对象不会是白宫而一定是华尔街；后者则意味着美国的分裂，美国人民需要的不是依附于华尔街的而是代表民族利益的独立自主的国家。造成美国危机的原因是国际资本垄断集团对美利坚民族的超负荷压迫，若无非常手段化解，美国的前景是非常不妙的。

毛泽东同志比较早地看出了这一点，1965 年美国记者爱德加·斯诺在与毛泽东谈话结束时说："希望主席向美国人民说几句话，美国人民对中国是有好感的。"毛泽东一针见血地回答说：

> 祝他们进步。如果我祝他们获得解放，他们有些人可能不大赞成。我就祝那些认识到自己还没有解放的、生活上有困难的人获得解放。美国人需要再解放，这是他们自己的事。不是从英国的统治下解放，而是从垄断资本的统治下解放出来。[③]

在半个多世纪过去了的今天，"再解放"的任务对美国人民来说显得比以往更加迫切。

4. "战略东移"还是"重返中东"：美国政治结构中的外交选择

2010 年 1 月 12 日，希拉里·克林顿国务卿在夏威夷檀香山市杰斐逊纪念厅发表题为《亚洲的地区性架构：原则与重点》的演讲，向世界正式宣布

① 《可视化数据告诉你美国枪击案到底多严重》，http：//www. guancha. cn/america/2013_ 02_ 21_ 127677. shtml。

② 《美国巨变：66 万美国人"闹独立"》，http：//www. xinjunshi. com/junqing/20130115/67779. html。

③ 《同斯诺的谈话》（1965 年 1 月 9 日），见中共中央文献研究室：《毛泽东文集》，第 8 卷，北京，人民出版社，1999 年，第 411、412 页。

了美国外交“重返亚洲”的转向。[①] 2010 年 3 月 26 日发生的“天安舰”事件为美国“战略东移”的启动提供了契机。

但是，希拉里的“战略东移”政策并不表明美国外交转向符合美利坚民族利益的战略收缩，恰恰相反，它是一项单纯为华尔街国际资本谋利的外交选择。这时的美国已不同于尼克松时期，它已更深地陷在“半殖民地”泥泞中不能自拔，因而我们研究这一时期的美国外交只要戴上“华尔街”视镜，那些不符合美利坚民族利益却还要大力推行的外交政策——比如希拉里作出的“战略东移”选择——都能得到合理的解释。

19 世纪中叶，英国打败中国和印度致使中印巨额财富流向并拯救陷入危机的欧洲并由此造成所谓欧洲的“维多利亚时代”，20 世纪末，苏联解体向美国和欧洲再次释放浮财并造成了西方世界的狂欢盛宴。21 世纪初西方世界再次陷入危机，美国的目标瞄向已很有“小康”气象的中国。

2008 年起，美国出现次贷危机的本质是其在中东由军事失败而导致的政治失控及随之出现的伊朗、俄罗斯做出的减少美元结算石油的结果。美国经济问题不是生产而是金融即美元问题。货币总要有物质支撑，对美元来说，因为美国自己已没了实体生产及相应的民族工业能力，如果失去中东从而失去石油支撑，它就得另寻一笔类似苏联解体而释放出的巨量浮财以垫底。以美国白宫官僚买办们以往的经验，这笔浮财只可能来自中国——19 世纪中叶清王朝和印度帝国被欧洲列强击垮后释放出的浮财曾挽救了欧洲的政治危机并在欧洲造就了一个“维多利亚时代”（Victorian era，1837—1901 年）。由此便有了希拉里“战略东移”的政策。但希拉里也面临着巨大风险，由于中东失控，历史留给美元的时间非常有限，华尔街留给希拉里兑现承诺的时间也不会太长，如果在短期内不能搞垮中国，那“战略东移”就只能是希拉里的一场短暂的春梦。

“天安舰”事件前后，希拉里青睐的所谓“茉莉花革命”在北非势如破竹，可在东亚却碰上中国这块“硬骨头”。美国在东海举行了一连串军演，希拉里也焦急且一厢情愿地翘盼中国“一枝‘茉莉’出墙来”。几年下来，

---

① 陈晓晨，徐以升：《美国大转向：美国如何迈向下一个十年》，北京，中国经济出版社，2014 年，第 13 页。

结果却让希拉里气急败坏：除过了一阵嘴瘾——其话语很有些失态[①]——外，希拉里一无所获。中国挺过来了，可美元却撑不住了，随之而来的是希拉里下台。希拉里下台意味着她极力推行的“战略东移”没有在规定的时间里完成规定的任务。不达标，自然就要走人，这样的结局在美国历届总统中还不是最坏的。

了解了上述美国政治结构，也就清楚了美国“战略东移”的本质从而可以预判美国今后外交走向。目前美国还没有完全放弃“战略东移”外交[②]，因为华尔街财阀们还指望中国发生他们希望的政治变化。但中共十八大后，他们也感到中国的发展离他们希望的前景日显南辕北辙；其间中国显示出的政治稳定性更让他们沮丧。美国前国家安全顾问琼斯在某智库发表讲话称“转向亚太”是奥巴马最后悔的用词，甚至传出2014年奥巴马会叫停“转向亚太”战略[③]；也有人认为奥巴马第二任外交将实行“战略再平衡”政策。什么叫“再平衡”，说白了就是不让支撑美元的支柱失衡。如果近期来自中国的（苏联式）“浮财”无望，美国只能经过若干次摇摆后重返中东。2013年美国跟塔利班的接触[④]以及美国国会军事干预叙利亚的呼声日高[⑤]的现象，透露出美国外交再次向中东偏斜的征兆。美国所谓“反恐”的目的只能是石

---

① 2011年5月13日，希拉里在接受《大西洋月刊》（The Atlantic）采访时主动谈到中国，称“他们试图阻止历史，这是‘a fool's errand’（徒劳的）。他们办不到，但他们要坚持尽可能长久”。原文：“they are trying to stop history, which is a fool's errand. They cannot do it. But they're going to hold it off as long as possible.”引自 Close Hillary Clinton: Chinese System Is Doomed, Leaders on a ‘Fool's Errand’, By Jeffrey Goldberg, http://www.theatlantic.com/international/archive/2011/05/hillary-clinton-chinese-system-is-doomed-leaders-on-a-fools-errand/238591/3/。

② 《美国防部长称将继续执行“战略东移”》，http://news.xinhuanet.com/world/2013-04/02/c_115243150.htm。

③ 《白宫前高官称奥巴马后悔“转向亚太”》，http://www.peopledaily.ca/html/2013/Meizhou_0306/3404.html。

④ 阿富汗《每日瞭望报》2013年3月11日发表文章，称卡尔扎伊10日发表的电视讲话，体现了美国和阿富汗之间缺乏政治互信。卡尔扎伊指责美国与塔利班私下进行“日常接触”，合伙恐吓阿富汗人民，并试图利用袭击证明，北约联军撤出后，阿富汗国内局势只会进一步恶化。《卡尔扎伊再次猛批美国和塔利班接触》，http://news.xinhuanet.com/2013-03/12/c_124444883.htm。

⑤ 《叙化武或来自土耳其，美或干预叙内战》，http://world.people.com.cn/n-0428/c157278-21316077-2.html。

油，至于谁执政并不重要。事实上，白宫咄咄逼人的表态解决不了美元疲软问题。在中国和中东之间，如果中国不出现苏联式的内乱，美国若不重返中东，那华尔街又能让它去哪儿呢？与小布什时期中东政策不同的只能是，今后美国的中东政策将会回归尼克松和老布什时期的多边均势并通过均势控制中东各国的策略：谁当政就跟谁接触，条件就是石油交易必须用美元结算。

《诗》曰："永言配命，自求多福。"[①] 那么，美国的求福天命何在呢？在节制。与身体保养同理，国力来自节制而非透支。目前摆在美国"战略再平衡"前面的有两种道路，一条是民族主义的道路，另一条是为华尔街国际资本利益服务的"买办"的道路。按前一条路，美国战略应当继续东移，退回到关岛以东，再用发展民族工业的方式"强身健体"，这样美国国力就可以休养生息、得到恢复并会再次以新的姿态步入世界。目前看这对美国而言是最不可能的选择。剩下的就只能是为华尔街国际资本服务的"买办"道路，这条路的指向十分明确，那就是重返中东。没有石油，美元大厦就会坍塌，这对目前的华尔街，甚至美国相当一部分买办阶级以至部分美国人的感情，都是不能接受的。

5. 中国应对的战略与策略

由此是否说明中国的压力减轻或中国在应对美国"战略东移"已取得决定性胜利了呢？决不能这样认为。只能说明国际资本（而非美利坚民族）对中国的攻击有了难度而并不意味它放弃中国目标。它还在等待中国国内出现苏联末期那种乱象。据美国《华盛顿邮报》2013 年 4 月 20 日报道，一个白宫顾问团在一份秘密报告中警告奥巴马总统，美国情报部门把太多精力投入到了军事行动和无人机攻击方面，报道建议美国应把情报注意力重新转移到中国这样的传统威胁上。[②]

那么，中国能否取得这场斗争的胜利呢？那要看条件。比较苏联解体和中国这些年成功的经验分析，中国挫败国际反华势力图谋的最关键的因素是始终坚持中国共产党对人民军队的绝对领导和人民军队对中国共产党的绝对忠诚。有了中国共产党对人民军队的绝对领导权，党的意志才能贯彻，"四

---

① 《诗经·大雅·文王》，载袁愈荌译，唐莫尧注：《诗经全译》，贵州，贵州人民出版社，1992 年，第 352 页。

② 《美报告建议：情报重点应转向中国》，http：//news. xinhuanet. com/2013-03/22/c_ 124492257. htm。

项基本原则”才能得到确保。这是以毛泽东为核心的党的第一代中央领导集体从残酷的中国革命历程中总结出来的血的治国经验和思想遗产。坚持这条经验，我们就能在当前的国际斗争中，任凭风浪起，稳坐钓鱼船；就能在激烈的大国博弈中取得胜利并成功地将中国特色社会主义贯穿21世纪。

有了党的坚强领导，我们就有了取得斗争胜利的前提，如果我们再有正确的政策和策略，我们就一定能够赢得新世纪国际斗争的主动权。

政策和策略是党的生命。正确的政策制定取决于科学的方法，阶级分析方法仍是当前分析国际力量对比的科学方法。如果我们明白了美国国家的政治结构，也就对目前美国有了阶级分析的基础，由此也就明白了在帝国主义尤其是美国帝国主义的本质进入最腐朽阶段的当下，中国和平发展的阻力并不是“占领华尔街”的美国人民，也不主要是美利坚民族，而是华尔街国际金融垄断财团。中国人民和美国人民面临的是共同的敌人，因而他们的战略目标在当下是一致的，美利坚民族的利益需求与中华民族的利益需要在当下也有相当程度的吻合。这样看来，中国外交的对手并不是整个美国，而是占美国人数很少一部分的华尔街国际财团中的反华势力以及背叛美利坚民族和人民利益的白宫官僚买办势力。什么是策略？策略就是将朋友搞得多多的，将敌人搞得少少的。对手少了，我们的朋友和同盟军就壮大了：我们的朋友就是世界上被国际资本压迫的人民和民族。如果我们不是用阶级分析的方法而是用形而上学的方法把华尔街国际资本与美利坚民族特别是与美国人民混为一谈，那我们就弄不清谁是我们的朋友、谁是我们的敌人；如果不清楚敌人在哪里，我们的战略力量就不能进行合理的配置，我们的外交就容易出现“左”或右的失误。如果我们能够将美国人民、继而将美利坚民族与代表当代世界最腐朽势力的一小撮华尔街金融财团区分开来，将中国人民的目标与美国人民的目标结合起来，我们就会团结世界被压迫的人民和民族，一道将世界的前途推向社会主义。

（六）伊朗高原：中国西陲安全的“桥头堡”[①]

伊朗是伊朗高原的前沿国家，它位于亚洲西南部，中北部紧靠里海、南

① 此部分内容刊发于《中国国防报》2013年4月16日，有修订。

靠波斯湾和阿拉伯海。伊朗东邻巴基斯坦和阿富汗，东北部与土库曼斯坦接壤，西北与阿塞拜疆和亚美尼亚为邻，西界土耳其和伊拉克。伊朗国土绝大部分在高原上，属高原国家，海拔一般在900~1 500米。西部和西南部是宽阔的扎格罗斯山山系，约占国土面积的一半。中部为干燥的盆地，形成许多沙漠，有卡维尔荒漠与卢特荒漠，仅西南部波斯湾沿岸与北部里海沿岸有小面积的冲积平原。

1. 保障亚洲大陆的天然战略屏障

在西南亚地缘政治中最具历史意义现象的是，扎格罗斯山脉往东与兴都库什山、继而与印度北面的喜马拉雅山连为一体，与伊朗高原、青藏高原一道形成世界最壮伟的、由西而东保障亚洲大陆“枢纽地带”的“扎格罗斯—兴都库什—喜马拉雅”天然战略屏障。正是有了这道战略屏障，除中世纪阿拉伯人统治时期外，伊朗在古代和近代已被肢解为多个伊朗高原国家（包括伊朗全部及阿富汗、巴基斯坦部分地区等），但这些国家最终还是成功地抵抗了西方列强的侵犯，并使其避免了印度那样完全殖民地的厄运。印度由于被屏蔽在这道战略屏障之外，并在近代被英国长期殖民，最终沦落为宗主国英国抛在南亚的“雾都孤儿”。

伊朗所处的地缘政治位置和态势对中国西陲安全具有极大的“桥头堡”意义。历史上中国西陲安全长期面临欧洲强势东扩的压力，如古希腊时代的亚历山大东征、罗马帝国的东扩、欧洲中世纪的十字军东征，以及近现代欧洲、沙俄、苏联乃至进入21世纪的美国等，都对伊朗高原国家进行过强势入侵，这些外来列强的入侵无一例外地被拒阻于伊朗高原之外，或被大量消耗在伊朗高原之中。

2. 中国西陲安全的第一道“防火墙”

不仅如此，伊朗高原国家与中国西陲被“扎格罗斯—兴都库什—喜马拉雅”战略屏障紧密地联系在一起，这样，位于屏障最西端的国家伊朗，实际上成为中国西陲安全的第一道“防火墙”，它们抵抗西方列强斗争的命运与中国西陲安全唇齿相依：如果伊朗被压垮，那么或海或陆由此东进的西方强势力量，就会沿着途经伊朗高原的古丝绸之路（在此地理基础上形成今天的“欧亚大陆桥”）倒逼中国，并对中国西陲造成重大威胁。

中国汉朝时期，罗马帝国东扩的力量被拒止于安息帝国西部边陲，这大大缓解了中国西部边陲的战略压力；大概也是出于同样的战略需求，汉武帝派出的西域特使张骞，于公元前 119 年特意派其副手访问安息（帕提亚，即今天伊朗地区）帝国，安息王竟激动地派出两万骑兵远迎中国使者。这说明当时安息国与中国已有互为依存的战略需求。

同样也由于近代阿富汗人民借助兴都库什山的险峻地形，对英国殖民者实行了极顽强的抵抗，使英国无法北上接近，遑论深入中国西陲的薄弱地带即新疆西境，勾结阿古柏伪政权祸乱中国；而世界最高峰喜马拉雅山的阻隔更使英国在占领印度的一百多年中，无力从印度北境有效介入中国西藏政治：1904 年 8 月 3 日，英国曾攻陷拉萨，但到了冬天，英国人因熬不过高寒天气被迫撤回印度。英国人由此得到了“西藏不容易进入的特点，使得任何加强对中国进行军事抵抗的行动都不现实”的经验。

这种经验对英国世界霸权的后继者美国来说也不是一点没有：1950 年，美国人曾想为西藏叛乱分子提供为时半年的作战装备，由于“牲畜驮运是唯一实用的运送手段，上述弹药数量约需 7 000 头骡子的运送。由于没有那么多的骡子可用，一部分或者全部的 3 英寸口径迫击炮和弹药可能无法运离印度”，以致美国后来也意识到，对达赖集团的支持“在很长的时期内需要相当巨大的经费”。

“扎格罗斯—兴都库什—喜马拉雅”山系形成的对中国西陲的大纵深防护带，使得近代西方即使占领印度后仍不能有效地从西南陆上牵制中国，而不得不沿海路绕道进入东海，推行其强力控制中国的目的。换言之，这条防护屏障不仅大大推迟了西方自罗马帝国以来对中国全面入侵的时间，而且减弱了——与印度相比——其影响中国的力度。同样的道理，正是当年从中国新疆居高临下西进的匈奴人，由于一路上没有这样的高原屏障，才有可能率先——与罗马东进速度相比——西进欧洲，并迫使可能东进的日耳曼人南下，从而最终压垮了罗马帝国。

3. 伊朗高原国家正抵抗和消耗着“北约东扩”

比较而言，处于上述“扎格罗斯—兴都库什—喜马拉雅”屏护之外，且地势低缓的印度则较容易受到外来侵犯。印度平原约占全国总面积的 2/5，山地只占 1/4，高原占 1/3，但这些山地、高原大部分海拔不超过 1 000 米。低矮平缓的地形在全国占有绝对优势，不仅交通方便而且富饶。低海拔的平缓地形大大弱化了印度人抵御外敌入侵的能力，并因此受到外族的长期占领。

值得中国边疆史研究者注意的是，不管是曾打入印度的亚历山大大帝，还是在中世纪继而近代占领印度的蒙古人和英国人，乃至1962年早已获国家独立的印度人，在高耸的喜马拉雅山脚下都不能也不曾撼动中国的西南部边陲。

这样的历史经验支持我们得出结论，对中国西陲安全有重大关联度的是以伊朗为前沿的高原国家而非印度：昨天伊朗高原国家而非印度成功地抵御了罗马帝国的东扩，今天是它们而非印度正在抵抗和消耗着“北约东扩”。

由此，伊朗高原国家而不仅仅是印度的反霸斗争对中国国家安全有着重大而深远的意义，如果再考虑到中国对伊朗高原国家原油进口有着巨大依赖性需求，伊朗高原国家的安全——当然，这一判断成立的前提是中亚没有出现中世纪阿拉伯帝国那样的历史条件——较之印度对中国更具唇亡齿寒的战略价值。

六、战后雅尔塔体系与亚太和平

（一）变动中的世界政治与日本问题[①]

当历史进入21世纪，“日本问题”再次浮出水面。

学者们对此有不同的解释，但如果将其外交举动联系起来分析，就会发现日本这是在“项庄舞剑”。对我们来说，重要的并不是日本将挥剑何处，而是日本这些举动将导致什么后果。而要使我们的讨论能够产生正确的结论，那就必须对目前日本问题产生的历史前提即苏联解体后的世界政治特征有一个准确的判断。

1. 苏联后的世界政治及其误判

苏联解体后，“雅尔塔体系解体”和“冷战结束”成了中国学界对国际形势的两大主流判断，在此基础上还形成了“和平与发展是时代的主题”的总认识。[②] 然而，现实的世界政治与这样的判断并不相符。

所谓“雅尔塔体系”（亦称“雅尔塔体制”）是指“二战”后期，美、英、苏、中等国对结束战争、处理战争遗留问题及维护战后和平通过德黑兰会议、雅尔塔会议和波茨坦会议等进行的多次讨论后形成的一系列协议和谅解，以及由此确立的旨在遏制德、日军国主义复活并以此为逻辑起点的战后国际和平秩序和法理体系。

不可否认，“二战”结束后，雅尔塔体系有了相当的调整，但总体说来，其旨在遏制德国和日本军国主义复活的制度根基及由此形成的地缘政治基本格局没有改变。但苏联之后，雅尔塔体系在欧洲确实是解体了，其标志是在雅尔塔体系中被分离的东西德统一，苏联波罗的海三个加盟共和国独立及原

---

① 此部分内容发表于《中国软科学》2006年第5期，有修订。

② 关于这两种形势判断及其解释，可参阅安卫，李东燕：《十字路口上的世界——中国著名学者探讨21世纪的国际焦点》，北京，中国人民大学出版社，2000年。

属于苏联地缘政治势力范围的东欧转入西方阵营。俄国失去了苏联时期在欧洲地区的地缘利益，同时也失去了对东欧的“保护”责任。但是，在远东地区①，我们却不能说“雅尔塔体系解体”，因为构成雅尔塔体系的基本要素和大国保障远东和平的法律责任没有变：俄国仍然继承着雅尔塔体系赋予苏联的占领日本北方四岛的权力；美国仍然占领着冲绳岛；中国在雅尔塔体系中被恢复并确认了的对台湾的主权的法律地位没有改变。② 反之，如果我们假设这种由美国、俄国和中国实际行使的针对日本军国主义的远东雅尔塔权力结构已经解体，那么，目前的亚太和平就会失去法理基础；俄国占领北方四岛、美国在冲绳岛驻军就失去法理基础；中国对台湾主权的法理地位就会发生动摇。③

但这里需要说明的是，雅尔塔体系所确定的中国维护远东和平的国际权力及对台湾的主权权利，是由当时的蒋介石政权即中华民国签订并接受的。与雅尔塔体系中的苏联权力（比如对日本北方四岛的占领权）和权利（对千岛群岛的主权）在苏联解体之后便天然转入俄国手中的案例相似，蒋介石政权自 1949 年在大陆倒台及 1972 年被联合国除名后，雅尔塔体系中的中国权利，尤其是关于联合国安理会常任理事国的权利以及台湾及相关岛屿的主权权利等，就天然地为中华人民共和国所继承。这种继承事实不仅具有法理基础并且为联合国及包括日本在内的所有与

① 远东地区，是欧洲人开始向东方扩张时对亚洲东部地区的称呼，以后广泛流行。一般指中国东部、朝鲜、日本、菲律宾和苏联太平洋沿岸地区。但在本文中，也用“亚太”一词，这是从亚洲的视角看欧洲人的“远东”，但所含范围要大于欧洲人的“远东”范围。由于雅尔塔体系是以西方人为主要方奠定的，故本文中用“雅尔塔远东格局”的概念，同时也表明它是“雅尔塔体系”的组成部分。另外，本文中所涉“日本”、“台湾”，有时指日本右翼和“台独”势力，而非日本全体人民和台湾全体同胞。下不赘述。

② 1943 年 12 月 1 日，中、美、英三国发表的《开罗宣言》规定：“三国之宗旨在剥夺日本自 1914 年第一次世界大战开始以后在太平洋所夺得的或占领之一切岛屿，在使日本所窃取于中国之领土，例如满洲、台湾、澎湖群岛等，归还中华民国。”王绳祖，何春超，吴世民：《国际关系史资料选编》，北京，法律出版社，1988 年，第 859 页。

③ 这里需要说明的是，古代中国对台湾行使的只是皇权下而非现代法权意义上的统治和管辖权，而后者却是现代主权的法律地位确立的法理基础。正是雅尔塔体系将台湾地区纳入法权意义上的中国主权之中。

中华人民共和国建交的国家所承认[①]或“充分理解和尊重”[②]。

如果我们承认上述分析，尤其承认中国对台湾的主权地位没有改变的法律事实，那我们就不能认为雅尔塔体系已经解体，而只能说雅尔塔体系中的欧洲格局而不是远东格局解体了。

另外，现实的世界政治更不具有“冷战结束”的特征。

所谓“冷战”，指第二次世界大战结束后，美国对社会主义国家推行的全面遏制政策。1946 年 3 月 5 日，丘吉尔在美国富尔敦发表著名的“铁幕演说”，并由此正式拉开针对苏联及社会主义国家的冷战序幕。应当承认，苏联解体后，围绕着苏联的冷战结束了，但是，也必须同时承认，围绕着俄国、中国的冷战却反倒加强了。丘吉尔所描述的“从波罗的海的什切青到亚得里亚海的特里斯特”的“铁幕”，[③] 在欧洲不仅没有消失，反而在 1999 年科索沃战争和同年波兰、捷克、匈牙利三国加入“北约”后，大幅东移并进一步向俄国逼进；在远东地区，美国通过一系列条约协定从法理上恢复了 20 世纪从日本到澳大利亚，从菲律宾到阿富汗的以中国和俄国为对象的“T”字形遏制链条，并于 20 世纪末开始放纵日本扮演冷战前锋的角色。此其一。

其二，如果说冷战真的结束了，那么，在欧洲作为冷战最重要的工具“北约”就应与“华约”对等解散而不是继续维持和强化。在亚洲，《开罗宣言》作出“使朝鲜自由独立”[④] 的决定，“三八线”最初只是一条为便于美苏接受日本投降的临时军事线，却在朝鲜战争后固化为苏美在东北亚的冷

---

① 《中华人民共和国和美利坚合众国关于建立外交关系的联合公报》（1978 年）：“美利坚合众国承认中华人民共和国政府是中国的唯一合法政府，在此范围内，美国人民将同台湾人民保持文化、商务和其他非官方关系。”“美利坚合众国政府承认中国的立场，即只有一个中国，台湾是中国的一部分。”

② 《中华人民共和国和日本国政府联合声明》（1972 年 9 月）：“（二）日本国政府承认中华人民共和国政府是中国的唯一合法政府。（三）中华人民共和国政府重申：台湾是中华人民共和国领土不可分割的一部分。日本国政府充分理解和尊重中国政府的这一立场，并坚持遵循波茨坦公告第八条的立场。”

③ ［英］丘吉尔：《从波罗的海的什切青到亚得里亚海的特里斯特》（1946），见 J. 艾捷尔：《美国赖以立国的文本》，赵一凡、郭学良主译，海口，海南出版社，2003 年，第 635 页。

④ 《开罗宣言》，见王绳祖，何春超，吴世民：《国际关系史资料选编》，北京，法律出版社，1988 年，第 859 页。

战线。如果说，冷战真的结束了，那么，“三八线”就应废除，朝鲜就应当统一。那些针对性十分明显的诸如《日美防卫合作指针》、《与台湾关系法》及与菲律宾的《来访部队协议》等，就更不应该在“冷战结束以来”继续维持或恢复。相反，在苏联解体以后的世界政治图画中，“北约”不仅没有解散，反而在武力推动下大幅东移并直逼俄国和中亚。1999 年 4 月 6 日，美国国务卿奥尔布莱特在布鲁金斯学会发表讲演时明白表示：21 世纪的“北约”将继续执行其核心使命，即保证“北约”成员抵抗侵略，但与此同时，它还将承担跨地域使命，如在波黑和科索沃采取的行动。“北约”是冷战的产物，“华约”解体后，“北约”行动地域却大幅扩张；在东亚地区，20 世纪意在遏制中国和苏联的自日本到澳大利亚的岛屿链条不仅没有放松反而自 20 世纪末越拉越紧；在东北亚地区，苏联解体后迄今南北朝鲜问题仍是并且是越来越热的国际斗争焦点。这说明冷战并没有结束。不同的只是，昨日是美苏力量对称的冷战，现在则是力量不对称的冷战；昨日冷战的策源地是美苏两家，而今天则只剩美国一家。20 世纪上半叶的战争，多是势均力敌的战争，21 世纪初的战争则基本都是“狼与羊”式力量不对称的战争。不管是军力对比还是地缘政治利益分配，冷战天平都大幅向美国倾斜。在近几年美国政府提交给国会的各项报告中，都表达出“对未来 15 年中国进程的估计充满了不可知因素”的担忧。[①] 据报道，目前，美国政府正在迅速果断地调整西太平洋的军事部署：拟从目前的太平洋司令部内，分离增设一独立的“东北亚司令部”，主要战力大约是目前美国太平洋司令部兵力的 2/3。另外还要增加关岛的军事力量，以应付可能发生在朝鲜半岛、日本列岛及台湾海峡的冲突。这说明在欧洲取得压倒俄国的战略优势后，美国正在将冷战的重心移向远东地区。在外交政策方面，美国事实上已将尼克松时期的适度扶持中国崛起的政策，转向适度为日本政治“松绑”，支持日本在东亚地区，乃至在联合国中发挥“更大作用”以遏制中国

① 周建明，张曙光：《美国安全解读》，北京，新华出版社，2002 年，第 321 页。关于美国近些年各种国防报告中的中国视角，可参考周建明，张曙光：《实力与威胁：美国国防战略界评估中国》，北京，中国财政经济出版社，2004 年；周建明，张曙光：《以军事力量谋求绝对安全》，北京，国防大学出版社，2003 年；周建明：《美国的国防转型及其对中国的影响》，北京，山东人民出版社，2006 年。

的政策。①

如果有的同志还认为美国以遏制中国为目标的冷战政策只是少数学者的观点而非官方的政策，那么美国新保守主义代表人物罗伯特·卡根（Robert Kagan）② 就讲得更坦白。他在《天堂与实力——世界新秩序下的美国与欧洲》一书中披露：

事实上，后来的美国政府并不认为冷战结束是战略休假。从老布什到克林顿，美国的战略和兵力规划仍然基于这样的假设，即美国有可能同时在两个不同的地方进行两场战争，美国必须同时打赢这两场战争。虽然两场战争的标准经常遭到质疑，但无论是来自文职部门还是军方，美国领导人一致认为美国必须准备好在朝鲜半岛和波斯湾打两场战争…… 从历史上看，美国后冷战时期的军事力量，尤其是它具备的在地球任何角落部署兵力发动战争的能力，是史无前例的。

---

① 美国《大西洋月刊》2005 年 6 月发表新保守主义学者卡普兰题为《我们应如何与中国作战：另一场冷战》（“How We Would Fight China：The Next Cold War”）的文章，建议美国把军事势力的重点从中东转向太平洋，并与亚洲各国建立新型盟友关系，共同遏制中国的强大。卡普兰在文章中称，中东对美国来说只是一个短暂的小插曲，而美国军队在太平洋地区与中国的争夺将是 21 世纪的标志，“和俄罗斯相比，中国将是一个更难应付的敌手”。卡普兰的结论是：中国是美国的头号敌人，并建议美国必须在军事和外交方面进行全面部署去遏制它。

这种冷战思维正是目前美国政府防御和外交政策的核心思想。无论是美国在亚太地区积极推广的联合作战计划，还是美国国防部长拉姆斯菲尔德近期在新加坡提出的中国军费和武力增长论，都充分体现了美国的意图。自 2005 年 6 月初美国国防部长拉姆斯菲尔德表示美日两国将签署联合作战计划以来，日本媒体对此大肆宣扬。许多军事专家在仔细研读了其角色分担的具体内容后纷纷表示，这项联合作战计划明显针对中国。日本《产经新闻》连日刊载文章披露了“联合作战计划”的部分内容，其中引人关注的一点是美军将在太平洋地区部署新航母战斗群的消息。在联合作战计划中，美国打算提高陆海空的综合协调作战能力，建设夏威夷和关岛的核潜艇根据地，增强战略轰炸机的战斗力，并将一支新航空母舰战斗群部署到日本。日本媒体指出，中国被划在了“不稳定弧线”内，美国的对华基本政策是缓和的“包围战略”，以阻止中国进出亚太地区，至少也是要将中国排除出以东海和南海为中心的海域，并把日本建设成前线的战略基地。资料来源：“美日构筑西太平洋包围圈 意图实施对华遏制”，http：//world. people. com. cn/GB/14549/3487160. html。

2006 年 6 月 16 日，美国副国务卿伯恩斯说，美国支持在联合国安理会至少增设 2 个常任理事国席位，其中包括支持日本成为安理会常任理事国。http：//world. people. com. cn/GB/1029/42355/3475462. html。

② 罗伯特·卡根，1984—1988 年曾任职于美国国务院，美国卡内基和平基金会高级研究员，担任“美国全球领导地位”项目的负责人，同时他也是保守思想库“美国新世纪计划”的创建者和成员。

"9·11"之前，美国战略圈已经开始把矛头对准了中国。没人相信近年内两国会发生战争，除非台湾问题出现危机。不过很多人认为，随着中国的军事能力和地缘政治野心的增长，未来二十年内美国与中国发生对抗的可能性在增加。这种针对中国的考虑，是美国实现军事技术现代化的动力之一，也是美国部署导弹防御系统的动机之一。从更广泛的意义看，这已经成为美国战略计划的一个组成原则。把中国看成美国的下一个重大战略挑战者，这种观点在克林顿时期的五角大楼里就形成了，布什上台前后，尖锐地指出中国并不是美国的战略伙伴，而是一个战略竞争对手。至此，中国是美国的挑战者这种观点得到官方确认。①

这些都说明，苏联解体后，冷战不仅没有结束，反而以中国为主要对手的冷战更加强化了。对此邓小平同志早有警觉并提醒注意。1989 年 11 月 23 日，他在会见南方委员会主席、坦桑尼亚革命党主席尼雷尔时说：

我希望冷战结束，但现在我感到失望。可能是一个冷战结束了，另外两个冷战又已经开始。一个是针对整个南方、第三世界的，另一个是针对社会主义的。②

历史证明邓小平同志的判断是准确的。十多年过去了，西方针对苏联的冷战结束了，但针对中国和第三世界的冷战不仅没有结束，反而在小布什第一任提出的实际针对南方国家的反对"邪恶轴心"和第二任提出的实际是针对中国社会主义制度的"结束暴政"两大政策目标下更加强化。③ 如果对此

① ［美］罗伯特·卡根（Robert Kagan）：《天堂与实力——世界新秩序下的美国与欧洲》，肖蓉、魏红霞译，北京，新华出版社，2004 年，第 37-38、141-142 页。

② 邓小平：《坚持社会主义，防止和平演变》，见《邓小平文选》，第 3 卷，北京，人民出版社，1993 年，第 344 页。

③ 参议院预算委员会主席贾德·格雷格说："我认为，总统完全有决心在全世界扩展自由，而这项预算反映了他的决心。他决心要保卫伊拉克和阿富汗等国家不受极端分子的统治。"另外，国务院的预算以及抗击艾滋病等援助项目的预算都出现了显著的增加。按照预算，美国国务院的预算将达到 133 亿美元，比 2005 年增加 18%。其中，公共外交、对外人员和文化交流项目、人权和法制教育项目以及"千年挑战基金"等项目的预算都出现了显著增加。这些项目都直接向中国提供。资料来源：http：//www. peacehall. comnewsgbintl2005/02/200502081126. shtml。

没有准确的认识，就会导致对整个世界形势的误判，误判就不能制定出正确的国家对外政策与策略。

由上我们对苏联解体后的世界政治基本特征的分析所导出的新判断就是：

（1）雅尔塔体系在欧洲结束，但在远东没有结束；

（2）西方针对苏联的冷战结束了，但冷战在世界范围内不仅没有结束反而有所强化。

如果我们承认这两点是正确的判断，那我们目前流行的“雅尔塔体系解体”和“冷战结束”的判断，就是对苏联解体后的世界政治特征的误判。误判当然就不能对当前日益严重的“日本问题”产生准确的认识。

2. 误判产生的原因

那么，为什么会产生上述误判呢？

问题的复杂性在于，“雅尔塔体系”与冷战的产生在时间上如此接近以至我们将雅尔塔体系与冷战体系混为一谈。“二战”结束初期，英、美、苏三大国在行使雅尔塔权力和战后利益分配上产生矛盾并由此很快导致冷战。双方与各自的盟友签订了一个又一个条约并成立了互相对立的“北大西洋公约组织”[①] 与“华沙条约组织”[②]，并在这些条约及保障这些条约的组织基础之上形成了冷战体系。接踵而至的是世界政治中刚刚形成的表现为大国合作精神的雅尔塔体系，立即被蒙上了表现为大国尖锐对立的“冷战”色彩：本来在雅尔塔体系中已解决的德国分治、中国的台湾主权及日本战后地位等议题，都又在冷战体系中出了“问题”。尤其是在20世纪70年代美苏争霸达到高峰时，以往的敌人成了朋友，而以往的朋友又成了敌人，这使人们得鱼忘筌，将大国合作打败法西斯后的法律成果即雅尔塔体系搁置一边，而只记住了冷战体系。20世纪80年代末和90年代初，东欧局势剧变，东西德国统

---

① 北大西洋公约组织（英语：NATO：North Atlantic Treaty Organization；简称“北约组织”或“北约”），是美国与西欧、北美主要发达国家为实现防卫协作于1949年建立的一个国际军事集团组织。北约拥有大量核武器和常规部队，是西方的重要军事力量。

② 华沙条约组织（英语：Warsaw Treaty Organization；简称“华约组织”或“华约”）是东欧社会主义阵营为对抗北大西洋公约组织于1955年成立的政治军事同盟。成员国包括阿尔巴尼亚人民共和国、保加利亚人民共和国、匈牙利人民共和国、德意志民主共和国、波兰人民共和国、罗马尼亚人民共和国、苏维埃社会主义共和国联盟、捷克斯洛伐克共和国。东欧社会主义国家除南斯拉夫以外，全部加入华约组织，1991年7月1日，华沙条约组织正式解散。

一，“华沙条约组织”解体，这时有些学者便认为这表明“东西方正式宣告冷战结束，特别是1991年底苏联解体，这标志着以两大军事集团对峙为基本特征的国际格局发生了根本变化，雅尔塔体系已完全瓦解”。[①]

这里需要问的是，作为冷战的最重要的组织工具，在“北约”没有与

---

① 转引自《中国大百科全书·政治学》。关于“雅尔塔体系”，该词条的作者就是将表现为世界大国合作精神及其结果的“雅尔塔体系”与表现为世界大国间尖锐对立的“冷战”现象混为一谈。现转如下：

雅尔塔体系（Yalta System）。第二次世界大战后期美、英、苏三国（主要是美、苏两国）建立的国际关系体系。

体系的建立。1943年，反法西斯战争发生了根本性的转折。为尽快打败法西斯侵略者，对战后世界和平与安全等问题作出安排，美、英、苏三国先后举行了三次首脑会议：德黑兰会议（1943年11月28日至12月1日）、雅尔塔会议（1945年2月4—11日）、波茨坦会议（1945年7月18日至8月2日）。会议达成的主要协议和谅解包括：①对德、日作战问题。同盟国将进一步加强合作，协同作战。②处置德国的问题。决定由苏、美、英、法四国分区占领德国，并设置盟国对德管制委员会，还要求德国偿付战争赔款。③波兰问题。确定波兰边界和改组波兰临时政府。④远东问题。苏联同意在欧洲战争结束后两三个月内参加对日作战，条件是：维持外蒙古（蒙古人民共和国）的现状；1904年日俄战争前俄国的权益须予恢复，即库页岛南部及邻近岛屿交还苏联，大连商港国际化，苏联租用旅顺港为海军基地，中苏共同经营中东铁路和南满铁路，千岛群岛须交予苏联等。⑤未来的国际组织问题。决定建立维护战后世界和平与安全的国际机构——联合国，确定了安理会大国一致原则并定于1945年4月25日在旧金山召开成立大会。三次首脑会议以公报、宣言和协定等形式确定了它们安排的战后世界秩序，形成了以雅尔塔协定为主体的国际关系体系，即雅尔塔体系。

体系的特点。雅尔塔体系的主要特点是：以美、苏两个超级强国为中心，在欧洲和亚洲建立各自的势力范围，形成了两极对立的战后国际政治格局。体系的中心支柱在欧洲。美苏冷战、东西方的分裂和两大军事集团的对立，是战后欧洲的主要政治特征。两大集团对立的基础是欧洲两大同盟体系，即以苏联为盟主的苏联与东欧同盟体系，以美国为盟主的美国与西欧同盟体系。

体系的瓦解。雅尔塔体系是建立在战后初期国际力量对比基础之上的，但各国经济政治发展的不平衡和民族独立运动的兴起，不断地改变着战后世界各种基本力量的对比，使雅尔塔体系遭到一次又一次的冲击。具体表现在：①1949年中国革命的胜利极大地改变了国际力量对比，彻底打破了美、苏在中国划分的势力范围，挫败了美国控制中国的企图，苏联也不得不在50年代中后期陆续放弃了在中国东北的特权。这是对雅尔塔体系的一个重大突破。50—60年代亚洲、非洲、拉丁美洲的民族解放运动蓬勃高涨，一大批原殖民地、半殖民地国家赢得了民族独立，作为独立的政治力量登上国际舞台。第三世界迅速崛起，在各种国际组织中，特别是在联合国中加强联合，改变了超级大国操纵联合国的局面。②东、西方两个同盟体系各自发生变化和分化。日本和西欧重新崛起，其经济力量以高于美国的速度迅猛发展，资本主义世界逐渐形成了美国、西欧、日本三个经济中心。随着力量对比的变化，西欧和日本独立自主倾向不断增长。同时，东欧国家对受苏联的控制日益不满，独立自主倾向不断发展。两个超级大国对各自盟国的控制力明显减弱。两极格局的基础不断动摇，世界多极化趋势迅速发展。80年代末和90年代初，东欧局势剧变，两个德国统一，华沙条约组织解体，东西方正式宣告冷战结束，特别是1991年年底苏联解体，这标志着以两大军事集团对峙为基本特征的国际格局发生了根本变化，雅尔塔体系已完全瓦解。（王炳元）

“华约”对等自行解体，反而进一步强化的条件下，怎能说“东西方正式宣告冷战结束”？在东欧剧变而远东雅尔塔格局基本未变的条件下，怎能说已为世界提供了近50年和平保障的“雅尔塔体系已完全瓦解”？

事实上，冷战与雅尔塔体系是两个内容上完全不同而在时间上又紧密重叠的事物。就产生时间而言，雅尔塔体系产生在先——其目标是制约德国和日本的法西斯主义复活，冷战体系在后——苏美各自的目标则是争夺世界霸权；就结束时间而言，以德国统一为标志的雅尔塔体系局部解体在先，范围只局限于欧洲，以苏美争霸为标志的冷战结束在后，对象只限于苏美两家。但就世界范围内，冷战不仅没有结束反而有所强化，冷战仍是世界政治的基本特征。不同的只是美国将主要冷战对手从苏联移向中国、俄国和整个第三世界。

这里需要说明的是，美苏冷战，在历史上并不是“冷战”的特例。实际上，19世纪初拿破仑失败后维也纳体系建立不久，就出现过从1815年到1907年的英俄间的从西欧，经克里米亚半岛，再到中亚阿富汗的近百年的冷战。此间，除1853—1856年克里米亚战争外，几乎没有发生什么像样的国际性战争。鉴于德国崛起，1907年英俄间的冷战通过《英俄协定》而暂停。第一次世界大战结束后不久，出现了以制约战败国为目标的凡尔赛体系，与此同时，俄国出现十月革命和苏维埃政权。随着苏联的出现及其在以重工业和电气化为前锋的工业化中崛起，西方与苏联之间再次出现“冷战”。为了消灭苏联工农政权，英国、法国、意大利乃至美国都不惜以牺牲凡尔赛体系为代价，怂恿德国、日本等再次武装——这其实是19世纪英俄冷战的继续。结果在距上次世界大战结束仅21年即1939年，便发生了第二次世界大战。

“二战”后，在苏、美、英、法、中等主要战胜国之间合作和谅解的基础上形成了以防止德、日、意法西斯东山再起为目标的雅尔塔体系。与维也纳体系未稳便出现英国与俄国的“冷战”、凡尔赛体系未稳便发生了西方与苏联的“冷战”的情况类似，雅尔塔体系建立并尚未稳定，美国与苏联之间便开始了冷战。从1946年3月5日丘吉尔以“和平砥柱”为题的富尔敦演说，[①] 到苏联戈尔巴乔夫上台，冷战时间持续长达近50年。美苏冷战，尽管规模巨大，但

① 1946年3月5日，丘吉尔在美国富尔敦城发表题为“和平砥柱”的著名讲演，鼓吹英美建立“特殊关系”主宰世界，以苏联为对手，强调“铁幕”已在欧洲大陆落下。由此揭开了美苏冷战的序幕。

大体没有突破雅尔塔体系确定的框架。

有趣的是，1953 年 2 月 2 日，艾森豪威尔为了推动对苏冷战，曾无知地“要求国会通过决议，不承认过去与外国政府达成的秘密协定（指雅尔塔协定）”。结果遭到英国和西德的反对，迫使美国政府在 2 月 6 日政府和国会公布的决议案“并未谴责雅尔塔协定本身”，即使这样，该决议案也未能在国会获得通过。[①]

无独有偶，1985 年戈尔巴乔夫上台，他试图结束冷战：首先宣布从阿富汗撤军（1986 年），[②] 接着，在西方不同意对等解散“北大西洋公约组织”的条件下，率先单方面解散“华沙条约组织”（1991 年）。与此同时，戈尔巴乔夫也将冷战体系与雅尔塔体系混为一体，在主动结束冷战的同时，也率先放弃雅尔塔体系赋予苏联的权利和义务：同意东西德统一（1990 年）；从德国、东欧、蒙古等国撤回驻军；1991 年 4 月，戈尔巴乔夫访日，签署《日苏联合声明》，以至在日本北方四岛问题上“互有妥协”；[③] 同年 8 月至 9 月，苏联政府默认爱沙尼亚、拉脱维亚、立陶宛三个苏联波罗的海加盟共和国独立。正是戈尔巴乔夫放弃了苏联享有的雅尔塔欧洲权利及其相应的义务，才有了雅尔塔体系中的欧洲格局的动摇乃至最终解体。另一方面，1999 年“北约”通过科索沃战争的胜利将西方力量插入俄国传统势力范围即巴尔干半岛，波兰、捷克和匈牙利同年加入“北约”，这一系列历史事件的出现标志着雅尔塔体系中的欧洲格局正式结束。

但是，戈尔巴乔夫带领苏联为结束冷战而从事的殉难并没有感动西方。从戈尔巴乔夫本意上说，他想结束的是苏联和西方的冷战而非雅尔塔体系，由于他将冷战体系与雅尔塔体系混为一谈，结果他在泼出洗澡水的同时，也将洗澡的婴儿泼了出去。令他意想不到的是，雅尔塔欧洲格局结束了，可他最想结束的冷战不仅没有结束反而却以极不对称的形式再现于苏联解体后的

---

① 刘绪贻，李存训：《美国通史》，第 6 卷，北京，人民出版社，2002 年，第 167 页。

② 1986 年 7 月 28 日，苏共中央总书记戈尔巴乔夫在符拉迪沃斯托克发表讲话，阐述苏联对亚太地区的政策，他宣布苏联将从阿富汗分阶段地撤军，并同蒙古讨论了撤军问题。

③ 中国战略与管理研究会：《战后 50 年世界大事纵览》，北京，中国大百科全书出版社，1995 年，第 280 页。

世界政治之中。

欧洲的雅尔塔体系解体的同时，苏联在这个体系中获得的东欧利益连同苏联本身也灰飞烟灭。现在的问题是，难道我们也要步戈尔巴乔夫的后尘，在远东率先放弃我们流血换来的雅尔塔体系中的中国利益并由此引起现存的远东法理体系解体吗？当然不能。

3. 战后日本问题，本质上说就是雅尔塔体系问题

苏联解体后日本的实际表现告诉我们：日本再次导演“大东亚”的剧幕已经开始并一定要被日本右翼推到高潮。而全剧首幕场景就是钓鱼岛，因为由此可以直切日本亚太地缘政治的核心。

我们只要打开地图，就会看到，钓鱼岛是日本所谓“周边事态”① 所涉区域诸环节中的关键环节，更是从日本列岛与对日本地缘政治有重大战略意义的台湾岛之间最关键的接榫部位。最近日本政府宣布开始办理授予民间企业对东海“中间线”以东的油气试采权，就是因为中国开采油气的地点接近钓鱼岛。

地缘政治与资源政治的统一是地缘政治的基本特点。这里的“资源”，指的不是一般人类生活资源，而是人类生活的短缺资源。我们同时还知道，国家并不仅仅是“政治上组织起来的全体人民”或“与公民相对的政府机构”②，事实上国家还是一个汲取资源的生命体。因此，资源的走向便是国家地缘政治的走向。日本是经济发达而资源奇缺的国家，战后日本经济迅速崛起，其制造业和市场的相当部分分布在海外，尤其是东南亚一带。而日本却对从日本到南海这条决定日本经济可持续发展的线路无任何实际控制力。这就刺激

---

① 自日本和美国政府于1997年签订“日美防卫合作指针”以来，日本就一直希望通过修改相关内容来实现自己的政治和军事企图。为这次修改，日本和美国进行了长时间的接触。1999年5月24日，日本政府通过了《自卫队法修正案》、《周边事态法案》和《日美物资劳务相互提供协定修正案》。根据这三项法案，如日本周边地区发生武装冲突，日本自卫队就可以配合美军作战，向美军提供除作战现场之外的一切支援；自卫队的舰艇和战机可以自由派出日本，“救护”和“寻找”在国外的日本人，救护美军伤员并寻找美军失散人员；日本政府也能够随心所欲地要求地方政府和企业向美军提供各种后方援助。这为日本政府向海外派兵扫清了法律障碍。来源：《“日美防卫”首提台海 遏制中国竟成共同战略》，http：//news.163.com/05/0201/11/1BGJ78DD0001121Q.html。

② 中美联合编审委员会：《简明不列颠百科全书》（3），中国大百科全书出版社，1985年，第557页。

了日本右翼再次寻求南向，尤其是军事南向扩张的冲动。[1] 日本前几年提出的“周边事态”的范围主要指向中国台湾和东南亚一带，这大体上也就是19世纪日本明治至20世纪30年代日本对朝对华侵略战争前后的地域范围。而“周边事态”所涉范围推展的逻辑结果就必然是日本20世纪40年代的“大东亚共荣圈”。其间，中国台湾位处核心地带，而钓鱼岛[2]则被日本视为控制台湾的前沿基地。同理，控制了这些岛屿，也就扼住了日本扩张野心的关键：1945年太平洋战争中，美军计划反攻“太平洋的四条进军目标全部是中国台湾”。[3]

台湾及周边岛屿，既是亚太大国博弈于西太平洋地区的关键地带，同时也是日本攫取非法的地缘政治利益的“命门”地带。

我们不妨再看看地图，从日本列岛到台湾诸岛，就像一条从东海游向南海的大鳄，鳄尾是俄国占领的日本北方四岛，即择捉、色丹、国后、齿舞岛，鳄身是从北海道到九州的日本主要岛屿，鳄颈则是琉球群岛，鳄首是台湾，而钓鱼岛则是颈椎部分。如果失去对钓鱼岛的实际控制，日本就失去了对其地缘政治最有关键意义的台湾地区的影响力，从而就失去了强升为亚洲政治大国的第一道，也是最基本的门坎。从中国方面看，钓鱼岛主权一旦实际控制在大陆手中，“台独”分子与日本右翼的政治“联盟”的“七寸”就被打断，而中国大陆对台岛内“台独”势力的外围控制就完成了关键部署。

从这个意义上说，日本办理授予民间企业对东海“中间线”以东的油气试采权，是对其“周边事态”所涉关键地区进逼的战略试探行为。事实上，

---

① 2005年4月，日本新的防卫大纲（正式名称为“平成17年度后防卫计划大纲”）开始实行，新大纲承认：“中东至东亚地区，一直以来对我国的经济联系十分紧密，我国的海上交通线亦经过此地。对于资源、能源大半依存进口的我国来说，（这一地区的）安定十分重要。为此，必须推进相关各国在安全保障问题的共同合作，努力保证这一地区的安定。”来源：《日本未来五年中期防卫计划透视》，http://world.people.com.cn/GB/42032/3414551.html。

② “钓鱼岛”，在此确切地说，应称为“钓鱼岛列屿”，下同。

③ “到1943年底，美国计划者们在反攻路线的选择中更倾向于主要从太平洋着手。进攻路线具体是，1945年发动以占领中国台湾为目标的作战。太平洋的四条进军目标全部是中国台湾。”参见韩永利：《战时美国大战略与中国抗日战场：1941—1945年》，武汉，武汉大学出版社，2003年10月，第250页。

日本政府提出的所谓“中间线”并不是固定不变的，它在日本战略棋盘上是随战略需求随时可以移动的。而“民间”的概念在日本右翼眼中也是一个不便直接表达的“政治”概念。我们知道，19 世纪明治初年，日本开始提出的“耀国威于海外”[①] 的方针的实施，实际上就是从 19 世纪 70 至 90 年代的入侵和占领台湾开始的[②]，而 20 世纪日本的“大东亚战争”最早也是以“民间”人士即“浪人”为开路先锋的。因此，在东亚问题上，我们不要让日本的所谓“民间”的概念迷惑了我们的战略意识。

有人说，日本早晚也要成为政治大国。

这话不明不白。什么是大国？孟子说“以力假仁者霸，霸必有大国”[③]，“二战”后，尤其是进入 21 世纪的日本不仅对其战争罪行百般抵赖[④]，而且不顾亚洲国家的强烈反对，执意参拜“靖国神社”[⑤]，这说明日本有力量而无仁义，无仁，则不能成为大国。其次，大国不仅要有相应的物质财富，更重要的是它要有与其国力相应的并被国际法确认或世界主要国家默认的地缘政治空间。目前日本缺少的不是力量和财富而是国际社会，尤其是亚

---

① 吴廷璆：《日本史》，天津，南开大学出版社，1994 年，第 471 页。

② 19 世纪 70 年代，实行明治维新后的日本开始对外“开疆拓土”，向南把琉球和台湾作为扩张的目标，声称台湾是“土番”居住区，是“无主之地”，不在中国主权之下。1874 年 4 月，日军入侵台湾。《中国台湾问题（干部读本）》编委会：《中国台湾问题（干部读本）》，北京，九州出版社，1998 年，第 7 页。

③ 《四书全译》，刘俊田等译注，贵州，贵州人民出版社，1988 年，第 405 页。

④ 新华社东京 2005 年 6 月 22 日电，据日本媒体报道，日本厚生劳动省政务官森冈正宏 22 日再次否定远东国际军事法庭的审判结果。森冈当天上午在超党派“日本国会议员恳谈会”会议上说，远东国际军事法庭是什么样的审判（值得疑问），战争是双方都做了坏事。只有战胜国正确，而战败国不好，这种说法是错误的。他说，在被占领下（日本）实行了严厉的言论控制，被贴上了那场战争只有日本不好的标签。他还强烈要求小泉首相继续参拜靖国神社。“日本国会议员恳谈会”当天通过了支持小泉首相继续参拜靖国神社的决议，并表示反对对甲级战犯进行分祭和建设新的追悼设施。来源：《日本政府高官再次否定远东军事法庭审判结果》，http：//world. people. com. cn/GB/1029/42354/3488512. html。

⑤ 中新网 2005 年 6 月 22 日电，据法新社报道，日本首相小泉纯一郎今天声称，他觉得在参拜靖国神社的问题上，没有必要屈服于中国与韩国要其停止参拜的压力。《小泉声称不会屈服中韩要其停止参拜的压力》，http：//world. people. com. cn/GB/1029/42354/3488863. html。

洲国家对日本的接受，至少也应是某种程度的默认。[①] 在20世纪的太平洋战争中，日本侵略了东亚大多数国家，并在朝鲜、中国东北、华北、华东地区及东南亚诸国扶持傀儡政权。围绕日本本土，日本几乎将整个西太平洋地区纳入其外围安全空间。但这些地缘政治“成果”，在战后由美、苏、中三国力量构成的雅尔塔远东格局中已荡然无存：日本将在甲午战争后占据的台湾岛的主权归还中国，朝鲜独立，[②] 日本南方冲绳岛和北方四岛，分别为美国和苏联占领。[③] 这一系列地缘政治变动及确认这种变动的相关文件，形成

---

① 2005年6月30日人民网联合国电，记者何洪泽报道：代表多个美国人权团体的世界抗日战争史实维护联合会，今天向联合国秘书长安南递交了他们征集的全世界41个国家4 200万人的签名，反对日本在承认其二战罪行，并作出真诚道歉和赔偿之前，成为安理会常任理事国。该组织代表在递交请愿书的同时，还给安南写信，指出日本必须停止否认和歪曲其在“二战”中的罪行。日本的道歉必须以法律的形式通过，授权日本首相和天皇向所有国家进行公开道歉，对受害者进行赔偿，收集和保存二战罪行的证据，在教科书中不歪曲和隐瞒，禁止任何人否认这一历史，违反者应受到惩罚。该组织还在联合国前举行示威，并召开讨论会，从各方面揭露和批判日本至今不承认“二战”罪行的错误行为。(来源：《41个国家4 200万人向安南递交反对日本入常签名》，http：//world. people. com. cn/GB/1029/42354/3509784. html) 另据中新社北京2005年7月23日电，李肇星当天下午受邀为参加全国青联全委会的委员们举行形势报告会。他表示，联合国不是富人俱乐部，联合国的权力是“二战”结果赋予的。安理会的任务是维护世界和平，反对世界战争。而某些国家至今仍未认清“二战”历史，“这在道义上是可耻的，在政治上是中国人民和亚洲人民不能忘记的”。来源：《李肇星称安理会改革应首先增加发展中国家代表》，http：//world. people. com. cn/GB/1029/3564209. html。

② 《中美英三国开罗宣言》：“三国之宗旨在剥夺日本自1914年第一次世界大战开始以后在太平洋所夺得的或占领之一切岛屿，在使日本所窃取于中国之领土，例如满洲、台湾、澎湖群岛等，归还中华民国。日本亦将被逐出其以暴力或贪欲所攫取之所有土地，我三大盟国轸念朝鲜人民所受之奴役待遇，决定在相当期间使朝鲜自由独立。”王绳祖，何春超，吴世民：《国际关系史资料选编》，北京，法律出版社，1988年，第859页。

③ 《中美英三国促令日本投降之波茨坦公告》：“七、直至如此之新秩序成立时，及直至日本制造战争之力量业已毁灭，有确实可信之证据时，日本领土上经盟国指定之地点，必须占领，俾吾人在此陈述之基本目的得以完成。八、开罗宣言之条件必将实施，而日本之主权必将限于本州、北海道、九州、四国及吾人所决定其他小岛之内。”王绳祖，何春超，吴世民：《国际关系史资料选编》，北京，法律出版社，1988年，第876页。

了保障亚太地区战后50多年和平的远东雅尔塔法律体系。这个体系通过美、苏、中三大国从北向南即从日本北方四岛、南方冲绳岛和中国台湾岛的层层钳制，断绝了日本重新武装的可能。而没有重新武装和由此再造的与日本财力相适应的地缘政治空间，日本必然走向大国的判断，[①] 确实就是没有前提的判断，而抽掉上述前提谈日本崛起，则无异于空话。[②]

4. 摆脱雅尔塔和平体系的法律责任，将是日本新世纪外交的战略突破口

与20世纪初的情形相似，21世纪初，日本再次面临强大的生产力与狭小的地缘政治空间的重大矛盾。新世纪的日本再次面临两难选择：如果不愿做亚洲的“瑞士”，那就必须做亚洲的“不列颠”。目前看不出日本有前一种选择的可能，而对后一种选择却有跃跃欲试的冲动。

太平洋战争中对日本实行最后一击的斯大林在1945年12月回答蒋经国“日本有可能重新站稳脚跟”的问题时，曾一针见血地表示：“当然，这是可能的，日本这个国家人口多，爱报复。日本希望东山再起。”[③]

苏联解体后，美苏冷战虽已结束，但由于中国的迅速崛起，美国又开始推行遏制中国的政策。鉴于20世纪朝鲜战争和越南战争，乃至21世纪伊拉克战争后治理困难的教训，美国在21世纪的冷战中既要避免直接卷入远东地区冲突，又要限制中国崛起，为此，美国开始为日本松绑，绥靖日本在对华

---

① 参见张沱生：《日本逐渐成为“普通国家”是必然趋势》，载《世界知识》，2003年第16期。王义桅：《日本的崛起与中日关系的未来》，载《经济观察报》，2003年9月30日。另可参阅“中日关系专题”系列文章，载《世界知识》，2003年第16期。

② “因为日本的崛起是必然的，问题的关键不是其力量的强大，而是日本如何使用力量。思考日本崛起后将以何种方式行事，以规则约束之，这才是事先规范日本行为的未雨绸缪之策。自卫队从技术、开支和战斗力上讲早已是世界一大军事力量，指望其专守防卫而心安理得，是掩耳盗铃、不切实际的。就算日本没有修改宪法，如爆发战争，谁能约束之？日本成为对世界和平与发展负责任的大国，才是亚洲和世界各国之所望。认为日本崛起后一定会重演历史，恐怕是世界大战思维作怪。关键不是与过去的日本作纵向比较，而是与中国作横向比较，即两国的崛起是在亚洲一体化刚刚起步的情形下的和平竞争，这是准确定位未来中日关系发展的大前提。”王义桅：《日本的崛起与中日关系的未来》。

③ 《斯大林同志同蒋介石的私人代表蒋经国的会谈记录（1945年12月30日21时）》，参见［苏联］A. M. 列多夫斯基：《斯大林与中国》，陈春华、刘存宽等译，北京，新华出版社，2001年，第28页。

冷战中打前锋。

1996 年，日本首相桥本龙太郎和当时的美国总统克林顿发表了《日美安全保障联合宣言》，确认了坚持日美同盟的必要性和重要性。根据《联合宣言》的精神，日美安全协商委员会于 1997 年 9 月在纽约发表了新《日美防卫合作指针》，从而顺利完成了日美同盟的重新定位。同月，美国与日本完成了对 1978 年《日美防卫合作指针》的修订，这标志着美国将推动日本向政治军事大国转变。在大西洋地区，美国在欧洲的战略也作出重大调整。1999 年初美国发动科索沃战争。对此日本众议院迅速响应，4 月 27 日通过新《日美防卫合作指针》三个相关法案：《周边事态法》《自卫队法修正案》《日美物资劳务相互提供协定修正案》，5 月 24 日，日本国会通过《新日美防卫合作指针相关法案》，强调只要对“日本的和平安全构成重要影响”，就全力与美国合作；7 月 27 日，日本防卫厅年度报告强调先发制人的“自卫权”。21 世纪初，日本又借阿富汗战争和伊拉克战争实现了海外派兵，并日益涉足“台湾问题”。2003 年 6 月日本又通过了“有事三法制”，认定日本首相在危急时刻可不经过国会同意直接派部队采取军事行动；2003 年 12 月 9 日，日本政府举行安全保障会议和临时内阁会议，正式决定向伊拉克派遣自卫队，从而成为与美国并肩作战的军事盟国。现在，日本北向开始冲击“北方四岛”俄国的占领权，南向开始否认中国在钓鱼岛主权地位，深化与“台独”分子的高层联系，介入台湾地区的事务。2007 年 5 月 14 日上午，日本参议院全体会议通过了规定修宪手续的《国民投票法》。该法案规定赞成票需超过有效投票数的一半，修宪结果才有效。但法案没有规定最低投票率。日本共产党委员长志位和夫指出，“这将改变宪法第 9 条，为在海外行使武力开辟道路”。社民党党首福岛瑞穗也表示，“这将从根本上改变日本社会”。① 2007 年 6 月 24 日，日本首相安倍承诺将在 3 年后对宪法进行修改，他说：“有必要向民众表明，我们计划从现在开始的未来 3 年后修改宪法。”②

令人担忧的并不仅是日本上述外交政策对雅尔塔远东和平体系的冲击，而是这些政策得到了美国的支持：

---

① 任国明，于明山：《坚持与妥协：近距离看中日关系》，广州，广东人民出版社，2008 年，第 151 页。

② 《安倍承诺 3 年后修宪　此番言论在日本引起极大不满》，http：//web. xwwb. com/wbnews. php？ db = 3&thisid = 97676。

2004年8月，日本航空自卫队西部防卫司令永岩将军接受《世界周报》专访时指出，一旦台湾发生任何危机或空难，根据日本周边事态法规定，日本航空自卫队西部防卫司令部当然有义务救援。10月12日，美国副国务卿阿米蒂奇访问日本时，日本政府借机提出了设想已久的修改日美合作指针设想。11月19日，日本防卫厅长官大野功统前往美国与美国高官举行会晤。大野功统还向拉姆斯菲尔德表示，亚洲的安全形势比欧洲更为严峻，两国有必要贯彻日美安全联盟并提升自卫队国际合作的力度。大野功统在总结他与拉姆斯菲尔德、副总统切尼和副国务卿阿米蒂奇的会谈成果后称："日美关系正在向一个全球范围内的关系演变。"[①] 12月14日，美国国防部长拉姆斯菲尔德在华盛顿与日本环境大臣小池百合子会晤时称，在这四个有争议的岛屿问题上，他"理解日本的立场"。他承诺说，未来一旦有机会，美国将在俄日有关谈判中站在日本一方。[②]

2005年2月19日，日美安全协商委员会发表共同声明，首次将"台海问题"列为共同战略目标。4月8日，日美两国外交和防务部门在夏威夷举行的会议上又一致同意，将制订一系列计划，在朝鲜半岛和台湾海峡等日本周边发生不测事件时，日本允许美国军队优先使用日本的机场、港口等民用设施。4月15日，日本众议院宪法调查会通过最终报告，主张修改现行和平宪法。4月16日，日本首相小泉纯一郎在静冈县下田市举行的《日俄通好条约》签订150周年纪念仪式上重申要解决日俄两国间的北方四岛领土问题。[③] 4月30日，围绕联合国改革在纽约召开的联合国大会协议会上，美国驻联合国代表28日称，"美国强烈支持日本成为联合国安理会常任理事国"[④]。

---

① 《"日美防卫"首提台海 遏制中国竟成共同战略》，http：//news.163.com/05/0201/11/1BGJ78DD0001121Q.html。

② 《美国表示将在日俄北方四岛争端中站在日本一边》，http：//news.sina.com.cn/w/2004-12-15/13254531389s.shtml。

③ 《小泉重申要解决日俄两国间的领土问题》，http：//news.sina.com.cn/w/2005-04-16/19055668963s.shtml。

④ 2005年4月30日电，据日本共同社报道，围绕联合国改革在纽约召开的联合国大会协议会上，美国驻联合国大使28日称，"美国强烈支持日本成为联合国安理会常任理事国"，表明美国支持日本"入常"的立场。美国对日本"入常"的态度曾经过几次变化。美国曾表示反对为联合国改革设时限，一度为日本"入常"泼了冷水，但此后，美国助理国务卿金·霍尔姆斯就扩大安理会常任理事国的问题发表声明，不反对安南秘书长做出的9月底达成共识的建议，称这是美国政府的方针。http：//world.people.com.cn/GB/41219/3362046.html。

11月15日，美国总统布什抵达日本，16日举行美日首脑会谈。当天下午，美国总统布什在日本京都发表了关于亚洲外交政策的演讲。布什称日美同盟是“亚洲地区安定和安全保障的支柱”。小泉随即作出回应，承诺说服民众接受美日新同盟关系。日本共同社评价说，布什的演说显示，日美两国正在展开协作，加强同盟关系，并使之从地区同盟改造为全球战略伙伴。①11月22日，日本执政党自民党在庆祝建党50周年之际正式提交修宪草案，明确将1947年“和平宪法”中的“自卫队”改为“自卫军”。②一字之差，日本已向美国这个太平洋战争的重要战胜国和战后雅尔塔和平体系的重要保障国释放出明确的信号，这就是：日本决意摆脱雅尔塔战后体系的束缚。日本的意图很快得到美国的积极呼应。

2006年5月1日，美日两国外交、防务最高长官在美国国务院举行日美安保磋商会议，就驻日美军整编③最终报告达成协议。这意味着日美军事同

另据中新社联合国2005年7月12日电，美国国务院联合国改革高级顾问希瑞琳·塔西克里（Shirin Tahir-Kheli）7月12日在联大会议上发言时表示：美国支持联合国改革，支持安理会的扩大，但反对存在巨大分歧的安理会改革方案。美国认为现在不应该就安理会扩大的任何方案进行投票表决。塔西克里重申，美国支持日本成为常任理事国。资料来源：《美国在联大会议上发言明确表示反对四国联盟提案》，http：//www. chinanews. com. cnnews2005/2005-07-13/26/598804. shtml。

① 《布什今晚抵日访问 预计将强调日美军队连带关系》，http：//military. people. com. cn/GB/52937/52939/3858185. html。

② 《日本自民党周年谋修宪 改“自卫队”为“自卫军”》，http：//world. people. com. cn/GB/1029/42354/3877829. html。

③ “驻日美军整编”是美国新一轮全球军事基地调整的重要环节，也是日美加强军事一体化并扩展军事合作范围的重要推动器。根据2005年日美达成的驻日美军整编中期报告书，整编主要内容包括：1. 改编美陆军第1军司令部（美国华盛顿）并迁移至日本座间基地（神奈川县）；2. 将日本自卫队的司令部功能转移至驻日美军座间基地（神奈川县）和横田基地（东京），以此强化日美协同指挥功能；3. 美军在日本冲绳的普天间机场（宜野湾市）转移到施瓦部基地（名护市），同时把空中加油机转移至海上自卫队鹿屋基地；4. 美国驻冲绳第3海军陆战队司令部有6 000人转移至关岛、1 000人转移至日本本土，日本将负担大部分海军陆战队的转移费用。这笔费用的数额也是驻日美军整编能否出台最终报告的焦点问题。http：//military. people. com. cn/GB/42964/57866/4347025. html。

盟进入“新阶段”，日本事实上成为美军在东亚的战略据点。① 可以预计，今后日本在恢复所谓“正常国家”、摆脱雅尔塔体系赋予日本的法律责任方面还要有些大动作。

种种迹象表明，苏联解体及随之而来的欧洲雅尔塔格局解体后，美国外交自觉或不自觉地正在脱离美苏争霸时期那种以冷战为主兼顾雅尔塔体系的政策，转而采取——开始是半推半就而后就是直截了当地——通过摆脱雅尔塔体系，② 尤其是其中的监督日本的法律责任，并通过绥靖日本而强化遏制中国（和俄国）的冷战政策。这种政策已具有张伯伦式的外交赌博的特征：张伯伦以牺牲凡尔赛体系为代价，不断绥靖德国向苏联发难，其结果是燃起的欧洲战火不仅烧毁德国也结束了大英帝国。近几年美国为了遏制中国，正在快速打开远东“潘多拉盒子”。这燃起了日本颠覆远东雅尔塔格局的希望，并企图由此恢复它在雅尔塔体系下所丧失的部分或全部地缘政治利益。

---

① 据新华社2006年5月3日专电，美日两国外交、防务最高长官5月1日在美国国务院举行日美安保磋商会议，就驻日美军整编最终报告达成协议。分析人士认为，这意味着日美军事同盟进入“新阶段”，日本事实上成为美军在东亚的战略据点。美国国务卿赖斯、国防部长拉姆斯菲尔德和日本外务大臣麻生太郎、防卫厅长官额贺福志郎1日上午举行了约1小时的“2+2”会谈。在会后举行的联合新闻发布会上，双方宣布已经就驻日美军整编最终报告达成一致。报告的实质内容有三：一是整合驻日美军和日本自卫队的军事指挥功能；二是把日本“改造”成美国在东亚地区的战略据点；三是把驻冲绳的部分美国海军陆战队转移到太平洋上的美国关岛，增强美军在全球军事行动中的机动性。根据报告，2008年9月前，位于美国华盛顿州的美军第一军团司令部将改编成“综合作战司令部”，迁至位于日本神奈川县的美军座间基地；2012年前，在座间基地新设日本陆上自卫队核心部队中央快速反应部队的司令部；至2010年，日本航空自卫队航空总队司令部将转移至位于东京都郊外的美军横田基地，基地内将新设“日美联合运用协调中心”。报告还明确了加强日本作为美军战略据点的具体措施。报告还认定，驻日美国海军陆战队1.8万名士兵中的8 000人及他们的9 000名家属将最晚在2014年转移部署至关岛，日本政府将承担102.7亿美元搬迁费用中的60.9亿美元。日本还将在2014年底前在冲绳县人口相对较少的名护市建造一个拥有两条1 800米长跑道的新机场，以替代美军现在使用的冲绳县宜野湾普天间机场。日本共同社认为，最终报告意味着日美军事“一体化”的加速，日美同盟进入“新阶段”——在防卫上，由冷战期间美国防卫日本转变为日美共同承担防卫任务；在地区安全上，日本成为美国在东亚的战略据点，日本事实上将卷入美军在亚太地区的军事行动。日美同盟将更具有“攻击性”。据报道，最终报告建议，“为加强同盟的能力，双方讨论防卫合作的方式”，包括重新修改“日美防卫合作指针”。来源：《驻日美军整编方案敲定 日美军事‘一体化’加速，日本事实上将卷入美军亚太军事行动》，http：//world.people.com.cn/GB/1029/4347032.html。

② 《布什发誓要埋葬雅尔塔遗产 普京反驳历史修正观》，http：//news.163.com/05/0510/12/1JD0LH3I0001121S.html。

1890年12月6日，日本内阁总理大臣山县有朋公开发表所谓“保护利益线”的《施政方针》，称：“盖国家独立自卫之道有二：一是守卫主权线，二是保护利益线。何谓主权线？国疆是也。何谓利益线？同我主权线之安危有紧密关系之区域也。”“方今立于列国之间，欲维持国家之独立，仅仅守卫主权线已不足，非保护利益线不可。”① 为此，日本在20世纪40年代打遍了亚太地区，战败后军力退回“主权线”。90年代末，日本又提出“周边事态法案”，这其实是山县有朋“利益线”理论在百年后的翻版。

日本自认为是海洋国家，其国家利益扩展的目标必然是南洋，而控制台湾及周围岛屿则是实现这一目标的关键环节。实际上，从1999年“周边事态法案”到2005年接近完成修改和平宪法，日本已大体做好了颠覆远东雅尔塔格局的国内法律准备。下一步则是向雅尔塔体系对日本的限制提出挑战。而“周边事态法案”、否认远东法庭对日本战争罪犯的审判的合法性及日本“入常”努力等，均是这种挑战的具体表现。

这里需要说明的是，如果有人认为战后日本对东亚和平的认识有了大的进步，那就大错特错了。1993年8月10日，细川护熙在就任首相后的第一次记者招待会上就20世纪40年代发生的那场战争表态说：“我本人认为，这是侵略战争，是错误的战争。”日本遗族会马上回应说：“细川的讲话让阵亡者的遗族难以忍受，我们要重建被东京审判歪曲了的历史观。”此后日本自民党内成立了所谓的“历史研究委员会”，并由19名日本政界、舆论界和学术界的“主讲人”进行了20场讲演，并汇集成册题为《大东亚战争的总结》。这本书的第一章“大东亚战争的起因”说：

> 日本的战争责任常常被人们提起，但是弱国也应该为自己的弱小而对历史负责。国家衰弱未必是好事。有时，弱国应该为自己弱小而对历史有重要责任。当时的清国和朝鲜就是这样。
>
> 朝鲜和中国也有相当的责任。由于自身的衰弱，从而招来了俄罗斯的侵略，也招来此后的动荡。这是朝鲜和中国应对历史负有的责任。②

---

① 转引自吴廷璆：《日本史》，天津，南开大学出版社，1994年，第472页。

② ［日］历史研究委员会：《大东亚战争的总结》，东英译，北京，新华出版社，1997年，第6页。

这是典型的强盗逻辑：狼吃羊是羊的错，谁让你这么弱。如此推论，美国向日本投放原子弹也是正确的，谁让你打不过美国。日本右翼打了近100年，战败后又经过50多年，可“狼”语一点不改。

这里还需要说明的是，目前日本在公开场合尚不承认其“军事大国”的目标。2005年5月6日，日本首相小泉纯一郎对俄罗斯媒体表示，第二次世界大战后日本一贯坚定奉行的信念是：“只做经济大国，不做军事大国；只用和平手段解决任何问题，而不借助武力。”雅尔塔体系中对日本的条款就是为了防止日本再次成为军事大国而设定的。因此，对日本而言，“不做军事大国”，就应当遵守其在雅尔塔和平条约中的承诺。但上述大量事实表明，自20世纪90年代始，日本背离其向世界，尤其是向亚洲人民所作的“非战”承诺已越来越远。

因此，可以说，小泉在用日本昨天的承诺掩饰日本今天决意步入政治大国的企图，而政治大国历来都是军事大国的代词。果然，小泉在作了上述表白之后立即切入实质，他说：“北方领土问题是日俄之间的最后一道障碍。”①

现在，日本的上述战略已进入实施阶段，其重点在台湾地区。21世纪始，日本右翼与“台独”分子的关系已公开化，甚至已部分地上升到官方层面，日本介入台湾问题的规模也越来越大。② 李登辉等“台独”分子否认中国在钓鱼岛的主权地位，③ 要将台湾与日本从地缘政治上联为一体。如果“台独”分子的目的得逞，那日本“周边”范围就会进一步越过台湾而跨入

---

① 《小泉强调日本“只做经济大国，不做军事大国”》，http：//world. people. com. cn/GB/1029/3368394. html。

② 2004年9月11日，陈水扁在“接见”日本众议员村上诚一郎及鸭下一郎时声称，台湾与日本“两国”是最好的伙伴与同盟，包括“价值同盟”“经贸伙伴”与“军事同盟”。他借口称，台、日是“军事同盟”，“面对来自中国大陆的威胁，绝非台日两国所乐见”。来源：http：//mil. fjii. com/2004-09-12/hxfht_ 2212. htm。

另据日本共同社2005年12月24日报道，台湾执政的民进党在“二战”结束60周年之际，就对日关系制作了一份内部文件。该文件一方面批判了日本对台湾的殖民统治和侵华战争，同时又超越了对日本的“仇恨”，表示将强化与日本的“准战略伙伴关系”来对抗正在崛起的中国大陆。来源：《民进党内部文件曝光：强化日台关系对抗大陆》，http：//news. sina. com. cn/c/2005-12-25/11087812135s. shtml。

③ 2002年9月24日，李登辉在接受日本《冲绳时报》的专访时声称：“钓鱼岛是日本的领土。”10月20日，李登辉在声称钓鱼岛列岛“过去是属于中山王国，就是琉球的”，台湾对于钓鱼岛列岛“只有渔业权，并没有领土权”。姜殿铭，许世铨：《台湾2002》，北京，九州出版社，2003年，第326页。

南海。目前日本正对亚太国家实行递进式的力量测试。日本实现其“周边”远景的关键，首先是实现对台湾的控制，鉴于钓鱼岛处于与台湾接榫的地理位置，因而实现对台湾的控制前提则是实现对钓鱼岛的控制。今天的日本“周边事态”意识就是昨天的“大东亚”意识的胚胎形式，当然它也是颠覆雅尔塔体系及其远东格局的胚胎形式。从这个意义上说，钓鱼岛问题从而台湾问题，都是事关亚太和平格局的关节点，而目前的亚太和平只能是由美、俄、中三国保障的雅尔塔和平。

5. 日本问题与亚太和平

世界和平真像孩子们可以随意推倒重起的沙盘。

造成世界4/5人口卷入其中，5 000多万人死亡的第二次世界大战在国际反法西斯力量的共同努力下胜利结束，并由此产生了由美国、英国、法国、苏联和中国等共同保证维护了近50年世界和平的雅尔塔体系。这来之不易的和平体系，其欧洲部分竟在戈尔巴乔夫的轻率中瞬间解体，而目前美国放纵日本的轻率政策——所开条件是要求日本在对华冷战中打头阵——又使雅尔塔和平体系出现终结于远东的趋势。

现在我们尚不知道的是，美国将要把这个东亚“潘多拉盒子”的口开多大。美国正在采取的认可日本收回北方四岛的立场、默认日本扩大自卫队作用、支持日本“入常”、放纵日本与台湾的“高层交流”等政策，其结果只能是从老罗斯福到小罗斯福①的历史重演：绥靖日本不仅使日本成为东北亚抗衡中国和俄国的力量，也使日本成为打击美国的力量。

目前分析，美国对日本绥靖的底线尚未出冷战框架，但已开始触动远东雅尔塔和平的底线。值得警惕的是，美国目前已流露出“埋葬雅尔塔遗产”的意愿。2005年5月在反法西斯战争胜利60周年庆典前夕，俄罗斯总统普

---

① “老罗斯福”即西奥多·罗斯福（Theodore Roosevelt，1858—1919年），美国总统（1901—1909年），共和党人，1898年组织志愿兵团参加美西战争。1899—1900年任纽约州长。1901年当选为副总统，同年麦金莱总统遇刺死后，继任总统。其远东政策重日轻华。“小罗斯福”即富兰克林·德兰诺·罗斯福（Franklin Delano Roosevelt，1882—1945年），美国总统（1933—1945年），民主党人，西奥多·罗斯福的堂弟。曾为律师。1913—1920年任海军部次长。1928—1932年任纽约州长。1933年就任总统。1941年8月与丘吉尔发表《大西洋宪章》，太平洋战争爆发后，美国参加反法西斯同盟。1944年破例连任总统。

京指出，“胜利日属于我们所有人，这是全世界的事件。我们的父辈和祖辈分担了战争的全部重担，但没有分割1945年的胜利。我们现在也没有把它分割。反希特勒联盟的所有盟国、德国反法西斯主义者赢得了第二次世界大战的胜利”。在谈到1945年的《雅尔塔协定》时，普京指出，“这是集体的决定，是美国总统、英国首相和苏联领袖的决定”。“这些决定是考虑当时客观情况作出的：纳粹的根子尚未铲除，欧洲受到严重破坏，胜利者对欧洲的政治和经济复兴责无旁贷”。对此，布什则针锋相对指责苏联在“二战”后“镇压东欧”，发誓要“埋葬雅尔塔遗产”。①

这里需要问的是，小布什要“埋葬”的是哪里的“雅尔塔遗产”？联合国是雅尔塔的“遗产”，是否布什先生因对其不满而要将之“埋葬”呢？20世纪末老布什与戈尔巴乔夫已搬走了欧洲的雅尔塔基石，那么，在21世纪初，小布什是否要清除远东“雅尔塔遗产”呢？但问题是美国放弃雅尔塔远东格局、强化对华冷战的极限只是日本外交政策的起线。对日本而言，其“周边事态”边界即1890年日本内阁总理大臣山县有朋提出的“利益线”能伸多远，这确是连美国也不知道的谜底，正如当年西奥多·罗斯福绥靖日本时，也不知20多年后的日本人的边界竟会达到珍珠港一样。

和平，实际上应当理解为一种建立在国际法基础上的国际强制力量保障的稳定结构。如果同意这种见解，那么，目前的亚太和平实质上就是雅尔塔体系中的而不是其他体系中的和平。今天日本放弃战争权，走和平发展道路也是雅尔塔协定强力规定并为战败国日本所接受的。1943年《中美英三国开罗宣言》明确规定：

> 三国之宗旨在剥夺日本自1914年第一次世界大战开始以后在太平洋所夺得的或占领之一切岛屿，在使日本所窃取于中国之领土，例如满洲、台湾、澎湖群岛等，归还中华民国。日本亦将被逐出于其以暴力或贪欲所攫取之所有土地，我三大盟国轸念朝鲜人民所受之奴役待遇，决定在相当期间使朝鲜自由独立。

---

① “值俄罗斯庆祝反法西斯战争胜利60周年之际，美国总统布什指责苏联在二战后‘镇压东欧’，发誓要‘埋葬雅尔塔遗产’。普京总统对此坚予以反驳，指出‘雅尔塔会议’拯救了世界。”《普京反驳历史修正观》，载《滕州日报》，2005年5月11日。

1945年7月26日《中美英三国促令日本投降之波茨坦公告》训令日本：

欺骗及错误领导日本人民使其妄欲征服世界之威权及势力，必须永久剔除。盖吾人坚持非将负责之穷兵黩武主义驱出世界，则和平安全及正义之新秩序势不可能。(第六款)

直至如此之新秩序成立时，及直至日本制造战争之力量业已毁灭，有确实可信之证据时，日本领土上经盟国指定之地点，必须占领，俾吾人在此陈述之基本目的得以完成。(第七款)

开罗宣言之条件必将实施，而日本之主权必将限于本州、北海道、九州、四国及吾人所决定其他小岛之内。(第八款)

同年8月10日，日本分别向美国、英国、苏联、中国政府明确表示：

日本政府准备接受1945年7月26日由美国、英国以及中国政府，以及后来由苏联政府签字的在波茨坦发表的联合宣言中所列举的条款。①

日本将上述意愿在1946年11月3日正式公布的《日本国宪法》中以国法形式得以确认。该宪法第九条规定：

日本国民衷心谋求基于正义与秩序的国际和平，永远放弃以国权发动的战争、武力威胁或武力行使作为解决国际争端的手段。为达到前项目的，不保持陆海空军及其他战争力量，不承认国家的交战权。

正是这些制约日本并为日本接受的条款构成了雅尔塔体系中的远东和平体系的基石。只要远东雅尔塔体系不被破坏，只要日本没有通过遵守其和平承诺而为亚太国家和人民所接纳，它就很难重新成为正常大国；换言之，日本要想重新武装并成为政治大国，就必然要破坏远东雅尔塔和平体系。山雨欲来风满楼。1999年日本提出的《周边事态法》和2003年国会通过的“有事

① 王绳祖，何春超，吴世民：《国际关系史资料选编》，北京，法律出版社，1988年，第859、876、897页。

三法案"① 及其修改宪法第九条的举动表明，欧洲雅尔塔格局解体后，日本已开始为颠覆雅尔塔远东格局作前期准备。对此，日本前首相中曾根康弘（1982—1987年）在《日本二十一世纪的国家战略》中讲得直截了当：

还有关于宪法问题最大的争论点，也就是第九条的问题，第一项的规定保留着尚可，但对于第二项"不保持陆海空和其他战斗力。不承认国家的交战权"等内容，就应该进行修改了。

对持续了近六十年的战后体制进行历史性转换的时机已经来临，而且也必须进行转变。不仅自民党，所有的政党都必须在这一观点的基础上，重新

---

① 所谓"有事法制"，实际上就是"战时法制"。"有事法制"相关的三项法律是指《应对武力攻击事态法案》、《自卫队法修正案》和《安全保障会议设置法修改案》。其主要内容是说在"发生武力攻击事态"或者"预测到武力攻击事态"时，中央和地方政府以及国民如何应对，其中包括设置以首相为首的应对总部；经国会同意后，首相有权向自卫队、地方政府和公共机构下达进入战争状态的命令；地方政府和国民届时必须与中央政府合作等。所谓"武力攻击事态"是指日本本土受到外国武力攻击以及公海上的日本舰船和飞机受到攻击，而且被日方认定为是"有组织、有计划的攻击"；日本根据《协助联合国维护和平行动法》或根据《应对恐怖特别措施法》派到他国活动的自卫队部队及政府派驻的海外机构受到攻击；等等。"预测到武力攻击事态"是指某国表明对日本有武力攻击意图，并为此集结舰船或飞机，或者向发射导弹的火箭注入燃料等；某国为攻击日本而召集预备役和禁止军队要员外出以及"为攻击日本构筑新的军事设施"等。法案规定，首相判断发生上述事态后，可命令自卫队行使武力甚至先发制人。

"有事法制"从出笼到形成法律，经历了一个长期的酝酿过程。1963年，日本自民党政权开始研究建立"有事法制"。当时防卫厅秘密研究的"三矢计划"以爆发第二次朝鲜战争并波及日本为假想前提，规定届时要实行国家总动员，使政府机关处于临战状态，召开临时国会，在两周内通过"有事法制"、战时预算等项法案，以确保自卫队自由行使武力。1977年，日本政府又提出要建立"有事法制"，但由于日本国内反对呼声强烈和周边国家警惕，因此有关"有事法制"问题一直在暗箱中操作。1981年，日本政府第一次发表了"有事法制"研究的中间报告。1991年，日本利用海湾战争之机，通过修改自卫队法和设立《协助联合国维护和平行动法》，首次使自卫队走出了国门。1997年，日本《防卫白皮书》正式提出建立"有事法制"问题。此后，日本三任首相都为建立"有事法制"造过舆论。与此同时，日本强化了与美国的军事同盟，修改了防卫指针。1999年，制定出为日本自卫队开向海外进一步制造根据的《周边事态法》。2001年，日本又借"9·11"恐怖事件制定了自卫队支援美军等反恐法律，再度扩大了自卫队的活动范围。2002年，日本政府根据所谓的反恐法律向印度洋派出了自卫舰，给美军以后勤支援，并同时将"有事法制"相关法案提交国会通过，但未成功。2003年，日本政府借伊拉克战争之机，再次把相关法案提交国会，于5月15日获众议院批准，6月6日又在参议院获得通过。

审视自己的立足点。这样的时期已经到来。不能修正自己观点的政党，就是所谓旧时代的政党。这就是至今为止的进展情况。还固守以前被麦克阿瑟占领后二三十年间的观念的政党，在国民中明显落伍。国民正在不断进步，所以遗留在旧体制中的东西就会被抛弃，而且我认为这种趋势会越来越强。①

可以预见，远东雅尔塔格局解体之日，也就是"二战"反法西斯国际合作形成的和平体系在世界范围终结之时。

雅尔塔体系中台湾主权归属中国，是目前世界各国反复声明的"一个中国原则"的法理基础，也是联合国接纳中华人民共和国而拒绝台湾当局进入联合国的法理基础。值得特别说明的是，造成今天两岸分裂现实的历史原因是冷战体系而不是雅尔塔体系。从这个意义上说，由国际社会公认的雅尔塔体系而非冷战国家自认的冷战条约构成的冷战体系才是当今亚太和平的法理基础。所以，在没有取得亚太国际社会共识的新的合作体系出现之前，美国、俄国和中国就有权利保证，而日本也有义务兑现其于1945年前后向国际社会所作的承诺并维护现存于远东的雅尔塔和平格局。在这个格局中，日本必须遵守其和平宪法，不能重新军国主义化，不能有真正意义上的军队，必须走和平发展道路，更不能触动中国在台湾的主权地位。

现在的问题在于，为了遏制中国，美国正在选择张伯伦的路线：不是继续兑现并谨守20世纪40年代在《大西洋宪章》(1941年)、《联合国家宣言》(1942年)、《中苏美英四国关于普遍安全的宣言》(1943年)、《苏美英三国德黑兰宣言》《中美英三国开罗宣言》《克里米亚（雅尔塔）会议公报》(1945年)、《中美英三国促令日本投降之波茨坦公告》(1945年) 等国际文件中向世界人民所作的和平承诺，与俄国、中国及亚太国家一道维护远东和平，而是单方面地绥靖日本并从不负责任的"埋葬雅尔塔遗产"表示中获得机会主义的利益。这就无异于暗示日本可以率先向中、俄发难。日本知道，在亚洲如果没有19世纪末中国和俄国的衰落和内乱，就不会有日本的明治霸业，日本就不能攫夺东北亚的地缘政治利益并最终非法夺取西太平洋。现在日本开始在钓鱼岛，继而台湾地区先向中国发难；日本右翼政客要求俄国归还北方四岛、修改和平宪法第九条，

① ［日］中曾根康弘：《日本二十一世纪的国家战略》，联慧译，海口，海南出版社、三环出版社，2004年，第131、265页。

甚至否认远东国际法庭判决结果的舆论日高。这表明日本右翼已不甘心只将日本保持在“经济大国”的层面。对亚洲各国而言，对于目前日本出现一系列否定远东国际法庭审判的合法性，为日本太平洋战争中侵略亚洲国家的罪行张目，放弃和平发展道路的举动，不仅要从民族感情的角度，更应该从雅尔塔体系的法理角度，来遏制日本右翼复辟“大东亚战略”梦想的挑衅行为。关于此，让人回想起毛泽东同志在半个世纪前说的但至今仍有意义的话，1954 年 8 月毛泽东会见英国工党代表团时希望英国工党的朋友劝劝美国人：

不要武装日本，武装日本的目的是反对中国和苏联，最后会害自己和西南太平洋各国，这是搬石头打自己的脚，这种可能性是有的。[①]

看来，现在仍有用毛泽东这句话再次提醒美国人的必要。

6. 结论：要想稳定太平洋，美国只有与中国握手

历史的经验值得注意。20 世纪整整 100 年的历史表明，良好的中美关系是亚洲太平洋地区和平的基础。1895 年甲午战争和 1905 年日俄战争结束后，日本崛起于东北亚。20 世纪初占领朝鲜、中国东北，并在美国的绥靖下在 30 年代末全面发动侵略中国的战争。40 年代日本进入南洋英美势力范围并在袭击珍珠港后发动太平洋战争。此后美国寻求中国帮助，在中美的联合中，日本战败并在雅尔塔体系中被迫大体退回明治时代的版图。现在回想起来，太平洋战争的发生，美国也负有相应的绥靖责任。在珍珠港事件前一个月即 1941 年 11 月，罗斯福还“愿意同日本联系，想法缔结一种联合公约来维护太平洋的和平”，[②]

---

① 《同英国工党代表团的谈话》(1954 年 8 月 24 日)，见中共中央文献研究室：《毛泽东文集》，第 6 卷，北京，人民出版社，1999 年，第 341 页。

② 1940 年 5 月底，鉴于德国的胜利，为了使日本不乘机南进，罗斯福对摩根索说：他“愿意同日本联系，想法缔结一种联合公约来维护太平洋的和平。”罗斯福维持与日本谈判的想法不是“根本改变日美关系，而是争取时间……如果情况允许，就一直拖延到把希特勒打败以后，国际形势的变化甚至可能使日本改变政策，而不必进行战争”。1941 年 11 月 17 日，罗斯福授意赫尔拟就为期 6 个月的“临时协议草案”，提出：美国恢复同日本的经济关系，并促使中日谈判。作为交换，日本不再向印度支那、“满洲国”边界或任何南部地区（荷属、英属或暹罗）增派军队，日本同意在美国参加欧洲战争时，不援用“三国条约”的规定。美国国务院也拟就了自己的“临时妥协”条文。参见韩永利：《战时美国大战略与中国抗日战场：1941—1945》，武汉，武汉大学出版社，2003 年，第 51、55、61 页。

只是当日本人打了美国之后，罗斯福才转而死死地拉住曾被他当作“额外负担”的中国，[1] 让中国帮他消化日本造成的恶果。[2] 在开罗会议和雅尔塔会议上美国给了中国和苏联不少承诺，[3] 在此基础上，才形成了太平洋战争胜利后雅尔塔体系下的远东格局。

太平洋战争胜利后，美国又好了伤疤忘了痛。20 世纪 50 年代初朝鲜战争爆发后，美中关系恶化。1950 年至 1954 年间，美国出现极端反共反华的麦卡锡主义。1959 年 9 月，美国总统艾森豪威尔与苏联赫鲁晓夫会谈后，以牺牲中国利益为代价，形成所谓“戴维营精神”，鼓吹美苏决定国际形势，其结果是美国在 60、70 年代差点被苏联人赶出印度洋。这迫使反共老手尼克松屈尊于 1972 年来中国求救，并与中国再次形成战略合作关系。这导致苏联在亚洲的攻势受挫并于 90 年代初自我解体。

21 世纪的美国历史仿佛又回到 20 世纪初的西奥多·罗斯福时代：面对日本崛起且试图打破远东凡尔赛格局，西奥多·罗斯福以牺牲中国和凡尔赛-华盛顿体系为代价绥靖日本，其后果是老罗斯福搬起的日本之石砸在了小罗斯福的脚上。21 世纪初，美国一些少不更事的领袖们又开始玩火，试图再以牺牲中国和远东雅尔塔体系的代价绥靖日本，其结果恐怕也不乐观，因为由美国人点燃的火势并非是随着美国人的指向而是随着风向蔓延的。在此，

---

① 20 世纪初美国决策层已意识到日本的崛起并且有可能成为一个比俄国还难对付的敌手，但西奥多·罗斯福认为“鉴于中国的软弱，美国和中国结盟将一无所获，只会增加额外负担”。同时他也相信，只要对日本持尊重态度，日美冲突还是可以避免的。参阅［美］孔华润：《美国对中国的反应——中美关系的历史剖析》，上海，复旦大学出版社，1989 年，第 58、65 页。

② 在 1942 年上半年，美国的全部问题就是如何使中国拖住日本，不使其大规模增兵太平洋和西进印度。美国参谋长联席会议的指令就是：第一，增加美国支持中国政府从事战争的有效性；第二，支持促进中国军队有效战斗。参见韩永利：《战时美国大战略与中国抗日战场：1941—1945 年》，武汉，武汉大学出版社，2003 年，第 122-123 页。

③ 美国学者达莱克就史迪威赴华问题作了评述：罗斯福决心推行“欧洲第一”的战略，近期内不给中国以大规模援助……他希望一方面使中国能够继续抗战；另一方面通过给予它的地位使它的幻想得到满足，但又强调长远的利益来防止它要求更多的援助。［美］罗伯特·达莱克：《罗斯福与美国对外政策》，陈启迪等译，北京，商务印书馆，1984 年，第 475 页。

人们不禁要问，如果太平洋再次失控，如果日本之火再次烧到太平洋东岸，[①]美国是否又要再次寻求中国和俄国的帮助？

值得说明的是，目前的美日合作，乃至所谓的“美台合作”，已不仅仅是冷战层面即以遏制中国和俄国为目标的合作，而是已有了地区性战略合作，破坏远东雅尔塔和平的内容。美国已向世界透露出“埋葬雅尔塔遗产”的意愿，日本更是随声附和并谨小慎微的试探亚洲人接受日本“咸鱼翻身”的底线。[②]

20世纪整整100年的历史还表明：不管美国如何强大，要想稳定太平洋，它就必须实行与大国，尤其是与中国合作的政策。从古罗马到大英帝国的历史表明，世界上没有哪个帝国有那么大的实力可以长期单独包揽和支配

① 中新网2006年4月24日电，据韩国《东亚日报》报道，美国国会研究部（CRS）报告最近指出，日益加强自信的日本在认为亲美对自己不利的时候，可能会对美国说“不（No）”。据日本《东京新闻》22日报道，美国国会研究部在关于美日关系的国会报告中说，近来，日本在外交上不断加强自信（assertiveness）。虽然这种自信目前与美国的国家利益一致，但“今后可能会成为敢说‘不’的日本”。美国国会研究部在题为《日美关系（Japan-US Relations）》的这份报告（19页）中，指出了日本显示自信的4个例子。第一，在小泉纯一郎首相的领导下，日本加强了与美国的关系。第二，制定对中国的强硬政策，削减相互援助。在领土和历史问题上不让步。第三，欲成为联合国安理会常任理事国，并与东南亚国家推进自由贸易协定（FTA）谈判，努力扩大影响力。第四，日本领导人追求“普通国家化”，欲把集团安全保障法制化。该报告对未来的美日关系下结论说：“如果日本再积极，就会与美国的国家利益相违背，或日本领导人会认为亲美对自己不利，从而向美国提出异议。”《东京新闻》报道说，该报告作为美国国会决定对日政策的重要资料使用。《美国国会研究报告：日本总有一天会对美国说“不”》，http://news.china.com/zh_cn/international/1000/20060424/13269695.html。

② 2005年6月27日，日本目前在位的明仁天皇和皇后赴塞班岛，为“二战”期间在该岛丧生的4万余名日军和1万余名平民“慰灵”，这将是“二战”结束60年来，日本天皇首次赴海外祭拜“二战”阵亡日军及平民。据日本《读卖新闻》报道，日本天皇和皇后将在塞班岛访问两天，期间，二人将首先前往“二战”期间日军及日本平民拒降投海自尽的两处海边悬崖默哀，然后访问日本在塞班岛建设的“中部太平洋牺牲者之碑”，该碑纪念在塞班岛战役中丧生的所有军民。日本政府在20世纪70年代在亚洲各地建设了十余个这样的纪念碑。最后，日本明仁天皇及皇后还将访问专为在塞班岛阵亡的5 000余名美军和1 000余名在战争中丧生的岛民设置的纪念碑。报道说，这是日本天皇首次以“慰灵”，而不是以“友好亲善”为目的出访海外。日本天皇皇后曾于1995年“二战”结束50年之际在日本本土的广岛、长崎和冲绳进行“慰灵之旅”，而此次则将“慰灵之旅”延长到了海外。来源：《日本天皇今首赴海外塞班岛祭拜二战阵亡日军》，http://world.people.com.cn/GB/1029/3498363.html。

世界，美国也不能例外。20世纪太平洋战争、朝鲜战争、越南战争、美苏冷战以及21世纪美国在中东中亚开展反恐战争的结果反复表明，美国并不能独立承担改造全球政治，甚至地区政治的重任。在亚洲近现代史上，向美国正式宣战并打到美国的只有现在声称为美国“盟友”的日本。而亚洲如不出现20世纪40年代那种于日本有利而于中国和苏联不利的地缘政治环境，日本就根本没有向美国发难的政治条件。相反，中美合作则是经过历史考验从而是相对稳定的战略层面的合作关系。以史为鉴，可知兴衰。如果想要锁定太平洋，并有效扭转自小布什上台后美国国势的迅速衰落，历史经验告诉美国，只有与中国握手，握手当然只能是尼克松式的握手。①

（二）在钓鱼岛赢得尊严 才能在南海赢得尊重②

2011年7月4日，杨洁篪在与日外相会谈中重申“钓鱼岛是中国固有领土”，杨外长关于钓鱼岛主权的表态，是坚定的和不容商量的，是符合中国国家根本利益的。可近日有媒体（2011年7月9日《环球时报》）发表“社评”主张钓鱼岛应成东亚“模范摩擦海域”，认为“钓鱼岛在国际上属于争议领土”，“它的未来归属是存在变数的”，“中国宣示对钓鱼岛的主权，并不意味着中国就能实现这一主权”。文章还称，“中国保钓行动的实际效果”是“保持并强化了钓鱼岛主权在国际法和世界舆论层面的争议性”。文章在钓鱼岛的主权关系的表述上显然与杨外长不一致，其关于将钓鱼岛变为“模范摩擦海域”的建议也显得书生气十足，如果不是作者词不达意，其正面意思没有表达清楚的话，笔者觉得有必要就中日围绕钓鱼岛的“争议”及其背后的战略意义，谈点个人的想法。

一读到“钓鱼岛应成东亚‘模范摩擦海域’”构想，我就忆起20世纪前半叶的中日关系史，想起“九一八”事变后的“李顿调查团”。

1931年9月18日，日本挑起“九一八”事变，随后日本侵占中国东北

① 尼克松记录了他1972年到中国时与周恩来握手时的想法与感受。他写道：“我知道。1954年在日内瓦会议时，福斯特 · 杜勒斯拒绝同周握手，使他深受侮辱。因此，我走完梯级时决心伸出我的手，一边向他走去。当我们的手相握时，一个时代结束了，另一个时代开始了。”［美］理查德 · 尼克松：《尼克松回忆录》，董乐山等译，北京，世界知识出版社，2001年，第672页。

② 此部分的主要内容刊发于《东方早报》，2011年7月18日。

三省大片土地，战火延伸到平津一带。

这时蒋介石对此次事变的应对政策接近上文作者提出的将东北建成“模范摩擦”区域的设想。面对日本侵略，蒋介石不是积极地组织抵抗而是要强化中国东三省主权在“国际法和世界舆论层面的争议性”。为此，他于1931年底向国际联盟提出“申诉”。

面对蒋公的“申诉”，日本方面的回应是在《国联调查报告书》（1932年10月）出炉前，不是强化而是尽量弱化其侵略行径“在国际法和世界舆论层面的争议性”。1932年3月1日，宣布其傀儡政权“满洲国”成立，1934年又将伪“满洲国”改称为“满洲帝国”，在全世界面前明示其占领整个华北的野心。

1935年6月，南京国民政府为了满足日本在河北建立“模范摩擦”区域的要求，与日本签订了《何梅协定》和《秦土协定》，使中国丧失了河北大部分主权，将察省主席宋哲元撤职，二十九军撤出察东地区，成立察东非武装区。由此中国又失察哈尔主权。

即使如此，日本人还嫌国民政府没有达到“模范摩擦”的标准，9月，日本侵略华北驻军司令官多田骏发表声明，公开鼓吹华北五省在日本的指导下“联合自治”。10月22日，日军在河北香河指示汉奸、地主和流氓成立“县政临时维持会”，发表“自治宣言”。11月25日，日本侵略者唆使国民党滦榆区行政督察专员殷汝耕在通县成立“冀东防共自治委员会”，不久改称“冀东防共自治政府”，宣布“脱离中央自治”。11月，日本侵华战犯土肥原到北平向二十九军军长、平津卫戍司令宋哲元提出“华北高度自治方案”，要求宋哲元限期宣布“自治”，否则日军将以武力攻取河北、山东。

南京政府为了让中日间“摩擦”更为“模范”，于12月成立“冀察政务委员会”，指派宋哲元为委员长，由日方推荐著名汉奸王揖唐、王克敏、刘燮元、曹汝霖等十余人为委员。此后，日本人又得陇望蜀，组织大小汉奸在平津“游行”，要求“华北五省独立”。

至此，中国人民对蒋介石对日一味让步的政策已忍无可忍，这样便激出了逼蒋抗日的“双十二事变”和由此形成的抗日统一战线。

但日本人对此“摩擦”回应得一点也不“模范”，1937年7月7日，挑起“卢沟桥事变”。侵华战争由此全面展开。

中国人忘什么也不应该忘记中国近现代史，不应该忘记八年抗战。大概和平时期太长的原因，有些中国人真的把那段历史忘了，忘得没有是非了。我们要索回强盗抢走的中国人自己的家产，这在我们有些人眼中却成了有“争议”的事，中国人索回家产的义举则被有些人要求在“摩擦模范”范围内行事。这样的“要求”，让中国人痛心，让日本右翼高兴。

事实上，在今天日本右翼看来，不仅钓鱼岛，甚至台湾也不“属于争议领土”。2010年7月26日，即将赴任的日本新任驻中国大使丹羽宇一郎在东京记者会上直白表示，1972年《中日联合声明》中有关“台湾是中国不可分领土的一部分”的主张，日本的立场只是“理解并予尊重”，并未直接承认，今后日本对此问题仍然坚持同样的态度。7月27日晚，日本驻华使馆的新闻官向环球网记者郑重表示：日本政府在台湾问题上的一切态度都以1972年《中日联合声明》为基础，此一立场从未改变过。

我们知道，现在中日关系的政治基础是1972年9月29日发表的《中日联合声明》、1978年8月12日签署的《中日和平友好条约》及1998年11月26日发表的《关于建立致力于和平与发展的友好合作伙伴关系的联合宣言》(简称《中日联合宣言》)。那么，被中国视为核心利益的台湾主权归属问题，日本方面在这几个文件中是如何表述的呢?

我们先看第一份文件。1972年的《中日联合声明》，是中日三个文件中最基础性的文件，凡九条。关于中国和日本主权范围的确认，文件第二、第三、第五条认为：

(二) 日本国政府承认中华人民共和国政府是中国的唯一合法政府。

(三) 中华人民共和国政府重申：台湾是中华人民共和国领土不可分割的一部分。日本国政府充分理解和尊重中国政府的这一立场，并坚持遵循波茨坦公告第八条的立场。

(五) 中华人民共和国政府宣布：为了中日两国人民的友好，放弃对日本国的战争赔偿要求。

在第二条中，日本承认中华人民共和国政府是中国的唯一合法政府，但在第三条中，日本只是“充分理解和尊重”中国政府重申的“台湾是中华人民共和国领土不可分割的一部分”的立场，在这两条中，日本方面有意义的承诺是“坚持遵循波茨坦公告第八条立场”。

《波茨坦公告》第八条是这样写的：

开罗宣言之条件必将实施，日本之主权必将限于本州、北海道、九州、四国及吾人所决定其他小岛之内。[①]

关于台湾，1943 年 12 月 1 日，中、美、英三国发表的《开罗宣言》是这样规定的：

三国之宗旨在剥夺日本自 1914 年第一次世界大战开始以后在太平洋所夺得的或占领之一切岛屿，在使日本所窃取于中国之领土，例如满洲、台湾、澎湖群岛等，归还中华民国。[②]

日本外相大平正芳在签署《中日联合声明》后记者招待会上曾解释说："《开罗宣言》规定台湾归还中国"，"我国政府坚持遵循《波茨坦公告》的立场是理所当然的"。[③] 但我们如果仔细查一下《开罗宣言》就会发现，大平正芳在此通过偷换概念而回避了"台湾是中华人民共和国领土不可分割的一部分"这一实质性立场。

如果说，在中华人民共和国成立之前，日本"坚持遵循波茨坦公告第八条的立场"的说辞可以表达日本放弃在台湾权利的含义，但现在日本建交的对象是中华人民共和国政府而不再是《开罗宣言》中所说的"中华民国"，并且日方也承认"中华人民共和国政府是中国的唯一合法政府"，那么这时日本再以波茨坦公告第八条搪塞台湾主权归属问题，显然就不合逻辑了。尽管大平正芳代表日本政府宣布："作为日中邦交正常化的结果，《日蒋条约》已失去了存在的意义，并宣告结束"[④]，但日本方面在《中日联合声明》中还是刻意规避了台湾的法律地位。也就是说日本在 1972 年《中日联合声明》中只是承认中华人民共和国政府是中国唯一合法政府，只是理解和尊重但并没有承认中国政府重申的"台湾是中华人民共和国领土不可分割的一部分"

①② 王绳祖等：《国际关系史资料选编》，北京，法律出版社，1988 年，第 859、876 页。

③④ 转引自王绳祖：《国际关系史》第 10 卷（1970—1979），北京，世界知识出版社，1995 年，第 327-328 页。

的立场。尽管日本与台湾当局实行了“断交”，但并不能由此推导出它法律上承认了“台湾是中华人民共和国领土不可分割的一部分”的原则。由此必然产生的逻辑是，日本方面“一个中国的原则”是不包括台湾的，日本与中国建交的主权关系只限于中国大陆，日本方面废除在1952年4月28日签署的《日台条约》，其不与台湾发生正式的官方关系并不是基于中国政府关于“台湾是中华人民共和国领土不可分割的一部分”的立场，而是基于“理解和尊重”中国立场的表态。关于此，当时与大平正芳共同签署《中日联合声明》的中国外长黄华在其回忆录中认为：日本承认中华人民共和国政府、充分理解尊重中国政府关于台湾问题的立场，坚持波茨坦公告第八条的立场是“以间接的方式承认台湾是中国领土”。笔者认为，日本方面只是“充分理解和尊重”，既没有直接承认，更没有“间接承认”中方关于“台湾是中华人民共和国领土不可分割的一部分”的立场，他只是承认了《开罗宣言》确定的“台湾、澎湖群岛等，归还中华民国”的立场。这实际是“两个中国”的隐喻式表述。若一定要从积极意义上看，日方的这个表述只是明确承认了台湾不属于日本，日本放弃在《马关条约》中获得的对台湾的所有权利。但对于当时已为战败国的日本而言，这是一个没有意义但是必须有的法律表态。[①]如按此逻辑继续推论，日本迄今也未对中华人民共和国在东北的主权予以直接承认，因为按开罗宣言规定“例如满洲、台湾、澎湖群岛等，归还中华民国”。

1942年日本法西斯作家在《战时宣传论》一书中就日本侵华政策做出解释说：“这实际上是日本国民一般的生物学上的生存需求所提出的最低限度的要求。”[②] 试想，有朝一日，如果日本人提出在台海，继而在“满洲”建立中日“模范摩擦”区域，想必这篇文章的作者也不便拒绝，因为这二者在逻辑上是一致的。

今日日本右翼一刻也没有忘记推倒毁灭其“大东亚共荣圈”美梦的雅尔塔和平体系，而要做到这点，与19世纪70年代一样，其突破口还是包括钓鱼岛在内的琉球群岛。今天日本在钓鱼岛的“项庄舞剑”，意在台岛。1874

① 关于1972年中日联合声明文件形成过程，参阅廉德瑰：《美国与中日关系的演变（1949—1972）》，北京，世界知识出版社，2006年，第242-266页。

② 转引自王向远：《日本对中国的文化侵略：学者、文化人的侵华战争》，北京，昆仑出版社，2005年，第316页。

年日本第一次出兵侵略台湾，就是1872年吞并琉球后的逻辑结果。今天日本在中国钓鱼岛列屿，进而在春晓油田与中国的争夺，本质上是为了逼近中国台湾。今天中国如果在此海域失去起码的原则，那日本的下一个目标就是台湾，接踵而来的必然是中国东海制海权的丧失。

由此看来，中日之间的钓鱼岛之争本质是台湾之争，在目前两岸分离，祖国统一任务时不我待的历史时刻，根据历史经验，失去钓鱼岛，接踵而至的就是失去台湾。也就是说，中日关系是有底线的，这个底线就是钓鱼岛。因此，钓鱼岛问题就不是可用一般的领土对等互换原则来解决的主权问题，而是事关中国主权底线，因而是没有任何后退和商量余地的主权问题。中国清朝和蒋介石时期对日本无底线的让步所引发的日本全面侵华战争和太平洋战争，其起因均源于中国失去琉球群岛的主权。如果说19世纪日本侵略台湾的企图是以1872年10月15日吞并琉球开始，以1895年《马关条约》的签订结束，那么，21世纪台湾的命运也必将从中日不能搁置的钓鱼岛主权“争议”开始，而以争议的结果确定。

今日中日之间的争执再次从钓鱼岛列屿升温，日本再次触及中国的底线，中国人应当如何面对呢?

前事不忘，后事之师。近代以来中日交往的教训就是：“喂猪不可驱虎”，相反，进行积极的斗争却是与日本这样的国家保持良好关系的必要条件。1894年日本为打开东亚“难局”发动甲午战争，次年便占领中国台湾。随后日本即东进与美国争夺夏威夷。1897年6月16日，美国和夏威夷在华盛顿签署合并条约。日本派舰前往，美国海军则严阵以待，不惜武力坚守东太平洋的安全底线，结果日本自讨没趣，主动撤回对美国的抗议。此举让日本明白并从此不敢再犯美国的太平洋安全底线。1939年日本试图北上入侵苏联，苏联在诺门坎陈列重兵对日本予以迎头痛击，自此，日本放弃北上侵苏战略。现在日本在钓鱼岛问题再及中国底线，经验告诉我们，在这一地区，如果我们还要幻想搞什么“模范摩擦海域”，那么，1895年和1937年的中国就是前车之鉴。相反，如果借鉴1898年美国在夏威夷、1939年苏联在诺门坎与日本斗争的经验，遵照毛泽东同志所说的“针锋相对，寸土必争”和“人不犯我，我不犯人，人若犯我，我必犯人”的原则，开展最积极的斗争，我们不仅能像今日美国、俄罗斯一样与日本保持友好关系，还能为21世纪的中国赢得伟大的前途。1955年，中国在万隆会议上赢得亚洲人民的尊重，是从朝鲜战争的胜利开始的；同样，我们要在南海赢得那里的国家和人民的尊重，也得从中国在钓鱼岛赢得尊严开始。

（三）中俄联合的限度、目标和意义①

1. 中国对外政策的基石是“独立自主”而非“不结盟”

近期，关于中俄结盟的声音，在媒体上时有反映，这是由于人们意识到中俄两国越来越多地面临共同的战略压力。也有人根据 2011 年 9 月国务院新闻办发表的《中国的和平发展》白皮书“不同任何国家和国家集团结盟”②的提法，认为中国奉行的是不结盟的外交政策，而中俄结盟的构想违背了这一政策。

这其实是对中国外交政策的一种误读。自 20 世纪 50 年代起中国政府奉行的是“独立自主”而不是“不结盟”的外交政策。正因此，中国当时并没有参加尼赫鲁、铁托等发起的“不结盟运动”。20 世纪 80 年代中国改革开放，邓小平坚持的也是独立自主而非不结盟的外交政策，他在党的十二大上对这项政策做了全面表述，他说：

> 中国的事情要按照中国的情况来办，要依靠中国人自己的力量来办。独立自主、自力更生，无论过去、现在和将来，都是我们的立足点。中国人民珍惜同其他国家和人民的友谊和合作，更加珍惜自己经过长期奋斗而得来的独立自主权利。任何外国不要指望中国做他们的附庸，不要指望中国会吞下损害我国利益的苦果。我们坚定不移地实行对外开放政策，在平等互利的基础上积极扩大对外交流。③

---

① 此部分内容发表在《社会观察》2012 年第 3 期。

② 2011 年 9 月，国务院新闻办发表了《中国的和平发展》白皮书，宣称：“坚持在和平共处五项原则基础上，同所有国家发展友好合作，不同任何国家和国家集团结盟，不以社会制度和意识形态异同决定国家关系的亲疏。” http：//news. sina. com. cn/c/sd/2011-09-06/101223112859. shtml。

③ 邓小平：《中国共产党第十二次代表大会开幕词》（1982 年 9 月 1 日），见《邓小平文选》，第 3 卷，北京，人民出版社，1993 年，第 3 页。

邓小平同志曾在1984年5月提到“不结盟”，他说：“中国的对外政策是独立自主的，是真正不结盟。中国不打美国牌，也不打苏联牌，中国也不允许别人打中国牌。”[①] 1985年8月，邓小平在会见坦桑尼亚总统尼雷尔时说：“我们现在奉行的是独立自主的对外政策，不倾向于任何一个超级大国。谁搞霸权主义，就反对谁，谁愿与我们友好，我们也愿意与谁友好，但决不卷入任何集团，不同它们结盟。”[②] 邓小平的意思是说中国奉行的是独立自主的外交政策，与尼赫鲁的所谓“不结盟”比较，中国独立自主的对外政策才是真正的“不结盟”。至于邓小平说“决不卷入任何集团，不同它们结盟”，其意思也并不是说中国“不同任何国家和国家集团结盟”，更没有中国“永远不结盟”[③] 的意思，只是说不与当时的“它们”即苏联集团或美国集团结盟。邓小平同志当然明白，结盟与否是中国人民“长期奋斗而得来的独立自主权利”，因而是不能随便放弃的。至于是否需要结盟或什么时候以及在什么程度上结盟，应视中国自身利益需要而定。

这样理解邓小平同志关于“决不卷入任何集团，不同它们结盟”的表述，是符合历史逻辑的，不然，就不能解释20世纪50年代建立在《中苏友好互助条约》基础上的中苏关系以及1961年签订且至今有效的《中朝友好互助条约》及建立其上的中朝关系的合理性。

历史经验表明，在大国博弈中明确承诺自己“永远不结盟”，无异于战事未开先自掘坟墓。“二战”中，不与美苏英结盟，中国今天就不可能有联合国常任理事国的席位；中华人民共和国成立之初不与苏联结盟，中国就可能在美蒋合击中倒下；改革开放之初，如果不与美国结成较紧密的外交关系，在北方苏联大兵压境的情况下，中国至今可能还在“备战备荒”。因此，在美国已挥师来到太平洋并明确宣布“重返东亚”的时候，我们目前不宜作出宋襄公式的“不同任何国家和国家集团结盟”和“永远不结盟”的承诺。

---

① 邓小平：《维护世界和平，搞好国内建设》（1984年5月29日），见《邓小平文选》，第3卷，北京，人民出版社，1993年，第57页。

② 《邓小平年谱》（1975—1979），北京，中央文献出版社，2004年，第1068页。

③ 2008年9月24日，温家宝在第63届联合国大会一般性辩论上的发言中表示：“在国际关系中，中国不结盟，更不当头，而且永远不结盟、不当头。”《温家宝出席第63届联合国大会一般性辩论并发言》，http：//www. gov. cnldhd2008 - 09/25/content _ 1105003. htm。

2. 中俄联合是为了捍卫雅尔塔和平框架

结盟权[①]是主权国家天然具有因而是不能轻言放弃的外交权利。至于现在是否到了中俄结盟的时候，我认为至少到了可以考虑这个问题的时候。但应当对它的范围、任务和目标予以限定。

在考虑这个问题之前，需要先明确目前远东和平所依据的法律体系。我们知道，第二次世界大战后的世界和平主要是由美国、苏联和中国等战胜国共同建立的雅尔塔体系确立的，其目的是防止德国和日本的军国主义复活。苏联解体后，雅尔塔体系的欧洲部分已经解体，而在远东地区仍发挥着防止日本军国主义复活、维护远东和平的积极作用。目前已宣称“重返东亚”的美国已有退出远东雅尔塔体系的倾向。为了阻止这种倾向的加剧，中俄有必要将以前的“战略伙伴关系”向更为紧密的战略盟友关系推进，但其目的不是打倒美国，而是在捍卫雅尔塔法律体系赋予本国——比如中国对台湾的主权——利益的前提下，拉住美国以共同维护“二战”后由三国在雅尔塔条约中确立的远东和平格局。

20 世纪 40 年代末冷战开始，与当时日美同盟一样，中苏结盟是针对“冷战”，而冷战却不是发生在雅尔塔框架外的行为，只是在雅尔塔法律框架下的战胜国内部利益的调整，其各方诉求并没有超出雅尔塔格局。比如说，美国和日本、苏联和中国已结成战略盟友，但美国在南千岛群岛（北方四岛）上不排斥苏联占领，苏联在冲绳问题上不排斥美国占领，而苏联和美国均在台湾问题上承认中国主权。因为这些领土归属都是由开罗会议、德黑兰会议和雅尔塔会议所确立的一系列原则规定的。在欧洲地区，美苏的冷战最初也没有破坏雅尔塔格局，例如，在 1956 年苏伊士运河事件中，美苏联手将英法赶出地中海，而在同一时期发生的波匈事件，美国只是与欧洲一起向波匈自由派一方表示声援，甚至在苏联军队开入这两国时也没有直接的物质乃至军事支援。

从 20 世纪 80 年代起，欧洲雅尔塔格局发生了变化。这是由于苏联与美国之间原本是“周瑜打黄盖”式的冷战，在勃列日涅夫时期出现了失控：苏联要将美国全面赶出印度洋。这迫使美国在里根时期下决心退出并

① 结盟权：指国际法主体之间互相用条约约定彼此的权利和义务，结为盟友的权利。

放弃雅尔塔格局。此后，美国直接支持波兰动乱，逼使苏联放弃华约和东欧社会主义阵营。90年代初苏联解体，标志着雅尔塔体系中的欧洲格局消失。此后，在美国的帮助下欧洲大陆恢复了第二次世界大战前的凡尔赛体系。“北约”介入利比亚内战的成功，标志着囿于欧洲大陆的凡尔赛体系首次向海外拓展。

苏联倒下后，俄罗斯继承了苏联在雅尔塔体系中的远东权利。目前在这一地区的中、美、俄三家的矛盾中，中俄利益最为接近，中国和俄国与美国的矛盾，基本还是雅尔塔框架下的即美国遏制与俄中反遏制的冷战矛盾，各方基本诉求仍未超出雅尔塔框架。

与美国在两次世界大战中均大获其利不同，中国和俄国是两次世界大战后建立的和平体系的贡献者和受益者。所以中国和俄国更珍惜并且愿意维护这个和平体系。因此不管结盟与否，它们都不愿放弃雅尔塔和平体系。中苏结盟反对的是新冷战中的美国而不是雅尔塔体系中的美国，约束的是日本军国主义复活和美国退出并放弃雅尔塔和平体系的倾向；中国在其中捍卫的只是雅尔塔和平体系赋予的利益，而不会提出超出雅尔塔法律框架的利益诉求。

谁是我们的敌人，谁是我们的朋友，这不仅是中国社会主义革命的首要问题，同样也是中国社会主义建设时期理解国际关系的首要问题。

当年毛泽东在与蒋介石的斗争中将金门留给盘踞在台湾的蒋介石，是为了不把台湾打出“一个中国”的格局；与此同理，今天我们反对美国，只是为了捍卫我们在第二次世界大战后的雅尔塔和平体系赋予中国的国家利益，而不是为了将美国打出雅尔塔和平体系。如果不是这样，而是有失分寸地一味为了反美而与俄国结盟，就会导致雅尔塔体系在远东的崩溃。果如此，那就意味着中、俄、美三国在雅尔塔体系中所取得的成果在法理上发生动摇，日本军国主义，甚至欧洲就会坐收渔利。比如，日本之所以至今不敢直接修改阻止日本国家武装化的宪法第九条，就是因为有雅尔塔法律体系及其支柱国家即中国、俄国，尤其是美国的制约。日本宪法第九条与雅尔塔体系的存在息息相关，它的动摇会导致日本本国的和平力量和亚洲国家对日本军国主义的限制失去法律依据。日本军国主义的最低目标是恢复20世纪20年代美日主导的远东华盛顿体系，最高目标是恢复40年代由日本主导的“大东亚共荣圈”，而这些目标实现的前提，恰恰就是雅尔塔和平体系在远东的终结。

3. 中俄联合，但在外交上要为美国留有回转余地

由于美国和欧盟对中俄战略空间的步步压缩，近期出现了中俄结盟的呼吁；这与20世纪末欧美结盟是由于苏联对美国的步步紧逼的道理一样。

外交失度是国际关系失控的重要原因。20世纪70年代末，美国总统卡特曾给苏联一定的信任，放缓与苏联全球争霸的步伐，结果差点被苏联赶出印度洋，这导致美国里根时期的外交对苏联的更强烈的反弹，并因此毁掉了欧洲的雅尔塔体系。20世纪末和21世纪初，俄罗斯人和中国人曾经一度试图信任西方，希望它们能汲取人类大战的教训，更好地领导世界，但是中俄的善意却一再被辜负。戈尔巴乔夫相信美国，主动解散“华约”，自觉放弃共产党的领导权，给予西方以完全的信任，结果换来的却是海湾战争和欧盟出现。叶利钦相信美国，结果换来的是科索沃战争和波兰、捷克、匈牙利加入“北约”。到了普京时代，俄国在反恐问题上又对美国予以信任，美国在发动阿富汗战争之后，又联手“北约”发动伊拉克战争和利比亚战争，现在西方的目标又逼近叙利亚和伊朗。中国在改革开放后也曾长期给予美国以信任，结果不仅没有换来和平，反而迎来了美国大兵“重返亚太”和2010年以来美国联合盟国在中国沿海频频军演。美国和西方对中俄信任的一再透支逼迫中俄从战略伙伴关系向战略盟友关系进一步推进。

尽管如此，我们在国家战略的设计时不能忘记哲学。“上坡最难下坡处”，战略设计最难点不在于如何进攻而在于如何收手。可喜的是，目前的中俄政治家在这方面已表现出相当的智慧并作出了相当的努力。

2005年5月，在反法西斯战争胜利60周年庆典前夕，俄罗斯总统普京指出：“胜利日属于我们所有人，这是全世界的事件。我们的父辈和祖辈分担了战争的全部重担，但没有分割1945年的胜利。我们现在也没有把它分割。反希特勒联盟的所有盟国、德国反法西斯主义者赢得了第二次世界大战的胜利。”在谈到1945年的《雅尔塔协定》时，普京指出：“这是集体的决定，是美国总统、英国首相和苏联领袖的决定”。“这些决定是考虑当时客观情况做出的：纳粹的根子尚未铲除，欧洲受到严重破坏，胜利者对欧洲的政治和经济复兴责无旁贷”。[①] 2010年9月27日，中国国家主席胡锦涛在人民大会堂同俄罗斯总统梅德韦杰夫举行会谈。双方发表了《中俄两国元首关于

① 《普京反驳历史修正观》，载《滕州日报》，2005年5月11日。

第二次世界大战结束65周年联合声明》，再次呼吁美国“应永远铭记这一悲剧及其原因和教训，以避免毁灭人类文明的灾难再次发生”，并向美国再次表达共同维护雅尔塔体系的期盼，同时也善意地给美国回归雅尔塔体系留下相当的余地。声明表示：“在这场战争中，中俄两国人民承受了法西斯和军国主义的主要进攻，经历了最残酷的考验，付出了最为惨重的伤亡，承担了抗击侵略者的重任，并取得了最后胜利。法西斯和军国主义势力处心积虑地要征服和奴役我们两国、其他国家和整片大陆，中俄两国永远不会忘记那些制止这两股势力的人们的功勋。两国人民将缅怀和纪念来自盟国和所有为了捍卫生命和自由同我们并肩战斗的人。”①

令人担忧的是，目前的美国在亚洲已有摆脱雅尔塔体系的倾向，这是美国外交有失哲学的表现。美国人应当明白，昨天英德曾经死掐导致凡尔赛体系在大战中毁灭和美苏取代欧洲的后果，今天如果美国真要与中俄死掐，必然是两败俱伤，随之而来的是欧洲重新取得在第二次世界大战中失去的世界霸权；在远东地区，日本军国主义在欧洲的扶持下将会东山再起。而这一切对中、俄、美三国将是无可弥补的灾难，届时美国不要指望欧洲仍会唯美国马首是瞻，日本对于曾向它投放原子弹的国家更不会手下留情。

黑格尔说：“哲学也必须在有国家生活的地方才能够出现。”② 黑格尔这里说的“国家”指的是民族国家，而不是资本国家。今天的美国已从民族主义国家异化为华尔街金融资本国家。今天美国外交的决策权已不在白宫而在华尔街。这样美国已很难执行有哲学高度的民族主义的外交政策：别说不打仗，就是少打仗都不行。国内实业很难恢复，而没有实业，美利坚民族就失去了存在的经济基础；与当年古罗马衰落的情形相似，美元依赖石油、石油依靠战争——在古罗马是国民生存依赖源源不断的外来奴隶劳动，而奴隶供给则需要不断的战争。石油美元而非实业美元已将美国与战争捆绑在一起并不得不与战争共存亡；今天美国的衰败不是由于经济的滑落而是由于战争的失败。2011年美国人民的“占领华尔街”而非占领白宫运动，说明美国民众

---

① 《中俄元首发表关于第二次世界大战结束65周年联合声明》，载《人民日报》，2019年9月29日。

② ［德］黑格尔：《历史哲学》，王造时译，上海，世纪出版社集团、上海书店出版社，2001年，第69页。

发现问题所在，他们正试图从少数金融家手中救回自己的国家。

鉴于目前的美国已进入金融寡头而非实业民族资本统治的金融帝国主义历史时期，其外交已成金融增值而非民族利益实现的工具，其思维已失去了民族主义理性。在这样的条件下，我们也不排除美国出现用国家自毁即与中国和俄国玉石俱焚的极端方式推行有利于金融资本利益的外交政策。在这样的条件下，中俄两国就更要联手一致，相互依靠，有理、有利、有节地为保卫两国的安全及远东和平而誓死努力；这时中俄建立更紧密的战略协作关系对于两国人民来说就有了生死存亡的意义。2014 年 5 月 20 日，中国与俄罗斯发表联合声明，决定建立中俄全面战略协作伙伴关系。

即使如此，中俄在争取自身不出雅尔塔框架的战略利益的前提下，也不要重蹈欧洲“二战”前德英冲突和“二战”后苏美冲突失度导致的国际体系失控的悲剧，还是应该在外交上尽可能给美国回归雅尔塔体系留有空间。历史的经验值得注意。当年，即使在美国已介入朝鲜内战的严峻时刻，中国依然派出的是“志愿军”而非“中国人民解放军”，以此回避了中美之间的国家宣战，这为美国 1953 年从朝鲜收场留下了足够的余地。习近平近期的访美，在宣称中国的战略利益的同时，也力图稳定中美关系，加强与美国合作，情同此理。在俄国，普京是一位有历史感和政治哲学的政治家，2011 年 10 月 18 日，他在接受采访时表示：“我一生都练习东方搏击术，我在对待伙伴关系上已经有了一定的哲学：不论他是什么样的，都需要尊重他。”他指出，这不仅出于对全人类的考虑，而且也出于务实考虑。[①] 俄罗斯未来由普京掌舵，将有利于中俄战略合作建立在良好的哲学基础之上。

也有人认为俄罗斯在历史上反复无常不值得信任，或者俄罗斯当前政治制度和中国已有很大不同，没有建立共识的认知基础。其实，对大国结盟起到决定性作用的并不是意识形态的异同，而是国家利益有多大的交汇点。沙特是君主制国家，与美国的意识形态截然不同，但是为了石油利润，双方就结成了战略盟友关系。21 世纪的国际社会仍没有脱离丛林状态，今天中俄共同利益的交汇点显然高于分歧，加上俄国领导人已汲取以往左右极端外交失败的教训，其政治经验已日益成熟。面对共同的战略压力，中俄深化战略协

---

① 《普京：政治上应遵循东方武术哲学，尊重每位伙伴》，http：//www. chinanews. com/gj/2011/10-19/3398128. shtml。

作关系，具有重大的现实意义。

(四) 中美西太战略博弈的重心与边际①

1. 中美战略博弈的重心与目标

战略框架的设计属于战略哲学层面的工作。其基本内容包括战略目标、战略时空，其次是确定战略对手。历史上从来没有脱离特定时空和特定战略对手的战略。没有对手，就没有时空，没有时空也就没有战略。只有确定对手，国防资源才能谈得上有效配置。

战略哲学研究的是战略对手向战略伙伴转化的边际。明智的战略是对手越打越少，而不是相反，更不是战事未开已是四面楚歌。朋友和对手在不同的战略时空中总是不停转化的。从哲学意义上说，战略是将敌人打为朋友，从而将战争转化为和平的工作。中国在东亚的战略利益扩展也有其先定的政治底线和极限，前者是后者变化的前提，而二者之间的“边际关系”及在不同的边际空间的力量博弈效果就是我们要研究的主题。

美国是中华人民共和国成立迄今所面临的最重要的博弈对手，也是对中国安全环境造成全方位压力的国家。与20世纪60—70年代中国国家安全面临的“险象环生”的形势不同，改革开放以来的中国国家安全日益表现出“东急西重”② 的特点。

东急，主要急于围绕台湾问题产生于中国东部海域的政治形势。随着中国改革开放和现代化的推进，进入21世纪后其发展的制约因素已从经济层面转向政治军事层面。国家经济重心之所在便是国家防务重心之所在：目前中国在改革开放中形成的整个东部沿海经济是拉动全国经济的“黄金地带”，但这一地带却与包括“台独”在内的东海所有重要的冲突热点紧密贴近，这本身就潜藏着巨大的风险。比如中国上海、浙江、苏州等经济重心以及刚刚建成的杭州湾跨海大桥，离东海热点地区如此之近，以至仅靠我们陆基军事力量完成不了其安全保障任务。技术上说，尽管我们有了相当的海洋战略性力量，但如果没有两岸统一，中国就不能自由进入遑论控制太平洋深海水域。

---

① 此部分内容刊发于《防化学报》2011年第2期。

② 《东急西重是当今中国战略安全环境的特点》，见张文木：《中国新世纪安全战略》，济南，山东人民出版社，2000年，第29页。

目前处于中国实际控制的东部海域，尤其是黄海的深度和广度非常有限，①若没有深海，我们这些海洋战略力量的效用及与此相应的中国现代化发展必需的制海权就会因此受到极大的限制。所以，不管从经济还是政治上说，也不管从主权还是海权上说，台湾问题都成了中国制海权向深海推进最主要的瓶颈因素。因此，两岸统一就成了中国 21 世纪上半叶海洋安全战略中时不我待的近期目标；而中国在西太平洋的制海权，在中国同期海洋安全战略中便合乎逻辑地成了中远期目标。前者即两岸统一反映的是中国核心利益，因而完成海峡两岸的国家统一也是 21 世纪前半叶中国海洋安全战略的核心环节。这个时限与邓小平提出的“用一百年时间把我国建设成中等水平的发达国家”② 的战略目标及其时限相吻合。具体说，与“中等水平的发达国家”同步的制海权，对中国来说，主要集中于“第一岛链”东西两侧。

2. 中美博弈边际及其法理依据

具体说来，决定中国近中期的战略重点在东亚区域，其中心任务是以两岸统一为牵引，突破美国在东部海域长期强加给并意在海上封锁中国的日本南经台湾岛、菲律宾、巽他群岛、终至马六甲海峡的所谓“第一岛链”。至于从日本东进关岛南折菲律宾的“第二链条”，则在相当长的时期内不应是中国制海权寻求的重点。

为什么这样说呢？

这是由于中国在东亚的战略利益扩展也有其先定的政治底线和极限，二者之间的“边际关系”就是我们要研究的主题。

我们知道，中国在东亚的战略利益底线是由第二次世界大战后确定的雅尔塔法权体系奠定的。目前这个体系在欧洲已经解体，而在我们亚洲地区则大体保持。在这个体系中，台湾——当然还有“满洲”“澎湖群岛”等——在法律上从日本侵略者手中回归中国，在这方面，中国与美国利益一致并获美国外交承认，而与日本利益不一致，并没有获得日本外交完全承认。这就

---

① 黄海面积约为 40 万平方千米，平均水深 44 米，最大水深在济州岛北侧，约 140 米。东海面积约 77 万平方千米，平均水深 370 米，最大水深在琉球群岛之宫古岛北，为 2 719 米。南海面积约为 350 万平方千米，平均水深 1 212 米，西沙和南沙群岛之间最深达 5 559米。张序三：《海军大辞典》，上海，上海辞书出版社，1993 年，第 1256-1257 页。

② 《在武昌、深圳、珠海、上海等地的谈话要点》，见《邓小平文选》，第 3 卷，人民出版社，1993 年，第 383 页。

是说，在第一岛链内有着中国的核心利益即两岸统一，在这个意义上，中美间的矛盾是同一个利益共同体即雅尔塔法权体制中的冷战矛盾，这种矛盾中的中美关系在雅尔塔体系中是伙伴关系，而在冷战体制中则是对手关系。日本则不同，日本是受到雅尔塔体系制裁而又至今不服输的战败国。因此，在台湾问题上日本与中国的矛盾表层看是冷战矛盾，本质上看则是体制（雅尔塔体系）性的矛盾。在冷战中，日本与美国是伙伴，与中国是敌手，但在雅尔塔体系中，日本与美国、中国都是敌手。鉴于此，在日本没有明确表示不仅“尊重和理解”而且明确承认“台湾是中华人民共和国领土不可分割的一部分”的立场之前，中国和日本的矛盾是无法调和的结构性矛盾。结构性矛盾关乎生死，而这生死矛盾又主要集中于“第一岛链”内，于情于理，中国都必须为完成两岸统一而打碎“第一岛链”并将“第二链条”以西的海区变为真正的和平之海。学理上说，实现两岸统一，只是为“二战”后雅尔塔和平体系所做的“拨乱反正”的工作。

冷战不是对雅尔塔体系的破坏，它本质上说是雅尔塔体系中的利益关系的调整。鉴于苏联解体后，美国不仅没有放弃反而更加强化了其遏制中国海外发展的冷战政策，中美关系在雅尔塔体系中的伙伴关系，在冷战中转化为对手关系。因此，在打碎封锁中国的“第一岛链”，实现两岸统一的目标下，美国是中国的主要对手，是冷战中中国必须面对的主要矛盾，这是由于美国没有放弃遏制中国的冷战政策；而日本则是主要矛盾的主要方面，这是日本不仅没有对其在“二战”中的罪行认真反悔，而且还企图放弃其宪法第九条，觊觎台湾，颠覆雅尔塔和平体制。其间的美日关系则相反，它们在冷战中是盟友关系，而在雅尔塔体系中则是敌对关系。在雅尔塔体系中，日本与中美之间的关系，是体制性的矛盾。

3. 战略与策略

中国突破“第一岛链”并不突破雅尔塔体系，而只是恢复本已在半个世纪前雅尔塔体系中确定了的中国利益，因此，中国实现两岸统一具有百分之百的合法性和正当性。除日本外，中国此举并不触动亚洲其他在第二次世界大战中摆脱日本殖民统治的国家的利益，因而日本阻碍中国实现台湾及钓鱼列岛回归祖国的政策不会在东亚国家中得到支持，日本与中国在此方面的冲突也不会在东亚找到铁杆盟友。2010 年 4 月和 7 月，中国海军从冲绳和宫古间穿越“第一岛链”的海上军事演习，引起日本的震惊，但日本的“抗议”

在东亚国家中没有任何呼应。

2010 年 10 月 12 日在越南河内召开的首届东盟国防部长扩大会议前一天（11 日），日本防长北泽在河内陆续会晤了越南、印度尼西亚、澳大利亚、泰国及新加坡 5 国防长，表示“钓鱼岛是日本的固有领土。无论从历史还是从国际法来说，这都是毫无疑问的”。各国防长均未对此表示完全赞同，纷纷要求日本谨慎对待。报道引述印度尼西亚外长的话表示“希望能依照国际法和平解决此事”。北泽在会晤各国防长时还谈到了中国“日趋活跃的海洋活动”，同时称，“各国应加强合作，以应对可能发生的事件，这一点非常重要，日方希望与各国密切交换意见”。但据随行人员透露，各国防长都只对“广泛意义上的合作”表示赞成，发言中并未点名提及中国。① 东盟国家在钓鱼岛问题上态度如此，那在台湾问题上，它们也会让日本面临失道寡助的尴尬。

但在“第一岛链”中的南海方向则是另一番情形。这里是第三世界国家集中的地区，其中许多在反日本法西斯战争中与中国还是“同一个战壕的战友”，因此，这里不存在关乎雅尔塔体系的结构性矛盾，中国与东盟国家而不是其他国家（比如美国）关于南海主权争执属于在雅尔塔法权体制内部调整的范畴。相反，它们与中国一起和日本存在着结构性矛盾。鉴于日本迄今仍未对当年侵略亚洲的行为认真悔罪，东南亚人民明白，一旦日本再取台湾，那日本下一步的目标就是再取南海。中国两岸统一可断绝日本复活“大东亚共荣圈”的企图，台湾归属中国自然也符合东南亚国家的根本利益；也正因此，中国在台湾以南和台湾以北的海域即黄海和南海面临的是完全不同的矛盾和任务：在南海的矛盾当以调整协商为主线，在台湾以北的中国海域当以“针锋相对，寸土必争”为主线；如果不是这样而是相反的话，那我们就会“‘围渊驱鱼，围丛驱雀’，将‘千千万万’和‘浩浩荡荡’都赶到敌人那一边去，只博得敌人的喝采”②，将本不愿跟随美国的南海国家推向美国并与日本形成南北战略互动，这将使我们解决台湾问题面临的形势更为困难。

台湾回归中国是中国在抗日战争中赢得的并为雅尔塔法权体系认可的成

---

① 《东盟 5 国防长未赞同日方所谓“钓鱼岛为日本领土”主张》，http：//world.huanqiu.comroll2010-10/1162818.html。

② 毛泽东：《论反对日本帝国主义的策略》，见《毛泽东选集》，第 1 卷，北京，人民出版社，1991 年，第 155 页。

果，可60多年来，由于美国的干涉，台海两岸的中国人只能看到而不能享受到1945年就得到的胜利成果，这对中国是极不公平的，这种状况也是进入21世纪的中国人民决不能容忍的。1980年1月，邓小平同志提出“八十年代我们要做的主要是三件事”：第一是“在国际事务中反对霸权主义，维护世界和平”，第二就是“台湾归回祖国，实现祖国统一”，第三是“要加紧经济建设”。在台湾问题上，邓小平特别强调说：“我们要力争八十年代达到这个目标，即使中间还有这样那样的曲折，也始终是摆在我们日程上面的一个重大问题。”① 现在已进入21世纪，而要实现两岸统一，中国就必须打碎美国强加于中国的所谓“第一岛链”。

但在“第二链条”中，中国面临的对象性质则发生了变化。在这一区域东部海域的美国及其海上基地，尽管有冷战的性质，但还是雅尔塔体系内的安排，触动它就意味着触动中美俄等国用鲜血赢得的雅尔塔和平体制。如果中美两国要在冷战层面发生生死冲突，这对中国和美国都是不利的，而对日本是非常有利的。说句极端的话，即使有那么一天中国在这一海域赶走了美国，那这些“成果”也因中国无力消化而终为日本或其他大国攫取，这与当年日本占领南洋却因无法消化这里的“战果”而不得不丢给美国人的后果一样。所以在这一海域，中美两国的利益是在不破坏雅尔塔体系前提下的协调关系，而不是绝对的排他关系。

尽管我们找到了中国实现西太平洋制海权的绝对目标和相对目标，但我们也不排除美国与中国“话不投机半句多”的可能，为此，我们还要考虑到较坏和最坏结果，并着手做好准备。

较坏的结果是虽然美国“重返亚洲”表现出咄咄逼人的打压中国的色彩，但也不排除美国政界有清醒的政治家，这些人知道中美合作的雅尔塔框架基础及其对于太平洋和平的深远意义。因此，每当中美关系跌到谷底时，总有一些前朝老臣及现任总统特使来华化解矛盾，比如1998年6月份中美关系跌到谷底时，乔治·布什总统就于7月和12月两次派他的安全事务助理斯考克罗夫将军访华；2010年9月，就在美韩在黄海演习的当口，美国国家经济委员会主任萨默斯、美国前总统卡特和美国总统国家安全事

① 邓小平：《目前的形势和任务》（1980年1月16日），见《邓小平文选》，第2卷，北京，人民出版社，1983年，第239-240页。

务副助理多尼隆先后访华，以保持沟通，化解矛盾。在这种情况下，中国应当一如既往地像当年邓小平那样抓住这些维护雅尔塔合作框架的机会，但前提也是要像邓小平那样不放弃中国在雅尔塔体系中既有的利益，尤其是其中最核心的中国对台湾的主权利益。20 世纪 30 年代欧洲英法绥靖外交的沉痛教训说明：为合作而合作的外交，与为和平而和平的外交一样，其结果都将是事与愿违。

最坏的结果就是目前美国政治已为大财团所“绑架”，美国的国家利益已与这些财团利益相分离，美国以自毁的方式拖垮中国，拖垮维系半个多世纪的雅尔塔体系的和平。研究表明，每次经济危机时期都是美国外交的战争发动时期。对此，中国学者杜文君《美国战争经济论》一书有比较深刻的分析：

每次战争爆发之时或之前，美国经济都正处在衰退之中，即经济衰退预示着战争的爆发。事实上，衰退本身也推动了对战争对象的认定和打击速度，当战争爆发后，美国经济迅速进入高涨期，从几场典型战争爆发的经济背景来看，适时认定和打击战争对象是美国减缓经济衰退、刺激经济复苏的重要手段。

因为每每在经济衰退之时，美国首先借助宏观政策的调整来缓解衰退，而这种宏观政策的变化首当其冲地反映在政府支出的变动上，美国政府往往在经济衰退时骤然增加军事开支，军费的迅速增加虽然不是市场的自发行为，它是政府强制行为的结果，但军事开支的增加与政府其他类型开支增加的效果却有异曲同工之妙，而且，衰退之时的政府军费开支无疑为全社会生产创造了一个全新的庞大市场，尤其军事工业生产（包括专用武器装备和通用军事消费品等）短期内扩增，迅速将军费支出的乘数效应引致到消费和投资走向上，从而使得社会总需求大幅上升，进而在短期内对宏观经济总量产生的强烈刺激作用，最终达到国内当时既定资源得到完全充分利用、释放经济衰退压力的目标。由于军费开支本身对宏观经济的涉及影响和刺激作用非常显著，军费开支的财富效应在一定程度上加大了战争决策者对战争红利的非理性预期，以致将缓解经济衰退寄希望于军费开支的顶峰阶段——战争时期。总之，美国在打击战争对象之时都与当时的国内经济衰退有一定关联。从总体态势上看，美国国力状态和战争频数呈正相关关系，但是在每次具体战争爆发前，美国经济却大多数处在低迷或者衰退状态，这种奇妙的现象在美国战争决策中成为一道独特的风景线。[①]

从“9·11”事件后，尤其从“天安舰”事件后的美国内政外交走向看，确有这样一种将世界拖入战争的趋势。2010年10月5日，诺贝尔奖得主保罗·克鲁格曼和曾在里根总统时期担任过政府经济顾问委员会主席的哈佛大学教授费尔德斯坦，在接受采访时认为，目前华盛顿的政治瘫痪使政府仅用财政和货币刺激政策不可能实现经济复苏。只有诸如一场大规模战争这样的有强烈影响的外因震动——有点类似于克鲁格曼所称的“以第二次世界大战闻名的协调的财政扩张”——可能足以打破循环。“我不认为我们即将对任何人发动一场战争，”费尔德斯坦说，“但是保罗是正确的。那是把我们从能与这次衰退相比的上一次衰退即大萧条解救出来的财政手段”。[②] 当然，战争是谁也不愿意见到的最坏的结果。应对最坏的结果当然需要做最坏的准备，这就是不得已而进行的军事斗争的准备。

（五）深入理解邓小平的海洋战略[③]

今年以来南海局势持续升温，面对周边少数海洋国家的挑衅，一些国人开始对邓小平同志提出的“搁置争议、共同开发”政策表示不理解。但如果我们了解了这项政策提出的背景，就会认为小平同志的这个设想对今天中国的海洋事业发展仍然具有的不可忽视的战略指导意义。

1984年10月22日，邓小平在中央顾问委员会会议上就东海南海岛屿争议的解决方式说：“‘一国两制’，是从我们自己的实际提出来的，但是这个思路可以延伸到某些国际问题的处理上。好多国际争端，解决不好会成为爆发点。我说是不是有些可以采取‘一国两制’的办法，有些还可以用‘共同

① 杜文君：《美国战争经济论》，北京，中国财政经济出版社，2009年，第116页。

② 《Feldstein, Krugman Agree: Another War Would Help》，http://www.nationaljournal.com/njonline/ec_20101005_5357.php。

③ 此部分主要内容在2011年11月18日《环球时报》以《重新理解邓小平海洋战略》为题发表。

开发’的办法。”[1] 邓小平同志的这个“设想”被后人概括为“主权归我，搁置争议、共同开发”。应当说这个概括是准确的。在这个会上，邓小平同志说得很明确：“南沙群岛，历来世界地图是划到中国的，属中国”，“这个问题迟早要解决”。[2]这表明邓小平同志并没有放弃而且要适时恢复中国在这些岛屿的主权权利，只不过将解决争议的时间暂时往后推延一个时期。

需要指出的是，研究小平同志这一设想不能脱离当时中央尽早解决台湾问题的紧迫考虑。早在1978年底，邓小平就考虑利用中美关系改善的时机，将“解决台湾问题，完成祖国统一大业提上具体日程”[3]。20世纪80年代初，邓小平在中共中央召开的干部会议上提出“八十年代我们要做的主要是三件事”：第一是“在国际事务中反对霸权主义，维护世界和平”，第二就是“台湾归回祖国，实现祖国统一”，第三是“要加紧经济建设”。在台湾问题上，邓小平特别强调说：“我们要力争八十年代达到这个目标，即使中间还有这样那样的曲折，也始终是摆在我们日程上面的一个重大问题。”[4] 这就是说，邓小平在东海、南海岛屿问题上提出“搁置争议、共同开发”的政策是服务于力争在十年内解决两岸统一这个大目标的。

1979年元旦，全国人大常委会发表的《告台湾同胞书》可以说是小平同志上述设想的政策体现，其语气真诚而迫切，希望“尽快结束目前这种分裂局面，早日实现祖国的统一”。指出“时至今日，种种条件都对统一有利，可谓万事俱备，任何人都不应当拂逆民族的意志，违背历史的潮流”；“我们如果尽快结束目前的分裂局面，把力量合到一起，则所能贡献于人类前途者，自更不可限量。早日实现祖国统一，不仅是全中国人民包括台湾同胞的共同心愿，也是全世界一切爱好和平的人民和国家的共同希望”。[5]

显然，邓小平同志是从西北太平洋的战略大格局中看待中国面临的海洋岛屿争议问题，并将台湾问题看作是解决这错综交织矛盾的关键环节，是诸

①② 邓小平：《在中央顾委员会第三次会议上的讲话》，见《邓小平文选》，第3卷，北京，人民出版社，1993年，第87页。

③ 邓小平：《解决台湾问题，完成祖国统一大业提上具体日程》（1979年1月1日），见《邓小平文选》，第2卷，北京，人民出版社，1994年，第155页。

④ 邓小平：《目前的形势和任务》（1980年1月16日），见《邓小平文选》，第2卷，北京，人民出版社，1983年，第239-240页。

⑤ 《中华人民共和国全国人大常委会告台湾同胞书》（1979年1月1日），http://news.xinhuanet.com/ziliao/2003-01/23/content_704733.htm。

多矛盾中的主要矛盾。实践证明，邓小平同志的这个考虑也是清醒的。东海和南海出了那么多问题难以解决，究其原因是台湾问题的牵制。如果中国完成了两岸统一，从辽东半岛经台湾岛至海南岛①之间就会连为一体，其间的海上力量就会形成巨大的合力并对中国东南经济黄金地带形成一个宽阔的拱卫海区，此后，东海和南海问题的解决也就相对容易得多。在邓小平同志的战略思考中，台湾问题是中国海洋安全战略中的瓶颈因素，是中国在北太平洋西岸面对的诸矛盾中的主要矛盾。抓住这个主要矛盾，也就抓住了中国海洋安全战略的核心。正因此，他告诫在两岸统一问题上“不能排除使用武力，我们要记住这一点，我们的下一代要记住这一点，这是一种战略考虑”。②

显然，邓小平同志在东海南海“共同开发”的“有所不为”的构想是为在十年内实现两岸统一的目标服务的，如果要在两岸统一这个主要矛盾上有所为，就必须在其他次要矛盾上有所不为。在当时中央已将“解决台湾问题，完成祖国统一大业提上具体日程”的历史背景下，邓小平同志在“主权归我”前提下提出的“搁置争议、共同开发”，是一个辩证唯物主义的和值得我们后人深入领会的思想。

---

① 太平洋战争中，日本海军曾将中国海南岛视为“第二个台湾”。参见［日］重光葵：《日本侵华内幕》（中文版，原名《昭和动乱》），北京，解放军出版社，1987 年，第 138 页。

② 邓小平：《在中央顾问委员会第三次会议上的讲话》，见《邓小平文选》，第 3 卷，北京，人民出版社，1993 年，第 87 页。

七、21 世纪上半叶中国海洋安全战略构想[①]

“理论在一个国家的实现程度，决定于理论满足这个国家的需要的程度。”[②] 就在中国学界关于中国是否需要大幅提升海权的理论争论尚未落下帷幕的时候，中国海洋时代则不以人们的意志悄然而至，以至让我们有了一份“狂飙为我从天落”[③] 的感动。时代的特征就是历史任务的特征；而历史任务的特征，就是国家面临的主要压力的特征。在中国改革开放并由此步入世界的今天，海洋安全问题已从过去的一般“事件”上升为中国不能回避的国家风险。应对风险，需要战略，笔者以邓小平 1992 年在南方讲话中“用一百年时间把我国建设成中等水平的发达国家”[④] 的嘱托为目标，提出 21 世纪上半叶中国海洋安全战略构想，与同行讨论。

（一）新时代、新任务、中国国家安全新视野

海洋安全战略涉及海权的理论和实践。而海权理论成熟的国家在政治上必然也是一个向世界进取的国家。这使我们想起近代中国。近代中国吃亏主要来自海上。那时我国知识分子中也出现了海权思想先驱，比较有名的是严复。严复生逢中国衰落的年代。他曾到英国学习海军，回来后任职于北洋水师学堂。那时社会上不认洋文凭，只认土文凭。文化人晋升要经过科举考试，一级级考，最后要到殿试。没这个科考“文凭”，也就没有话语权。严复四

---

① 此部分内容刊发于《领导者》2008 年第 8 期。

② ［德］马克思：《〈黑格尔法哲学批判〉导言》，见《马克思恩格斯选集》，第 1 卷，北京，人民出版社，1972 年，第 10 页。

③ 引自毛泽东：“国际悲歌歌一曲，狂飙为我从天落。”《蝶恋花 · 进军南昌》(1930 年 7 月)。

④ 《在武昌、深圳、珠海、上海等地的谈话要点》，见《邓小平文选》，第 3 卷，北京，人民出版社，1993 年，第 383 页。

次乡试均名落孙山。就这样，这位中国海权的先驱，壮志未酬，只落了个“翻译家”的名声，给世人留了三个字：“信、达、雅”。这是中国的悲哀，也是历史的讽刺。

与严复同时代的美国海权理论先驱人物艾尔弗雷德·塞耶·马汉，生逢美国崛起大好时代。20世纪初美国国内出现的危机，促使美国政府把目光投向海外市场，并由此对马汉的海权理论及国家海军建设尤为关注。就在太平洋西岸的严复在李鸿章手下郁闷受气时，太平洋东岸的马汉海权理论则受到国家最高层的关注，以至在马汉提出退役时，西奥多·罗斯福总统在给马汉写的一封信里说：“亲爱的战略家，务必不要谈论你的活动结束！我们必须依赖你这位在社会思想方面的第一流的教育家之一，在今后许多年里我必须依赖你。”① 同一个太平洋，东岸的马汉指点江山，为美国谋划，西岸的严复却在病榻上郁结难抒。1898年，美国一年拿下了夏威夷、古巴和菲律宾，夺得中太平洋的制海权，真有一种“金戈铁马，气吞万里如虎”② 的气势。20世纪初，美国的海军实力已进入世界前列；到第二次世界大战前美国已成为一个很强的海权国家，触角已至远东；而同时期的中国则步入灾难深重的境地。

1921年7月21日，严复仙逝，此月，中国共产党诞生，中国命运否极泰来。此后，我们的国家走上了一条强国之路。1949年，中国基本统一。1953年，中国人民志愿军在朝鲜战场上打败美国。同年，毛泽东在武汉首次视察海军舰艇部队，发出“为反对帝国主义的侵略，我们一定要建立强大的海军”的号召。1964年，中国又成功试爆原子弹，成为世界上少数有核国家之一。改革开放后，中国经济日益与世界紧密相连，当代中国同世界的关系发生了历史性变化，中国的前途命运日益紧密地同世界的前途命运联系在一起。2006年12月28日，胡锦涛在会见海军第十次党代会代表时强调：“按照革命化现代化正规化相统一的原则锻造适应我军历史使命要求的强大人民海军。”我们自中华人民共和国成立以来再次进入中国海军大发展的时代。这是我们知识人的幸运，更是我们的祖国及其捍卫者——中国军人的幸运。

---

① 阎广耀，方生：《美国对华政策文件选编》，北京，人民出版社，1990年，第417页。

② “想当年，金戈铁马，气吞万里如虎。”见辛弃疾：《永遇乐·京口北固亭怀古》。

与我们的海军大发展同步的还有国家安全战略理论的大发展，这就是党的十七大提出的“统筹国际和国内两个大局”的思想：

当代中国同世界的关系发生了历史性变化，中国的前途命运日益紧密地同世界的前途命运联系在一起。①

统筹国内国际两个大局，树立世界眼光，加强战略思维，善于从国际形势发展变化中把握发展机遇、应对风险挑战，营造良好国际环境。②

“两个大局”是中国共产党新时期关于国家安全的新视野，它看到了我们中国的前途命运紧紧地与世界的前途命运相联系，它使中国的安全战略有了真正的全球眼光。20 世纪上半叶的中国是世界革命的一部分，改革开放后，中国的发展成了世界发展的一部分，今天中国政治已渐成为世界政治的重要组成部分。过去我们是胸怀祖国、放眼世界；而现在我们是胸怀祖国、胸怀世界，从世界看中国，从中国看世界。中国现代化从此不能仅仅把自己的事办好就行了，必须同时要有国内和国际两个动力和轮子的运转。如果没有海外资源和市场的支撑，国内经济发展也就受到限制。改革开放之初，我们只是注意到在国内实现资源优化配置问题，20 年后的今天，我们已注意到在全球范围内配置和利用资源的问题。这实在是一个巨大的变化，这一变化必然引起我们外交政策以及安全政策的相应调整，即在以往支撑国家发展的国内“支柱”外，又加上了另一个国际“支柱”。在外交上，我们的国家领导人出国时也重视海外工作人员和我们的商人，有了事，中国使馆外交人员被要求在第一线处理问题，因为在国际“大局”中，我们的海外华人活动成了中国现代化事业的重要力量，是国内“大局”的重要支持者。

历史表明，没有海军为后盾的经济扩张，无异于八面威风却不能奔走的“泥足巨人”。现在我们在世界上已有相当的文化份额和经济份额，就是“两

①② 胡锦涛：《高举中国特色社会主义伟大旗帜为夺取全面建设小康社会新胜利而奋斗》，北京，人民出版社，2007 年，第 16、47 页。

个大局”中间的联系手段即中国海军的发展还不能同步。海军是两个大局的关键连线。经济全球化不能不伴随国家自卫手段的全球化。如果离开了海军，不能形成国家力量，中国的“两个大局”就会如断线的“风筝”。看看前两年的“印尼事件”，华人钱挣得好好的，也很有效益。但是没有强大的海军，人家找一个“莫须有”的理由就会把你撵走了。历史上，文明与野蛮只有一步之遥。当你钱赚得势不可挡的时候，那野蛮就随之而来。犹太人的命运就是这样，犹太人很有文化，是他们给人类贡献了马克思学说，创立了相对论。这么聪明的一个民族，由于没有国家，没有自己的武装力量，他们最终被希特勒整批整批地送到焚尸炉里去了。从奥斯维辛跑出来的犹太人建国后为什么那么执著，因为他们知道没有硬实力，没有国家力量，光靠账房里的那点精明不能自救。

（二）建构21世纪上半叶的中国海洋安全战略

1. 中国海权是中国海洋安全战略的法理支点

海军大发展是新时期中国军事变革的重要特点，与此相伴的中国特色海军理论建设，不能食洋不化，要能说明中国国家利益。

现在世界海军理论多基于西方海权理论创始人马汉提出的“海权”学说，海权（sea power），是马汉海军战略理论形成的核心概念，这个概念是为当时的美国霸权服务的，因此，这对当代中国海权理论就不完全适用。

其实，马汉的海权概念并不反映海权的法权本质。它致命的缺陷是不能说明“海权”的正当性即法理基础是什么。确切地说，主权国家时代的“海权”首先应当是主权国家才有的海洋“权利”（right）而不仅仅是海上“力量”（power），海权的合法性来自《联合国海洋法公约》① 而不是来自单纯的海上力量，海上力量只是实现国家权利的一种手段而不是权利本身；海上力量一旦失去权利依托就失去了合法性，就是霸权主义。马汉的“海权”概念，师出无名，仿佛一个提着大棒，满街上唬人的大汉，这样的形象既不好也不对。

海权属法权范畴，法权是“权利”的集合体，是有联合国公约保障的

① 参见《联合国海洋法公约》，北京，海洋出版社，1996年。

主权国家合法的海洋权利（sea right）。现代主权是隶属于法权的概念，海权与主权的一致性决定了海权是每一个国家，而不仅仅是霸权国家拥有的正当权利；同时它也是非主权国家而不能拥有的权利，比如台湾当局就没有“海权”，它有的只是“海上力量”。将海洋权利纳入中国海权（sea right of China）理论，是对西方海权理论的突破。它伸张出包括中国在内的一切主权国家海权的法理来源及由此产生的主权国家，尤其第三世界国家海军存在和发展的正当性。中国海军是保障国家海权即海洋合法权利的战略力量。今天我们融入的这个世界体系，理论上说，还是法权语境中的体系。因此，我们也要学会用这个语境来说明中国的国家安全利益。我们将海权纳入“权利”范畴，不仅赋予中国海权在国际法中的正当性、合法性和正义性，同时也使当代中国海权理论与霸权主义的海权理论发生了本质的区别。

海权如果被确定为只有主权国家才拥有的权利，那么所有对于中国目前尚未统一的台湾地区的所谓“海权”讨论也就失去了法理前提，尽管台湾地区仍拥有一定的海上武装力量，但它并不拥有海权。由于台湾没有主权资格，因而，它拥有的只是连公司也会拥有的制海权，而不是海权。

海权如果被确定为派生于国家主权的一种权利，那它就是国际民主权利的合理延伸。也就是说，推进中国海权建设是中国对国际民主权利的必然要求。中国为世界做出了巨大的贡献，比如我们给世界提供相当多的就业机会和廉价产品，拉动了世界经济规模，同时我们也就应当在世界资源分配体制中拥有稳定地获得相应配额的权利。在这方面光靠耍嘴皮子不行，还得有枪杆子，就当下中国安全环境而言，这就是中国人民海军。

有的同志会说，海军那么重要，难道陆军、空军就不重要？还有同志会说，海权及由此产生的制海权那么重要，难道空权和制空权就不重要了吗？

其实这是一种旧式的误解。确切地说，现代意义上的海军，并不是一个兵种，它是上至外空下至深海的国家战略性武装力量向海洋的延伸。苏联海军元帅戈尔什科夫写的一本书题目叫《国家的海上威力》[①]，仅从题目就看出

① ［苏联］谢·格·戈尔什科夫：《国家的海上威力》，生活·读书·新知三联书店，1977年。

他已将海军当作推进于海上的国家战略力量，而不仅仅是三大军种之一。所以我们对中国海军大发展的要求，并不能理解为是海军的事，其实它是中国国家战略力量向海洋推进的大事业。当代海军，其实就是由陆海空作战力量，从外空到低空、从浅海到深海以及整个信息网络技术体系所构成的国家战略性武装力量从陆地向海上的外推。正如一艘航空母舰，如下面没有潜艇、声呐和上面没有外空卫星技术及空中预警技术作战体系的配合就没有意义，现代航空母舰不过是从外空到深海大立体作战体系的一个作战平台，而海军只是在海洋上使用这些平台的武装力量。

2. 战略设计

制定战略最忌讳的是大而无当，其目标如天女散花，什么都重要，什么都不能忽视；战略制定者如果眼中要么全是朋友，要么都是敌人，要么到处都是危险，要么到处都是鲜花；制定的战略如无时间空间限制，或战略适用时间过长（比如千年），空间过大（比如宇宙），对象过泛（比如人类、动物）。这样的战略一般都因过于空泛而不可实施。

1992 年邓小平同志在南方讲话时嘱托我们："如果从建国起，用一百年时间把我国建设成中等水平的发达国家，那就很了不起！从现在起到下世纪中叶，将是很要紧的时期，我们要埋头苦干。"① 今天我们已进入了 21 世纪，离 2049 年也很近了。现在我们中国经济正在向中等发达国家迈进，与之相应，构建适合中等发达国家的国家安全，尤其是国家海洋安全战略的任务也就提上日程。

国家安全关乎国内国际"两个大局"，而海洋安全战略则是"两个大局"之间形成良性互动的重要保证。

如果我们将中国海洋安全形势限制在 21 世纪的前半叶，鉴于中国的海上战略力量起步不久、两岸尚未统一的特殊背景，我们中国对未来 50 年的海洋安全战略所能够作用空间不可能设计过大，而只能集中于亚洲和西太平洋地区。确定了时间和空间，我们下面的研究将在这特定的时空中涉及并明确如下内容：

---

① 《在武昌、深圳、珠海、上海等地的谈话要点》，见《邓小平文选》，第 3 卷，北京，人民出版社，1993 年，第 383 页。

(1) 近期目标和长期目标；

(2) 主要矛盾和次要矛盾；

(3) 诸多矛盾中的主要矛盾和主要矛盾的主要方面；

(4) 对手和战略伙伴；

(5) 战略实施的空间界定；

(6) 战略实施的路径；

(7) 战略目标实现后巩固和消化战略成果的善后政策。

最后一点可能比前六条更重要。上山容易下山难。最好的战略设计并不是仅仅包括能取得胜利的设计，而是包括能巩固并消化胜利成果的善后战略的设计。

3. 近期目标和远期目标

目标取决于安全威胁方向。如果说 20 世纪 60、70 年代中国面对的主要安全威胁几乎是全方位的。在中国进入 21 世纪的今天，中国面临的较紧迫的安全危险则基本被缩小于东部海区。“东急西重”仍是我国安全环境的基本特点[①]。

东急，主要急于围绕台湾问题产生的中国东部海域的政治形势。随着中国改革开放和现代化的推进，今天制约我们发展的瓶颈已从经济层面向政治军事层面转化。国家经济重心之所在便是国家防务重心之所在；目前我们在改革开放中形成的整个东部沿海经济是拉动全国经济的“黄金地带”，但这一地带却与包括“台独”在内的东海所有重要的冲突热点紧密贴近，这本身就潜藏着巨大的危险。比如上海、浙江、苏州等经济重心以及刚刚建成的杭州湾跨海大桥，离东海热点地区如此之近，以至仅靠我们陆基军事力量完成不了保卫任务。技术上说，尽管我们有了相当的海洋战略性力量，但如果没有两岸统一，鉴于处于我们控制海域的深度和广度有限，我们这些海洋战略力量的效用就会受到限制，从而中国现代化发展必需的制海权也会大大受到限制。所以，不管从经济还是政治上说，台湾问题已成了中国海洋安全战略实现的最主要的瓶颈因素。因此，不管从中国现代化进程的历史必然性还是必要性来说，两岸统一是中国 21 世纪上半叶

---

① 参见张文木：《中国新世纪安全战略》，济南，山东人民出版社，2000 年，第 29 页。

海洋安全战略时不我待的近期目标；由此，为完成两岸统一而必需的中国在西太平洋的制海权，在中国同期海洋安全战略中便合乎逻辑地成了远期目标。而前者即两岸统一反映的是中国核心利益，因而完成海峡两岸的国家统一也是21世纪前半叶中国海洋安全战略的核心环节。至于维护国家一般的海洋利益，这是任何一个海洋安全战略必需的功能，避免目标过泛起见，在此不做目标设计。

毛泽东同志说："任何过程如果有多数矛盾存在的话，其中必定有一种是主要的，起着领导的、决定的作用，其他则处于次要和服从的地位。因此，研究任何过程，如果是存在着两个以上矛盾的复杂过程的话，就要用全力找出它的主要矛盾。捉住了这个主要矛盾，一切问题就迎刃而解了。"① 中国东部海区的主要矛盾决定中国的海洋安全战略任务，战略任务决定战略布局。在这诸多矛盾中，牵引我们今天的东海战略布局的是两岸统一任务。东海和南海出了那么多问题难以解决，究其原因是台湾问题的牵制。如果中国完成了两岸统一，台湾岛和海南岛之间②就会对中国东南经济黄金地带形成一个宽阔的拱卫海区，这样南海问题的解决也就相对容易得多。台湾问题就是中国海洋安全战略中的瓶颈因素，是中国在北太平洋西岸面对的诸矛盾中的主要矛盾。抓住这个主要矛盾，也就抓住了中国海洋安全战略的核心。

一般说来，国家的海外利益拓展是任何一个国家海洋战略的基本目标，国家防务由此便出现了保卫国家"边界安全"和"安全边界"两重任务。"边界安全"即主权安全。这里需要说明的是，中国的东部安全边界并不以大陆沿海为准，而应当以台湾东部沿海为准。台湾是中国的核心利益，也是中国海洋战略不能回避的目标，但目前中国离"边界安全"目标的完全实现，还有相当距离。"安全边界"即利益安全，利益走向哪里，我们

① 毛泽东：《矛盾论》，见《毛泽东选集》，第1卷，北京，人民出版社，1991年，第322页。

② 太平洋战争中，日本海军曾将中国海南岛视为"第二个台湾"。参见［日］重光葵：《日本侵华内幕》（中文版，原名《昭和动乱》），北京，解放军出版社，1987年，第138页。

的安全边界就走向那里。目前中国经济对外依存度已达60%以上①，海外利益要靠我们的海军维护，但目前我国的海军力量远远不足以完成保卫中国在海外利益的任务。在这一特殊时期，中国需以非常的规模推进中国海上力量的建设。

4. 战略目标实现的可能性

（1）世界霸权大国的地缘政治利益需求

中国海洋安全战略确立这样的战略目标是否合理？是否能实现？笔者认为在21世纪前半叶内中国两岸统一及由此产生的国家边界安全的向东推进，是能够实现的。

战略设计合理性的重要前提是知己知彼。在知道了本国的战略需求的同时，我们也要知道与我们需求目标相关的大国的战略利益需求。在未来50年，可以左右亚太地区安全形势的，除中国外，就是世界上最强的海权国家美国和世界上最强的陆权国家俄国。目前世界上只有美俄这两个国家的战略利益是世界性的。我们从全球视野将俄美的海外战略利益按重轻急缓分为核心利益、关键利益、重要利益及一般利益四个等级。历史上看，俄罗斯追求的战略利益线，从全球地缘政治视野观察，主要集中在通往波罗的海、地中海、印度洋和太平洋的陆上战略通道上。在这所有的战略利益中，对俄罗斯来说，核心战略利益是通往印度洋的南下通道，我们不妨称之为俄罗斯核心利益线。为此，俄国先后与英国、美国争夺了几百年。在这一线上俄国不许他国染指，只是由于它与英、美海权国家在印度洋战略利益相冲突，因而俄国对这段核心利益线的有效控制范围从未走出阿富汗。在远东地区，俄国的目标是进入太平洋，为此它必须打通从赤塔到满洲里经哈尔滨最终到大连、旅顺不冻港的关键利益线，在这条线上，俄国与日本在辽东半岛“拉锯”，打了几十年。中华人民共和国成立，特别是在抗美援朝后，苏联见识了中华人民共和国的力量，知道那里已是俄国力所不及的地区，此后，俄国基本放弃对辽东半岛的企图——这与俄国在克里米亚战争（1853—1856年）后基本

① 2008年8月4日国家统计局发表的经济述评称，目前，我国经济的对外依存度已超过60%，因而，国外市场价格能够比较快地通过传导引起国内价格的变动。输入型通胀已成为我国物价高涨的重要“推手”。《统计局经济述评：我国经济对外依存度已超过60%》，http：//finance. people. com. cn/GB/1037/7610053. html。

放弃对黑海海峡绝对控制的企图的道理大体相同。

与俄国一样，美国的战略利益线也是世界性的，主要集中在海上战略航线。全球范围看，与当年的日不落英帝国一样，美国的核心利益是印度洋。为此，从美国西部海岸经夏威夷、关岛、菲律宾至马六甲海峡一线是其在太平洋海区的关键利益线，目的是要保障美国能够进入印度洋以取得中东和非洲的资源。台湾和东北亚都与美国这条关键利益线有相当的距离，因而它对美国战略的重要性由其与美国上述关键利益线的距离递增而递减。

（2）中国国力伸展极限与收缩底线及其理论意义

国家版图大小变化遵循国际战略博弈的合力构造原理，而世界地图则是国家战略博弈能力进化的化石。在确定了世界霸权大国的战略利益需求后，我们就会明了中国国家版图的变化也是有规律可循的。如果我们将考察的时间锁定在清朝以来的中国历史，就会发现一个重要现象，这就是中国国力伸展距离与亚太其他至少与中国对等的大国的关键利益线或核心利益线的远近成反比。

第二次世界大战后，在亚太地区能与中国成为对手的国家，由近及远，也就是俄国和美国。这不仅由于这两国的国力，同时也是由于它们在北亚和北美所具有的主体地理板块的位势。历史表明，只有具有洲际主体地理板块的国家才能在国际政治体系中长期发挥举足轻重的稳定作用。与印度在南亚主体地理板块位势一样，中国是东亚具有主体地理板块的大国。鉴于欧洲军事力量自第二次世界大战后就基本退出亚洲，那么，俄美就是中国在亚洲利益拓展不能回避的利益攸关方，而俄国和美国两方的利益拓展能力极限外的空间，则是中国利益生存和拓展的空间；1949 年中华人民共和国建立之后，中国的影响力就在亚洲乃至世界迅速伸展，但中国的力量并没有影响到海陆霸权大国的关键利益线，而只是在与它们的关键利益线较远的中国周边地区，比如朝鲜半岛、中南半岛和南亚次大陆成功显示。这说明，中国力量在亚洲地区尤其是在南北两向的接近海权大国美国和陆权大国俄国关键利益线上——这里是中国力量伸展的极限区域——外推的空间是有限的，而在美俄大国在非关键利益线的空间内，也就是东西两向，特别是包括中国台湾在内的东部海区的外推空间还有相当的余地。假定中国、美国、俄国的国力（矢量）不变，与他们的关键利益线离得越远的地方，中国国力伸展的空间就越大。其间，因美国、俄国在不同时期的国力变化，中国利益的拓展空间也有相对变化，但在中国国力（有效战略博弈能力，而不仅仅是经济力）没有超过美国和俄国之前，不会有根本变化。

近代陆权大国俄国和海权大国英美等国扩张到远东后，它们就在远东以中国为中心的“天朝封贡体系”① 中插入它们的殖民体系。他们在中国周边曾为中国“藩属国”的地带与中国“拉锯”，当中国力量强大时，中国的影响力就在其周边增长，反之则退回其底线。

近代以来中国北方的陆权大国俄国和欧洲的海权大国英、法和美国向远东扩张对中国形成的南北挤压，导致中国版图从西至东呈现纵扁横长的形态，而在这之前，中国版图，如不算当时的“藩属国”，则呈饱满型大三角形态。这就是说，近代以来中国版图受到损失的原因主要来自南北的海陆大国挤压而不来自东西挤压。中国能够保留下来的版图基本都保持在陆权霸权和海权霸权国家即俄国和英美国家的关键利益线之外。夹在中国与海陆霸权国家之间的地区，则由原来向心并环绕于中国周边的“藩属”地带变为受到陆海霸权两种力量与中国两向拉扯的破碎地带：在亚洲大陆边缘地带则出现一大片破碎岛陆小国；在北方，日本崛起后，中日之间的朝鲜，中俄之间的蒙古也加入到这片破碎地带。这些环中国破碎地带在中国与海陆霸权国家之间起到了独特的缓冲作用，它们的破碎程度则根据占据东亚大陆主体地理板块的中国与陆海霸权国家力量变化而伸缩。根据亚洲近代几百年历史，这种中国与海陆霸权国家之间的地理“拉锯”，总的说来，最终还是有底线和极限的：双方谁也吃不掉谁。

---

① “在资本主义世界市场形成以前一个相当的历史时期内，国际关系一般仅限于局部地区性的范围，在远东地区，这种区域性国际关系可以称之为‘远东封贡体系’。所谓‘远东封贡体系’，是以中国为中心，以封贡制度为交往模式所表现的天朝大国与藩属之间的封建关系。这种制度可以追溯到中国的周秦时代。周天子分封诸侯，建立了朝贡制度。朝即朝聘，规定诸侯有义务定期朝见天子。《礼记·王制》称：‘诸侯之于天子也，比年一小聘，三年一大聘，五年一朝。’贡即贡献，诸侯朝聘时须进献方物于朝廷。可见朝贡制度本是特指天子与诸侯之间隶属关系交往的模式。其后这种制度被推广到处理中央与少数民族政权之间的交往上面，再后又推广到同周边国家之间的关系上面，最后又推广到同一切来访国家、包括近代西方国家的交往上面。历来的中国政府用这种制度维护其‘天朝至尊’的地位，而把朝贡国视为藩属。”引自黄鸿钊：《东方封贡体系与远东国际格局的变化》，载石源华、胡礼忠：《东亚汉文化圈与中国关系》，北京，中国社会科学出版社，2005 年，第 67 页。

近代英国、美国、俄国都试图利用中国内乱将自己的势力范围扩展到中国长江南北两岸，马汉也曾看好中国长江并从帝国主义的视角把话说得很露骨：

对中国以及其他拥有海岸线的国家来说，海洋是发展商业的最有效的媒介——物资交换使国家通过对外接触获得更新，从而保持、促进它们的勃勃生机。长江对于上述情形颇具意义，因为它有上千英里河段可供汽船航行，且将大海与其流域的心脏地带连接起来。中国由于拥有海岸也就使其他国家能够由海洋抵达中国。①

海上强国需要在中国海岸拥有地盘，并开辟它与世界的自由交通，它们可以直言不讳地声明长江的可航行河段是它们进入中国内陆的必经之路和在当地发挥影响的中心。②

长江流域在政治和商业上都极为重要，为此需要多强调几句。长江深入中国内地，而且很大的轮船从海上可直接沿长江的主要河段上溯而行。长江流域的广大地区也依靠长江与外界便捷地来往。地理上，长江介于中国南北之间，从而对商品的分配和战争的进行都颇具影响。所以，一旦在长江流域建立起了势力，就在中国内地拥有了优势，并且能自由、稳定地通过长江沟通海洋；而在长江地区的商业优势又会加强其他方面的有利地位。这些合在一起，谁拥有了长江流域这个中华帝国的中心地带，谁就具有了最可观的政治权威。出于这些原因，外部海上国家应积极、有效地对长江流域施加影响，而中国由此得到的益处也会被更广泛地、均衡地扩散到全国。在长江流域丢下一颗种子，它会结出一百倍的果实，在其他地区也有三十倍的收获。③

由于将一个特定地区涵盖在自己影响之内的最好办法是首先找到一个中心而不是四面出击，我们在远东的注意力目前是集中在长江流域。④

中国历史证明，长江是中国政治的枢纽；一旦失去长江，从某种意义上说就失去了统一的中国。

---

①②③④ ［美］马汉：《海权论》，萧伟中、梅然译，北京，中国言实出版社，1997年，第224、258、277-278、283页。

1899年4月28日，英俄曾达成以长江为界瓜分中国路权范围的协议[①]，1900年《辛丑条约》之后中国被分裂为数块，而1926年9月北伐军攻克武昌，则是后来中国接近统一的关键；1937年后，中国再次被日本分裂为多个政治单元。1937年中国汉口陷落后，日本近卫首相在11月3日的广播演说中宣称："有一句名言说：'谁能控制中国主要地区，便能拥有中国。'……日本已经掌握控制中国的钥匙。"[②] 近卫的话实际是上述马汉关于中国长江的分析的转述。在日本对华战争全面开展之后，日本也就是沿着这个思路侵略和控制中国的。在近卫心目中，武汉是实现控制长江的"钥匙"，长江是实现控制中国的"主要地区"。武汉的失陷确实给中国政治造成绝大的震动，它使中国东南再次出现政治分裂的格局；换言之，日本控制中国长江为日伪政权的存在提供了安全前提。抗战胜利后，中国形成南北划江而治的格局，正当毛泽东准备一鼓作气打过长江之际，1949年1月9日斯大林打电报给毛泽东建议与国民党继续和谈，称"如果中国共产党直接拒绝与南京和谈，则向世人宣布它主张继续进行内战"[③]。与此同时，美国也与斯大林南北呼应试图促成中国南北分治的局面。1949年12月1日，美国驻华大使司徒雷登在给马歇尔的报告中称，苏联"调解的基础是国民党控制长江以南地区，中国共产党控制长江以北地区，而美国则承认俄国在满洲的特权"[④]。但美苏分裂中国的企图最终还是失败了。20世

① 双方约定："一、英国约定不在中国长城以北，为自己或为英籍臣民或其他人士争求任何铁路让与权，并且不阻挠——直接的或间接的——为俄国政府所支持的对这一地区铁路让与权的要求。二、俄国方面约定不在扬子江流域为自己或为俄籍臣民或其他人士争求任何铁路让与权，并且不阻挠——直接的或间接的——为英国政府所支持的对这一地区铁路让与权的要求。"全文参见王绳祖，何春超，吴世民：《国际关系史资料选编》，北京，法律出版社，1988年，第338页。

② 转引自美国国务院：《美国外交文件·日本，1931—1941》，张玮英等译，北京，中国社会科学出版社，1998年，第161页。

③ 参见袁南生：《斯大林、毛泽东与蒋介石》，长沙，湖南人民出版社，2005年，第474页。

④ 转引自袁南生：《斯大林、毛泽东与蒋介石》，长沙，湖南人民出版社，2005年，第478页。值得注意的是，就在毛泽东拒绝斯大林劝说中共不要南下过江的同时，蒋介石也断然拒绝了美国"不要攻击黄河以北的中共、也不要向西追逐中共"的建议。参阅1963年2月4日肯尼迪与美驻台"大使"柯克的"会谈备忘录"，陶文钊：《美国对华政策文件集1949—1972》(第3卷上)，北京，世界知识出版社，2003年，第363页。

纪前半叶，中国人民抵抗外敌反复入侵的胜利结局反证了中国的主权边界的内在张力是有压不垮的自然底线的。这个底线大体就是目前呈东西横向扁长型的中国版图。

在此，需要提前预警的是，鉴于“北极冰盖在最近30年以每年15%~20%的速度缩减”以及“北极冰盖迅速变薄缩小，日益减少的海冰增加了北极航运和资源开采的可行性”等现实变化，① 作为“北极航道”主体并横亘于漫长的俄罗斯北方边境的“北方海航道”② 将在世界物流运输中发挥日益重要的作用。2004年11月，第四届北极理事会推出《北极气候影响评估》报告指出：北极冰盖在最近30年以每年15%~20%的速度缩减，在中心区缩减甚至达到40%。报告估计这一趋势在加剧，到21世纪末，北极夏季将出现无冰现象。如果这一预计成为事实，那么，这与苏伊士运河的开通和北美加利福尼亚的金矿发现曾对世界产生的巨大影响一样，将再次动摇现有的世界地缘政治的力学结构并对俄罗斯地缘政治特点及建立其上的国家安全环境产生重大压力。与澳大利亚南方没有工业大国存在的地缘政治条件不同，沿北极航线的均是欧美工业大国，因而北极气候变暖在使俄罗斯直通大洋的暖港数量增加的同时，也必然引起英美国家与俄罗斯在北极航线控制权及沿线资源开采权上的冲突增多。正如苏伊士运河的开通必然引起英法国家与俄罗斯在地中海的争夺与冲突一样，北极航线的解冻将使俄罗斯在历史上破天荒地不得不面临来自“四面八方”的安全压力并因此大大改变俄罗斯原有的无“北顾之忧”的国防结构，这与曾为中国安全提供绝对保障的东海在被拥有蒸汽动力和远航技术的西方人征服后所引起的中国安全“后院起火”及中国

---

① 2004年11月，第四届北极理事会推出《北极气候影响评估》报告指出：北极冰盖在最近30年以每年15%~20%的速度缩减，在中心区缩减甚至达到40%。报告估计这一趋势在加剧，到21世纪末，北极夏季将出现无冰现象。报告得出结论：“北极正在经历和可能经历地球上最迅速最激烈的气候变化。在过去100多年里，气候变化将导致巨大的物理、生态、社会和经济的变化，许多变化已经开始。”“北极冰盖迅速变薄缩小，日益减少的海冰增加了北极航运和资源开采的可行性。”转引自郭增清：《北极航道的国际问题研究》，北京，海洋出版社，2009年，第49-50页。

② “北极航道”是指穿过北冰洋，连接大西洋和太平洋的海上航道。北极航道包括穿过加拿大北极群岛西北航道和穿过欧洲大陆北冰洋近海的东北航道（又称北方海航道），这两个概念有明显的欧洲中心论特点，是以西欧为坐标来定位的，但如同“近东”、“远东”这些政治地理概念一样，已为世界广泛接受。郭增清：《北极航道的国际问题研究》，北京，海洋出版社，2009年，第1页。

海军由此出现的情形非常相似。鉴于俄罗斯人口增长速度过于缓慢以及北方边境的过于漫长，这种新产生的安全压力对未来俄罗斯来说——与中国相比——将是难以承受的，但这同时又对于中俄战略合作提供了更为广阔的空间。鉴于这些变化目前尚属未来学意义上的推算，因此，我们在此只提出上述问题而不必将这些问题纳入我们研究的主题。

西方霸权国家在历史上没有能够彻底分裂中国版图的重要原因在于中国能够成功反制西方干涉的地区均在西方干涉国的关键利益区域和国力极限之外。理解这一点对谋划中国本世纪前半叶的海洋安全战略是重要的。

从全球视野观察，在未来相当长的时期内，美国核心利益在于印度洋，而从北美西海岸到马六甲海峡的通往印度洋的亚太地区海上交通线则是其实现核心利益的关键利益。对俄罗斯来说，通往印度洋的中亚通道是其全球战略利益的核心利益，而从俄国本土通往其他大洋出海口的陆上交通线则是其实现核心利益的关键利益。马汉说得好，“交通状况决定战争的成败”[①]。交通所系便是大国利益所系。

在中、美、俄三国力量间多为中小国家，由于他们力量有限，更由于它们在地缘政治上处于相互制衡的破碎地带，因此，两面下注是它们的外交传统。在这个总体特点下，具体分析，它们之间两面下注的侧重点也是不同的。处于与中国接壤的半岛国家，对华外交的依赖比重较大些，但由于它们两面受制，它们既不能形成对中国的绝对依赖，也不能长期与中国绝对闹僵。因为这些国家近代以来面临的主要安全威胁来自海上，而对海上的抵御则需要“大后方”中国的依托。至于完全漂在海上的中南太平洋岛国，出于生存的考虑则更侧重于对海权大国的依赖。

必须说明的是，南海区国家的上述两面性生存的“中立”特点，既是这些国家自存的前提，也是亚太大国和平共处的前提。20 世纪 40 年代的日本、60 年代的美国曾侵略过这些国家，破坏了这些国家的“中立”特性，引起这些国家人民的拼死抵抗，最终导致日本、美国因亚太地区的对抗力量大幅增加而失败。这一经验（其实还有 20 世纪 40 年代希特勒在欧洲侵略中立国家的失败经验）告诉我们，在 21 世纪的整个过程中，尊重和

---

① ［美］马汉：《海权论》，萧伟中、梅然译，北京，中国言实出版社，1997 年，第 260 页。

保护而不是破坏南海区域的国家独立性是中国实现 21 世纪国家海洋安全战略目标的前提和保证。这一点毛泽东同志、邓小平同志为我们留下的宝贵经验，值得我们学习。

战略目标成功与否遵循几何学“三角形任意两边之合大于第三边”的原理，也就是说，战略目标实现的程度取决于其抗力即与其他大国利益冲突的程度。如果这个目标与一个大国的核心利益冲突，这个战略目标的实现已有相当的难度；如果与两个或两个以上大国的核心利益也同时发生冲突，那这个战略目标就绝无实现的可能。曾几何时，拿破仑横扫欧洲，但 1812 年打入俄国，三年后彻底失败。希特勒步其后尘，在欧洲得手后，1941 年打入俄国，三年就败。日本在中国抗日战场被拖得精疲力竭之时，1941 年出击美国，三年便败。朝鲜战争中，美国跟中朝苏打，三年失败。越南战争，美国跟中越苏打，时间虽长点，但败得更惨。勃列日涅夫时苏联跟中美作对，戈尔巴乔夫时苏联解体。小布什上台后，将多个国家列为“邪恶轴心”，随后挥师中东。两任下来，美国国力大幅缩水。

这些历史经验告诫中国，未来中国永远不能将自己的战略目标定在一个以上的亚太大国（这在相当的历史时期内就是俄罗斯与美国）核心利益线上。具体说来就是，印度洋是美俄核心利益冲突区，因此，在通往南亚和中亚地区的利益拓展，中国当持极谨慎的态度，不能外推过远。这方面毛泽东同志在 1962 年对印自卫反击战中给我们作了很好的示范：这一仗，毛泽东高调但打得不远，战机的起始和结束与发生在加勒比海的古巴导弹危机同起同落，使美苏无暇东顾。在东亚地区，则不存在美俄关键利益的重叠区域。中国在东南方向，尤其是在台海一线的中国力量外推和利益拓展无疑会得到俄罗斯的支持，而在东北面和西北面适度的扩展，则会得到美国的默许。因此，如果不是走得太远，一般而言，中国在俄国、美国之间总会有一个盟友。这一条件使得中国赢得了抗美援朝、抗美援越以及反对苏联入侵阿富汗和阻止越南入侵柬埔寨的胜利。

上述美俄两国在亚洲的核心利益线和关键利益线织成的力学结构，规定了中国在亚洲利益拓展的极限边界：即美俄力量可以发挥有效作用的极限边界以内的地方就是中国未来力量伸展绝对要避免大规模直接冲突的地方；同理，在俄美有效力量极限边界外即力所不及的地区，中国都会有很强的控制力。

(3) 中国国家反分裂规律及其中的台湾问题

近代以来的中国历史同样证明：在中国目前已保存的扁长型力量伸缩空间中的所有分裂中国的活动都没有成功的可能。最典型的是发生于 17 世纪下半叶康熙年间中国南方的“三藩之乱”①、台湾郑氏②及北方准噶尔噶尔丹等几乎是同时爆发的大规模叛乱的失败结局③、19 世纪 70 年代猖獗新疆 10 年之久的阿古柏伪政权为左宗棠一年消灭的结局，以及 20 世纪 50 年代西藏达赖集团分裂祖国惨败的结局。这些在长达数百年几乎在相同的空间内发生的分裂活动遭到的失败结局，说明了在中国版图这个扁长空间内，一切分裂主义势力的力量是无力抗衡中央政府的；这些分裂国家的活动因其远离其他大国的关键利益线而得不到持续和足够的物资支持而必败无疑。比如，左宗棠出兵新疆时，俄国关心的并不是阿古柏的命运，而是其南下印度洋关键利益

① “三藩之乱”是清朝康熙年间平西、靖南、平南三藩王发动的叛乱。其中以吴三桂之势力最大。清朝初年，由于清朝统治者力量尚不足以直接控制南方各省，因此将汉人降将有功者分封管理在一些南方省份：吴三桂封平西王，镇守云南，兼辖贵州。尚可喜封平南王，镇守广东。耿仲明封靖南王，死后，其子耿继茂袭封，镇守福建。上述三方势力合称三藩。三藩在所镇守的省份权力甚大，远超过当地地方官员，并可掌控当地军队、税赋等。康熙十二年（1673 年）下令将三藩俱撤回山海关外。吴三桂率先举兵叛乱，以反清复明为号召，自称“总统天下水陆大元帅、兴明讨虏大将军”，分兵陷湖南、四川。耿精忠（耿继茂之子）、平南王尚可喜之子尚之信先后响应于福建和广东，广西、陕西等地也先后发生叛乱。十二月，陕西提督王辅臣亦反，吴三桂急派其得力大将左都督王屏藩出汉中支援；西战场形势趋于严峻。康熙帝集中主力南征吴三桂，同时停撤平南、靖南二藩。自康熙十五年（1676 年）起，战场形势开始有利于清军，陕西的王辅臣与满清朝廷对峙三年之后，终于接受康熙的招抚，耿精忠势穷乞降，尚之信也继而降清。康熙十七年（1678 年），吴三桂在衡州（今湖南衡阳）称帝，国号“大周”，改元“昭武”，大封百官诸将。当年秋，吴三桂病死，其孙吴世璠继承帝位。清军乘机分路并进，湖南、贵州、广西、四川等沦陷各省次第光复。二十年清军会攻云南省城昆明，吴世璠绝望自杀。至此，这场历时 8 年，蔓延十省的三藩之乱平定下来。

② 1662 年 6 月，郑成功收复台湾后不久，继承延平王位的儿子郑经（1643—1681 年）、孙子郑克塽（1670—1707）等人，凭恃武力在台湾割据。清康熙二十二年（1683 年）六月，施琅奉旨专征台湾，统帅福建舟师迅速攻取澎湖，尔后，利用有利的态势，主动、积极地招抚台湾郑氏集团，促使郑氏集团放弃抵抗而就抚。台岛不战而下。

③ 噶尔丹（1644—1697 年），清代厄鲁特蒙古准噶尔部首领，巴图尔珲台吉第六子。早年赴西藏当喇嘛。清康熙九年（1670 年），其兄僧格在准噶尔贵族内讧中被杀。次年，噶尔丹自西藏返回，击败政敌，夺得准噶尔部统治权。十五年（1676 年），噶尔丹俘获其叔父楚琥布乌巴什，次年击败和硕特部首领鄂齐尔图汗，实力大增。随后又占据南疆，势力扩至天山南北。十八年（1679 年），达赖喇嘛赠以博硕克图汗称号。二十七年（1688 年），在沙俄的怂恿和支持下，进攻喀尔喀蒙古土谢图汗部，继而进军内蒙古乌朱穆秦地区，威逼北京。为确保边疆安定，康熙帝曾 3 次亲征。二十九年（1689 年）乌兰布通（今内蒙古克什克腾南）之战，噶尔丹败退至科布多。三十五年（1697 年）昭莫多（今内蒙古肯特山南）之战，噶尔丹主力军被清军击溃，部众叛离。次年 3 月卒于科布多。

线不被侵占，为此俄国占领了其南下通道东侧的新疆伊犁。[①] 盘踞印度的英国在新疆没有关键利益，尽管阿古柏与俄英有“外交”关系，但在其生死存亡之际，阿古柏始终没得到英俄的有效帮助。相反，左宗棠则从俄国商人那里得到大量的粮食供给。[②] 20 世纪 40 年代初，中国国家控制力呈现破碎征兆，但到 1949 年，中国力量又迅速扩展。50 年代初，尽管失去外蒙，台湾也与中国中央政权形成分离状态，但中国政府最终还是稳稳地控制了西藏、新疆和东三省等外部势力曾干涉很深的边远地区。

这里需要特别指出的是，1953 年中国在朝鲜战场上胜利的意义是极其深远的。它不仅将美国抵到“三八线”以南，同时也使苏联看到中国军事力量的不可战胜，从而放弃了在雅尔塔秘密条约中获得的并为蒋介石承认了的在东北及辽东半岛的港口利益。1952 年底，就在朝鲜战争即将签订停战条约的前夕，苏联将从赤塔到满洲里经哈尔滨最终至大连港这条贯穿俄国远东关键利益线的中东铁路[③]无偿移交中国。此举不仅将中国北方的可控边界——在

① 1871 年，俄国进驻并占领伊犁。是因为“伊犁河流域这块地方在战略上极为重要，因为这就是早期俄国多次入侵军队所必经的‘各民族的大门’”。参见［美］巴巴拉·杰拉维奇：《俄国外交政策的一世纪》，福建师范大学外语系编译室译，北京，商务印书馆，1978 年，第 143 页。

② ［英］包罗杰：《阿古柏伯克传》，北京，商务印书馆，1976 年。

③ 中东铁路，亦称东清铁路。指沙俄修筑的从俄国赤塔经中国满洲里、哈尔滨、绥芬河到达符拉迪沃斯托克（海参崴）的铁路中在中国境内的一段，简称“东清路”，民国以后改称“中国东省铁路”（简称中东铁路或中东路）。清光绪二十二年（1896 年），清政府特使李鸿章赴俄祝贺沙皇加冕典礼，与沙俄签订了《中俄御敌相互援助条约》（简称《中俄密约》），在这个《条约》中规定了有关东清铁路的建设事宜。东清铁路从 1897 年 8 月破土动工，以哈尔滨为中心，分东、西、南部三线，由六处同时开始相向施工。1903 年 7 月 14 日，东清铁路全线通车营业。同时修筑的从哈尔滨直达旅顺的支线铁路（“中东铁路南满支线”）习惯上也认为是东清铁路的一部分。1905 年日俄战争结束时长春以南路段改属日本，称为南满铁路。俄国东省铁路公司还取得铁路两侧数十公里宽地带的行政管理权、司法管理权和驻军的特权，形成比一般租界规模大得多的“国中之国”。沿线兴起一批大小城镇，特别是东省铁路公司的管理中心，铁路枢纽哈尔滨。1945 年 8 月，南京国民政府与苏联政府签订《关于中国长春铁路之协定》。《协定》规定：中东铁路和南满铁路的干线合并为中国长春铁路，归中苏两国共同所有并共同经营，30 年期满后，无偿交还中国。1950 年 2 月，中华人民共和国政府和苏联政府签订《关于中国长春铁路，旅顺口及大连的协定》。《协定》指出：苏联政府于 1952 年底前将中长铁路的一切权利及属于该路的全部财产交给中国政府。1952 年 9 月 15 日，中苏两国发布公告，中长铁路正式移交给中华人民共和国。今天，这条铁路称为滨洲铁路和滨绥铁路，都属于哈尔滨铁路局管理。

蒋介石时期的中国北方可控边界一直游移于山海关一线——大幅北移，更重要的是，它也使独立不久的外蒙古通往海参崴和辽东半岛出海口关键陆上通道从苏联控制区转入中国境内。这一由朝鲜战争胜利给中国带来的成果，对蒙古的发展和中蒙两国的未来关系定位有着如何估计都不会过高的意义。对此，我们真要感谢毛泽东及其战友们，感谢他们为中华民族所做的这一伟大贡献。

那么，在新世纪上半叶，甚至是在更短的二三十年内，中国实现两岸统一是否可行呢？答案是肯定的。

我们知道，台湾问题的背后是中美在西太平洋上的矛盾。改革开放后，中国快速发展，中国的海权诉求已被刻不容缓地提上日程。而解决台湾问题的迫切性——与20世纪50年代不同——已不仅仅是实现中国主权统一的问题，更重要的，台湾问题已是实现中国海权不能绕行的门槛。既然我们已将“恺撒的骰子”[①] 即“绝不允许任何人以任何名义任何方式把台湾从祖国分割出去”[②] 的承诺抛了出去，那中国就必须强渡台湾海峡这道“卢比孔河”[③]。

“两岸统一”的前提是中国中央政府对“台独”势力有足够的军事威慑力量，而威慑的前提又是这些军事力量能够有效的发挥。目前“台独”势力担心的并不是第一个而是第二个前提。因为第二个前提牵涉到中国在西太地

① “恺撒的骰子”，出自恺撒抢渡卢比孔河的典故。恺撒（公元前100—前44年）是古罗马统帅和政治家，公元前60年与庞培、克拉苏结成前三头政治联盟。曾率军征服高卢（今天的法国），两度入侵不列颠，屡建奇功。公元前49年初，元老院与庞培联合，意图解除恺撒的军权并召之回国。恺撒致信给罗马元老院，表示愿意和庞培一同放弃兵权，但如果庞培保留兵权，他决不放弃兵权，否则就兵戎相见。元老院立即宣布恺撒为人民公敌。一场内战不可避免，恺撒迅速率军南下，于公元前49年1月10日抵达意大利边界的卢比孔河边。望着滔滔流水，恺撒停了片刻说：“骰子已经掷了，就这样吧！”之后，就带着他的部队渡过了卢比孔河。恺撒的迅速和出其不意，令元老院和庞培惊慌失措，庞培1月18日即率领一批元老及执政官逃离罗马。人民知道恺撒渡过了卢比孔河，都纷纷出城欢迎归来的英雄。恺撒占领了罗马，成了罗马的最高执政官，接着出兵西班牙，经过40天的战斗，迫使庞培在那里的军队投降，并于公元前48年6月彻底击败了庞培。

② 胡锦涛：《高举中国特色社会主义伟大旗帜为夺取全面建设小康社会新胜利而奋斗》，北京，人民出版社，2007年，第45-46页。

③ 此处“强渡卢比孔”用来形容中国政府在解决台湾问题上义无反顾和敢于承担风险的决心。

区与其他国家在台湾问题上战略博弈的结果。这里我们可以肯定的是，这个结果必然是积极的。这不仅因为台湾地区处于上述中国反分裂规律可以发生积极作用的空间范围之内，也不仅因为中国目前的国际地位已大为提升，而是由于台湾不在美国必须誓死防卫的从美国西海岸经关岛到马六甲海峡的关键利益线上。

20 世纪 50—60 年代美国确实曾想固守“从阿留申经过日本、琉球群岛、福摩萨和菲律宾一直延伸到澳大利亚和新西兰”① 一线以阻止中国东进太平洋，而台湾则是这条线上的关键环节。美国根本无力胜任的从阿留申群岛到澳大利亚一线的防务设计只是麦卡锡政治极端主义时代的产物。但朝鲜战争和越南战争失败，使美国认识到美国无力守住这条与中国大陆过近的海上链条。1969 年，美国总统尼克松时期提出“亚洲是亚洲人的亚洲”②，这实际就是对流行于美国五六十年代的凯南无限遏制理论和麦卡锡主义的第一次也是最有力的校正。此后，美国就部分地抛弃台湾，提升日本在亚洲的军事作用，将西太平洋的防务资源收缩到关岛—菲律宾—马六甲关键利益线上。此后，台湾就成了美国西太关键利益线“辅路”上的“编外人员”，而中国则成了美国在亚太的“利益攸关者”。

美国的两位罗斯福总统对此看得最清楚。20 世纪初，美国总统塔夫脱对东北亚采取经济外交攻势，西奥多·罗斯福对儿子长叹“可怜的塔夫脱”。他写信并拜访塔夫脱，告诫他：应将美国的国力用于力所能及且有重要利益的地方。他认为：日本可能成为包括美国在太平洋领地在内美国安全的严重威胁。亚洲大陆的利益对日本是生死攸关的，而美国在那里的利益，特别是在满洲的利益“实在不重要，而且美国人民也不会甘心为它冒导致冲突的最低限度的风险”。他警告塔夫脱：在满洲向日本挑战需要巨大的军事力量，相当于把英国海军和德国陆军结合在一起的实力。罗斯福对

① “美国政府不想在防御安排上出现任何空隙。沿海岛屿一线从阿留申经过日本、琉球群岛、福摩萨和菲律宾一直延伸到澳大利亚和新西兰。福摩萨是这条线上唯一一个没有得到毫无争议的保护的地方。美国比中国政府还不想在这条线出现任何空隙。美国正通过签订条约努力找到答案。”参阅《马康卫会谈备忘录》（1954 年 10 月 27 日），见陶文钊：《美国对华政策文件集 1949—1972》（第 2 卷上），北京，世界知识出版社，2003 年，第 332 页。

② 《尼克松总统在关岛关于亚洲政策的讲话》（1969 年 7 月 25 日），见齐涛：《世界通史教程教学参考》（现代卷），济南，山东大学出版社，2005 年，第 274-275 页。

塔夫脱的理想主义"新计划"大泼冷水说：当一个强大的国家有意不顾美国的"门户开放"政策而宁愿使用武力时，"门户开放"政策就毫无用处。当前美国除辩论外，并不具备和日本在东北亚进行大规模较量的实力。罗斯福建议塔夫脱放弃带有攻势的东北亚政策[①]。与尼克松放弃死守台湾的政策的原因一样，1945年美国富兰克林·罗斯福总统把消灭中国东北日军的活让给苏联的斯大林，也就是因为那里远离上述美国关键利益线。2001年小布什上台不久对台政策曾回归麦卡锡时期，要"不惜一切代价协防台湾"[②]，但到后期他很快转向尼克松主义。美国加图研究所国防与外交政策研究室副主任特德·盖伦·卡彭特（Ted Galen Carpenter）在2005年10月出版了一本《即将来临的美国为台湾与中国的战争》，作者提出的政策建议印证了——尽管因立场而表述不同——上述判断。他在全书结尾时建议美国政府：

美国继续对台出售武器而不提供安全保证的政策，是基于这样一种承认，即台湾是美国的一种有限的或"边缘性"利益，而非至关重要的利益。

当然，美国人并不愿意看到繁荣民主的台湾被独断的中华人民共和国强行合并。而且，如果美国能够以极小的风险防止这种结果发生的话，那它肯定也乐于这么做。但是，对台湾的安全保证需要承担巨大的而非极小的风险。中国现有20多枚洲际导弹能够打到美国城市。在未来几年内，这一数量可能会增加到几百枚。即使一场最初仅限于台湾海峡的小规模武装冲突，也可能会升级以至失控，而置美中两国决策者的意图于不顾。对于美国来说，这种程度的风险只能在保卫其至关重要的安全利益时才能承受，而维持台湾事实上的独立并不符合这一标准。

相对于冒步入战争之险而去保卫台湾，或就台湾政治地位问题向北京卑躬屈膝来说，布什政府应该采取一种完全不同的做法。总统应宣称，美国在台湾独立问题上不持任何立场。我们无意支持或反对台湾的独立。同时，我们不应承担任何义务，去保卫一个（事实上或法理上）独立的台湾。

---

① 参阅［美］孔华润：《美国对中国的反应——中美关系的历史剖析》，张静尔译，上海，复旦大学出版社，1989年，第71-72页。

② 2001年4月，布什总统就曾公开表示"美将不惜一切代价协防台湾"。

> 一项向台湾提供军售而非安全保证的政策，是一种既能尊重台湾作为一个民主社会的尊严而同时又降低美国面临风险的做法。但目前华盛顿的战略却恰恰相反。它强迫作为一个充满活力的民主的台湾放弃行使其民主权利的同时，却又使美国在冲突突发的情况下，面临十分危险的高水平的风险。这就是目前美国冒险并已告破产的（对台）政策的实质。美国能够并且应该做得比这更好一些。①

无独有偶，与上述政策建议几乎是同时，小布什的对台政策做出了调整。2005 年 6 月 8 日，小布什在接受美国福克斯电视台专访时在被问到“如果台湾受到进攻，美国是否会遵守承诺协防台湾”时，他再次重申，美国的立场是防止台海两岸任何一方片面采取行动。② 2008 年 8 月 1 日，小布什在参观奥运会前夕，接受香港英文《南华早报》专访时表示“我清楚地指出，美国在这个问题（两岸关系）上是有些底线的，就是不能有人单方面宣布‘独立’，以及我们的政策至今是一样的。对于美国总统来说，维持政策的一致性是很重要的。”③ 这在中国内地政治经济力量快速上升，时间的天平倒向内地一边的时候，美国这样的政策表示已有了尼克松、罗斯福现实主义外交的音响，是对台湾进一步逐渐的抛弃。这对“台独”分子可不是一个好兆头。④

---

① Ted Galen Carpenter, America's Coming War with China: A Collision Course over Taiwan, New York: Palgrave Macmillan, 2005, 178-179.

② 《布什阐述美国台海政策 称时间能解决台湾问题》，http://news.sina.com.cn/c/2005-06-10/00486129007s.shtml。

③ 《布什：美有两岸关系底线 不能单方宣布“独立”》，http://taiwan.huanqiu.com/news/2008-08/179665.html。

④ 2008 年 7 月 22 日，台湾当局宣布新任“总统”马英九将访问南美，台方为马申请过境美国，结果得到的只是二级过境待遇。这样的二级待遇还不如陈水扁 2000 年上任之初。智库传统基金会的资深研究员谭慎格形容美台军售关系时意味深长地说：“过去美台间是不讲话，现在是正式离婚。”《美国没让马英九“过境”纽约，美台正式“离婚”》，http://taiwan.huanqiu.com/news/2008-07/171573.html。

但是，美国的尼克松主义也不是天上掉下的，而是中国人民通过斗争赢得的。与当年美国崛起使对联美抗英有更大战略需求的沙俄将阿拉斯加廉价卖给美国的结局相似，随着中国的崛起，美国对中国在全球范围内有远比台湾重要得多的战略需求，只要我们读读美国涉台各类文件，[①] 就可看出这一点。美国对台政策的基本目的是让台湾阻挡中国进入太平洋的时间越久越好，而不是要台湾实现完全彻底的独立。因此，如果需要，抛弃并非关键利益线上的台湾，对于有盎格鲁-撒克逊血统的美国人来说，做起来既不是太难也不会太难为情[②]。

（三）挑战与机遇

1. 日本政府至今没有承认中国关于“台湾是中华人民共和国领土不可分割的一部分”的立场

随着时间的推进，我们会发现日本将是中国两岸统一的最近也是最现实的障碍，是中国解决中国台湾问题面临的主要矛盾的主要方面。日本要想成为亚洲政治大国，仅凭经济崛起是不行的，在地缘政治上它一定要图谋台湾，这是与明治目标相适应的基本地缘政治要求。因此，围绕台湾西、东、南，日本必须控制中国东南沿海，控制北马里亚纳群岛和控制菲律宾。20 世纪 40 年代的太平洋战争就是在这个逻辑卜推演出来的必然结果，而《开罗宣言》将台湾从日本手中归还中国，也是从制约日本东山再起考虑的。但战后日本仍将台湾地区视为它的核心利益。现在大家到天津、青岛去，会发现那里韩国、日本的企业特别多。越是中国重要部门，其周围的日韩“企业”就越多，他们购置的楼层就越高。如果这些地方对他们没有战略意义，他们是不会这样做的。清末时，日本人就在中国东部沿海渗透得很深了。关于此大家从电视剧《霍元甲》中会有感受。霍元甲是清末著名爱国武术大师（生于 1868 年，卒于 1910 年），一生经历了日本对中国台

① 可参阅陶文钊主编三卷本：《美国对华政策文件集 1949—1972》，北京，世界知识出版社，2003 年。

② 1978 年最终体会到了被美国出卖的蒋经国痛心疾首地称：“数年来，美国政府曾一再重申其对中华民国维持外交关系，并信守条约承诺之保证，而今竟背信毁约，此后自将难以取信于任何自由国家。”转引自苏格：《美国对华政策与台湾问题》，北京，世界知识出版社，1998 年，第 450 页。

湾从图谋到最终吞并的全过程。为了巩固占领台湾的成果，日本最终发动并毁灭于太平洋战争。

我们知道，现在中日关系的政治基础是1972年9月29日发表的《中日联合声明》、1978年8月12日签署的《中日和平友好条约》及1998年11月26日发表的《中日联合宣言》。日本外相大平正芳在签署《中日联合声明》后记者招待会上曾解释说："《开罗宣言》规定台湾归还中国"，"我国政府坚持遵循《波茨坦公告》的立场是理所当然的"①。但我们如果仔细查一下《开罗宣言》就会发现，大平正芳在此通过偷换概念而回避了"台湾是中华人民共和国领土不可分割的一部分"这一实质性立场。

对此，李登辉看出其中隐义，2008年7月26日，他在"李登辉学校"开讲时说："台湾与中国没有什么关系，台澎金马在日本放弃时也没有指明要交给中国"，他呼吁要从"生为台湾人的悲哀"，到"做一个新时代台湾人"，真正摆脱"一个中国"。②

日本在1972年《中日联合声明》中玩弄的文字把戏中还是留下了法律破绽。由于日本人贪欲太重，以至在这份文件的法权关系上留下签约主体与条约内容相冲突的如下悖论：即如果日本"坚持遵循波茨坦公告第八条的立场"，坚持认为日本将台湾主权转交的是其交战对象中华民国，那么日本就不应当接受联合公报第五条即中华人民共和国"放弃对日本国的战争赔偿要求"，因为后者——按日本的逻辑——不是交战国及其权利继承者；换言之，只有承认中华人民共和国是交战对象即中华民国的主权及其相关权利的合法继承者，日本在法权关系上才能成为中华人民共和国"放弃赔偿"的施惠客体——日本事实上已不自觉地承认了中华人民共和国是施惠主体。然而日本却不顾这样的法律悖论，既不想赔偿中国又不想放弃台湾，在所谓的"中华民国"与现实的中华人民共和国中间两面通吃，并想以此瞒天过海，在事实上造成"两个中国"的后果并在未来台湾问题上实现咸鱼翻身的目的。但聪明反被聪明误，这一内在悖论也导致日本在第三条和第五条中二者必居其一：要么承认中华人民共和国是中华民国主权的合法

① 转引自王绳祖：《国际关系史》，第10卷（1970—1979），北京，世界知识出版社，1995年，第327-328页。

② 《李登辉狂言："脱古改新，摆脱一个中国"》，http://taiwan.huanqiu.com/news/2008-07/174353.html。

继承者，要么就不能接受中华人民共和国“放弃对日本国的战争赔偿要求”。[①] 这种：“既看碟里的，又吃锅里的”的小把戏在法律上是不允许的。

正是由于日本在这份文件中预留了这些自相矛盾的法律问题，以至从文件签署迄今，中日关系始终没有步入良性互动的轨道，中日战略合作的政治基础始终没有形成。

再看第二个文件。日本方面关于台湾问题的上述隐喻最后在 1978 年 8 月 12 日中日双方签署的《中华人民共和国和日本国和平友好条约》中得到反映。该条约共五条，均未涉及台湾。《友好条约》第一条“缔约双方应在互相尊重主权和领土完整、互不侵犯、互不干涉内政、平等互利、和平共处各项原则的基础上，发展两国间持久的和平友好关系”，其中的“领土完整”的含义，如结合 1972 年《联合声明》第二、三条的解释，对中国而言，是将台湾地区排除在中华人民共和国领土之外的。这实际上已远离了中国政府一直坚持的中日建交“政治三原则”[②]，是“两个中国”隐喻式表述，这一隐喻后来便自然转成日本对华外交始终不变的基调。

最后我们来看第三个文件，这就是 1998 年 11 月 26 日中日双方发表的《中日联合宣言》，宣言凡三部分，在第三部分中，双方重申：“恪守 1972 年 9 月 29 日发表的《中华人民共和国政府和日本国政府联合声明》和 1978 年 8

---

① 关于此，当时与大平正芳共同签署《中日联合声明》的中国外长黄华在其回忆录《亲历与见闻》中认为：日本承认中华人民共和国政府、充分理解和尊重中国政府关于台湾问题的立场，坚持波茨坦公告第八条的立场是“以间接的方式承认台湾是中国领土”。(参阅黄华：《亲历与见闻——黄华回忆录》，北京，世界知识出版社，2007 年，第 221 页。）如果考虑到日本接受联合公报第五条即中华人民共和国“放弃对日本国的战争赔偿要求”的前提，笔者认为，黄华“间接”说在法逻辑上是说得通的，这样的效果，当然也是谈判中的日方没有料到的。

② 中日政治三原则是 1959 年浅沼和承志的共同声明中提出的原则。1958 年 7 月，日本社会党代表佐多忠隆和田崎末松为探讨缓和中日紧张关系的途径来中国访问，在会谈中，廖承志向日方提出了改善中日关系的三项条件和三项措施。1959 年 3 月，日本社会党委员长浅沼稻次郎访问了中国。在浅沼同中国人民外交学会会长张奚若发表的共同声明中，中国方面将廖承志向日方提出的三项条件作为政治三原则在正式文件中提出。基本内容为：日本政府必须：⑴停止执行敌视中国的政策；⑵不参加制造“两个中国”的阴谋；⑶不阻挠中日两国正式关系的恢复，并采取相应的措施。参见《中国人民外交学会会长张奚若、日本社会党文化代表团团长浅沼稻次郎共同声明》，田桓：《战后中日关系文献集（1945—1970）》，北京，中国社会科学出版社，1996 年，第 440 页。

月12日签署的《中华人民共和国和日本国和平友好条约》所阐述的各项原则，确认上述文件今后仍将是两国关系最为重要的基础。”关于台湾问题，日方在第三部分专列自然段重申：“日方继续遵守日本在中日联合声明中表明的关于台湾问题的立场，重申中国只有一个。日本将继续只同台湾维持民间和地区性往来。”①

值得注意的是，当历史进入21世纪，日本在对华关系的文件中关于台湾法律地位的隐喻通过单列条款强调的形式渐转向明喻。2007年4月11日，中日双方就构筑“基于共同战略利益的互惠关系”达成了共识，并发表《中日联合新闻公报》。中日双方在公报第二条中确认，“将继续遵循《中日联合声明》、《中日和平友好条约》和《中日联合宣言》的各项原则”，台湾问题单列第三条称，“关于台湾问题，日方表示坚持在《中日联合声明》中表明的立场。”② 2008年5月7日，中日双方发表了《中日关于全面推进战略互惠关系的联合声明》，双方再次确认了三个文件是两国关系的基础，关于台湾，在日方声明中再次单列第五条“日方重申，继续坚持在《日中联合声明》中就台湾问题表明的立场。”③

如果我们理解了1972年《中日联合声明》中的日方关于中华人民共和国关于台湾问题的立场，就不难看出，时至36年之后的2008年，日方的“一个中国”的表述仍是不包括台湾的。在2007年的《新闻公报》和2008年《联合声明》两个文件与1972年《中日联合声明》和1998年《中日联合宣言》相比不同的只是，中日双方关系的定位已上升到“战略互惠关系”，即“基于共同战略利益的互惠关系”④，但日本方面对台湾法律地位的表述不仅不变，而且日益直截了当，比较如下：

① 《关于建立致力于和平与发展的友好合作伙伴关系的联合宣言》，载《人民日报》，1998年11月27日，第6版。

② 《中日联合新闻公报》，载《人民日报》，2007年4月12日，第3版。

③ 《中日关于全面推进战略互惠关系的联合声明》，载《人民日报》，2008年5月8日，第3版。

④ 《中日联合新闻公报》，载《人民日报》，2007年4月12日，第3版。

时间/文件	文件涉及台湾的内容
1972年9月29日《中日联合声明》	二、日本国政府承认中华人民共和国政府是中国的唯一合法政府。 三、中华人民共和国政府重申：台湾是中华人民共和国领土不可分割的一部分。日本国政府充分理解和尊重中国政府的这一立场，并坚持遵循波茨坦公告第八条的立场。 （五）中华人民共和国政府宣布：为了中日两国人民的友好，放弃对日本国的战争赔偿要求。
1998年11月26日《中日联合宣言》第三部分	双方重申恪守1972年9月29日发表的《中华人民共和国政府和日本国政府联合声明》和1978年8月12日签署的《中华人民共和国和日本国和平友好条约》所阐述的各项原则，确认上述文件今后仍将是两国关系最为重要的基础。 日方继续遵守日本在《中日联合声明》中表明的关于台湾问题的立场，重申中国只有一个。日本将继续只同台湾维持民间和地区性往来。(第三部分)
2007年4月11日《中日联合新闻公报》	二、中日双方确认，将继续遵循《中日联合声明》、《中日和平友好条约》和《中日联合宣言》的各项原则。 三、双方决心正视历史，面向未来，共同开创两国关系的美好未来。 关于台湾问题，日方表示坚持在《中日联合声明》中表明的立场。
2008年5月7日《中日关于全面推进战略互惠关系的联合声明》	二、双方重申，1972年9月29日发表的《中日联合声明》、1978年8月12日签署的《中日和平友好条约》及1998年11月26日发表的《中日联合宣言》构成中日关系稳定发展和开创未来的政治基础，确认继续恪守三个文件的各项原则。双方确认，继续坚持和全面落实2006年10月8日及2007年4月11日发表的《中日联合新闻公报》的各项共识。 五、日方重申，继续坚持在《日中联合声明》中就台湾问题表明的立场。

比较1972年、1998年、2007年、2008年的中日文件，可以看出，日本对中国关于“台湾是中华人民共和国领土不可分割的一部分”的立场已经日

益不再满足于“理解和尊重”的隐喻式表述，而是转向日益鲜明的“重申”式表述，意在特别提醒人们在1972年文件中“日本国政府充分理解和尊重中国政府的这一立场，并坚持遵循波茨坦公告第八条的立场”所表达的特别含义，即（1）日本只是“充分理解和尊重”中国关于台湾问题的立场；（2）日本“坚持和遵循”《开罗宣言》中关于“台湾、澎湖群岛等，归还中华民国”的规定。2010年7月26日，即将赴任的日本新任驻中国大使丹羽宇一郎在东京记者会上一改含混口吻，直白表示，1972年《中日联合声明》中有关“台湾是中华人民共和国领土不可分割的一部分”的主张，日本的立场只是“理解并予尊重”，并未直接承认，今后日本对此问题仍然坚持同样的态度。27日晚间，日本驻华使馆的一位新闻官表示：日本政府在台湾问题上的一切态度都以1972年《中日联合声明》为基础，此一立场从未改变过。①

与日本相比，美国在中美建交的文件中对台湾主权归属是明确无误的。1972年2月28日，中美共同发表的《中华人民共和国和美利坚合众国联合公报》（即“上海公报”）中关于台湾问题，表述如下：

中国方面重申自己的立场：台湾问题是阻碍中美两国关系正常化的关键问题；中华人民共和国政府是中国的唯一合法政府；台湾是中国的一个省，早已归还祖国；解放台湾是中国内政，别国无权干涉；全部美国武装力量和军事设施必须从台湾撤走。中国政府坚决反对任何旨在制造“一中一台”、“一个中国、两个政府”、“两个中国”、“台湾独立”和鼓吹“台湾地位未定”的活动。

美国方面声明：美国认识到，在台湾海峡两边的所有中国人都认为只有一个中国，台湾是中国的一部分。美国政府对这一立场不提出异议。它重申它对由中国人自己和平解决台湾问题的关心。考虑到这一前景，它确认从台湾撤出全部美国武装力量和军事设施的最终目标。在此期间，它将随着这个地区紧张局势的缓和逐步减少它在台湾的武装力量和军事设施。②

① 《日本使馆回应新大使“从未承认台湾是中国领土”言论》，http：//taiwan.huanqiu.com/liangan/2010-07/963520.html。

② 《中华人民共和国和美利坚合众国联合公报》，见《中国台湾问题（干部读本）》编委会：《中国台湾问题（干部读本）》，北京，九州出版社，1998年，第269页。

在这里，美方对“一个中国”的原则认可为“台湾是中国的一部分”，认为它是“中国人自己和平解决”问题。这尽管与中国政府的立场有相当的距离，但与日本比，却更为积极。这个立场到 1979 年 1 月 1 日的《中美建交公报》中被大大向前推进，美方在《公报》中表示：

美利坚合众国承认中华人民共和国政府是中国的唯一合法政府。在此范围内，美国人民将同台湾人民保持文化、商务和其他非官方关系。

美利坚合众国政府承认中国的立场，即只有一个中国，台湾是中国的一部分。①

上述立场在 1982 年 8 月 17 日的《中华人民共和国和美利坚合众国联合公报》（“八一七公报”）第一条款中形成高度凝练的表述：

在中华人民共和国政府和美利坚合众国政府发表的 1979 年 1 月 1 日建立外交关系的联合公报中，美利坚合众国承认中华人民共和国政府是中国的唯一合法政府，并承认中国的立场，即只有一个中国，台湾是中国的一部分。在此范围内，双方同意，美国人民将同台湾人民继续保持文化、商务和其他非官方关系。在此基础上，中美两国关系实现了正常化。

大家注意，与日本不同，在中美三个公报中美国对台湾的地位表述非常确定，即“美利坚合众国承认中华人民共和国政府是中国的唯一合法政府，并承认中国的立场，即只有一个中国，台湾是中国的一部分”，这在法权逻辑上也就承认了中方关于“台湾是中华人民共和国领土不可分割的一部分”的立场。

与美国不同，日本上述文件对台湾主权归属问题并没有明确的立场，如果硬要说有什么立场的话，那就是《开罗宣言》所规定“台湾、澎湖群岛等，归还中华民国”。由此推出与美国的表述意思完全不同的结论就是：世界上只有一个中国，中华人民共和国政府是中国唯一合法的政府；台湾——

① 《中华人民共和国和美利坚合众国关于建立外交关系的联合公报》，见《中国台湾问题（干部读本）》编委会：《中国台湾问题（干部读本）》，北京，九州出版社，1998 年，第 271-272 页。

如果再深究的话，甚至还包括中国东三省——不属于中国，而是归属于所谓的“中华民国”。

通过上述历史文献的比较，我们可以看出，从1972年迄今30多年，日本对台湾不仅从未死心，其觊觎之情反而日益强烈。对台湾归属的立场是检验日本是否放弃昔日“大东亚”政策的试金石。30多年来日本坚持不承认而只是“充分理解和尊重”中国关于“台湾是中华人民共和国领土不可分割的一部分”的立场，这表明，与美国对台湾政策相比，中国与日本在东海有着绝对不可调和的事关亚洲战后和平体系即雅尔塔体系的结构性矛盾；中日间的东海问题，并不是什么石油问题，它实质就是台湾问题。邓小平曾对美国人说：“中国人不解决台湾问题会死不瞑目的。”①

进入21世纪的中日关系的特点是在双方改善关系的需求日益增大的同时，双方在台湾问题上的立场也日益南辕北辙。日本方面对不承认“台湾是中华人民共和国领土一部分”的表态在中日双方的文件中日益鲜明和突出，如果在中方的核心利益即台湾问题上日本不仅不做让步，反而还日益强调，那么双方主张的“建立战略互惠关系”就失去了政治基础。

2. “台独”分子与日本右翼分子在钓鱼岛日益契合——马英九新台海政策孕育新风险

我们确定了主要矛盾及主要矛盾的主要方面，也就确定了中国近二三十年推进海权战略的力量布局。

马汉说：“一根链条的强度实际是由其最薄弱环节的强度决定的。”② 如果我们以台湾北南画线，从广义上将中国整个东部和南部海面分为大东海（即黄海和东海）和大南海两大海域的话，鉴于日本在台湾问题上日益挑明的立场，那么，台湾北面的黄海则是中国在东海安全链条中最薄弱——因而也是最需加强——的环节。1895年，日本就是在此击败中国舰队后劫

---

① 中共中央文献研究室：《邓小平年谱（1975—1979）》，北京，中央文献出版社，2004年，第328页。

② ［美］马汉：《海权论》，萧伟中、梅然译，北京，中国言实出版社，1997年，第240-241页。

走台湾的。今后台湾的结局最终还要在这一海域敲定。钓鱼岛列屿[①]是台湾与日本之间的接榫点，也是“台独”势力信心的支撑点。1874年日本第一次出兵侵略台湾，就是1872年吞并琉球后的逻辑结果。今天日本在中国钓鱼岛列屿，进而在春晓油田与中国的争夺，本质上是为了逼近中国台湾。今天中国如果在此海域失去起码的原则，那日本的下一个目标就是台湾，接踵而来的必然是与19世纪70—90年代历史的重演即中国东海制海权的丧失。

这一点，“台独”大佬李登辉看得明白，2002年10月20日，李登辉声称钓鱼岛列岛“过去是属于中山王国，就是琉球的”，台湾对于钓鱼岛列岛“只有渔业权，并没有领土权”。[②] 李登辉是从“台独”政治的角度看待钓鱼岛主权问题，他否认中国在钓鱼岛的主权地位，是要将台湾与日本从地缘政治上联为一体。读者不要忘记，关于台湾的主权，日本在与中国三个文件中有实质性的承诺是《波茨坦公告》第八条立场，即《开罗宣言》中的“台湾、澎湖群岛等，归还中华民国”[③]。

最值得注意的是，2008年5月，马英九就任台湾地区领导人后不久，他在“外交”上的重大行动就是处理“撞船事件”，地点恰好就是钓鱼岛。

6月10日，台湾“联合”号渔船在钓鱼岛海域遭到日本舰艇撞沉，6人落海后顺利获救，由台湾“海巡署”舰接回返台，但船长何鸿义则被日方滞留数日，接受“侦讯”。6月16日，台湾保钓人员带着大批媒体到钓鱼岛宣示“主权”，台湾海巡警艇在钓鱼岛外海与日本海上保安厅船舰对峙，台当局“国防部”同意派出海军最大、战力最强的“基德”舰搭载“立委”到钓鱼岛宣示“主权”。6月17日，马英九强调，钓鱼岛“是台湾的属岛”，我们的渔船进入“领海”是很正常的行为，争议应该通过和平的方式处理。他表示，日方光是口头遗憾还不够，应该要正式道歉。[④]

---

① “钓鱼岛列屿”提法出自鞠德源：《钓鱼岛正名——钓鱼岛列屿的历史主权及国际法渊源》，北京，昆仑出版社，2006年。

② 姜殿铭，许世铨：《台湾2002》，北京，九州出版社，2003年，第326页。

③ 王绳祖等：《国际关系史资料选编》，北京，法律出版社，1988年，第859页。

④ 《马英九：日方撞船口头遗憾不够 应该正式道歉》，http：//tw. people. com. cn/GB/14812/14875/7396143. html。

同时马英九亲自下令，此次风波要以和平解决为最高指导原则。① 6月20日，日本正式就撞沉台湾渔船事件向台船员道歉。日本交流协会副代表舟町志仁下午4时带着日本海上保安厅第11支部本部长那须秀雄的道歉信，前往船长何鸿义的家中亲自鞠躬致歉，并且同意进行赔偿。7月1日，5名日本国会议员搭机在钓鱼岛上空盘旋，挑衅意味浓厚，台湾方面提出抗议，"立委"也扬言择日将出其不意的搭军舰出海保钓，若遇上日舰阻挠，不排除碰撞作为手段。一时间，台湾当局与日本方面势同水火，海内外华人反日情绪高涨。值得玩味的是李登辉对"撞船事件"的反应是高兴的。7月2日，他说船沉了，日本赔偿道歉，没什么问题，双方关系也没有"打坏去"。报道说："好久不见的李登辉晚宴上心情'这么好'。"②

只要读过1999年出版的最能体现李登辉政治理念的《台湾的主张》一书的人，都不会认为李登辉是在为在这次"撞船事件"中表现出的中华民族同仇敌忾和民族大团结精神而高兴。③ 那么，李登辉为什么对这次事件有如此好的心情呢？因为这次事件以前所未有的声势变相地宣示并得到亚洲大国日本变相确认的台湾"主权"。

我们如果抽象掉这次事件中那些慷慨激昂的情绪和繁芜的细节，就会从中看到这次事件中三个关键环节：①日本方面挑事；②台湾方面出船高调"宣誓主权"；③日本政府随即派日本交流协会副代表舟町志仁赴台致歉，同意赔偿④；④事态无损害平息。

与以往不同，台湾这次"宣示主权"，得到了日本官方和军方的正式

---

① 《密集开会研议撞船事件 马英九指示"和平解决"》，http：//tw. people. com. cn/GB/7391907. html。

② 《李登辉首度谈钓鱼岛撞船事件 称台日关系没搞坏》，http：//tw. people. com. cn/GB/88649/7448811. html。

③ 他在《台湾的主张》这本书中认为："兼具霸权主义与民族主义的大中华主义，对其他亚洲国家而言，仍然极具威胁性。俄罗斯或许没有感受到中国大陆的压力，但印度则因深感威胁而与中国大陆对峙，其他国家也都对中国大陆多少存有恐惧之心。倘此情形继续存在，亚洲将永远不会有安定之日。"李登辉提出自己的方案："最理想的状况，是中国大陆摆脱大中华主义的束缚，让文化与发展程度各不同的地区享有充分的自主权，如台湾、西藏、新疆、蒙古、东北等，大约分成七个区域，相互竞争，追求进步，亚洲或许会更安定。"转自李登辉：《台湾的主张》，台北，流远出版社，1999年，第241页。

④ 《台渔船遭撞事件 日方代表将到船长家道歉》，http：//taiwan. huanqiu. com/news/2008-06/144785. html。

“致歉”，这种关系是变相的主权对等的关系，这种“赔偿”不是公司行为而是国家或准国家行为，质而言之，就是国家赔偿。这是日本政府在绕开中国政府的前提下，对台湾进行的正式公开，甚至是在世界面前高调的官方接触。从法律上说，这是日本在向其在1972年《中日联合声明》中承诺的“遵循波茨坦公告第八条”即《开罗宣言》规定的“台湾、澎湖群岛等，归还中华民国”立场的首次公开实施。

明乎此，也就明白了李登辉为什么对“撞船事件”心情“这么好”的原因。

明乎此，也就明白了1972年《中日联合声明》第二条即“日本国政府承认中华人民共和国政府是中国的唯一合法政府”和第三条即“中华人民共和国政府重申：台湾是中华人民共和国领土不可分割的一部分。日本国政府充分理解和尊重中国政府的这一立场，并坚持遵循波茨坦公告第八条的立场”的真实含义。

明乎此，也就明白了为什么马英九上台不久的第一个重大“外交”方向竟不经意地出现在钓鱼岛。

但这还不是这次事件的全部含义，日本和台湾当局只是通过这次事件对大陆进行小步测试。如果测试有效，那顺理成章的就是日台各方以“周瑜打黄盖”的方式在钓鱼岛“冲突”若干次后，终以“共同开发”的形式实行“和解”，其结果是日台之间在钓鱼岛建立某种“主权”关系，“台独”分子与日本右翼由偷偷摸摸的勾结变成公开的制度性勾结，由陈水扁时期的台海两岸的“外伤”变成“内伤”。事实上，台湾当局在2008年8月的“撞船事件”后已加快了与日本“搁置主权，共同管理、共同开发”钓鱼岛列屿的“谈判”。据报道：

台湾和日本在今年（2008年——笔者注）历经钓鱼岛“主权”纠纷后，台“外交部”希望在9月重启台日之间的渔权谈判，但是，日本方面希望台湾能在谈判之前，先答复日方所关心的海上划界问题。

据台湾媒体8日消息称，台湾“联合号”渔船今年6月在钓鱼岛海域，遭到日本巡逻舰撞沉，这起海上意外，衍生为“主权”纠纷。由于台日双方都各自声称“拥有钓鱼岛主权”，所以在台“外交部”和日方接洽希望在9月召开渔权谈判时，日方要求台湾先答复它们所关心的几个核心问题，但是台湾方面还没有给予日方答复。

台“东亚关系协会秘书长”蔡明耀说，渔权谈判最棘手的部分，是经济海域的划界问题。他称，“大概的方向就是划界的问题，就是怎么样来划界，几个问题，200海里经济海域的问题，这个问题比较头痛。”

台日渔权谈判之前已经举行过15次，最近一次是3年前在东京的谈判，会谈没有结果。谈判的焦点都是放在钓鱼岛列屿陆地领土，和它周边12海里领海的“主权”，以及台日双方各自主张的200海里专属经济海域。

台“外交部”的立场是建议双方“搁置主权，共同管理、共同开发”，甚至可采收取“入渔费”方式成立管理委员会，来解决渔权问题；但是日方的态度还不明确，所以在双边正式展开谈判前，将先经过一段时间的幕僚作业。①

9月19日，马英九在台北会见日本媒体记者时表示，台湾与日本“因为政治因素，没有办法建立正式‘外交关系’，双方应该算是特殊的伙伴关系”，并希望通过签订投资保护协定及度假打工协定等促进双方的交流，进一步发展与日本的关系。就台湾主张拥有“主权”的钓鱼岛问题，马英九表示日台双方应“从同时搁置‘主权’开始，然后在渔权的协议上达成共识”，呼吁尽快重启谈判。他曾将改善两岸关系一事列为最优先课题，他表示，“过去我们和日本的关系是如此密切，但是如果和大陆关系不好，使得台湾海峡变得不稳定，这对日本是不利的”。马英九还称，《日美安保条约》是“东亚和平的重要支柱”，强调将继续推动日台在安全保障问题上的合作。② 对于台日“渔业谈判”，李登辉表示支持，9月23日，他在日本演讲时说，“钓鱼岛以前就是日本的”，而想解决这块渔场问题，台湾应与日本农林水产省用谈判解决。③

请注意，划界谈判只能是主权国家之间才能进行的事，可日本事实上正在与台湾进行着这类“谈判”。这意味着日本事实上已将台湾列入“主权国家”范围，不然，台湾在法律上就不能在国家边界谈判中成为主体和对象。那么，人们不禁要问，日本这么做的法律依据何在呢？答案很简单，就在

① 《台湾欲谈钓鱼岛渔权　日本却要先划界》，http：//taiwan. huanqiu. com/news/2008-09/220461. html。

② 《马英九称台湾与日本为“特殊伙伴关系”》，http：//taiwan. huanqiu. com/news/2008-09/231873. html。

③ 《李登辉赴日演讲，公然称钓鱼岛以前属日本》，http：//taiwan. huanqiu. com/news/2008-09/235775_ 3. html。

1972年《中日联合声明》第三条即日本国政府“坚持遵循波茨坦公告第八条的立场”。《波茨坦公告》第八条规定：“开罗宣言之条件必将实施，日本之主权必将限于本州、北海道、九州、四国及吾人所决定其他小岛之内”；《开罗宣言》规定“台湾、澎湖群岛等，归还中华民国”。

1932年初，日本政府策划“满洲国”出笼，并在3月召开内阁会议提出旨在促其连同蒙古独立于中国的《处理满蒙问题方针纲要》，凡七条，前五条都是促成满蒙脱离中国，成立“新国家”的必要性和具体措施，第六条提出实现目标的策略，称：“在实行以上各项措施时，竭力避免与国际法或国际条约相抵触；其中，关于满蒙政权问题的措施，由于《九国公约》等的关系，[①] 尽量可以采取由新国家方面自动提议的形式”。现在这一策略在70多年后又开始用于中国台湾，实属贼心不死。关于此，1971年10月，周恩来总理在接见美国记者杰姆斯·莱斯顿时一针见血地指出：“日本对台湾有野心，日本想直接统治台湾。所以，日本在联合国支持台湾，决非简单之事。还可以进一步说，这不仅是两个中国、或一个中国、一个台湾的问题，他们想把台湾从中国分离出去置于他们的控制之下，他们在美国的支持下，想实现所谓台湾独立。”[②] 就在《中日联合声明》签署后不久即1974年5月25日，毛泽东会见英国前首相希思，在回答他提出的“你们是否相信日本人所说的和平意图”的问题时，毛泽东说：“在可能估计到的一段时间内是信的，将来很难说。”[③]

日本人曾在侵华战争中对中国造成深重的灾难，对中国人民作孽多端。日本投降后中国又对日本怀柔之至，而日本到现在还在台湾问题上搞这些小动作，这不由得使人想起1937年9月2日即“七七事变”不久，美国国务卿赫尔要求美国驻日大使格鲁转告日本官员：

日本目前所奉行的政策正在毁灭世界的和谐，使自己逐渐在世界人民

---

① 《九国公约》第一条宣称：“尊重中国之主权与独立，及领土与行政之完整。”参阅王绳祖，何春超，吴世民：《国际关系史资料选编》，北京，法律出版社，1988年，第575页。

② ［美］莱斯顿：《周恩来会见记》，转引自廉德瑰：《美国与中日关系的演变（1949—1972）》，北京，世界知识出版社，2006年，第254页。

③ 《同希思的谈话》，见《毛泽东外交文选》，北京，世界知识出版社、中央文献出版社，1994年，第602页。

心目中成为不信任的、猜疑、普遍憎恶并将被排斥的罪魁祸首。日本将不知要花费多少年的时间积德行善，才能洗清这一切。[①]

时隔近一个世纪后的今天，日本觊觎台湾的目标并没有本质改变，因此，笔者再次重复赫尔曾对日本的警告，意在提醒那些在台湾问题上用文字游戏要小动作的日本政客们，对自己的行为后果有必要进行反省。

细观马英九治台施政，会发现它很接近李登辉《台湾的主张》中的思路。李登辉在这本书中说：“展望21世纪的亚洲发展，首先要考虑的，是台湾与美国、日本的互动关系。在经济方面如此，在政治方面亦复如此。”[②] 他希望日本与台湾建立依托美国的反华战略轴心联盟。马英九一上台就与日本利用这次“撞船事件”向这个“联盟”小跑前进，撞船不久，7月21日，马英九允许台“法院”对“宪法”重新解释，允许台湾民众即日起可以公开筹组以支持共产主义为名，或以“台独”为号召的政党和社团；当天，又在台湾托出一个“与中共无关”[③] 的“台湾共产党”[④]。此举则明显有着李登辉1995年提出的用所谓“台湾经验”“经营大台湾，建立新中原”[⑤]，“演变中国大陆，将中华民

---

① 《美国国务卿赫尔致美国驻日大使格鲁的电报》（1937年9月2日），见李巨廉、王斯德：《第二次世界大战起源历史文件资料集（1937.7—1939.8）》，上海，华东师范大学出版社，1985年，第19页。

② 李登辉：《台湾的主张》，台北，流远出版社，1999年，第222页。

③ 《台湾共产党历时14年获准成立和中共无关》，http：//i.cn.yahoo.com/guofx2003/blog/p_ 4366。

④ 《历时14年台湾共产党终于成立》，http：//taiwan.huanqiu.com/news/2008-07/167996.html。

⑤ “我在1995年特别提出‘经营大台湾，建立新中原’的主张：在多元文化长期而充分的辐辏整合下，使台湾在整个中国文明的总体发展趋势中，跃居为最先进的新生力量，成为中国文化的‘新中原’。今天，正是我们走出历史悲情，携手同心，彻底融合族群，凝聚全民共识，为‘经营大台湾，建立新中原’而开启新机运的空前良机。……这里所谓的‘新中原’是指所谓多元文化重新融合，绽放新文明之地。其中，和政治攸关的，应属民主文化。这是居住在台湾的全体人民，以‘我们都是台湾人’的认同为基础，共同参与、营造出来的成果。……不可讳言，目前台湾岛内存有本省人、外省人与原有住民等不同族群，使认同倍增困难。但也正因为如此，而使台湾可以融合不同历史背景的族群文化，形成一个和大陆完全不同的新族群。这才是‘大台湾’与‘新中原’的意义所在。”李登辉：《台湾的主张》，台北，流远出版社，1999年，第78页。

国所得到的成果带到大陆”[①] 思路的印迹。所有这些告诉我们，马英九之后，中国政府的反“台独”斗争面临着一个与陈水扁时期不同的却更加复杂的形势和挑战。

假的真不了。2013 年 5 月 10 日所谓“台日渔业协定谈判”终于落幕，台湾马英九当局在没有得到大陆政府认可的情况下，再步汪精卫后尘，用中国领土私下与日本完成“领海划界”。至此，“台独”分子与日本右翼由偷偷摸摸的勾结变成公开的制度性勾结，由陈水扁时期的台海两岸的“外伤”变成“内伤”。更为严重的是，现在海上事端又由北而南转向菲律宾海：当年 5 月 9 日，台湾屏东琉球籍渔船“广大兴 28 号”在“重叠海域”遭菲国渔业局编号 3001 巡逻艇上的人员开枪射击，造成台湾船员洪石成不幸丧生。5 月 11 日，台湾当局向菲律宾政府提出“严正要求”的同时，马英九似乎是旧戏重演，又要求与菲“尽速启动‘台菲渔业协议’谈判”。温故可以知新。如果明白了 2008 年“钓鱼岛撞船事件”所包含的政治意义，我们就不能不对台湾当局与菲律宾今后互动的方向予以密切关注。

然而，应对这样的挑战也不难，我们只要将台湾当局的假动作变成真动作就行了。如台湾方面真要为中华民族争回钓鱼岛的主权，我们只需要告诉马英九先生：钓鱼岛是中国的领土，从法理上说，要谈也必须与拥有钓鱼岛主权的中国中央政府去谈；如果真要为中华民族争回失地，那好，“这就是罗陀斯！就在这里跳吧！这里有玫瑰花，就在这里跳吧！”[②] 从内地方面说，我们应对其为中国争取主权的行动予以坚决支持；如不便公开，那至少也要有当年毛泽东和蒋介石那样的默契行动。如果台湾方面拒绝或回避中国大陆方面的支持，决意就中国领土与日本谈判，那台湾的所谓“宣示主权”，如果不是另

① 台中央社 1999 年 8 月 10 日报道：李登辉当天在台“行政院”的一次演讲中说得明确：“要了解国家策略研究，最重要的就是要确立的定位、国家发展的目标。简单来说，就是中华民国在台湾要如何生存发展下去，我们必须坚定国家的定位、我们的生存及后续的发展。我们强调的是要如何演变中国大陆，将中华民国所得到的成果带到大陆，这也是中国统一的最重要的目标。”

② 出自伊索寓言：有个青年人，说他天生就是跳远健将，曾在罗陀斯岛跳得最远，还说有人可以见证。旁边有人对他说：“我们不需要什么见证，就把这儿当做罗陀斯，就在这儿跳吧。”这里是讽刺说大话而无行动的人，意为：若真有天大的本事，就在这现场露两手吧。

有所图，那至少就是媒体披露的“完全都是作秀”①。不管是前者还是后者，只要过过真招，其向北“暗度陈仓”的目的就会大白于天下，其“司马昭之心”在全体华人面前就会落个“千夫所指”的下场。

3. 亚太地区的结构性矛盾给中国统一台海预留着充分空间

尽管我们面临着繁重的祖国统一的任务，但在国际形势中同样存在着相当有利的机遇。

第一，在远东地区，中国永不孤独。20 世纪 30 年代末，日本建立的所谓“大东亚共荣圈”就是在与中国作对的同时，又无法调和日本与英美与苏联的矛盾而灰飞烟灭。与今日俄罗斯希望印度向南进取以冲击美国在印度洋的利益，昨日美国和苏联都希望日本南进以冲击英法利益的目的一样，今天我们在解决台湾问题上，俄罗斯会支持中国对台湾的主权诉求和相应的行动，这样有利于将美国的力量牵制在亚洲大陆的东南面，以缓解它面临的欧洲北约东扩的压力。印度对印度洋安全利益的需求会使俄国、中国、印度三国在东、南、西三个方向形成一个拱形防御弧，这有利于将西方压力有力地阻挡在遥远的海上。反之，如果同样的问题出在东北亚，俄国的态度就会十分不同，而美国则会找到 1972 年的感觉。

第二，在中南半岛，我们应该感谢邓小平同志对中国人民和亚洲人民做出的对中国和亚洲未来历史具有极其深远意义的贡献。20 世纪 70 年代末至 80 年代初的对越自卫反击战打破了越南将越南、柬埔寨、老挝三国整合为一个政治邦联体的企图。如果当时越南地区霸权主义的目标实现，那东亚大陆就会出现欧洲那种地理板块对称型破碎（比如德国、法国、西班牙、意大利等相互牵制）格局，这不仅对中国，甚至对稳定的亚洲政治的传统格局而言，无异于经历一次无法愈合的“骨折”。地缘政治的对称型破碎是大陆政治大规模持久动荡，及由此产生的某些文明失传的主要原因。比较四大文明古国，最先毁灭的是地缘政治破碎地带的中亚巴比伦文明；同样也正是地缘政治的对称型破碎特征才导致欧洲成了两次世界大战的源头。深受其苦的西

---

① 环球时报驻台北特约撰稿人周先报道：2008 年 6 月 16 日，台湾保钓人员带着大批媒体到钓鱼岛宣示“主权”，但根据 20 日出刊的《时报周刊》爆料，完全都是作秀，是台湾方面和日方协调好配合演出的假戏码，包括喊话、喷水、造浪、蛇行四大步骤都已经套好招。《台媒爆料：台日合演保钓大战假戏》，http：//taiwan. huanqiu. com/news/2008-06/144928. html。

方人为了其殖民利益，也将这种“己所不欲”的痛苦经验施用于东方，以造成便于控制的地缘政治形势。第二次世界大战前后，美国也曾想借力日本将西太平洋沿岸分裂出若干地缘政治板块，太平洋战争结束后苏联和美国也曾想促成国共以长江为界使中国一分为二，只是由于中国人民的抗日战争和解放战争的胜利才打破了上述企图，才保住了中国在东亚的主体地缘政治板块位势。[①] 而中国在东亚的主体地缘政治位势，不仅是历史的传承，更是东亚和平的保障。如果我们比较一下公元 843 年欧洲查理大帝的三个孙子一纸《凡尔登条约》将欧洲大陆版图一分为三后对欧洲带来动乱不断的历史，就会认识到 1979 年中国对越自卫反击战的实施及其胜利，对中国和亚洲的和平发展，对整个亚洲的稳定有着无论怎么估计都不会过高的深远意义。不然，目前位于南海所有国家间的战略平衡就会被破坏，今天不仅中沙群岛、南沙群岛，甚至马六甲海峡就不会有今天这样的稳定形势，我们今天解决台湾问题的难度也会大幅度增加。

第三，作为在雅尔塔体系中是中国的朋友，在台湾问题上又是中国的对手的美国，在 21 世纪初犯下了战略目标过大，并因此造成国力严重透支的失误。造成这样后果的原因是苏联解体使美国战略学界产生了狂妄自大的情绪。小布什“敢为天下先”，“9・11”后，他宣布以多个“邪恶轴心”为敌，美国从印度洋向中亚发起连续攻势，结果国力严重透支。

最后，必须提醒的是，在 21 世纪上半叶，乃至再近一些的二三十年内，中国东海战略的核心利益及与之相应的海洋战略目标就是实现祖国的完全统一，对中国这个目标感受最为敏感的是日本。但日本目前在东亚政治崛起的条件尚未成熟。尤其是在朝鲜强大后，从相当的层面上牵制了日本南进的势头。日本南面还存在着美国在冲绳的占领权、中国在台湾的主权对日本南进的拦截。从地缘政治看，中国在东亚占据主体板块，海岸线特别长，防御纵深辽阔，这些对日本都是绝对性的战略优势。今天东海的战略态势已与当年甲午战争时大为不同，在中远程导弹和潜艇技术发达的今天，日本拥有优势的海洋技术使用效果在如此靠近中国内地的海面上受到了相当大的制约，日本的海战能力也会随其近陆程度而递减。

---

① 参阅张文木：《“雅尔塔秘密协定”框架下的中国反分裂斗争及其世界意义》，载《领导者》，2009 年 10、11 月。

（四）两岸统一的紧迫性及其路径分析

1. 两岸统一是中国迈向强国目标的关键环节

目前的中国历史进程已将解决台湾问题提到迫切的议事日程，解决台湾问题已成为中国现代化事业无论如何也绕不过去的门槛，而目前台湾问题正在被“台独”分子向更加复杂化的方向推进，以至台湾问题成了中国解决整个海权问题的大纲，纲举才能目张。

我们要学俾斯麦统一国家的经验，在关键利益即在祖国统一问题上不惜代价。台湾问题是推进中国海权的关键性矛盾，而激化这个矛盾的主要外部因素来自台湾以北而不是以南。“台独”分子与日本右翼分子支持力量接榫的关键地带就是钓鱼岛。为此，中国加强黄海海区攻防力量配置便成了遏制“台独”的关键。加强这一海区的海防力量西可守御华北安全，南进则可切断“台独”与日本右翼的勾结。

中国东海战略力量的重要作用是牵制，牵制的目的在于不让台湾跑出祖国的怀抱，因此它是实现中国和平统一的关键力量。当年毛泽东留金、马于蒋介石，就是为了将台湾牵引在国家一边。我们常说“和平统一”，并不能理解为绝对排除军事手段。由于中国大陆与台湾地区之间的军事力量绝对不对称存在，在国家统一的方法上，和平统一，意味着中国政府可以暂时不采用当年“辽沈方式”解决问题，但这并不意味着也排除了借鉴当年毛泽东和平接收北平、西藏以及邓小平和平收回香港的成功经验。与当年施琅收复台湾的路径曲异而工同，“北京方式”的前提是辽沈战役的胜利扫清了解放北京的外围障碍，西藏问题和平解决的前提是1950年10月昌都之役的胜利，此役打开了进入西藏的东大门，[①] 门开而兵不入，这才有了和平的《十七条

① 昌都旧名察木多，藏语意为“河流交汇口”。中国汉魏时期，将以昌都县为中心的广大地区称为“康”。昌都所在地扼藏、川、青、滇四省区交界咽喉，辖三江（金沙江、怒江、澜沧江）流域、横断山脉要塞，是康巴地区的腹心地带，“茶马古道”的核心所在，为“西藏门户”。

协议》[①]。邓小平同志在香港驻军而不动武，这才有了香港的平稳交接。

其次，“和平解决”是有前提的，那就是大家还有统一的愿望。毛泽东1959年曾提出的“金、马、台、澎是一起的，现在统统归蒋介石管，将来要解放一起解放”[②] 的方案也基本是蒋介石不放弃一个中国原则，还想回来。依此类推，如果今后台湾当局还想把台湾带回祖国，那我们原来的“金、马、台、澎”一揽子解决方案仍然有效；如果他们已心猿意马，想跑，跑到别的国家去当“汪精卫”，那我们就不能死守旧章，中国统一路径就应与时俱进。当年达赖在没有公开打出分裂国家的旗帜之前，中央政府可以十分耐心地长期等待藏区的改革，但1959年达赖公开叛国并在国外打出分离旗帜后，中央政府就毫不留情地消灭了藏区分裂主义势力，提速藏区改革政策并建立了西藏自治区政府。台湾问题的解决方式变化也应当以不打折扣的“一个中国”的原则为界碑，以《反分裂国家法》[③] 为准绳。

现在我们对台湾当局的和平政策取决于他们对国家统一即“一个中国”原则的态度。我们两岸同胞应团结一致，将国家内部体制性矛盾暂时搁置，将民族矛盾作为共同目标，为收复国家尚未收回的岛屿（比如钓鱼岛）主权而协调（至少是默契）行动。谁都知道，没有中国大陆的力量，仅凭台湾一家难有作为。但如果是以体制矛盾为借口，想搞“台独”，那中央政府就应

① 1949年11月23日，毛泽东责成西北局讨论“经营西藏”问题并担负于1950年“秋季或冬季完成之”的解放西藏的任务。1950年1月毛泽东又电告西南局“如果没有不可克服的困难，应当争取于今年5月中旬开始向西藏进军，于10月以前占领全藏。”8月23日，毛泽东提出以军事手段为依托即“于10月占领昌都”以“求得和平解决”西藏问题的设想。但西藏地方政府不仅不与中央政府真诚合作，反而还对中央进藏部队无故进行有武装的阻拦。这迫使中央不得不考虑用非和平的方式解决问题，10月6日至24日发动昌都战役，歼灭藏军5 700余人，共俘高级官员20余名，此后，藏军主力基本歼灭。参阅《毛泽东西藏工作文选》，北京，中央文献出版社、中国藏学出版社，2001年，第4、6、23页。

② 《毛泽东在民主党派负责人座谈会上的讲话记录》（1959年9月15日），转引自逄先知，金冲及：《毛泽东传1949—1976》（上），北京，中央文献出版社，2003年，第878-879页。

③ 《反分裂国家法》是为了反对和遏制“台独”分裂势力分裂国家，促进祖国和平统一，维护台湾海峡地区和平稳定，维护国家主权和领土完整，维护中华民族的根本利益，根据《中华人民共和国宪法》制定。2005年3月14日第十届全国人民代表大会第三次会议通过，2005年3月14日中华人民共和国主席令第34号公布。自公布之日起施行。

依据《反分裂国家法》，将1959年毛泽东用于牵系台湾的“船拴”（即金门、马祖）进一步向东推进，学习毛泽东从昌都打开西藏全局的方式，借鉴施琅从澎湖破局继而和平收降台湾岛的历史经验，以最小的代价，进一步震慑“台独”分子的气焰，以实际行动支持在台主张国家统一的爱国力量，以最大的和平诚意得到海内外全体华人的理解并由此实现两岸统一。2007年11月23日，台军宣布准备从蒋介石曾决心誓死“保卫”的金门岛撤兵，从现有万余兵力裁减后可能剩下5 000~7 000人，[①] 其意在通过将其实际边界东移的方式与大陆拉远距离。两岸的这个“距离”在消除之前，是不能被拉远的：如果金门已起不到拴住台湾的作用的话，那就得考虑继续向东寻找新的“船拴”；即使我们不直接“登船”，但决不能让台湾这条船离岸远去。而牵系这条“船”的，除了我们两岸同胞的诚意外，就是在战略和策略上灵活机动的中国东部海域的战略力量。

在南海方面，中国与南海国家的矛盾，与当年的中印矛盾一样，多属第三世界内部的矛盾，而与美国的矛盾具有既是雅尔塔“利益攸关方”，又是冷战对手两重性质。在台湾南面的东盟国家本身并不缺少“出海通道”，因而对台湾的战略需求远小于日本，他们只会观望而不会给“台独”以倾力支持。东盟考虑的只是从两岸分裂和中美矛盾中获得中间利益，两岸统一和中国强大更可以大规模增长他们的“中间利益”。因此，两岸统一，他们也会乐观其成。历史经验告诉他们，中国拥有台湾远比日本占领台湾更有利于东南亚的和平与繁荣。

20世纪初的日美关系是1895年甲午战争和1905年日俄战争后才定下基调的。美国西奥多·罗斯福告诫塔夫脱：亚洲大陆的利益对日本是生死攸关的，而美国在那里的利益，特别是在满洲的利益“实在不重要，而且美国人民也不会甘心为它冒导致冲突的最低限度的风险”。罗斯福建议塔夫脱将东北亚让给日本。[②] 现在日本围绕台湾问题又在不断测试中国底线，如果中国赢得了这次挑战，也就赢得了中美在太平洋合作的前提。

未来二三十年中，台湾问题已成为中国实现现代化和强国目标的障碍，

---

① 大公报：《金门撤兵一半？透析台军险恶用心》，http：//www. chinataiwan. org/plzhx/jshgch/200711/t20071123_ 489723. htm。

② 参阅［美］孔华润：《美国对中国的反应——中美关系的历史剖析》，张静尔译，上海，复旦大学出版社，1989年，第71-72页。

且不说经济走向世界，就说我们海洋战略力量及其技术效力也因缺少可控的深海空间而大受限制。这对对外经济依存度已接近 40%的中国而言，其风险是不言而喻的。现代海洋技术的发展对海区深度要求也越来越高，没有深海，有些战略性海洋技术，即使开发出来，也无法自由实验和运用。[①] 也就是说，没有深海就没有当代海军技术培育和运用的基地。因此，两岸统一，不仅仅是主权的问题，就现实性和紧迫性而言，它又是海权和制海权问题。中国的“沿海”本来就在台湾东海岸，这里既是东方太阳升起的地方，也是中国海军起航的地方。所以，当代中国海军突破海上链条封锁是一个很硬且不能回避的任务，其关键突破环节，就是两岸统一。

2. 钓鱼岛及其附属岛屿回归中国是两岸统一的重要条件[②]

中国海区按其地理位置和自然特征，如果不考虑内海渤海，可分为黄海、东海、南海三大海区。

黄海历来是中国国防的“命门”，当然也是中国近代海权的“软肋”。黄海关乎东海的稳定和台湾地区的安危。日本近代攫取中国台湾就是从控制黄海制海权开始的。第二次世界大战后，日本在台湾问题上仍野心不死，而切断日本南取台湾的关键，还是对黄海的控制。这是从制海权的角度考虑。如果从制陆权的角度考虑，黄海不仅毗邻中国经济发达的江苏和山东两省，同时也是京、津等重要城市的海上门户。在此区域发生的任何军事行动都对中国政治安全有着全局性的严重威胁。

历史经验表明，黄海动则台湾动，而台湾动则中国动，中国动则东亚动。因此，近代以来的远东均势格局决定性的转折——比如 1895 年的甲午战争、1950 年的朝鲜战争——都是从黄海开始的。对此，日本军事历史学者司马辽太郎看得明白，他说：“谁控制了黄海，谁就主导了在东北亚大陆说话的话

---

① 中国海区按其地理位置和自然特征，分为渤海、黄海、东海、南海四个海区。渤海较深处为 20~35 米，黄海平均水深 44 米，最大深度在济州岛北侧，约 140 米。东海平均水深为 370 米，最深处是东海海槽，最大水深 2 719 米。南海平均水深 1 212 米，最深处大致位于中部，达 5 559 米。参阅靳怀鹏，刘政，李卫东：《世界海洋军事地理》，北京，国防大学出版社，2001 年，第 55、57、60、61 页。

② 此部内容分刊发于《中国国防报》2013 年 2 月 19 日。

语权。”①

控制黄海的目的在于从侧翼保护台湾。台湾是西太平洋海权的关键环节。中国实现两岸统一后，制海范围就可直推至台湾以东的深海区，并对台湾以北的宫古海峡和南边的巴士海峡施加影响。如此，中国黄海、东海和南海的海上国防力量就可以形成合力，并使中国海南岛、台湾岛和辽东半岛得以联动，形成汉代贾谊所说的“如身之使臂，臂之使指，莫不制从”② 之势。唯有将黄海、东海和南海视为一体并使之相互呼应，长期拖延的南海主权问题才能顺利解决。

朝鲜半岛位于中国黄海的北翼，而黄海的安危事关东海的稳定乃至中国台湾的安全，台湾的安危更是事关中国在西北太平洋的海上安全。如果将中国大陆沿岸和西北太平洋衔接“三海”即黄海、东海、南海看作一个连续的整体，我们就会发现，辽东半岛犹如人的肩膀，黄海犹如连接肩膀的上臂，南海部分则相当于下臂，海南岛相当于手掌；而位于东海的台湾则是连接和联动上下臂的肘关节：黄海失，则台湾不保；台湾失控，中国在南海则不能持续发力。由此，两岸统一就成了中国在西北太平洋制海权有效发挥的关键环节。

在台湾南北两段中，台湾以北是中国贯通西北太平洋制海权的主要矛盾所在，而台湾北侧的钓鱼岛及其附属岛屿则是主要矛盾的主要方面。也就是说，不管是对日本还是对中国而言，控制了钓鱼岛及其附属岛屿就接近控制了台湾，而控制了台湾，也就控制了沿中国海岸的西北太平洋的制海权。

随着 15、16 世纪的地理大发现，世界进入海权时代，欧洲海权大国来到远东，荷兰东印度公司为了控制中国、日本与南海的贸易线，于 1624 年侵入台湾，盘踞台湾 37 年。1874 年日本第一次出兵侵略台湾，就是 1872 年吞并琉球后的逻辑结果。1895 年日本攫取中国台湾就是当年甲午战争胜利的直接后果；1951 年，美国介入朝鲜内战，也是从封锁台湾海峡开始。

对于中国而言，正是由于两岸分离才使中国在南海的实力受到很大的限

① 转引自《日本知名学者：谁控制了黄海谁就主导了东北亚》，http：//news. ifeng. com/mil/4/detail_ 2010_ 08/09/1910806_ 0. shtml。

② 《汉书》卷四十八《贾谊传》，《二十四史全译 · 汉书》（全二册），上海，汉语大词典出版社，2004 年，第 1053 页。

制。在南海方面，中国面临两个战略通道：一个是进入太平洋的最近通道巴士海峡；另一个就是进入印度洋必经的马六甲海峡。马六甲海峡离中国大陆过于遥远，其矛盾性质也不同于东海，中国当用团结南海国家的方法，共同维护这一地区的通道安全。

在“三海”中，中国面临的国际矛盾不同。如果以台湾为中界，在台湾以北的黄海和东海需要完成的主要任务是实现两岸统一，在这方面中国面临的主要对手是日本。我们知道，台湾回归中国是第二次世界大战中反法西斯同盟国共同建立的“雅尔塔体系”的重要成果，是目前世界各国反复声明的“一个中国”原则的法理基础，也是联合国接纳中华人民共和国而拒绝台湾当局进入联合国的法理基础。

日本——与美国和东南亚诸国不同——从1972年至今仍坚持不承认而只是“理解和尊重”中国关于“台湾是中华人民共和国领土不可分割的一部分”的立场，这表面上看是挑战中国，究其实质是在挑战第二次世界大战胜利国建立的“雅尔塔和平体系”。

日本是“二战”中亚洲唯一与德意法西斯签订同盟条约的国家，因此，日本颠覆战后“雅尔塔和平体系”的举动，引起的不仅是中日之间而且是日本与整个亚太国家和地区的矛盾。和平体系一定是法权体系，远东的雅尔塔法权体系是以镇压和剥夺日本法西斯及其权利为前提的，而现在日本要利用“冷战”与美国绑在一起来颠覆这个前提，在俄罗斯南千岛群岛、韩国独岛、中国钓鱼岛及其附属岛屿等提出所谓“主权”的要求，其结果是日本更加孤立。

在这样的历史背景中，在钓鱼岛及其附属岛屿的主权问题上，中国索要的只是半个多世纪前“雅尔塔体系”赋予中国，而中国却没有获得事实享用的利益，这样的要求有理、有利、有节，因而是得道多助和有胜算的。在台湾问题上，亚洲国家宁可接受一个资源供给丰富且有巨大回旋余地的中国，也不愿接受资源奇缺和生存空间狭小的日本。

在台湾以南的南海地区的矛盾相对比较单一，这里并不存在与“雅尔塔和平体系”相矛盾的国家。本质上是可调整的同一法权体系内部矛盾。正因此，日本在钓鱼岛问题上的立场并没有得到东南亚国家的响应。更由于这些国家与中国有着深厚的历史渊源关系和地缘政治上对中国有着相互依存的需求，它们（与日本不同）中的大多数国家始终与美国遏制中国的“冷战”政策保持相当的距离，其原因，用越南前国防部长范文茶的话说就是“天堂很远，中国却很近”①。

有鉴于此，目前美国重返亚太的政策并没有得到大多数东南亚国家的积极响应，也正因此，美国更希望中国与东南亚国家发生冲突，让中国在冲突中为美国“‘为渊驱鱼，为丛驱雀’，把‘千千万万’和‘浩浩荡荡’都赶到对手那一边去，只博得对手的喝彩”②，将本不愿紧跟美国的大多数南海国家推向美国，并使其与日本形成南北战略互动，使我们解决台湾问题面临的形势更为困难。对此，中国应予以高度警觉。

综上所述，我们可以得出这样的认识：第一，黄海、东海和南海对中国海权建设而言是一个整体，而不是相互分立的三个海域，台海两岸的国家分裂是中国“三海”不能形成一体联动的关键环节，因而两岸统一是南海和东海所有问题解决的主要矛盾，而钓鱼岛及其附属岛屿的回归则是主要矛盾的主要方面。第二，南海和东海问题属不同性质的矛盾，前者是可调和的“雅尔塔和平体系”内部的矛盾，后者是具有根本性且不可调和的“雅尔塔体系”以外的矛盾，其间，一直试图颠覆第二次世界大战中亚洲人民反日本法西斯成果的日本比较孤立。第三，东海问题的解决应优先于南海。

钓鱼岛及其附属岛屿是中国从东海进入太平洋深海海域最近的岛屿，因而是必须全力维护的关键地带。通过它，中国海上力量可东进深入太平洋深海海域，南折进入巴士海峡的东北口，由此既可对台湾东海岸实行有力保护，也可从外围与中国在南海的战略力量相呼应。

钓鱼岛及其附属岛屿与日本本土相距近千千米，而距中国大陆（温州市）仅有 300 余千米，属中国须倾其全力保卫的核心利益。钓鱼岛及其附属岛屿离日本的盟国美国的本土更远，不属美国的核心利益，美国不会——除非出现像希特勒那样对苏联失去了起码判断力的领导人——也不值得在此与中国发生全面冲突。

太平洋战争后，冲绳为美国所占领并成为美军军事基地至今。这名义上

---

① 《越南眼中的中美抉择：天堂很远 中国却很近》，http：//news. ynet. com/world/view. jsp？ oid＝69772619。

② 毛泽东：《论反对日本帝国主义的策略》，见《毛泽东选集》，第 1 卷，北京，人民出版社，1991 年，第 155 页。

为遏制中国，其实连日本也明白，它还有监控日本的作用：美国要防止日本咸鱼翻身，尤其要防止日本核报复美国。驻扎在冲绳的力量不足以阻止中国近岸乃至近海的海上力量发挥，却足以遏制日本南下。

对中国而言，钓鱼岛及其附属岛屿是日本与台湾的“接榫”地带，日本对钓鱼岛的企图本质上是对台湾的企图，因而钓鱼岛及其附属岛屿的归属与两岸统一以及由此带动的中国西北太平洋海权建设是一个不可分割的整体。因此，中国推进“三海一体”建设的关键在两岸统一，而实现两岸统一的重要条件是实现钓鱼岛及其附属岛屿的回归。

在邓小平同志的战略思想中，台湾问题是中国海洋安全战略中的瓶颈因素，是中国打开西太平洋海权困局的破局地带。他告诫在两岸统一问题上“对美国一定要有最坏情况的打算。不要怕中美关系倒退，更不要怕停滞。对在停滞、倒退的情况下如何同美国交往，要认真准备。中美关系中突出的问题是台湾问题”[①]；两岸统一“不能排除使用武力，我们要记住这一点，我们的下一代要记住这一点。这是一种战略考虑”[②]。

战略考虑就是对主要矛盾及其主要方面的考虑。邓小平同志的考虑是清醒的。东海和南海出了那么多问题难以解决，究其原因是台湾问题的牵制。如果中国完成了两岸统一，台湾这个“肘关节”得以“痊愈”，那么从辽东半岛经台湾岛至海南岛之间就会连为一体，其间的海上力量就会形成巨大的合力，并对中国东南经济黄金地带构成一个宽阔的拱卫海区，在此基础上，东海和南海其他问题的解决也就相对容易得多。

邓小平同志是从“三海一体”的大格局中把握中国面临的海洋岛屿争议问题，而且还将解决台湾问题看做是破解这错综交织矛盾的关键环节，是诸多矛盾中的主要矛盾。与此相对应，邓小平在东海、南海岛屿问题上提出“搁置争议、共同开发”的政策。

台湾是亚太大国博弈的中枢。通过控制台湾牵制中国南下南海和遏制中国东进太平洋，至今还是美国没有放弃的战略。与此同时，我们也要看到它也有其不便说明的，遏制日本军国主义复活、在冷战期间防止苏联或日本再

---

① 中共中央文献研究室编：《邓小平年谱（1975—1997）》（下），北京，中央文献出版社，2004年，第748页。

② 邓小平：《在中央顾问委员会第三次全体会议上的讲话》，见《邓小平文选》，第3卷，北京，人民出版社，1993年，第87页。

次南下南海的战略目标。

但是，与日本的地缘政治需求不同，台湾并不处在美国核心利益的线路上。只要不影响美国核心利益，美国就不会为台湾动用全部力量。太平洋战争后期美国反攻日本的时候，就没有选择离日本更近的阿拉斯加而是从中太平洋发起攻击，因为在这一带有美国必须死保的海上运输线。

可以断定，未来阻挠中国两岸统一进程的主要力量来自美国。但与日本相比，由于台湾不在美国核心利益线上，非核心利益就不会动用无限手段，因此，美国未来用于支持台湾分离势力的资源绝不会大过朝鲜战争，更不会大过越南战争；这是由于美国的有效力量延伸不到台湾，这与美国的有效力量延伸不到朝鲜一样。

台湾是中国的核心利益，核心利益可以用无限手段——且不说台湾就近于中国大陆，中国有的是时间以逸待劳，而美国为台湾则要劳师远征。对美国而言，台湾只是用于北御日本和俄罗斯、西阻中国的“虚子”。既然是“虚子”，美国就不会全力以赴。

有人会说，美国是海权大国，这话没错。但矛盾是可以转化的。我们战略研究的中心任务不是制造矛盾，而是转化矛盾，将矛盾转化为有利于自己。我们知道，绝对的制海权是以绝对制陆权为依托的[①]。近代史上英国海权实践的成功经验表明，绝对制海权的实现永远需要绝对制陆权的配合，正如19世纪的英国在印度洋的绝对制海权正是依托其在印度大陆的绝对制陆权而实现的道理一样，用于支持海上作战的岛屿资源的总量决定海上战斗力持续时间的长短。而中国大陆对其近海的作战力量的资源供给线最短，其资源供给量近乎无限。与美国相比，中国在其近海的制海权具有美国无法比拟的天然且不可抗的优势。美国无疑是世界海上强国，但具体到中国东部近海海域，美国的海上优势就会在此大打折扣。

事实证明，美国在20世纪50年代的“对台政策”是其背上至今不能卸下的沉重包袱，更令美国没有料到的是，美国在与苏联和中国对抗并消耗自身国力的同时，欧洲却携欧元快速走向统一。可以断定，随着时间的推移，美国在今后逐渐脱手台湾只是个迟早的问题。

---

① 张文木：《“天安舰事件”后东亚战略形势与中国选择》，载《太平洋学报》2010年第11期，第54页。

如上所述，台湾虽不在美国核心利益线上，但却处于日本南下南海和中国东进太平洋的两条核心线路的交叉带上。除了主权因素外，台湾不仅是中国打开中国西北太平洋制海权的关键环节，它更是中国进入太平洋深海海区最便捷的门户。目前，中国制海权最大的制约因素是缺乏对深海的制海能力。而没有深海，中国最具威慑力的海上战略力量就无法充分施展。

从近现代中国分裂的导火索多来自海上入侵，以及 2011 年利比亚因失去地中海制海权而陷入内战的经验看，实现从辽东半岛经台湾岛至海南岛的无缝链接，是中国新世纪顺利成长为有影响力的世界大国必须完成的国防任务。

最后，必须提醒的是，目前我们所讨论两岸统一的历史背景前提，是日本北方四岛归属的争议尚未解决，朝鲜半岛尚未统一；而在可预见的时期，这个前提不会改变。但是，北方四岛争议的解决、朝鲜半岛的统一，与台湾回归中国一样，是或迟或早要发生的事。① 对中国具有紧迫意义的是，如前两者的出现早于中国两岸统一，那时台湾问题向有利于中国方向解决的难度将会成倍地增大。②

历史的量变是漫长的，但历史的飞跃却是突然和出乎意料的。2008 年 8 月 8 日，就在第 29 届奥运会在“同一个世界，同一个梦想”的主题下在北京开幕的同时，格鲁吉亚在南奥塞梯与俄罗斯爆发大规模冲突。这个突发性事件向我们警示；国家危险不知什么时候就会降临，对此，对中华民族有历史责任感的人，都要对祖国两岸统一有时不我待的紧迫意识。

至此，我们已完成了建立 21 世纪上半叶中国海洋安全战略的原则和条件的讨论，要点总结如下：

---

① 在美国门户网站雅虎 2008 年 8 月 18 日刊出的对韩国总统李明博的专访中，这位 66 岁的韩国总统将朝鲜人民称为“我们的兄弟姐妹”，他对统一的期许引起了法新社等国际媒体的关注，他说：“我相信在我有生之年一定会看到韩朝统一，统一契机随时都有可能到来，因此一定要时时为统一做好准备。”《李明博：我有生之年会看到韩朝统一》，http://world.huanqiu.com/roll/2008-08/198603.html。

② 关于一个中国的立场，笔者注意到，在与中国建交的文件中，日本的表述是“理解和尊重”，韩国只是“尊重”。《中韩两国建交联合公报》第二、第三条称：“二、中华人民共和国政府和大韩民国政府同意根据《联合国宪章》原则，在相互尊重主权和领土完整、互不侵犯、互不干涉内政、平等互利、和平共处原则的基础上发展持久的睦邻合作关系。三、大韩民国政府承认中华人民共和国政府为中国的唯一合法政府，并尊重中方只有一个中国、台湾是中国的一部分之立场。”参见《人民日报》，1992 年 8 月 25 日，第 1 版。

（1）中国现代化进程已不容我们忽视海权，这是国际海洋法赋予中国的合法海洋权利；不容我们忽视制海权，这是中国实现国际海洋法赋予中国的合法海洋权利的必要手段。

（2）实现中国海权和制海权目标的关键环节，是中国两岸统一。

（3）目标决定对手：中国实现制海权的战略压力来自美国，但在实现两岸统一进程中的直接障碍将来自日本。美国担心的是中国在台湾以南即南海的制海权扩展，而日本担心中国制海权从台海东进。对中国制海权适度东进的接受程度美国高过日本。因此，在中国实现两岸统一的目标上，美国是主要矛盾，而日本则是主要矛盾的主要方面。19 世纪 90 年代日本在甲午战争中一举确定了与中国的关系后，美日在西北太平洋的关系也就大体确定。只是当日本 1940 年大举南下时，美日矛盾才日渐激化。在今后，只有日本承认了中国拥有台湾主权的立场，美国在中国台湾问题上的阻力才会相应缓解。中日关系的最终定位是中美关系最终定位的前提。

（4）好朋友，勤算账；好邻居，勤打墙。东海形势，千变万化，但有一点可以肯定，那就是，在日本不明确承认中国关于“台湾是中华人民共和国领土不可分割的一部分”的立场之前，中日之间的“战略互惠关系”，就难有实质性的成效。

对此，我们当有预案。

（五）两岸统一后，中国海洋安全战略应做收缩性调整

“自古不谋万世者，不足谋一时；不谋全局者，不足谋一域。”① 我们谋划两岸统一，必然要着眼于谋划亚太和中国统一后的亚太和平。有方向的和平是所有战略的终极目标。

那么，两岸统一后，中国的海洋安全战略是否应当有所调整呢？回答是肯定的。因为这涉及 21 世纪中国在世界上的定位以及中国发展的方向。

关于此间的中国海洋安全战略设计，我们要牢记毛泽东同志给我们留下的“深挖洞，广积粮，不称霸”的国训；要牢记邓小平同志为我们定下的百年目标是“中等发达国家”，而不是世界霸权国家，是有限目标而非无限目

① “不谋万世者，不足谋一时，不谋全局者，不足谋一域。”（清）陈澹然《寤言二迁都建藩议》。参见苏若舟，柯理：《军事成语》，太原，山西人民出版社，1983 年，第 82 页。

标；中国要牢记古罗马、英国等因过度将国家力量倾注于海上而衰落的教训；要牢记俾斯麦德国在国家统一前不惜“铁血”，而在国家统一后则坚持地区性守成，不四面树敌，用“双保险条约”① 最大限度地孤立对德国统一最为不满的法国，并由此使德国统一成就得到巩固的经验，以及威廉二世和希特勒因急于称霸世界又使德国衰落的教训；我们更要避免重蹈美国在赢得太平洋战争和与苏联的冷战后忘乎所以，“乘胜追击”并由此栽在朝鲜、越南和伊拉克的覆辙。两岸统一后，中国更要长期采取地区性守成和大国多边协商的外交政策。

为此，中国决不要摆脱仍在发挥建设性作用的雅尔塔体系框架，② 在不打破俄罗斯、中国、美国战略合作框架的前提下长期采取地区性守成政策：在南海与美国合作的同时团结和善待东盟国家，为他们秉持公道；在东北亚与俄罗斯合作，维护远东雅尔塔和平框架，消融冷战框架，以巩固和消化中国两岸统一成果。

我们应记住，与美国、英国不同，而与古罗马、法国、德国等国家相似，中国是一个陆海兼备的国家，在相当长的时期内，尤其是在 21 世纪前半叶，我们只能在最核心的利益，比如在台湾问题上可以采取完全和强有力的攻势，因为台湾主权归属中国是雅尔塔体系规定、得到美国和俄国承认并且是中国力所能及的目标；而在东北亚、南海和美俄核心利益线上的中亚地区，甚至更远的其他海区则采取“有利、有理、有节”的威慑性守势；即使如 1950 年抗美援朝那样的迫不得已的攻势，也要争取至少一个大国的真实默认或支持；即使有了这样的支持，也要极为节制，更不可走得太远，不然，我们就可能得鱼忘筌，最终连两岸统一的成果也保不住。

在远东地区，我们尽可能延长、维持和利用远东雅尔塔体系的稳定作用——这是历史留给中国现成的和合法的“双险条约”——尽可能长时期地孤

① 德国宰相俾斯麦为孤立对德国统一最为不满的法国，1879 年德国同奥地利签订结盟条约，保证奥国在德、法战争中保持中立；1887 年 6 月 18 日德国又同俄国签订密约，俄国同意在未来德、法战争中保持中立。德国使自己刚刚统一的成果获得了双重保险。俾斯麦去职后，德国威廉二世放弃双保险政策，走上争霸世界的道路，导致德国在第一次世界大战中的失败。

② 参阅张文木：《苏联后的世界政治及其误判》，见《全球视野中的中国国家安全战略》（上卷），济南，山东人民出版社，2008 年，第 109-117 页。

立对中国两岸统一抵触心最强（而不是意识形态与我们不同）的对手国家（近代日本给亚洲带来的灾难，就是由1894年和1902年日本与英国签约结盟开始的）并最大限度地缩小其负面影响，其目的就是用相当长的时间巩固和消化两岸统一的成果并让更多的亚太国家适应和接受这一无损于亚太和平的现实。

最后，与近现代史中法国、德国支持沙俄在远东扩张、苏联和眼下的俄罗斯支持印度向印度洋发展的政策相似，鉴于北冰洋变暖加速和北极航道的运输功能日益提升的趋势，支持俄罗斯在北极航道上的诉求的政策，中国参与北极开发而又不在其中担纲，应当是有利于中国长远利益的外交选择：这可以大大缓解俄中双方在边境地区的防务压力，中国还可由此换取俄罗斯对中国两岸统一和南海主权立场及相关政策的支持。

总之，在世界范围，中国要秉持公道，伸张正义，在中国周边坚守平衡和谐的外交政策。行稳致远，争取让世界、亚太国家，尤其是让台湾同胞[①]更多体会和分享因中国两岸统一给他们的发展带来的好处，并由此在世界，首先是在亚太地区探索出一条不同并优于近代西方道路的更为可持续的发展道路。

① 笔者坚持用“台湾同胞”而不用“台湾人民”的概念，因为“人民”是一个政治主体的概念。在目前台海两岸政治主体只能有一个，而不能同时有两个。这个政治主体就是中华人民共和国。

附　录

讲座

论正在崛起的中国及其经营和治理世界能力预备

——在清华大学新闻与传播学院的讲座①

经济全球化带给中国人认识论的最大变化就是中国人开始自觉或不自觉地从全球的视野观察问题，而经济全球化给世界造成的大量灾难性的问题又使中国人自觉或不自觉地从全球的角度处理这些问题。处理世界性问题是一种能力，对于国家而言，就是国家经营和治理世界②的能力。任何国家，尤

---

① 本文是笔者根据在清华大学新闻与传播学院的讲座稿整理而成，收入本书前再做修订。讲座时间：2005 年 4 月 7 日。本文主要内容刊发于《清华新闻传播学前沿讲座录》，北京，清华大学出版社，2006 年。

② 笔者在此提出“经营和治理世界”的概念并赋予其特定的含义。经营世界，是各主权国家共同参与世界事务的权利和实现这种权力的行为，而治理则在一定程度上有了主导的彩色，但还是属于“共治”的范畴。在正常的情况下，二者都不影响国际主权的完整性，它只是各主权国家认知和参与世界事务的民主权利的表现形式。经营和治理世界是各主权国家应当享有的平等权利，是国际民主的重要表现，因此，国家不分大小，也不管愿意与否，都必然要有自己参与和经营国际事务的世界观。但“权利永远不能超出社会的经济结构以及由经济结构所制约的社会的文化发展”。理论上绝对和无差别的平等权利，在实践上还只能是相对的和有差别的。且不说当前的世界，即使是在“按劳分配”的社会中，诚如马克思在《哥达纲领批判》中所分析的那样：“平等就在于以同一的尺度——劳动——来计量。”劳动成果相同，从而由社会消费品中分得的份额相同，由于人的能力从而贡献不同，人之间得到社会产品分配的权利就会不同，因而他们理论上的平等权利，在事实上就是不平等的（参见《马克思恩格斯选集》，第 3 卷，北京，人民出版社，1972 年，第 11-12 页）。如果将马克思的分析应用于世界政治的研究，由于各国实现其平等权利的能力存在差别，理论上绝对平等的国际权利，在实践上也是无法同额兑现的。国家不分大小，都有经营和治理世界的权利，但不一定都有担负起同额责任和义务的能力。对其相应责任和义务不能同额兑现的国家，其权利也就在事实上得不到同等兑现；而对世界和平和进步做出贡献较大、所尽义务和责任相对多些的国家，必然要在世界政治中被赋予较多的主导权。世界政治的主导权——比如第二次世界大战中同盟国中苏、美、英、中等国处理世界政治的权力——是国际社会认可或事实上认可的一种权力但不是权利，是一种国际社会共识或默契后的事实授权。但话又说回来，这种大国主导世界权力的过度伸展往往会异化为世界霸权。霸权形态下的世界经营和治理行为往往掺杂着霸权国家破坏他国主权完整的内容。霸权是对各主权国家平等参与经营和治理世界事务的民主权利的破坏、歪曲和践踏。因此，中国外交应当坚持反对霸权主义，但同时也不应当回避而应当依据所担负的国际责任和义务积极运用其相应国际主导权，为国际社会秉持公道、伸张正义。

其是有世界影响力的国家，都有治理世界的能力及其塑造的理论。在这方面，英国人和美国人已有相当的经验。无疑，深化这方面的学习和研究对于“坚持用全球战略眼光观察和谋划国内发展和对外开放，努力实现我国经济社会又快又好地发展”[①] 是绝对有益的。

一、资源的绝对有限性与资本发展的绝对无限性的矛盾是当前国际矛盾产生的重要根源

中国的崛起拉动着世界舆论。面对中国的发展，东西方世界近在咫尺，而双方认识却远在天边。中国的报纸引用美国对中国如何好的评价，但同时又发现西方人在表扬中国的同时却在不断说中国“威胁”。其实，这里头都有误解的成分。

在不同时期，资源短缺有不同的表现内容。近代资本主义兴起之初，短缺的是市场。那时还没有深化的市场，整个殖民地是自然经济。因而世界市场是平面的浅层市场，非常表面化。我们过去说农村是个广阔的市场。但是，中国的农村那时并不是广阔的市场，而是自然经济条件下的剩余产品的交换场所。自然经济就不可能是广阔的市场，因为它不是为利润而生产，商品交换只在非常有限的剩余产品的范围内进行。近代资本主义殖民地也是那样，宗主国家扩张得越广泛，市场就越大。如果没有纵向市场，或者说深度的市场，宗主国只有靠量的平面扩张来扩大市场。于是，各宗主国的殖民地扩张都非常厉害，各帝国主义国家争夺的都是殖民地。第二次世界大战以后出现一个重要变化，就是原殖民地都组成国家，有了主权。这样它们自己就可以开发自己的国内市场。于是亚洲崛起了，这对世界的意义在于，它同时也是国际市场的崛起。市场崛起，南方国家购买力就增加了，市场短缺的矛盾相对缓和。但另一种矛盾也出现了，这就是在市场有力的拉动下资源短缺却成了制约发展的主要矛盾。

大家知道，人饿的时候，第一个需求，就是增加自己的食物总量。处于

① 中共中央政治局2005年5月31日下午进行第二十二次集体学习，中共中央总书记胡锦涛主持。他强调，在新世纪新阶段，我们要紧紧抓住和切实用好重要战略机遇期，实现全面建设小康社会的宏伟目标，必须继续毫不动摇地实施对外开放的基本国策。要从树立和落实科学发展观的战略高度，立足国情，扬长避短，趋利避害，坚持用全球战略眼光观察和谋划国内发展和对外开放，努力实现我国经济社会又快又好地发展。来源：《胡锦涛：全面提高对外开放水平》，http：//politics. people. com. cn/GB/30178/3435351. htm。

自然经济时期的亚洲国家及整个第三世界国家，主要矛盾是生产力及相应的产品总量不足。这使他们跟资本主义国家竞争的时候，总处于弱势。

那时我们提出的口号是：革命就是解放和发展生产力，认为只要生产力上去了，其他一切问题便迎刃而解。但等我们生产力发展起来了，正如一个人一样，小时候我们缺的是力气，等长大以后，肠胃消化功能非常好了，这时却发现缺少的不是力气，不是劳动能力，不是技术，这些我们都有了，这时我们缺的是“粮食”即支撑发展的资源。正如孩子小时，母亲又开始希望孩子快快长大，将来能做顶梁柱。孩子长大了，母亲焦虑家里粮食不够。现在是，中国长大了，长成小伙子了。由于长得太快了，他还没有作成人的思想准备。在成人节上还有些腼腆，声称我还小，我不会为吃饭与大家打架。现在西方世界捧中国是制造工厂，夸中国人能干，把重担压在中国人头上，这没什么问题。但能干的人饭量也大，这时西方人就不行了，中国向世界多要点资源，他们就说中国“威胁”。

中国人确实是很聪明。毛泽东同志说，从战争中学习战争，面对“三座大山”的压迫，中国人不仅学会了战争，而且一打到底，也学会了造原子弹，造得也快。从小米加步枪起步打败了日本人，打败了蒋介石，并且打败了有原子弹的美国人。此后没人敢再欺负我们，也没了美国人、日本人敢在中国土地上强奸中国女生的事件。尼克松见毛泽东时紧张得不得了，美国人到现在都害怕既驱虎豹，又打熊罴的毛泽东。后来，中国人又觉得经济不行，不如西方。于是中国人以西方为师，学经济，现在经济也起来了。

西方人跟中国人竞争，在战略思维方面不是对手。亚洲人极聪明，为什么呢？亚洲的文化底蕴厚。现在我们只知工业全球化，其实中世纪历史上还有个农业全球化。那时谁采取农业生产方式，谁就会获得强势发展；反之，就必然灭亡。那时，大凡入侵到农业国度的非农业民族，尤其是游牧民族，都被迫采取了农业方式，一采取农业的方式，就获得大发展。那时候农业生产方式是世界最强势的生产方式。因为这种生产方式能较快地通过土地税赋聚集资源。一个国家要成为世界性大国，第一要务，是要有一定的方法把尽量多的资源集中到自己手里。土地是中世纪财富的主要源泉。那个时候，农业民族以经营土地为专长。地多粮多，粮多人多，人多税赋和兵丁多，兵多将广，国势就会强盛。亚洲人曾在世界农业全球化浪潮中独领风骚。华夏体系主要就是围绕土地资源而建立的汲取资源的世界治理体系，所以中世纪的中国就是亚洲的中心，也是中世纪世界政治的中心。

大家看看历史，世界四大文明古国中，从巴比伦、埃及始，依次衰落，近代留下的就是印度和中国。印度先于中国衰落，并且落了个完全殖民地地位。由于中国在这次农业全球化浪潮中挺到最后，这使中世纪中国在衰落之后还能在亚洲留下这么一份深刻影响东亚的中华文化遗产及与之相应的华夏文明体系。我们不要简单地认为这份遗产中的内容只是一些“阿弥陀佛”，也不要以为孔夫子就是老夫子。远不是这样。

在大国兴衰史中，被打败并由此衰落的多是富国。中国是世界中世纪农业全球化的重要发源地和最后堡垒，英国工业革命成功之后不久，中国农业文明在西方的隆隆炮声中轰然坍塌。这并非我们的 GNP 不够，而是我们的自卫能力不足。[①] 八国联军进中国的时候跟叫花子一样，见咱们紫禁城内大缸上的金子都要刮，见什么都抢。那个时候文化我们高：咱们宫女都会背唐诗，这些入侵者多数肯定不会背莎士比亚。他们凭过来的几只船，就能把我们打败。所以，我说财富是随着暴力走的。谈不通就打，打完了以后财富就过去了。历史的规律就是这样，因为政治妥协是有底线的。西方就这样用暴力整个把东方的财富转移到西方[②]。从大历史看，东方向西方的财富转移，中间有一个环节，就是十字军东征，这场长达 200 年的西方远征，把中东阿拉伯的财富转移了过去，经意大利转到欧洲，形成欧洲较早的资本主义原始积累。

工业革命在大不列颠登陆成功之后，旋即席卷世界。这就是现在人所说的“经济全球化”浪潮及其相应的文明形式。中国开始是被迫后来便是批判地接受了这种文明的合理内容。党的十四大之后，我们迅速卷入工业全球化的浪潮之中并学会其中的“游戏规则”。但同时我们又因过于迷信这种规则

---

① 据安格斯·麦迪森的统计，1820 年中国 GNP 是欧洲的 1.22 倍，1890 年中国 GNP 是日本的 5.28 倍；中国的 GNP 增长率从 1700 年至 1820 年间一直领先于欧洲和日本。但在 1820 年后的 20 年即 1840 年，中国却被英国在鸦片战争中打败，1895 年在甲午战争中又被日本打败，中国因此失去香港、澳门和台湾并被迫签订了一系列丧权辱国的条约。参见［英］安格斯·麦迪森：《中国经济的长远未来》，楚序平、吴湘松译，北京，新华出版社，1999 年，第 57-58 页。

② “大家知道，在真正的历史上，征服、奴役、劫掠、杀戮，总之，暴力起着巨大作用。但是在温和的政治经济学中，从来就是田园诗占统治地位。”［德］马克思：《资本论》，第 1 卷，北京，人民出版社，1975 年，第 790 页。

而得鱼忘筌，失去了丛林生存的能力。生产力上去了，打仗我们却不会了！在信奉“发展是硬道理”的同时，我们却将生存变成软道理。可西方人没有这样，黄仁宇说，中国人往往不能体会出“英美政客在公事敌对时毫不留情，私人见面又和蔼亲切之习惯”①。西方人跟你平时相逢开口笑，上疆场彼此却是弯弓月：谈通了，好说，谈不通，就动粗，打你不商量。

现在我们面临的问题与过去有什么不同，我们跟西方的矛盾在什么地方呢？

问题在于中国现在已不是饭量有限而又无力的小孩子，它长大了，肠胃消化吸收功能也强大了。市场经济的厉害之处在于，它能极大地刺激个人的能动性，把人纳入资本范畴来消耗，一切都成了资本化的东西；资本天生俱来的不赢利即灭亡的特征使整个社会周转得非常快，中国也在资本的刺激下转起来了，但同时我们也发现了新问题。我们原以为我们地大物博，只要生产上去了，我们资源有的是，怕什么。现在则发现，生产确是上去了，可资源的存量却几乎没有了，中国犹如一个饥肠辘辘的大汉，空有一身武艺。

现在西方人一方面赞扬中国人好。中国人怎么能不好呢？给欧美国家提供了那么大的市场，2003 年中国 GDP 仅占全球 GDP 总量的 3.89%，而对全球 GDP 增长的贡献率却高达 15%。② 这样只干活不吃饭的中国人当然好。但另一方面，西方人又说“中国威胁”。威胁在哪儿？就是你能干的同时，饭量大了，吃得多了。西方人说中国人勤劳能干，但勤劳能干的人饭量也大，这时，这种基本人权西方人便不讲了。试问：天下哪有只干活不吃饭的道理？现在东西方的矛盾是这样，美国跟我们的宣传同一句话中的语境是不一样的。现在的问题是，由于按目前的发展速度，世界的资源是绝对不够的，中国的资源消耗已近极限，这样的矛盾便是不可调和的结构性矛盾。

中国目前面临的挑战来自发展本身。经济是发展了，但支撑这种发展的资源却严重不足了。昨天我们担心的是市场不足，若断了外部市场，就等于中国相当部分的外贸拉动力没了，国内许多企业就要停工。而在今天，资源

① 黄仁宇：《从大历史的角度读蒋介石日记》，北京，中国社会科学出版社，1998 年，第 324 页。

② 苏允琴：《服务经济知识读本》，北京，中共中央党校出版社，2005 年，第 223 页。

则成了中国发展的“阿喀琉斯之踵”①。一旦资源，尤其是油气资源中断，中国经济发展就无法持续；发展和生存不一样，前者贵动，后者贵静。生存是在做瑜伽功，被埋到地底下，只要有一点能量，就能活下来。这种状态在经济中就是自然经济。自然经济有极强的生存能力，它的特点是，劳动力和工具很容易结合。一把锄头，一个人，一点地，就可以生产吃饭了；它在任何地方都能形成劳动力和生产资料的结合，因为它使用的生产工具最简单，所依赖的条件最少。在山里能种地，在森林能采集，在海边能打鱼；这种经济不为利润，生产直接与消费一致，自给自足，没有发展的压力，所以它生存能力极强，但与之相应的是它的发展能力却极弱。自然经济方式我们已经感受过。毛泽东时期我们的主要任务是在帝国主义包围中保存下来，这种经济不依赖外部市场的特点起了很大的积极作用。邓小平时期的主要任务是在相对缓和的世界环境中发展起来。党的十四大之后，中国开始建立社会主义市场经济，此时发展就成了经济运行的“硬道理”。现在中国市场经济已经启动了，已经不像过去那样做自然经济的瑜伽功了，在生产与消费之间，消费与需求之间已介入利润，这样发展问题就成了生存问题：国家发展的中断就是国家生存的中断。

只要进入市场经济的国家发展，其发展就是国家生存的“硬道理”②；只要把发展势头打断，市场经济国家稀里哗啦就会倒下。不管你是资本主义国家的市场经济，还是社会主义国家市场经济，都是这样。当今中国面临的威胁就是可能出现的发展中断。现在国内的情况是靠透支资源发展经济，这条第三世界发展的一般道路已不适应于我们中国了。现在各个企业单位都是利润挂帅，宾馆更是这样，各种浴液、梳子等等，都给配齐，也不问你是否需要。但这都是国内的稀缺资源。它们管不了这些，因为这里有利润。一个国家经济如果由利润主导，那将是很灾难性的。为刺激消费，在一个好点的饭

① 阿喀琉斯是希腊神话中珀琉斯和仙女忒提斯所生的儿子。忒提斯为了让儿子炼成“金钟罩”，在他刚出生时就将其倒提着浸进冥河。遗憾的是，被母亲捏住的儿子脚后跟却不慎露在水外，全身留下了唯一“死穴”。后来，阿喀琉斯被赫克托尔弟弟帕里斯一箭射中脚踝而死去。后人常以“阿喀琉斯之踵”譬喻即使是再强大的英雄，他也有致命的死穴或软肋。

② “要注意经济稳定、协调地发展，但稳定和协调也是相对的，不是绝对的。发展才是硬道理。”邓小平：《在武昌、深圳、珠海、上海等地的谈话要点》（1992 年 1 月 18 日~2 月 21 日），见《邓小平文选》，第 3 卷，北京，人民出版社，1993 年，第 377 页。

店吃个饭，好几个服务生围着伺候你，听说还有所谓“跪式服务”，这有必要吗？但这能提高利润。

这种透支资源的做法，导致中国发展资源的严重短缺。像山西挖煤。为什么近年煤矿事故频频发生？这是由于长期开采，以至挖煤已经挖到地质结构不允许的极限；油价上涨刺激了煤价上涨，高额利润又刺激了超极限开采。石油价格疯涨，煤自然也会涨价，利润也跟着涨。矿区频频发生的塌方事故，这是安全措施问题，但更是地质结构破坏问题。马克思曾通过转引的方式对资本的这种本性有入木三分的刻画，这句话是这样说的："资本害怕没有利润或利润太少，就像自然界害怕真空一样。一旦有适当的利润，资本就胆大起来。如果有10%的利润，它就保证到处被使用；如果有20%的利润，它就活跃起来，有50%的利润，它就铤而走险；为了100%的利润，它就敢践踏一切人间法律；有300%的利润，它就敢犯任何罪行，甚至冒绞首的危险。"① 现在是为了利润，人们开采地球资源已疯狂到不顾地质结构允许的程度。塌方后就追查个人原因，其实这已是个人担不起的责任。中国煤炭资源开采虽未达到贮藏极限，但达到了地质允许的极限。电视上看山西有些地方，挖得村庄都塌下去了，也有的挖得山开缝了，破坏了地表结构。挖到这个程度，能不出事吗？再严格的安全措施也经不住天塌地陷。②

科学的发展应该是什么呢？应该是在GDP上升的同时，资源消耗下降。也就是说，生产与资源的消耗呈反比变化。现在我们资源的消耗比GDP还高，这就不是科学的发展。在这种情况下，中国对外部极其依赖，在资源方面我们现在已是饥肠辘辘，这是实话。我说中国人聪明，过去我们是市场短缺，现在解决了，中间有一个金融短缺，我们大量地引进外资，金融短缺也解决了。人民币在国际市场上不错，欧元又升起，这增大了美元的风险。货币多元化对我们的外汇储备是有利的。现在是资源短缺，我想中国人也会有办法解决这个问题。

现在国际资源，只是相对稀缺而非绝对稀缺。1998年诺贝尔经济学奖得

---

① ［德］马克思：《资本论》，第1卷，北京，人民出版社，1975年，第829页。

② 资料来源：《煤炭大省山西近1/7地面“悬空”》，2005年8月27日，新华每日电讯，http：//news.xinhuanet.com/newscenter/2005-08/27/content_3410011.htm。

主阿马蒂亚·森有一个著名的关于饥荒的理论,[①] 他说饥荒的原因并不是没有粮食，是饥饿的人有需求而没有消费，也就是说多数人的粮食消费权利失败。为什么呢？囤积。拥有粮食的少数人他消费不了那么多，他放着，大多数人有强烈的粮食需求却没有能力获得粮食消费，需求与消费的严重分离才能导致粮食价格的居高不下。这样饿死人就成了囤积者发财的前提。如果说，消费与生产的分离是价值产生的前提，那么，需求与消费的分离则是价格产生的前提。现在的世界是什么呢？需求中心和消费中心分离。资本主义早期，消费中心和需求中心都统一于欧洲，有多少需求就有多少消费。美国崛起造成世界上欧洲的消费中心与美国的需求中心相分离，美国人在打败英国人和西班牙人后，美国人成为消费的中心。与需求不同，在私有制条件下，消费成了一种权力，这种权力要靠枪杆子维护的，不是天生就给你的。

人世间为什么有那么多的穷人呢？天桥上为什么总有老太太躺着呢？那是因为她只有需求能力而没有消费能力，就是阿马蒂亚·森所说的“消费权利的失败”。朱门酒肉臭，路有冻死骨。“酒肉臭”，是消费过剩，富人用不了这么多，但他还要贮财。“冻死骨”，是有需求能力但无消费能力。在私有制条件下，人的消费能力不仅是体力，而是一种社会权力的实现能力。近代美国靠强力打破了英国的垄断格局，此前，世界资源都往英国走，打破之后资源都往美国走。与欧洲曾是世界消费中心而美国曾是世界的需求中心一样，现在的美国是世界消费的中心但却不是世界需求的中心，世界的需求中心已从北美转向亚洲。现在几乎全世界的穷人在养着美国。美国人很好，美国当然好了，他是靠制造南方国家的贫穷来实现自己的好生活的。他用暴力几乎控制着全世界的石油，他们用石油像用水一样便宜，他们的电话费非常便宜，因为其所用能源成本低。这都是因为他们被全世界包括科技人才在内的世界资源供养着。现在，亚洲这个新的需求中心崛起，印度和中国是其中的需求

① 1998年诺贝尔经济学奖得主阿马蒂亚·森认为：“要理解饥饿，我们必须首先理解权利体系，并把饥饿放在权利体系中加以分析。”他认为饥荒产生的原因不在于供给不足而在于穷人的“粮食权利”失败。他说“粮食权利所反映的是一个人或一个家庭可支配的最大粮食数量，实际消费量可能小于这一数量”，“一个人之所以挨饿，要么是因为他没有支配足够食物的能力；要么是因为他拒绝使用这种能力。权利方法（entitlement approach）所重视的是前者发生的可能性，而不考虑后者发生的可能性”。（参见［印］阿马蒂亚·森：《贫困与饥荒》，北京，商务印书馆，2001年，第5、61、131页。）

大户。但是世界上这两个大国却没有被世界资源垄断集团即七国集团所接纳为资源共享成员，世界的消费中心正在向亚洲倾斜。

二、历史运动本身就不是一个牧歌式的进程

中国为世界做了那么大的贡献，却在世界上没有获得相应的能源共享份额，这是为什么呢?

大家一定要记住，历史上是暴利引导贸易，而暴利却往往是通过暴力而非嘴皮子实现的。海军前行，商人跟进，永远如此；因为这个世界本质上是一个暴力的世界。我们有些同志对文化太迷信了，以为世界真这么温情。毛泽东说过，没有无缘无故的爱，也没有无缘无故的恨；毛泽东还说，革命不是请客吃饭，不是做文章，不是绘画绣花，不能那么雅致。外交更是这样，太斯文了是不行的。你看当年中国外交部长陈毅怎么说话?1965 年 9 月 29 日，在一个记者招待会上，当香港记者问：中国政府怎样看待美国利用香港作为侵越战争的据点?陈毅说："我们等候美帝国主义打进中国，已经等了 16 年。我的头发都等白了。或许我没有这种幸运能看到美帝国主义打进中国，我的儿子会看到，他们也会坚决打下去。"[①] 这一番回答，全无通常的外交辞令，豪气干云，既不失原则也有威力，令全场震撼。我们现在只说我们不威胁，人家也不信，说你都长成小伙子了，我们当然不放心。事实上也是如此，天下哪有没经过打架就顺利长大的孩子。所以说现在的国际外交，得有军队跟着走。

历史运动根本就不是一个牧歌式的进程。我们不能相信文化万能。就说现在大家说的那个英语，英语的世界性普及最初并不是通过普及教材，派和平志愿队，搞什么"英语角"或在展销会实现的，而是通过殖民者的血与火推向全世界的。如果不信，我们就看看当今世界除英语母国外，凡是殖民灾难深重的国家，凡是贫富差距大的地方，都是英语比较好的地方。如果非洲人在近代也是优势民族，那么，今天有许多人都是满口非洲语。一定是这样。为什么广州话现在兴起?在"文革"那个时候没人学广州话

① 王均伟：《陈毅元帅的豪气》，载《党的文献》，2008 年第 5 期，第 89 页。

的，广州话跟香港话一样听不懂。为什么没人学？那地方当时经济政治都不行。我们是以北京话为中心，因为北京是中国政治中心。改革开放时沿海经济发展了，就开始学沿海的话。"广东人啦——"什么的，因为广州成了中国的经济重心之一。语言是一种地域标志，对个人来说更是一种身份和立场的标志。大家看英国人，现在英语中有许多法语词汇，那是因为威廉一世于 1066 年从法国下海打进英国并实现统治（1066—1087 年）。在法国人统治的时候，整个法国的生活方式渗入到英国的贵族生活里，这与近代英国人的生活方式渗入到印度贵族生活中一样。所以，现在英国人展示几句法语，实际是下意识地暗示自己"高层次，小范围"的身份。可见，暴力而非所谓"文化"创造了贵族和等级。在今天这种情况下，我们对文化的作用也不要太迷信。在很多情况下，历史是所谓"没文化"的人创造的。毛泽东说得好：一些阶级胜利了，一些阶级消灭了，这就是历史，这就是几千年的文明史。[①]

同样，历史也不是用金银财宝，用现在的话说，不是用 GDP 或 GNP 堆起来的。中世纪时世界财富云集中国。马可·波罗到中国的时候，描述中国到处是财富，这对西方影响很大。读过《查理大帝传》[②] 的话，就知道那时的西方人穷得不得了。东方来的人，在查理大帝眼中是很富有的。西方这时有强烈的物质需求，但没有可消费的生活资料，这激起了十字军东侵。共打了 200 多年，硬把阿拉伯的财富掠过来了，这为意大利崛起提供了最初的原始积累。紧接着西班牙崛起并用最残酷的暴力将富裕的拉丁美洲洗劫一空，大量黄金运回欧洲。1588 年，英国又把西班牙打败，进而打败荷兰，英国就成了海上霸主。19 世纪初，拿破仑帝国崛起，欧洲的财富迅速涌向法国。在保罗·肯尼迪《大国的兴衰——1500～2000 年的经济变迁与军事冲突》一书里有很多资料，可以说明财富随国家暴力流动的规律。接着俾斯麦于 19 世纪下半叶使德国统一并于 1871 年打败法国，此后德国一直是欧洲财富和科技的

---

① 毛泽东：《丢掉幻想，准备斗争》，见《毛泽东选集》，第 4 卷，北京，人民出版社，1991 年，第 1487 页。

② ［法兰克］艾因哈德、圣高尔修道院僧侣：《查理大帝传》，戚国淦译，北京，商务印书馆，1979 年。

中心。一直到第二次世界大战时，德国科学家中获得诺贝尔奖的最多。① 第二次世界大战后美国崛起，20 世纪末又击败苏联，美国便成了世界财富和科技的中心。② 可见，国家经济运动，从而文明的转移过程绝不是一个“阿弥陀佛”的过程，而是一个极残酷的民族淘汰过程。

姑娘十八变，越变越好看。中国现在长大了，也富裕了，中国人也变得漂亮了。但人在变得漂亮的同时也失去了原始的本能，人斯文了却不会打架了。当然美国人除外，因为美国人并不是美人。以前听故事，说地主家的孩子模样长得富态，但打起架来却不管用，往往被穷人的孩子打得坐在地上哇哇哭。中国人今天富了，但不能学这种不会打架的富家子弟。毛泽东说的“人不犯我，我不犯人；人若犯我，我必犯人”③，应当也是中国人的做人原则。人在文明的进程中不能得鱼忘筌，不能失去本来具有的人的原始性。失去原始性的民族或文明，必然衰亡。大家看艺术作品，具有原始性的艺术生命力强。汉武帝时的雕塑，马踏匈奴，还有一些熊啊什么的，简单的几根线条，天然而雄浑，震撼人心。电视剧《汉武大帝》，里边的服装样式很简单，跟现在日本的衣服很像。日本是从我们这里学的。我们再到故

---

① 19 世纪 60 年代末，俾斯麦通过王朝战争使分散于几百个邦的德国归于一统，这使德国有了在强有力的行政领导下的统一民族市场。1871 年俾斯麦又打败法国，此后法德力量对比急速变化。1860 年法德两国在世界制造业产量的相对份额分别为 7.9% 和 4.9%，1880 年德国迅速赶上，分别为 7.8% 和 8.5%，1900 年德国则处于绝对领先地位，法、德两国相对份额分别为 6.8% 和 13.2%。与此同时，德国也成了世界科技增长中心。1851 年至 1900 年，美、法、英、德四国取得的重大科学技术成果分别为 33 项、75 项、106 项和 202 项；1901 年至 1920 年间，这四个国家获诺贝尔自然科学奖金的人数分别为 2 人、8 人、11 人和 20 人。“在 19 世纪后半期和 20 世纪初期，德国当之无愧地处在世界科学技术的最前列。”参见申漳：《简明科学史话》，北京，中国青年出版社，1981 年，第 200 页；［美］保罗·肯尼迪：《大国的兴衰——1500~2000 年的经济变迁与军事冲突》，王保存等译，北京，求实出版社，1988 年，第 181 页。

② 19 世纪末，美国大学生数量已超过欧洲。1930 年，美国工业实验室达到 1 650 个，科技人员增加到 34 000 人，政府科研经费达到 7 000 万美元。第二次世界大战爆发前，美国科技开始局部领先欧洲。1931—1940 年，美国占同期世界获诺贝尔自然科学奖人数的 26%，高于英法，略低于德国；1941—1978 年，美国占 50% 左右，超过英法德三国的总和。参见孙汉文：《现代科学技术概论》，北京，中国经济出版社，1999 年，第 11-12 页。

③ 毛泽东：《论政策》，见《毛泽东选集》，第 2 卷，北京，人民出版社，1991 年，第 769 页。

宫看看清朝，尤其是清末的雕塑作品，没有力量，龙须是一根一根刻画的，艺术细到极致，也就死亡了。所以艺术一定要有它粗犷的一面，要有原始的力量在里头，这样的艺术才有生命力。人类也是这样，民族也是这样。我们不能失去那些本原的东西。现在毛泽东曾带给我们中国人的战斗的乐观主义精神正在消失。

三、账房里出不了大政治，也出不了国家安全

毛泽东天不怕地不怕的精神基于人民的立场。只要你站在90%以上的人民立场上，你就不会无助；毛泽东不信邪、不怕鬼的天性还在于他对辩证法的透彻理解。在毛泽东的眼中，没有一成不变的事物：强大与弱小是相对的，也是可以转变的。再强大的对手必然有造成其灭亡的内在矛盾。毛泽东一生都是在与强敌交手，并断言“一切反动派都是纸老虎”。

政治家的个性往往对历史产生关键和巨大的作用。1948年，建国不久的印度对中国西藏开始有所企图。当时的印度总理尼赫鲁性情细致，外表华美，念了很多洋书，很有一些远见卓识。但在政治操作上他是不行的。1947年印度独立，次年建国。但在国家分裂问题上，确有书生气。他以为巴基斯坦分裂后早晚会回来的。结果巴国一去不复返，50多年越走越远。现在有人说，台湾要是独立了还能回来，这更是书生之见。我说这绝对不可能！巴拿马从1903年独立迄今，就在哥伦比亚的眼皮底下，就是回不去。在国家主权问题上，不能有丝毫政治上的幻想。主权这东西只有抓在手里才是自己的。尼赫鲁在这方面是一个浪漫主义者，更是一个机会主义者，这给印度带来了很大的灾难。

处于同一时期的毛泽东在干什么呢？1948年毛泽东正在与国民党打三大战役，尽管毛泽东注意到美印在中国西南边陲的小动作，但因忙于解放战争，无力西顾。那时美国和印度已跟“藏独”分子串通一气。面对西藏问题的危险性，毛泽东在打败国民党之后，以迅雷不及掩耳之势，进军西藏。大家注意到，1949年10月中华人民共和国成立，1950年初中国政府就进军西藏。在主权问题上毛泽东不像尼赫鲁那样“玩花活”。在进军西

藏问题上，他毫不含糊，出其不意，先拿下了再说[①]。这是只有大政治家才能做的事情。拿下了西藏，意味着中国国家安全有了纵深地带，我们在四川、陕西、甘肃，就省了许多驻军。广大的地缘纵深，是国家防务的无形资产。现在，我们的许多国防建设都在四川、甘肃、陕西一带。如果没有青藏这个大后方托着，我们在川陕一带的国防建设是不可能的。如果印度得到西藏，哪怕是西藏部分地区，我们西部地区的国防建设就会受到人家居高临下的监控。高地势很重要。现在台湾、日本一些企业在中国内地愿不惜代价租用高层建筑的顶层，为什么？因为这样可以很迅速观察、截取和接受信息。对此我们一定要有所防范。

1950年中华人民共和国成立不久，毛泽东并没有一头扎进经济堆中，而是西东开弓，尽力扩大中国国家安全的纵深和外围：上半年进军西藏，下半年则出兵朝鲜。要知道当时美国有原子弹！但朝鲜也是我们的安全外围。政治家与学者不同的是，前者先俗后雅，后者则先雅后俗；前者说一不二，后者说二不一。立国未稳，毛泽东就迅速以军事手段与印度、与美国争国家利益，而不是像现在一些人那样来软的，什么“软文化”“软战略”。中国决定抗美援朝，出兵前，周恩来半夜12点30分把印度大使潘尼迦叫过来，告诉他：“没有任何国家像中国这样需要和平；但是，现在却到了只有抱定抵抗侵略决心才能保卫和平的时候。如果美军越过‘三八线’，中国就会迫不得已而参战。”一个小时后“中国的军队就越过鸭绿江，开入朝鲜领土”[②]。那一代领导人是说一不二，说干就干的。结果是怎样呢？结果是中国赢了。美国对我们的包围结果被毛泽东从东北出手，从东南方向打破：1954年、1955年，中国参加日内瓦会议和万隆会议。西方国家对我们的周恩来总理竖大拇指，东方国家为周恩来拍手叫好：你看，中国就是厉害，刚建国就把有原子弹的美国打败了。

---

① 1950年1月2日，毛泽东在发给中央、彭德怀、邓小平等同志的电文中指出：“西藏人口虽不多，但国际地位极重要，我们必须占领，并改造为人民民主的西藏……如果今年5月中旬至9月中旬不向西藏进军，则须推迟至1951年才能进军。我意如果没有不可克服的困难，应当争取于今年5月中旬开始向西藏进军，于10月前占领全藏。”参见中共中央文献研究室：《毛泽东文集》，第6卷，北京，人民出版社，1999年6月，第36页。

② ［印］潘尼迦：《印度大使使华秘录》，龙应明译，香港，文宗出版社，1956年，第58-59页。

当时中国真是一穷二白啊，能把美国打败，这不是英雄是什么？所以亚洲人民为周恩来致以掌声，把美国弄得很尴尬。日内瓦会议上，杜勒斯不和周恩来握手，但 20 多年后，还是尼克松下飞机时早早先伸出手来，大家看看历史照片就知道这件事。尼克松在回忆录中对此有特别的交代。他说："我知道。1954 年在日内瓦会议时，福斯特·杜勒斯拒绝同周握手，使他深受侮辱。因此，我走完梯级时决心伸出我的手，一边向他走去。当我们的手相握时，一个时代结束了，另一个时代开始了。"[①] 尼克松到北京前，还担心出现毛泽东"他高高在上，好比我走上阶梯而他却站在阶梯顶端"[②]的局面。毛泽东没有出迎，周总理带他去见毛泽东。尼克松要与毛泽东谈外交具体的问题时，毛主席说："那些不是应该在我这里讨论的问题，这些问题应该和周总理讨论。我讨论哲学问题。"[③] 尼克松满怀着"欲上层楼"的万丈豪情握着毛泽东的手告别说"我们在一起可以改变世界"，毛泽东则轻轻地说："我就不送你了。"[④]

那是什么？那是中国领袖的威严和大气。这是打出来的威严和大气。事后基辛格评价毛泽东说："我从没有遇见过一个人像他具有如此高度集中的、不加掩饰的意志力。""他身上发出一种几乎可以感觉到的压倒一切的魄力。"[⑤]其实尼克松也是美国历史上少有的大政治家和战略家，后来上任的一些如小布什、特朗普等，好像西班牙斗牛，有战无略，见红布就冲，与尼克松相比，简直不是一个可比量级。

有人说，中国出兵朝鲜却丢了台湾。[⑥] 事实并不是这样。

中国人民志愿军是 1950 年 10 月 25 日才入朝作战，而在 6 月 27 日美国就宣布封锁台湾海峡。当时斯大林告诉中国，朝鲜战场上打不败美国，中国就也别想拿回台湾。事实也是这样，如果中国当时示弱，那今天的两岸统一难度就会更大。看看同时期蒋介石讨好美国的结果，就知道美国人历来都是

---

①② ［美］理查德·尼克松：《尼克松回忆录》，董乐山等译，北京，世界知识出版社，2001 年，第 672 页。

③ ［美］尼克松：《领导者》，尤勰等译，北京，世界知识出版社，1997 年，第 341 页。

④⑤ 转引自熊向辉：《我的情报与外交生涯》，北京，中共党史出版社，2006 年，第 292 页。

⑥ "对于新中国的统一大业来说，朝鲜战争的延长无疑也起到了决定性的阻碍作用。"见沈志华：《毛泽东、斯大林与朝鲜战争》，广州，广东人民出版社，2003 年，第 360 页。

“柿子捡软的捏”。也有人说，中国参战是被苏联人利用了，中国的胜利，“在很大程度上只是心理上的”①。事实并不是这样。

我们知道，1945年雅尔塔秘密协定中，苏联拥有在大连、旅顺驻军权和中长铁路的使用权。这些都是苏联在远东的战略利益，这些利益又为蒋介石国民党政府所承认。1950年《中苏友好同盟互助条约》中，苏联也是极不情愿地表示要废止这项秘密条约，但主张保留形式。中国革命的胜利发展从根本上改变了远东的格局，也迫使苏联重新调整对华政策。随之而来的朝鲜战争及中国军队打败美国人的结果，让最具现实主义政治眼光的斯大林也明白了中国人在朝鲜战场上驱逐了美国人的同时，也驱逐了在中国东北的苏联人。结果1952年底，苏联干脆将中长铁路不折不扣地无偿归还中国。至此，苏联在雅尔塔条约中已吞到嘴里的战略利益又悉数吐出，这对在第二次世界大战中大获红利的斯大林来说不能不说是一种说不出的痛楚：一场战争下来，中国军队由弱变强、在苏联的支援下组建了强大的空军、将美国赶到“三八线”以南，而苏联却告别了自彼得大帝起就追求、1905年俄国人在此与日本人流血争夺而斯大林又刚刚获得的中长铁路及与此相连的大连和旅顺这两个进入太平洋的最便捷的不冻港。

毛泽东军事艺术在于张合有度和恰到好处。中国及时在“三八线”停火，而没有接受斯大林打过“三八线”的要求，中国军队因此没有透支。现在回头看，如果中国接受斯大林的建议，拒绝停战打过“三八线”，即使成功，那也只是符合苏联通过这场战争在朝鲜获取太平洋的出海口和不冻港以补偿失去大连旅顺损失的战略利益，其结果中国必然要为此透支国力并反而会对苏联形成严重依赖。果真如此，后来斯大林移交中长铁路和大连旅顺就

① “然而也必须看到，这种‘胜利’在很大程度上只是心理上的。”“中国的参战，特别是顽固地拒绝联合国议案，被西方认为是社会主义阵营统一指挥的杰作，是莫斯科的命令使然，其结果之一是在西方国家眼中，中苏确实已成为‘铁板一块’。中国终于被牢牢地捆绑在本来是以美苏对抗为核心的冷战战车上，甚至由于毛泽东那被激发出来的革命冲动而比苏联更深地陷入了与美国敌对的漩涡。”沈志华：《毛泽东、斯大林与朝鲜战争》，广州，广东人民出版社，2003年，第357、361页。

可能不会那样不打折扣。[①] 1952 年底苏联政府将共同管理的中国长春铁路的一切权利以及属于该路的全部财产无偿地移交中华人民共和国政府。斯大林明白，失去了中长铁路，苏联也就失去了在雅尔塔秘密条约中得到并为蒋介石政权承认的苏联在中国大连旅顺的海军基地。1953 年 7 月中美停战，3 月 5 日斯大林病逝。斯人已逝，在中国问题上却是甘苦自知。

现在让我们把话题再回到印度，说说 1962 年的中印战争。

毛泽东曾告诉印度大使说，中国是不会与印度为敌的，因为中国不可能东西两向同时交恶。[②] 毛泽东把中国的底牌都告诉他了。但尼赫鲁还是要小手段，说二不一，很猥琐，一点一点抠中国领土。毛泽东则说一不二，一步到位。一个月就把印度侵略军打得稀里哗啦。英国给印度留的"民主制"真起作用：一些书呆子们从战争开始就打口水战，仗都打败了，还在相互指责。在印度议会进入漫骂高潮时，毛泽东又不打了，把兵都撤回来了，武器擦得干干净净，俘虏们养得黑胖黑胖的，全交还给印度。这在世界上树立了和平形象。那时实际上毛泽东只想教训印度而并非真想打败印度，只是拍了一巴掌，动了粗，拍得疼了些，因为毛泽东认为印度还是朋友，尽管我们与印度之间有矛盾，"但是这种吵架，和我们同杜勒斯的吵架，是有性质上的不同的"[③]。只是这个朋友爱占小便宜。但这个"便宜"涉及中国的关键利益，毛泽东必须出来制止。在战争规模上，毛泽东巧妙利用了古巴导弹危机，将它控制

① 1952 年 8 月 17 日，周恩来总理率政府代表团访问苏联。9 月 16 日，发表了双方谈判的中苏公报，公布了《中苏关于中国长春铁路移交中华人民共和国政府的公告》。《公告》规定：根据两国于 1950 年 2 月 14 日签订的《关于中国长春铁路协定》，苏联政府将共同管理的中国长春铁路的一切权利以及属于该路的全部财产无偿地移交中华人民共和国政府，并于 1952 年年底移交完毕。12 月 31 日，苏联政府将中国长春铁路移交中华人民共和国。最后议定书签字仪式在哈尔滨举行，并发表了公告。中国长春铁路的中苏共管历史宣告结束。中央铁道部把原来中国长春铁路管理局改为哈尔滨铁路管理局。应中方要求，中苏两国外长双方还签署并公布了《关于延长共同使用中国旅顺口海军基地期限的换文》，规定：延长苏军从中国旅顺口撤退的期限，直到中华人民共和国和日本和苏联同日本签署和平条约时为止。1954 年 10 月 12 日，中苏发表联合公报，苏联军队应于 1955 年 5 月 31 日前自共同使用的中国旅顺口海军根据地撤退并将该根据地交还中国。当时公报指出，两国鉴于远东国际形势的变化，中国国防力量的巩固和两国已经日趋巩固的友好合作关系，作出这项议定。后来公报内容于 1955 年 5 月 25 日实现。

② 《毛泽东文集》，第八卷，北京，人民出版社，1999 年，第 66 页。

③ 《毛泽东文集》，第六卷，北京，人民出版社，1999 年，第 371 页。

在有限范围内，不让第三国卷入。10 月 20 日，美国封锁古巴海域，苏美剑拔弩张。当天中国全线反击。11 月 20 日，肯尼迪宣布最后结束封锁，11 月 21 日，苏联也对军队解除了动员令。当天中国也对印全面停火。战争结果与朝鲜战争不同，朝鲜战争要将美国硬逼到三八线以南，而 1962 年的对印自卫反击战则没有将印度硬逼到“麦线”以南。在朝鲜，毛泽东意在打出国格和平等，在印度，毛泽东意在打出持久和平，至于中印两国间的领土纠纷，毛泽东则留由后人慢慢解决。研究一下毛泽东 1962 年西南一役，其目的不是打赢，而是长期稳定大西南。它与诸葛亮七擒孟获异曲同工。今天看来，毛泽东的军事艺术大张大合，但张合有度，毕诸葛“七擒”之功于一役，令后人扼腕赞叹。反观毛泽东出手过的东北和西南，至今均无战事。

毛泽东用兵如神，虚实得当。大家看，四五千米的高原，我方后勤补给极为困难。[①] 说实话，印度只要守住半年，中国就会被迫将全国的财力集中在西南战事，这样中国就会陷入被动，那就很麻烦。当时我们主要中心工作还是抓国民经济体系建设，战争也不能影响大局，所以毛泽东一两个月就结束了战争，既打赢了仗还赢得了和平形象——这才叫“双赢”，同时也保障中国国内中心工作的有序展开。1962 年底，中印战争结束，1963 年，尼赫鲁在议会上反复表现自己身体如何好，结果到 1964 年就去世了。可见，战争的失败对尼赫鲁的打击是挺大的。这正是：机关算尽太聪明，反赔了卿卿性命。也就是同一年，中国原子弹试爆成功。

有了西藏，我们现在的大西南就有了安全纵深；打赢了朝鲜战争，东北有朝鲜，我们省了不少边防驻军。而我们一些书呆子却说如果没朝鲜、中国不抗美援朝，东北早就发展起来了。但我们没想想，朝鲜如果失了，中国东北就得增加多少驻军，增加多少国防费用？当时美国在冷战时期啊，东南有台湾逼着，东北有美军压着，了得啊！你要动台湾，美国就在东北给你施压，怎么办？政治是讲战略的。现在我们政治学培养的多是账房先生而非政治人才。在一次研究发展中国大飞机的会上，有一位学者说，不能造啊，我们要算造大飞机的投入产出，先算一算能否卖出去。我说，原子弹的投入产出是什么呢？原子弹投入的是巨大资金和人力，产出却是 40

---

① “中印边界冲突中，军事后勤条件对印度有利，因为喜马拉雅山离中国的力量中心过于遥远。”［美］基辛格：《论中国》，胡利平等译，北京，中信出版社，2012 年，第 200 页。

多年的和平。和平环境是今天中国良好的融资环境的基础。没有和平，国际投资就不会来。中国的金融安全是靠什么保护的？不是靠我们有些经济学家的所谓“论证”，也不是靠我们的舞姿，而是靠原子弹。凡是有原子弹的地方，大国都不打仗。说到最近的印度，印度有了核武器，中印之间大规模的国家总体战争的风险就大大降低，印巴之间也是这样，印度北方就省了许多驻军和国防经费。印度这才有条件将国防投资往南倾斜，以南方海上安全为重心。因为印度近代是从海上亡国的。我们说，账房里头出不了政治家，也出不了国家安全，账房里那些技术性的东西，学起来并不难，难在建立记账规则。建立规则属于战略层面的事。美国外交史学者孔华润对美国的外交思想有一段精彩的概括，他说：“美国的官员都是一向从长计议的优秀的世界主义者，不是那种在每天结束的时候只关心账簿上数字短视的买卖人。”① 今天的国际记账规则就是美国及北方国家依据他们的国家利益而非“科学研究结果”建立的。

四、没了祖国，个人再有才华，也没有用

与毛泽东时代相比，今天的中国是有些家底了。但有钱人有有钱的难处，有钱了就有贼算计。穷人没有这个担心。现在走进小区，家家窗子都包上铁笼子，笼子的坚固度与住户的收入水平同比提高。国与家同理，中国现在有钱了，国际上一些国家就对你虎视眈眈。

过去苏联有雄厚的财力，你现在到俄罗斯去，都能感觉到社会主义的分配制度的优越性。它有广大的资源。有资源，等于有上天支持。

国家富裕一般有两条路，一条是靠自己干，另一条是打败富国，杀富不济贫。国际斗争更多属于后一种情形。保罗·肯尼迪写的《大国的兴衰——1500~2000年的经济变迁与军事冲突》里有一句名言：“一个国家当前富强与否不取决于它本身拥有的力量和财富，而主要取决于邻国力量的大小与财富的多寡。”② 富裕的清朝被西方人击败后才半个世纪，中国人就成了“东亚病夫”；苏联解体后，大量国家财富，不管是有形还是无形，迅速流向西方。

---

① 参见［美］孔华润：《剑桥美国对外关系史》（上），王琛等译，北京，新华出版社，2004年，第514页。

② ［美］保罗·肯尼迪：《大国的兴衰——1500~2000年的经济变迁与军事冲突》，王保存等译，北京，求实出版社，1988年，第9页。

现在中国已取得了大的成就，就是保卫这些成就的认识跟不上。从党的十六大之后，中央注意到中国国防产业及自主创新问题，强调经济社会和谐、全面、协调发展的科学发展观。现在我们相当的贸易依托海外市场，能源对外依存度越来越大。但世界经济贸易的全球化，也意味着自卫手段也要全球化。外交场合温文尔雅，没有问题，但要有底线，守底线是很俗的事，是要准备动粗的事，光靠教科书中的那些知识是不够的。

共产党早期误以为政治就是谈判，多数人像个君子，斯文得很，不如共产党的对手蒋介石懂政治。毛泽东说，枪杆子里面出政权。陈独秀想通过迂回的方式，没想到蒋介石跟共产党没谈到底线就动了刀子。共产党一下子懵了。党际关系如此，国际关系也是这样。第一次世界大战结束后，劳合·乔治内阁在 1919 年作出规定："作为经济节约运动的一部分，各军事部门在编制预算时应根据这样的假定：'不列颠帝国在今后的十年内不会进行任何大战，不需要派出远征军'。"从此，"十年无大战"的假定就一直作为英国军备政策的指导思想，史称"十年规则"①。这为英国 20 世纪 30 年代张伯伦绥靖外交提供了政策依据。面对希特勒纳粹的咄咄攻势，张伯伦政府除了忍让外竟一筹莫展。现在中国的情况也有些类似：在美国、日本对华政策日益收紧，国内还是歌舞升平，"盛世"叫得震天响，没有一点危机感。一些青年学生不思报效国家而一心想往美国跑，琢磨考 GRE，要考几千分，这分数美国人都考不到，却让中国青年考？正是干事业的大好青春却脑子里塞满了需要强记的英文词汇，有人就是为了出去，考到二十七八岁，这跟当年的范进先生有何区别？我有一个同学，四十多岁的人了，终于如愿去了美国，现在拿了绿卡。我在电话中告诉他登上的是"泰坦尼克"号，好在他还没有进入"船舱"。

有人说，科学无国界，但人是有祖国的。人并不是只要有钱就行。获诺贝尔文学奖的高行健说祖国是随着他走的。但历史上祖国也是跟着犹太人走的，一路上犹太人也挣足了钱。但最终走到哪呢？走到了奥斯维辛集中营，把钱交给希特勒后就进入焚尸炉。在德国纳粹把犹太人一个一个赶到毒气室里的时候，犹太人的钱没能救他们的生命。可见，钱是随个人走的，但个人是跟着祖国走的，而祖国是绝不能跟着个人走。这是人生的铁则，在这个问

① 萨本仁，萨支辉：《丘吉尔与英国对外政策》，北京，世界知识出版社，2003 年，第 55 页。

题上不管是个人还是国家都不能玩机会主义的花活儿。

从焚尸炉边跑出来的犹太人，可认识到祖国的意义了。他们建立了以色列国，这么一点点，比美国小多了，伊斯兰的圣战竟对它无可奈何。恐怖主义美国都害怕，以色列不害怕。以色列富吗？不富；力量大吗？不大；地盘广吗？不广，只是以色列人心强！他们知道焚尸炉是什么滋味，懂得了祖国对个人的意义。在美国有钱的犹太人倾尽家产，推动美国政府形成支持以色列的政策，以致在美国形成一股很大的犹太人力量。60 多年过去了，以色列在阿拉伯世界仍岿然不动。

有人会说，这是知识经济的时代，知识就是力量。但祖国没了，你个人再有才华，都没有用。罗马帝国，发迹于十二个土丘部落。开始是高卢人打他，罗马人反抗。罗马人打败了高卢人后转头南下，打赢布匿战争（前264—前 164 年）后便屠城地中海对岸的迦太基，接着就征服了整个地中海。征服地中海的过程也是罗马奴隶制发展的过程。值得说明的是，当时给罗马人做奴隶的并不都是没有文化的穷人，还有许多极有才华的学者、艺术家。这时，奴隶的地位与才华没关系，而与民族国家有关系。可见，人才竞争是有条件的。在征服者面前，被征服者的艺术家也是征服者的奴隶。第二次世界大战快结束时，盟国军队打到德、日国内的第一件大事就是劫掠科学家，尤其是著名的科学家。钱学森从美国回来后，成为中国原子武器的奠基人，此后，钱老终生不至美国。记得 20 世纪 80—90 年代曾有许多留美学生不回国，钱老就告诉大家，他们会自愿回来的。究其原因是钱老的海外经历使他悟透了科学与祖国的关系。

袁隆平用他自身的经历讲述了搞科学应该具有什么样的品格。他认为：“作为科学家，首先要热爱祖国、热爱人民。无论多么优秀的人，如果太自私，对社会，对人没感情，不行。”他说：“我为什么一辈子潜心研究杂交水稻？年轻时，我曾亲眼看到 5 个人饿死，倒在路边上、田坎上，那个场景真叫惨啊，他们都是我们的同类啊，就是因为没有饭吃就这样活活饿死了。这一点对我触动很大，让我深切体会到了什么叫做‘民以食为天’，没有粮食什么事情都谈不上。”“于是我横下心来，一门心思研究水稻，研究杂交稻、超级杂交水稻。动机和目的很简单，就是为了让更多的人吃饱饭。我出了点名后，国际上有多家机构都高薪聘请我出国工作，但我都婉言谢绝了。我的根在中国。”[①]

我们国内还有很多演员、艺术家，在国内干得很好，可不知为何，他们宁可洗盘子也要出国。洗盘子和演戏不是一个意义的东西。你有才华，就应该展示你的才华，才是正常的。当然干体力活不能被看成是不好，但人的生命是有限的，长期这么干，就是浪费了你的才华，因为精神劳动与体力劳动还是不等值的。外国餐馆老板多得意：这个洗盘子的在中国是某某著名演员，那个洗盘子的在中国是一个著名科学家，那怎么行？

五、实力逻辑和力量均势是盎格鲁-撒克逊民族经营和治理世界经验的精髓

16 世纪法国大政治家黎塞留（Armand Jean du Plessis，Duc de Richelieu，1585—1642 年）对均势学说有一个精辟的概括，他说：“要加以支撑的事物和支撑事物的力道之间，应该互相保持几何比例。”[②] 不同的只是，这个“比例”由谁安排及对谁形成均势制约。

现在看来，苏联解体后，我们一些人对世界格局的判断过于乐观，以为雅尔塔体系与“冷战”结束了。其实世界格局，从而世界和平永远是大国战略力量通过特定形式磨合达到的平衡结果。从维也纳体系到雅尔塔体系，讲的都是一个国家战略力量间的平衡。这里值得指出的是，这种国家战略力量的平衡也只是相对的，也就是说，实力大的一方，总会在平衡中获得较大的利益。从这个意思上说，冷战才是和平的常态，和平是国家间军事力量相互抵消后的结果，而不管这种抵消采取什么方式。

以雅尔塔体系为例。雅尔塔体系的特点是在分配战败国利益的基础上保证大国间的力量平衡并在这种平衡中实现大国制衡。这在欧洲是以东欧画线，这样造成了欧洲和苏联的平衡。这种有利于美国的平衡并不是战后的结果而是战争中大国间反法西斯合作过程中磨合出的结果。我读这段史料时，感觉到美国在第二次世界大战中的全球战略，并非只像学者们说的只是为了打败德国、解放欧洲，其实在美国与欧洲同盟国合作时始终还贯穿着通过扩大苏联的战后势力范围以削弱欧洲的意图。

---

① 朱仰晴：《“非常”农民》，北京，现代出版社，2011 年，第 194 页。

② 转引自［美］亨利·基辛格：《大外交》，顾淑馨、林添贵译，海口，海南出版社，1998 年，第 572 页。

这里有一段大家熟知，但对其深远意义却未透彻解释的史实。我们知道，在关于第二战场的地点问题上，丘吉尔与罗斯福一直存在着“两条路线”的激烈争论。丘吉尔回忆录中说他“更喜欢的方案是，利用伊斯的里亚半岛和卢布尔雅那峡谷，从意大利北部展开右翼攻势，直向维也纳”。丘吉尔说：“这个路线得到了参与德黑兰三方会谈的英国三军参谋长的完全同意。”[①] 而罗斯福则坚持在英国南部渡海经法国进入德国。在1943年的德黑兰会议中，丘吉尔还力争将进攻兵力重心部署在地中海一线。此前，美国盛传丘吉尔“极力阻挠横渡英吉利海峡的‘霸王’计划”。当德黑兰会议经过激烈辩论最终使英方认可以“霸王计划”为重心开辟欧洲第二战场方案。罗斯福的军事顾问们长松口气说：“我们总算是没有被丘吉尔拉到巴尔干半岛去。”[②]有人认为，丘吉尔的军事行动计划是为了“英美盟军向罗马以北推进，将大批德军牵制在意大利以减轻苏联的战争重担”[③]。丘吉尔和他的参谋长们也表示：“在地中海的进一步战斗根本不是出自边缘战略或战后政治考虑的产物。”[④]而罗斯福则注意到“进攻巴尔干半岛的计划这一点也可能是以政治考虑为基础的”[⑤]。

其实，我们看看地图就明白，如果盟军从诺曼底登陆开辟第二战场，英国在欧洲大陆的势力范围就会大大缩小，而苏联的势力就会扩展到东欧并形成对西欧的威慑。如果采取丘吉尔的路线，即从意大利攻入德国，则英国就会保持对整个欧洲及其战后政治的实际影响力。这是因为，军队所至，乃国家权力所至；国家乃至地方的影响力是随军事力量的进入而存在和继续的。斯大林对此看得明白，他私下对当时还是南斯拉夫共产党领导人的米洛凡·杰拉斯说：“这次战争和以往战争不同，谁解放领土，谁就把自己的社会制度推行到他们军队所到之处。绝不可能不是这样。”[⑥] 美国的战略家们也看得明白，他们认为除了打击希特勒这一目标外，“英国人的另一点考虑是，在

---

①② ［英］温斯顿·丘吉尔：《二战回忆录》，魏群、高虹译，南京，江苏人民出版社，2000年，第907-909页。

③ 萨本仁，萨支辉：《丘吉尔与英国对外政策》，北京，世界知识出版社，2003年，第259-260页。

④⑤ ［美］罗伯特·达莱克：《罗斯福与美国对外政策》，陈启迪等译，北京，商务印书馆，1984年，第562、616页。

⑥ ［南］米洛凡·杰拉斯：《同斯大林谈话》，赵洵、林英译，长春，吉林人民出版社，1983年，第89页。

地中海采取的新措施能最终制止苏联在巴尔干半岛各国的扩张”①。而在苏美英三家中，只有丘吉尔是揣着明白装糊涂。

现在看到，恰恰是在削弱战后苏联方面，美国与英国存在着更大分歧。英美双方都明白，盟国英美军队开辟第二战场的地点对英国战后势力范围大小至关重要。在丘吉尔看来，战后当美国军队退回美洲后，能够影响欧洲的力量只有英国和苏联，因此，防范苏联，尽可能缩小苏联在欧洲的影响力，是英国战后是否能够保持世界大国地位的关键。而这时罗斯福也在考虑战后世界力量安排，1942 年夏罗斯福曾对他的加勒比海问题首席顾问查尔斯·陶西格说：“我们战后将会同英国发生的纠纷，也许比目前同德国发生的纠纷来得大。”②自 18 世纪以来，美国一直受着欧洲在世界政治中的挤压，第一次世界大战后，美国崛起，但由于美国介入这场战争的力度有限，因而没有形成有世界影响力的霸权地位，英国在世界上仍拥有广大殖民地。第二次世界大战中，英国国力已在希特勒的冲击下大为衰落，各殖民地的民族民主浪潮也正在削弱着英国的国际霸主地位。英国丘吉尔在战争中考虑的首要任务是战后保持英帝国的完整和英国的世界霸权地位。1942 年秋，奥利弗·斯坦利被任命为英国殖民地国务大臣，丘吉尔对他说：“只要我还在这里，我们就要坚持传统，毫不放松地保持帝国的完整。我们决不让西南非洲的霍屯督人通过普选把白人扔进海去。”③与此相反，美国考虑的首要任务是如何削弱欧洲，尤其是英国的世界霸权地位。而要做到这一点的关键，就是要保证有一个最好是能够从东面牵制欧洲的国家力量，显然苏联将是美国实现这项战略目标的最佳搭档。苏联从东面牵制欧洲，就能减轻来自大西洋东岸的对美国的战略压力；而要做到这一点的关键，则是从地缘政治上将苏联战后的势力范围扩大到东欧；要实现这一目标的关键，就是避免英国军事力量大规模地从东欧切入，而丘吉尔开辟第二战场的方案恰好就是英国实现战略意图最有利的选择。

丘吉尔以为罗斯福拒绝自己的方案是“因为受他的军事顾问偏见的影响而在争论中摇摆不定，结果把所有这些虽然次要却充满希望的机会扔在

①②③　［美］罗伯特·达莱克：《罗斯福与美国对外政策》，陈启迪等译，长春，商务印书馆，1984 年，第 562、612 页。

一边”，丘吉尔的话只说对了一半，在选择开辟第二战场地点上，罗斯福的确受到时任陆军参谋长的乔治·C. 马歇尔（George Catlett Marshall，1880—1959 年）的影响，其实，罗斯福总统对丘吉尔的意图也并不是不明白，他曾私下对儿子伊利奥（Illiott Roosevelt）说：“当丘吉尔为他入侵巴尔干的主张辩护时，屋子里每一个人都明白他的真正用意何在。大家都知道，他很迫切地想打进中欧，使苏军无法进入奥地利和罗马尼亚，假如可能的话，甚至匈牙利也不让苏军进入。”① 1943 年 8 月 10 日罗斯福总统在联席会议上批评丘吉尔的方案，认为：“试图将军事战略奠基在政治结果的赌注上是不明智的。”② 斯大林也看到丘吉尔的意图，主张罗斯福的方案并嘲笑丘吉尔：“正因为俄国人相当单纯，因此就认为他们没有识别能力，看不见眼前的事物，那是错误的。”而丘吉尔也是在斯大林直率询问英国人是否真对从法国登陆的“霸王”计划有信心或者“只是口头上说说来安慰俄国人”之后，才被迫放弃了他自己的从巴尔干开辟第二战场的方案③。1945 年 3 月丘吉尔向罗斯福抱怨苏联正在波兰和罗马尼亚强行建立亲苏联的政权，并提议他和罗斯福要求斯大林“防止在罗马尼亚清洗非共产主义分子，履行雅尔塔保证，创立一个真正的代议制的波兰政府”。但此时丘吉尔从战略上已无力回天，“罗斯福拒绝了丘吉尔的建议。因为实际上承认了东欧是苏联的控制范围”④。

丘吉尔一直到晚年仍对此耿耿于怀，指责没有从意大利乘胜北进，使“在意大利的盟军已失去了在俄国人之前到达维也纳的可能性，失掉了‘到达维也纳以后可能得到的一切……’”。他下结论说“除了在希腊，我们影响东南欧解放的军事威力失去了大好机会”⑤，“这在战争导向上是一个错误，即使没有采取以上方案而最终取得胜利也不能作为辩解之词”⑥。丘吉尔可能已经意识到，大英帝国及欧洲霸权的掘墓人，并不是共产主义

① 萨本仁，萨支辉：《丘吉尔与英国对外政策》，北京，世界知识出版社，2003 年，第 260 页。

② 韩永利：《战时美国大战略与中国抗日战场：1941—1945 年》，武汉，武汉大学出版社，2003 年，第 242 页。

③④⑤ ［美］罗伯特·达莱克：《罗斯福与美国对外政策》，陈启迪等译，北京，商务印书馆，1984 年，第 615-617、652、741-742 页。

⑥ ［英］温斯顿·丘吉尔：《二战回忆录》，魏群、高虹译，南京，江苏人民出版社，2000 年，第 909 页。

的苏联，而恰恰是反对共产主义却又觊觎世界霸主地位的“民主”的美国。对此，还是美国人自己看得明白，说得明白。就在第二次世界大战快要结束的时候，美国驻欧洲记者霍华德·史密斯（Howard K. Smith）站在易北河畔，眺望对岸的俄军，发现“新俄国”进入欧洲太深了。然而他再看看地图，又进一步发现“螳螂捕蝉，黄雀在后”：自第二次世界大战爆发以来，扩张得最厉害的还不是俄国，而是美国，“从边境算起，俄国的统治新范围扩增600英里，而美国则是7 000英里”①。美国作家沃尔特·拉塞尔·米德在《美国外交政策及其如何影响了世界》中更进一步认为：“英国的崩溃，至少部分上是美国造成的，而且是故意造成的。”② 凯恩斯传记《为英国而战》的作者斯基德尔斯基认为：“决心已下的美国人努力运用第二次世界大战的机遇来摧毁英国。”③

第二次世界大战结束和雅尔塔体系的建立敲响了大英帝国和欧洲霸权的丧钟。1945年乔治·C. 马歇尔在五角大楼的告别演说，继而，1947年在普林斯顿大学的演说中表露出对美国削弱欧洲战略成功的喜悦及战后美国的全球抱负，他告诉美国人应该了解他们的历史，了解他们同其他国家的关系，了解美国在世界上的新地位。美国应该担当起一个世界强国的责任，美国对外政策的视野，再也不能局限于美洲了，而应以全球作为美国利益的着眼点。④ 这些话的潜台词就是，我们不应忘记欧洲压迫美国的历史和政治关系，现在这种历史和关系已经倒置，今后美国应有从欧洲手中接过世界霸权之棒的抱负并“以全球作为美国利益的着眼点”。

讲这段史料，想说明三个问题。一是和平并不是国家军事力量的消失，它恰恰是战胜国的军事力量之间的类似积木式的制衡，是国家间实力博弈的最终结果。

二是今天我们见到的欧洲衰落，也有美国落井下石的因素。战后雅尔塔体系的建立既是大国间反法西斯合作的结果，又是美国通过扶持苏联而

---

① ［美］唐纳德·怀特：《美国的兴盛与衰落》，徐朝友、胡雨谭译，南京，江苏人民出版社，2001年，第46页。

②③ ［美］沃尔特·拉塞尔·米德：《美国外交政策及其如何影响了世界》，曹化银译，北京，中信出版社，2003年，第134页。

④ 熊伟民：《权利的考验——乔治·C. 马歇尔传记》，武汉，武汉大学出版社，2003年，第204页。

削弱欧洲的成果。由于罗斯福总统的深远布局，第二次世界大战结束后，欧洲一蹶不振，并由此对美国依赖加剧。但这样也造成了因苏欧力量失衡，苏联在欧洲反客为主，过去美国与欧洲抗衡的历史，这时反转为苏联与美国全球对抗的历史。这样的历史又使美国被苏联拖得疲惫不堪，卡特时期，美国还差点被苏联赶出印度洋。里根上台后，全方位向苏联挑战，结果又使苏联在老布什时期解体。苏联解体后，欧洲力量的天平倒向西欧，欧洲政治经济统一进程加快，东欧国家加入欧盟，欧美关系又回归到历史的起点：与 18、19 世纪不同的是，这时美欧关系已发生了严重错位，由过去美国反抗欧洲霸权，现在转变为欧盟反抗美国霸权。

三是实力逻辑是盎格鲁-撒克逊民族外交哲学的核心，而通过国家间的力量均势制衡而不是消灭对手国家，是盎格鲁-撒克逊民族治理世界经验中最高智慧和最精髓的部分。但并不是每个盎格鲁-撒克逊人都能理解英国人留下的这份遗产的历史意义。记得在德国即将灭亡，欧洲战场即将胜利的前夕，美国陆军上将巴顿（George Smith Patton，1885—1945 年）曾想进一步挑起事端，攻打苏联，从而将即将来临的两个阵营的冲突消灭在起始阶段。艾森豪威尔对此坚决反对。这是因为巴顿将军只知道军事战略，而不懂得国家政治大战略。对当时的美国而言，大战略考虑的是建立一个战后便于美国控制的大国相互制衡的世界体系。如果美国真是采纳了巴顿的建议，那战后美国就会很快直接面临着一个不受牵制的因而是强大的并让北美洲再次感到战略压力的欧洲。如果美国人把苏联打下去的话，那美国就整个成了欧洲人的战略打工仔，这对美国没有多少好处。艾森豪威尔深悟老英国均势政策的要义，懂得世界治理的要义在于大国制衡，因而不可能支持巴顿的莽撞之举。但话又说回来，这事如果放在现在小布什时期，备不住小布什就会采纳巴顿的建议。如果是那样的话，现在欧洲一体化并向美国叫板的形势，就会提前半个世纪。海湾战争时，老布什救下科威特以后，就鸣金收兵。理由很简单，如果把萨达姆打倒并更换政权，美国就没有理由继续驻扎在科威特和沙特，那样的话，就没有美国的事了，美国军队就该班师回朝了。这不是美国解放科威特的目的。老布什有意将萨达姆留着，只要萨达姆在，科威特就总得依赖美国。这还是老英国经营和治理世界的经验的成功运用。

六、苏联解体后，在欧洲地区雅尔塔体系的“两个支点”坍塌了，但在亚太地区大体维持

苏联解体后，雅尔塔体系出现重大变化。总的特征是：欧洲雅尔塔格局在不利于俄国人的条件下终结了。

终结欧洲雅尔塔格局的标志性历史事件就是科索沃战争。

雅尔塔体系中被制约的国家在欧洲是德国。德国由于其认罪态度诚恳而被欧洲国家所接纳并使已分裂的德国实现了统一。从地缘政治利益分配方面，雅尔塔体系中的欧洲格局已不对称地向西方倾斜。在立陶宛、爱沙尼亚、拉脱维亚三个国家事实上进入西方阵营之后，欧洲人乘胜追击：1999 年吸纳波兰、匈牙利和捷克加入北约，同时又在巴尔干地区打响科索沃战争。战争结束使欧洲地缘政治版图出现一个重大的变化，就是丘吉尔所说的“铁幕”大大东移。东欧阵营的东部边界成了整个欧洲的边界：巴尔干地区传统上是俄国人的势力范围，但科索沃战争之后，我们再看地图，从北方波罗的海到南方的巴尔干，正好是一个遏制俄国人的铁幕。在欧洲地区，雅尔塔格局的两个支点坍塌了：一个是战略武器平衡，另一个是地缘政治力量的制衡。2002 年，阿富汗战争后，美国退出 1972 年与苏联签订的《反导条约》，这打破了俄国人与欧洲人之间的战略武器平衡，而 1999 年波兰、捷克、匈牙利加入“北约”及同年的科索沃战争中“北约”的胜利，又打破了俄国人与欧洲人之间的地缘政治力量的平衡。“华约”组织自行解散，而“北约”组织却存在并壮大。这样，雅尔塔体系欧洲部分的内外因素消失而解体。

但是，雅尔塔体系在亚太地区则大体维持。

我们知道雅尔塔体系主要涉及大西洋两岸和太平洋两岸。前一个是雅尔塔体系中的欧洲格局，后一个是雅尔塔体系中的亚太格局，或称远东格局。在这两个格局中远东格局基本没变。雅尔塔远东格局是建立在对太平洋战争中犯有战争罪的日本国的制约之上。美国占领冲绳岛，俄国占领北方四岛；此外台湾主权回归中国也是雅尔塔体系中确认的；更为重要的还是，与德国的态度不同，近年来日本日益对其第二次世界大战罪行采取不认账的态度，否认远东军事法庭的权威地位，以此想否定远东军事法庭对日本国战争罪的

认定①。这些基本要素的存在，决定了远东雅尔塔格局的稳定性以及雅尔塔体系对于维护亚太和平仍具有的巨大意义。

历史规律是，国力的强弱是可以转换的，兴也忽焉，衰也忽焉。所以我们不要以不变的眼光看待世界。你看看，中国的版图和元朝明朝相比现在已经非常小了，而在李登辉及日本右翼眼里，中国的版图却太大了，他们想将中国肢解为若干块。后者则是日本在太平洋战争期间的“大东亚”地盘。日本曾经实现了这样的目标，我们也不能保证明天日本没有可能再复辟这样的梦想。

19 世纪 50 年代，近代日本和中国一样都面临着外敌入侵。鸦片战争前，日本想也不敢想向中国挑战，日本对中国佩服得不得了。日本人衣服崇尚白，就跟殷朝文明有关。殷人尚白，夏人尚黑。这种习尚后来延续到汉代，近现代日本服装几乎就是电视剧《汉武大帝》里的服装再版。汉朝甚至唐朝的语音，在日本都能找到，在现在中国反倒没有多少了。相反现在学日语的反倒容易学古汉语发音。汉文明对日本文明影响至深，日本学我们学了上千年，顺从着我们，它压根没想到来跟我们作对。

---

① 新华社东京 2005 年 6 月 22 日电（记者吴谷丰）。据日本媒体报道，日本厚生劳动省政务官森冈正宏 22 日再次否定远东国际军事法庭的审判结果。森冈当天上午在超党派“日本会议国会议员恳谈会”上说，远东国际军事法庭是什么样的审判（值得疑问），战争是双方都做了坏事。只有战胜国正确，而战败国不好，这种说法是错误的。他说，在被占领下（日本）实行了严厉的言论控制，被贴上了那场战争只有日本不好的标签。他还强烈要求小泉首相继续参拜靖国神社。“日本会议国会议员恳谈会”当天通过了支持小泉首相继续参拜靖国神社的决议，并表示反对对甲级战犯进行分祭和建设新的追悼设施。来源：《日本政府高官再次否定远东军事法庭审判结果》，http：//world. people. com. cn/GB/1029/42354/3488512. html。

中新网 2005 年 6 月 22 日电。据法新社报道，日本首相小泉纯一郎今天声称，他觉得在参拜靖国神社的问题上，没有必要屈服于中国与韩国要其停止参拜的压力。《小泉声称不会屈服中韩要其停止参拜的压力》，http：//world. people. com. cn/GB/1029/42354/3488863. html。

2005 年 6 月 27 日，日本明仁天皇和皇后赴塞班岛，为第二次世界大战期间在该岛丧生的 4 万余名日军和 1 万余名平民“慰灵”，这将是第二次世界大战结束 60 年来，日本天皇首次赴海外祭拜第二次世界大战阵亡日军及平民。据日本《读卖新闻》报道，日本天皇和皇后将在塞班岛访问两天，期间，二人将首先前往第二次世界大战期间日军及日本平民拒降投海自尽的两处海边悬崖默哀，然后访问日本在塞班岛建设的“中部太平洋牺牲者之碑”，该碑纪念在塞班岛战役中丧生的所有军民。日本政府在 20 世纪 70 年代在亚洲各地建设了 10 余个这样的纪念碑。最后，日本明仁天皇及皇后还将访问专为在塞班岛阵亡的 5 000 余名美军和 1 000 余名在战争中丧生的岛民设置的纪念碑。报道说，这是日本天皇首次以“慰灵”，而不是以“友好亲善”为目的出访海外。日本天皇皇后曾于 1995 年第二次世界大战结束 50 年之际在日本本土的广岛、长崎和冲绳进行“慰灵之旅”，而此次则将“慰灵之旅”延长到了海外。来源：《日本天皇今首赴海外塞班岛祭拜第二次世界大战阵亡日军》，http：//world. people. com. cn/GB/1029/3498363. html。

但是到1840年中国被英国打败了。日本人一看小小英国都打败了中国，那么向中国挑战一下也不是不可以试试。19世纪50年代，日本也遭到美国海军的入侵并与之签订了屈辱性的所谓“和好条约”。60年代中国出现了太平天国，一下子半壁江山乱了。紧接着，日本国内也出现了空前的市民暴动。内忧外患，不仅刺激了中国，也刺激了日本，痛定思痛。由于日本船小调头快，在近代锐意改革，实行明治维新，而中国方面的变法则失败了。此后，中国和日本就分道扬镳。

明治维新期间，日本军事有了革命性的变化，把那个武士制度改了。有人说，日本明治维新后建立的是资本主义民主制度，其实它建立的是资本主义的军国主义制度。陆军学德国，海军学英国。[①] 在这个基础上，它进一步推进领土扩张。1894年，甲午战争，把中国打败了。

顺便插一句，现在很多人说中日甲午战争，在当时这只是一场小范围的“掰手腕”式较量而不是两国间的全面战争。在很多时候，国际间利益再分配就是在这种“掰手腕”式的较劲即小型军事较量后，一锤定音，而很少是在全面大战后定音。大国之间的力量博弈更是如此。比如中华人民共和国成立之后，中美关系严重对立，但双方却没有直接发生战争。朝鲜战争中，中美两国没有直接出面。中国是以志愿军的名义，美国是以联合国军名义在间接较量，而不是国家间的宣战。越南战争也是这样，中国也没有与美国发生直接冲突，中国支持越南反美武装，但没有正式宣布国家出兵。

所以，大国之间交手有一个间接性规律。由于大国战争的破坏性大，所以大国一般都是间接试探性交手。人跟人之间也是这样。大块头的强者多是笑眯眯地交手，笑着掰手腕，一次次较量后，双方就默认了对方的利益底线。国家也是这样。美国把我国驻南斯拉夫大使馆炸了，说是误打，说声sorry。这就是掰手腕。未来大国间的冲突多是这种“掰手腕”式的间接冲突而少有

---

① 日本于1868年起开始明治维新。政府“制定了一部以普鲁士德国的宪法为蓝本的宪法，对法制进行了改革”，并“从英国皇家海军请来的专家为日本建立一支现代化的海军出谋划策，从普鲁士总参谋部请来的专家帮助他们实现陆军现代化。日本军官被派往西方国家的陆军和海军学院学习，尽管本国已建立起军火工业，但仍从国外购买现代化武器”。“在所有这一切的背后，有着引人注目的政治义务，即实现国家‘富国强兵’的号召。对于日本人来说，经济实力和陆军实力是同步发展的”。详见［美］保罗·肯尼迪：《大国的兴衰——1500~2000年的经济变迁与军事冲突》，王保存等译，北京，求实出版社，1988年，第251页。

直接冲突。前一种冲突的特点是下手狠，但表面装糊涂。

未来大国间交手的样式基本如此。有人谈中美开战，其实中国人和美国人都是比较有智慧的民族，两个有核国家直接冲突的可能性不大。而这并不表明中美之间，尤其是在制海权领域就没有难以调和的战略性矛盾及相应的间接性军事冲突。现在就可以肯定的是，在“台独”问题上，不见血是不可能的；但如果政治手段运用得好，少流血却是有可能的。这要看岛内“台独”分子的死硬程度而定。

明治之后，日本迅速崛起。1895年它把中国打败，通过《马关条约》获得台湾及周围一些岛屿。① 此后，能够主导亚洲地区的，不是日本就是中国。这有点像欧洲地区的德国和法国。与英国通过平衡德法消长来控制欧洲的方法一样，美国也是通过平衡中国与日本的消长来控制亚洲的。1902年，英国为了牵制俄国，跟日本签条约，实际上默认日本能够打俄国。② 为什么呢？俄国在欧洲与英国争霸。1905年日本在海上打败俄国，英日再次签订《同盟条约》，英国承认日本在东北亚的势力范围。③1910年日本吞并朝鲜，此后，日本进军目标就是中国，首先是中国东北地区。

到20世纪初，美国政府不得不面对日本在东北亚崛起的压力，那时的日本人确实不简单，它从17、18世纪一个学习中国的国家、19世纪50年代一个被美国入侵的国家，竟在短短半个世纪内变成一个美国不得不认真对待，并引起当时许多中国人深思的国家。当西奥多·罗斯福总统确认日本已成为美国政府可与之打交道的强国，而中国则是一个“包袱”型国家后，罗斯福政府在中日之间，选择了日本。日俄战争后，西奥多·罗斯福“感到日本取得胜利，将意味着有朝一日美日之间发生战争。但是，他相信只要对日本持尊重态度，日美冲突还是可以避免的”④。鉴于此，美国对日本让步日益增多，以至于1908年日本驻美公使高平与美国国务卿鲁特达成《鲁特-高平协定》，美国竟同意“日本和合众国在太平洋地区都拥有重要

---

① 关于《马关条约》第二款详细内容，参见王绳祖，何春超，吴世民：《国际关系史资料选编》，北京，法律出版社，1988年，第290页。

②③ 参见《英日第一次同盟条约》，王绳祖，何春超，吴世民：《国际关系史资料选编》，北京，法律出版社，1988年，第353页。

④ ［美］孔华润：《美国对中国的反应——中美关系的历史剖析》，张静尔译，上海，复旦大学出版社，1989年，第58页。

的外国岛屿，两国政府都为在该地区有一种共同目的、共同政策和共同意图所鼓舞”①。这实际上表明美国已默认日本可以与美国分享太平洋的利益。欧洲爆发大战后，日本进一步攫取德国在中国山东的利益，1915 年日本驻华公使向袁世凯提出“二十一条”，美国再次退让，在同年 3 月 13 日美国国务卿布赖恩发表声明，表示“合众国坦率地承认，版图的接近造成日本和这些地区之间的特殊关系”。1917 年 11 月美国与日本秘密签订《兰辛-石井协定》，承认日本“在中国，特别是在它的领土与之接近的部分，有特殊的利益”②。

承认日本在外围，尤其是在中国东北地区“有特殊的利益”，就是默认日本可以侵略中国。日本这个国家的特点历来是迅速出击，先发制人。这是由于它国土面积小，国内没有迂回纵深，而没有纵深的国家只有靠扩张安全外围。在日本打游击，那是不可能的。读书时听过一个笑话，说“文革”时，日本共产党到中国来取经，问怎么能夺取革命战功。我们就教给他们农村包围城市的道理。他们回去后都拿起枪到农村去了，不久就都给抓了起来。这是因为日本没有中国意义上的广大农村。各国情况不一样，日本共产党和中国共产党就不一样。日本的国情不允许共产党在农村打游击，日本也不可能出现本·拉登式的人物。因为那里没有阿富汗式的崇山峻岭和深山老林，他们不可能像塔利班那样在崇山峻岭中神出鬼没。日本国内没有战略迂回空间，为了安全，他们就必须扩张外围。这一点与中国正好相反。

现实中有许多事情就是：能说的不能做，能做的不能说。1944 年 10 月，丘吉尔访问苏联，其间，英苏两个国家领袖在纸条上勾画什么呢？勾画的是各自的势力范围。③ 大国间就是这样，讲究的是势力范围。日本侵略中国以后，也搞这一套，到 40 年代基本上将中国东北、华北、华南分割成三个相互制约从而不能与日本抗衡并受制于日本的小“卫星国”。近卫内阁时，日本

①② 参见阎广耀，方生：《美国对华政策文件选编》，第 497-498、500-506 页。

③ “丘吉尔莫斯科访问停留 8 天。他草拟了一份势力范围图，递给斯大林。他以百分比法划分势力范围，譬如，英国可以获得 90% 的希腊，苏联可以获得 90% 的罗马尼亚和 70% 的保加利亚；至于匈牙利和南斯拉夫则五五对分。斯大林当场二话不说，立即同意——不过莫洛托夫则追着和艾登交涉，削弱英国人的百分比，让苏联在每一个东欧国家所占的百分比都略占上风，只有匈牙利例外。”参见亨利·基辛格：《大外交》，顾淑馨、林添贵译，海口，海南出版社，1998 年，第 367 页。另外，关于这方面的资料可参阅王绳祖等：《国际关系史》，第 6 卷（1939—1945），北京，世界知识出版社，1995 年，第 332-333 页。

准备到此收步。只是日本东条英机组阁使日本与德国、意大利捆绑一起，并一发不可收拾。东条与小布什差不多，有战无略，靠拳头思考，脑袋一热就打到珍珠港去了。结果日本与中国和美国这两个大国作对，当然没有好结果。中国像个大海绵，日本有多少兵力都能被中国吸干。日本打中国等于拿破仑打俄国，此外日本还得罪了美国，其结果可想而知。

当时，山本五十六明白不能与美国作对。但是，东条英机还是打了珍珠港。东条的想法是什么呢？他想一鼓作气，打通对日本至关重要的南洋战略交通线。结果是太平洋战争爆发，整个日本从哪里来回哪里去。1945 年意味着日本失去了明治以来非法所得的大部分地缘政治利益和相应的地缘政治空间。

长期以来，美国人瞧不起中国人，但是在美国最难的时候，都是中国帮助美国。大家看，在 20 世纪的 100 年里，开始是美国帮日本，日本反把美国打了。老罗斯福搬起的石头，砸在小罗斯福脚上。然后美国又拉着中国牵制日本，开了个开罗会议死活把中国拽着，因为中国战场关系到太平洋战场的成败。

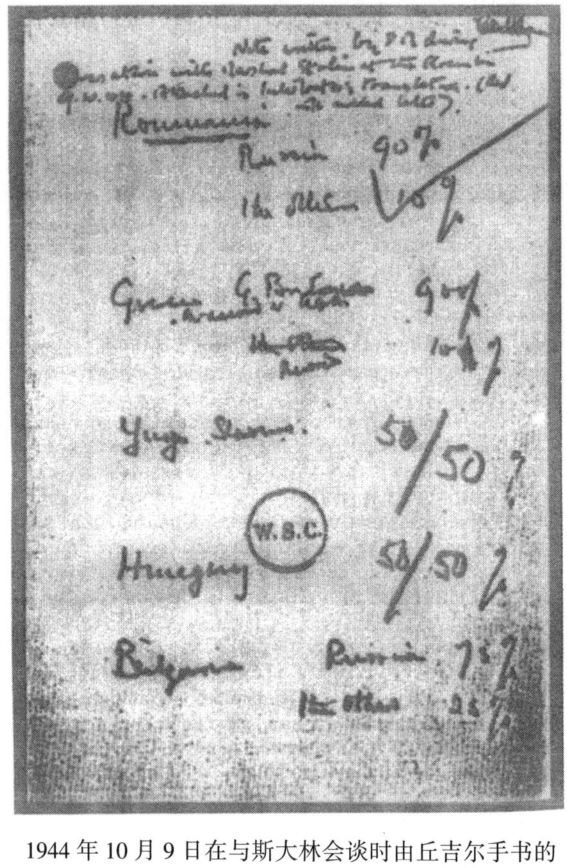

1944 年 10 月 9 日在与斯大林会谈时由丘吉尔手书的划分在巴尔干各国的影响范围的建议[①]

① 资料来源：［俄］奥・阿・勒热舍夫斯基：《斯大林和丘吉尔（1941—1945）》，王仲宣、齐仲、高春兴译，北京，东方出版社，2006 年，第 482 页。

第二次世界大战结束以后，美国又扶持日本，而不是帮中国。苏联起来了后与美国争霸。尼克松时，他又找中国，说要与中国联合。此后美国出现了一个牧师总统，他就是卡特。卡特的人文情怀挺好，但这在政治家那里没有多大用处。政治无色彩，只有成和败。现在美国人似乎不太看得起卡特。苏联在勃列日涅夫时期，差点将美国人赶出印度洋。里根时期中美形成战略合作并由此导致苏联的最后倒台。美国人就是这样，只有有难同当，而没有有福同享。不行的时候都来找中国，一度过难关就翻脸不认人。

在美国历史上，老罗斯福、小罗斯福，再就是尼克松，这几位是大政治家。老布什也还行。他们懂得地缘政治和大国制衡。小布什及其后的总统班底实在不行。所以美国现在这个机制，是精英淘汰机制，淘汰的都是些政治大腕。没办法。尼克松是美国历史上少有的大政治家，盎格鲁-撒克逊的经营和治理世界的政治经验在他那里继承和运用得好，讲究制衡（balance）。一国不可能把世界事务全部包办，必须靠力量间的制衡，并通过制衡实现国家经营和治理世界的目标。这是老英国的那一套。打牌嘛，世界就是一副牌，看你怎么打。堂·吉诃德是见风车就冲，再大的力气也经不住这样折腾。尼克松来找中国，从此美国从亚洲抽身，此后亚洲人就相互牵制，美国从中渔利。

现在美国人胃口很大，不要说世界问题，其实它解决地区问题都很困难。在亚太地区，它必须拽着中国。从20世纪的百年战略来看，只有中国和美国在太平洋手联手，这个地区才有和平与安全。但美国的朋友永远是打不败的对手。你跟它太紧了不行：20世纪，蒋介石紧跟着美国，美国把蒋介石抛弃了；达赖跟着他，它也把达赖抛弃了；韩国、日本及南越都吃过这亏。谁跟得紧，它抛弃谁。美国外交难与跟得紧的为友，而易与打不败的对手为友。中美之间成为真正的战略伙伴，是中美之间对抗最深的时候。毛泽东一点不怕，他对尼克松说“我喜欢右派”[①]，同时还说美国是纸老虎。与美国交手，打一仗，赢一仗。

大家知道，目前一些日本人的地缘政治可控范围，是雅尔塔体系里规定

---

① ［美］理查德·尼克松：《尼克松回忆录》，董乐山等译，北京，世界知识出版社，2001年，第675页。

给它的。雅尔塔体系制约日本军国主义咸鱼翻身的远东格局基本没变。俄国在南千岛群岛（北方四岛）、美国在冲绳岛的占领权力依然是合法的，台湾主权依然是中国的。

雅尔塔体系里明确规定，台湾的主权归回中国。这就可以解释为什么美国不愿直接承认“台独”分子要求的法律原因。主权归中国，雅尔塔体系里确定了，如果我们轻率地作出“雅尔塔体系解体”的判断，这既不符合事实，也容易为所谓“台湾地位未定”论留下可钻的空子。雅尔塔体系是对中国抗日战争胜利的肯定，从 1868 年日本的明治维新到 1945 年日本战败，近一百年日本的“成就”灰飞烟灭。日本右翼不服啊，目前日本又开始为在远东军事法庭里已认定的战争罪行翻案，他们想整个推翻雅尔塔体系，对此，我们怎能轻言“雅尔塔体系解体”呢？

七、“埋葬雅尔塔遗产”可能同时也埋葬了亚太和平

明乎此，我们就对美国的台湾政策有了更为清晰的认识。现在美国强调台湾问题解决的和平方式。这是冷战层面的问题；而美国不直接承认“台独”，这是雅尔塔体系问题。雅尔塔体系是大国合作的成果，而冷战则是大国冲突的结果，是雅尔塔体系之后的事。美国强化台海两岸对峙，就是要用台湾遏制中国。这是冷战的继续。这是一种矛盾的立场：中国拥有台湾主权，这是承认雅尔塔体系的格局；同时美国又反对中国“不放弃使用武力”统一台湾的立场，这就是冷战。美国的对台政策是这两个立场的混合体，但我们研读时就要将二者分开来：美国承认台湾主权在我，并不表明美国对中国有什么支持，因为这是雅尔塔体系中确认的；美国在台湾问题和平解决的绝对立场，也不表明美国真就是和平自由的化身。

美国在日本问题的立场上也是矛盾的。美国跟日本那么好，什么战略伙伴呀，合作呀，但是从第二次世界大战结束以来，美国从不提北方四岛问题，也不为日本说话。这么好的哥们，怎么不帮忙啊！因为那个地方不能帮。美国对日本是否是“伙伴”并不在意，重要的是它是否听话。而要日本听话，就不能使日本太强大。这是美国历史告诉它的重要经验。美国崛起之初，法

国认为，要打败英国，就应扶持美国崛起，于是把路易斯安那卖给美国[①]。美国一夜间从东部地区 13 个州，一下子扩大了 1 倍。紧接着俄国在 1853 年至 1856 年的克里米亚战争中败给英法，为报复英国，美国南北战争期间，俄国采取与英国完全对立的支持林肯北方统一国家的立场，并于 1863 年 9 月派两支舰队分别驶入美国东西海岸的重要港口纽约和旧金山，成功阻止南方同盟舰队对旧金山海上攻击的计划。1853 年克里米亚战争爆发之初，俄国的东西伯利亚总督正式向沙皇尼古拉一世提议将阿拉斯加卖给美国。南北战争一结束，俄美就此商谈加速，最终于 1867 年 3 月 30 日双方正式签订了购买阿拉斯加的条约。由此美国成为一个拥有位于北纬 35°—70°之间庞大版图的大国。具有讽刺意味的是，到 20 世纪后半叶，当美国成为唯一可以主导世界事务的超级大国时，当年阴险狡诈的英国人在第二次世界大战中被美国联手苏联出卖后却成了美国的铁杆朋友，而在美国南北战争中坚定支持美国联邦政府并“受到了几乎是歇斯底里般热情欢迎和招待”[②] 的俄国人，这时却成了美国人的死敌。冷战的时候，美国就和昨日的救星对着干。可以试想，如果俄国当时不支持北方，支持南方，那美国就会走上今天拉丁美洲的发展道路并可能永远是不向俄国人叫板的外围地区。那样的话，俄国的历史就不一样了：从北美洲到南美洲，全是拉美模式，为俄国资本提供不尽的资源。历史上这种帮人反帮出仇人的经验使美国在国际关系中更加信奉盎格鲁-撒克逊的原则，靠国家之间的制衡来建立盟友关系。1991 年美国人在海湾战争中解放了科威特却保留了萨达姆，以此迫使科威特对美国形成依赖和忠诚；2001 年美国人打败了塔利班却保留了本 · 拉登，以此迫使卡尔扎伊对美国的依赖和忠诚。现在美国对日本也是这种态度，只要日本北方有俄国钳制着，日本就会在南方听从美国的调遣，不敢随便行动。在这一点上，日本人在心里特别不平衡。

历史真是此一时彼一时。中国现在长大了，美国要在亚太搞战略制衡，就不能小视中国。正如当年美国长大后，欧洲不能再小视美国一样。现在与

---

① 对此拿破仑自己说得明白：“进入这片领土可使美国的地位永远屹立不摇，而我则为英国创造了一个迟早会挫其锋芒的海上对手。”转引自［美］亨利 · 基辛格：《大外交》，顾淑馨、林添贵译，海口，海南出版社，1998 年，第 15 页。

② 王绳祖等：《国际关系史》，第 2 卷（1648—1814），北京，世界知识出版社，1995 年，第 361 页。

尼克松时期不同，小布什开始在这个问题上玩火。为什么这么说呢？尼克松时期，美国在日本问题上尚不出雅尔塔底线，与苏联对抗，却不对苏联在日本北方四岛占领权上提出疑义。而小布什不仅要支持日本成为联合国常任理事国，[①] 而且还要支持日本收回北方四岛的努力。[②] 更有甚者，小布什还誓言“埋藏雅尔塔遗产”[③]。这真与日本想到一块了。雅尔塔体系的逻辑起点是对德国和日本军国主义的镇压，因而颠覆雅尔塔体系的中国远东格局，则成了日本崛起为政治大国和军事大国的前提。而颠覆了雅尔塔体系的结果就是否定俄国、美国和中国在太平洋战争中为国际法确认了的主要地缘政治成果。从某种意义上说，“埋葬雅尔塔遗产”可能同时也埋葬了美国、中国和俄国共同构建的亚太和平。

八、台湾问题折射出的亚太大国战略博弈

不管日本怎么失败，就其经济本性而言，它还是要寻求过去的“大东亚”之梦。日本对世界的贸易依赖很强，其生产能力多散布在海外。我们现在感觉到海外安全的压力，他们更是这样，但他们有美国保护着，我们则只有自保。日本面积小。对美国一时半会儿威胁不到，所以美国打算把它从雅尔塔体系中解放出来，干什么？让它咬人。美国原想做的粗事，现在让日本来做。日本也想借美国对华冷战之势复辟其“大东亚”旧梦。现在小泉正在“大胆往前走”，根本不回头。如果日本走上这条路，其逻辑结果必然就是寻求南海的地缘政治利益，继而西太平洋的利益。为此，第一个逻辑结果就是，重复甲午战争，窃取中国台湾。台湾是日本走向太平

---

① 据日本共同社报道，围绕联合国改革在纽约召开的联合国大会协议会上，美国驻联合国大使2005年4月28日称，“美国强烈支持日本成为联合国安理会常任理事国”，表明美国支持日本“入常”的立场。美国对日本“入常”的态度曾经过几次变化。美国曾表示反对为联合国改革设时限，一度为日本“入常”泼了冷水，但此后，美国助理国务卿金·霍尔姆斯就扩大安理会常任理事国的问题发表声明，不反对安南秘书长做出的九月底达成共识的建议，称这是美国政府的方针，http：//world. people. com. cn/GB/41219/3362046. html。

② 《美国表示将在日俄北方四岛争端中站在日本一边》，http：//news. sina. com. cn/w/2004-12-15/13254531389s. shtml。

③ 《布什发誓要埋葬雅尔塔遗产，普京反驳历史修正观》，http：//news. sdinfo. net/72341268037894144/20050510/1361614. shtml。

洋，走向南海的一个必经之路。如果说美台之间的关系是间接且非核心利益的关系，那么，台日之间可是直接且是核心——尽管非法——利益关系。没有这一步，就不可能有日本的崛起。没有听说过老虎长大后仍会满足小时候的胃口和地盘。

为此，与美国不同，日本是需要台湾从中国分离出来的。19 世纪下半叶，为达到吞并朝鲜的目的，日本曾首先剥离朝鲜与中国的传统关系。[①] 尽管台湾问题与历史上的朝鲜不是同类性质的问题，但日本在分裂台湾与祖国大陆主权联系的手法则是一样的。大家不妨研究一下 1972 年《中日联合声明》第三条，尽管日本声称“坚持遵循波茨坦公告第八条”，即“日本之主权必将限于本州、北海道、九州、四国及吾人所决定其他小岛之内”[②] 的立场，但日本在台湾问题上只提“充分理解和尊重”而不是承认中国政府关于“台湾是中华人民共和国领土不可分割的一部分”的立场。[③] 这就是说，日本只承认台湾主权不属于日本，但没有承认而是“充分理解和尊重”中国“台湾是中华人民共和国领土不可分割的一部分”的立场。这已为未来在台湾问题上翻案埋下伏笔。欧洲雅尔塔格局解体已燃起了日本翻案的欲望，为此，从 20 世纪末起，日本正将这种欲望迅速转化为国家政策，其核心目标与 19 世纪下半叶的目标相同，仍是中国台湾。[④] 因

---

① 这在 1876 年 2 月 26 日签订的《日韩江华条约》，1895 年 4 月 17 日签订的《中日马关条约》，1905 年 11 月 17 日签订的《日韩协约》，1902 年 1 月 30 日签订的《第一次英日同盟条约》等文件中，均为首条条款。

② 王绳祖，何春超，吴世民：《国际关系史资料选编》，北京，法律出版社，1988 年，第 876 页。

③ 《中华人民共和国和日本国政府联合声明》（1972 年 9 月）：“（二）日本国政府承认中华人民共和国政府是中国的唯一合法政府。（三）中华人民共和国政府重申：台湾是中华人民共和国领土不可分割的一部分。日本国充分理解和尊重中国政府的这一立场，并坚持遵循波茨坦公告第八条的立场。”

④ 日本和美国政府自 1997 年签订“日美防卫合作指针”以来，日本就一直希望通过修改相关内容来实现自己新的政治和军事企图。为这次修改，日本和美国进行了长时间的接触。1999 年 5 月 24 日，日本政府通过了《自卫队法修正案》《周边事态法案》和《日美物资劳务相互提供协定修正案》。根据这三项法案，如日本周边地区发生武装冲突，日本自卫队就可以配合美军作战，向美军提供除作战现场之外的一切支援；自卫队的舰艇和战机可以自由派出日本，“救护”和“寻找”在国外的日本人，救护美军伤员并寻找美军失散人员；日本政府也能够随心所欲地要求地方政府和企业向美军提供各种后方援助。这为日本政府向海外派兵扫清了法律障碍。来源：《“日美防卫”首提台海 遏制中国竟成共同战略》，http：//news. 163. com/05/0201/11/1BGJ78DD0001121Q. html。

为台湾是打破日本雅尔塔“困境”的关键部位。从这个意义上说，台湾也是日本的——尽管是非法的——核心利益。

现在更严重的问题是，台岛内部的“台独”分子正在配合这种目标采取里应外合的行动。

从具体操作上说，台湾主权回归中国是雅尔塔体系确定的，日本和“台独”分子仍不能直接否定，他们只有选取间接目标实现其分离台湾的战略。那么，这个间接目标在哪呢？就在钓鱼岛及其附属岛屿。李登辉说钓鱼岛的归属说不清①，其实是他看准了钓鱼岛及其附属岛屿对于台日联系的战略意义。如果钓鱼岛及其附属岛屿主权回归中国，那就等于台湾回来了一半。“台独”分子和日本右翼的政治联系就会被打散。本来台湾和日本之间有冲绳被美国隔断，现在如钓鱼岛再被中国内地方面隔断，那“台独”分子和日本右翼的“台独”目标也就寿终正寝了。两岸统一当然要以和平方式为主线，但和平方式一定要有武力为后盾。我们还记得毛泽东同志解放北京的“北平方式”吗？当时北平的和平解放是以平津、淮海两大战役的胜利为前提的。如果将台湾比作当年的北平，台湾经济相当于北平城内的故宫珍藏，要尽可能地完整地回归到祖国和人民手中。而要做到这一点的前提是解决台海及其周边，特别是钓鱼岛一带的制海权问题。

退一万步说，即使没有做到这一点，台湾独立也是极不可能的事。中国数千年历史长河中，台湾就没有独立的历史。为什么呢？因为台湾的版图太小，离中国内地最近而离其他大国最远且没有进入这些大国地缘政治的核心利益圈。这么个地区，犹如停泊在中国内地这艘“航空母舰”旁边的一叶扁舟，失去大陆保护就会摇晃摇晃地翻船。独立的地缘政治形成的前提是要有一个基本的地理距离，要么是大国间争夺不下的而有关键意义的海峡要塞。有了马六甲海峡，新加坡能独立，亚齐也有独立的可能；有了巴拿马运河，巴拿马能独立；有了红海海峡和苏伊士运河，吉布提、厄立特里亚等才能独

---

① 台湾《中国时报》2003 年 10 月 26 日报道，李登辉 25 日在为“李登辉学校”上课时表示，依照历史，钓鱼岛既不是台湾的，也不是大陆的。钓鱼岛的主权问题是从 1971 年开始的，以前没有人说钓鱼岛是属于中国大陆或是台湾的，因为那一年大陆在海底发现了石油。他还批评台“行政院长”游锡堃指钓鱼岛属于台湾宜兰县，是不懂历史。

立。紧贴中国内地的台湾，既不处在马六甲海峡，也没有巴拿马和苏伊士运河那样的战略位势，因此，它不会有其独立的历史；如果中国内地不再出现清末式的动荡，台湾也肯定不会有独立的未来。

日本现在正在试探雅尔塔底线，试探亚洲国家对日本翻案可接受的底线。它试图先从钓鱼岛列屿，继而从台湾突破，然后再将远东雅尔塔格局搅浑，最后达到浑水摸鱼的目的。

前些年，日本与德国、印度、巴西联合申请成为联合国安理会常任理事国就是浑水摸鱼的动作之一。我们知道，联合国是雅尔塔体系的产物，当时建立联合国的设想是建立战后长久和平机制，而这个机制建立的首要前提就是对世界战争的两个策源地即德国和日本两国法西斯势力镇压及对其复活可能的有效监控。而日本拉印度和巴西这两个太平洋战争中的受害国一起，想从一个被监控的国家瞒天过海，一跃成为联合国的常任理事国。尽管日本的努力失败了，但其司马昭之心却未必路人皆知。至少太平洋战争中的受害国印度和巴西就未必知晓。

日本人的危机感特别强，特敏感，爱报复。对于这一点，老政治家倒是看得明白。太平洋战争中对日本实行最后一击的斯大林 1945 年 12 月在回答蒋经国日本是否有可能东山再起的问题时，曾一针见血地表示："当然，这是可能的，日本这个国家人口多，爱报复。日本希望东山再起。"① 造成日本这些性格特点的原因在于国家特别小。小国敏感，在策略上往往会率先出击。甲午战争，日本没有想到会赢，只想到必须先发制人，而且是投入国家的全部力量，迅速出击，不惜代价。结果，它打赢了。但这种策略不能多用，多用则会反伤自己。第二次世界大战时，日本先对中国，继而对美国都采取这种策略，受到太平洋两岸的两个大国的牵制，犯了与希特勒同样的致命错误。

现在日本有颠覆雅尔塔体系的冲动，在策略上是否还会再次犯这样的致命性错误呢？

非常有可能。

且不说日本触动的远东雅尔塔格局要涉及中、俄、美三国的战略利益，

① 《斯大林同志同蒋介石的私人代表蒋经国的会谈记录（1945 年 12 月 30 日 21 时）》，参见［俄］A.M. 列多夫斯基：《斯大林与中国》，陈春华、刘存宽等译，北京，新华出版社，2001 年，第 28 页。

我们只要看看日本不屈不挠的参拜靖国神社，特别是参拜其中那些有战无略的东条英机们的举动，就说明日本迄今也不明白自己在那场战争中败在何处，迄今也不明白东条不仅是世界和平的罪人，也是毁灭日本的罪人。今天日本政治家只看到东条孔武的一面，而没有看到正是这种“玉碎”的性格[①]导致自明治以来所有的日本成就灰飞烟灭。对东条的“崇拜”说明日本民族对其性格缺陷不仅不注意克服，而且还会再次放大[②]。

台湾问题的出现，并不是雅尔塔体系的错，而是冷战的错。冷战才使台湾回归祖国成了所谓“问题”。因此，所谓“台湾问题”的出现，是雅尔塔体系的倒退。现在留给中国政府的挑战是，统一台湾成了中国进入世界政治的第一道门坎，也是中国进入大国竞技场的第一张但却是初级的资格认证书。目前美国似乎没有直接与中国交手的安排，它只是先放对台湾有更迫切觊觎之心的日本出来与中国交手，如果中国跨过日本这道坎，就正如19世纪末20世纪初日本越过中国（1895年）、俄国（1905年）这两道坎之后，美国就开始与日本认真打交道并与之分红的经验一样，中国如想获得与美国在亚太平等分红的地位，就必须先切实——不管采取什么方式——打掉日本在中国台湾问题上的觊觎之心。如果中国在这件事情上取胜而不是所谓“双赢”——在核心利益上不可能存在“双赢”，中国与日本未来在亚太的地位也就大体确定了。估计在这个问题上日本人是不会让步的。

大国崛起的规律性现象是两个实力相当的对手之间要有相当的缓冲空间；这种空间的大小与正在崛起的大国之间的冲突概率和烈度成反比。如果在地理没有空间间隔的条件，那么保持双方的战略力量，尤其是其中的战略武器的均势则是和平的保证。所以，大凡国际和平体系，不管是维也纳体系还是雅尔塔体系，多是从这两方面入手制定的；同样的道理，一个国际和平体系的解体也首先是从这两个方面的消失而开始的。

---

① 对此，连蒋介石也看得明白，1938年11月11日，他在日记中写道：“倭人气量短窄，事尚彻底，非死即生，决无对弱者中途妥协与让步之理。”转引自黄仁宇：《从大历史的角度读蒋介石日记》，北京，中国社会科学出版社，1998年，第348页。

② 日本保守势力代言人的《读卖新闻》会长渡边恒雄：“小泉这个人不懂历史、哲学，不学习，没文化……因为无知，他才会说出‘参拜靖国神社有什么错？’这样傻乎乎的话。”张莉霞：《日媒体老总说小泉没文化》，http：//world. people. com. cn/GB/14549/4137935. html。

抗日战争为什么在中国打了那么久？苏联准备得比较好，日本想打但没有打过去。我们准备得比较差，日本就过来了，尽管最后赢了，但中国付出的代价也太大了。现在日本又起来了，与此同时，中国也出现了一些对日“新思维”，要求中国政府“不妨大致地搁置历史”[①]，“从政策声明和实际态度两方面‘一视同仁’地看待日本成为安理会常任理事国的愿望，即不对日本成为常任理事国提出中国未对其他同类要求者（如印度、埃及等）提出的特殊条件。或者更进一步，择时积极支持日本成为安理会常任理事国”[②]。但现在首要的问题是日本并没有“大致搁置历史”，它至今没有承认台湾是中华人民共和国的领土。现在需要回答的问题是：日本是否会放弃对台湾的企图？如果不会，那中日之间就很难有“新思维”所描述的那样的调和余地；如果没有调和——这里特指的是战略核心利益上调和——的余地，那“择时积极支持日本成为安理会常任理事国”对中国意味着什么？对联合起来打败了日本法西斯的亚太各国，意味着什么？最后，对支撑战后和平的雅尔塔体系及建立其上的联合国，又意味着什么？

九、国家如无威力，仅凭谈判技巧实现不了国家战略

中国人的知识结构是随着时代任务与时俱进的。20世纪40年代是军事挂帅，全党学军事。50年代全民学技术。到“文革”中全民学政治。“文革”结束后大家一窝蜂地学数理化，那时陈景润成了知识分子的偶像。后来又争当万元户。接着又办班弄文凭。后又学经济：开始学政治经济学，后来“政治”不要了，学经济学，金融学，学房地产，最后是国际金融学，玩经济泡沫。下一步我看这泡沫要被挑破，人民开始再次重视政治。婚姻的取向也是社会价值的取向。解放战争胜利后，姑娘都找军官出嫁。后来嫁大学生、嫁工农兵、嫁万元户、嫁学者，我看婚嫁的风向下一步又会是军人。因为国际政治也是以军事为基础的，而国际政治的风险日益向中国逼近。

① 时殷弘：《不妨大致地搁置历史》，载《世界知识》，2003年第16期。

② 时殷弘：《中日接近与“外交革命”》，载《战略与管理》，2003年第2期。

中国目前国内问题很多，但这并不可怕。大家知道，包括美国这样的“民主国家”在内的任何一个大国崛起之初，都有巨大的社会分化问题。大家看看马克思《资本论》第一卷，最后一章讲的就是工人阶级贫困化问题。大凡进入市场经济的国家，都是利润起家，这在初期一般都要压低消费资金的支出。但这不应当成为国家减免对社会责任的托词。重要的是，我们应当注意这些国家的解困之道。英国、美国后来怎么解决这个问题呢？它们通过海外扩张，扩大利润回流。通过牺牲资本外围地区，即将国内的贫困转移到世界其他地区，将国内的两极分化转换成国际上的南北差距，这样尽管不怎么道德，但它确实由此获得大量高额海外利润以增加社会福利，反哺国内贫困阶级，国内工人阶级由此过上了贵族化的生活。19 世纪英国维多利亚时期被称为“黄金时代”，同时它也就是英国通过侵略中国和印度的战争在东方掠夺最疯狂的时代。其间大量利润回流英国，穷人一夜间成了富人。从国内范围看，英国资本主义使一部分人先富了起来，但从世界范围看，它又通过战争牺牲东方民族使英国另一部分人即原来的穷人也富了起来。后来居上的美国发展道路也是这样。到了 19 世纪的 70、80 年代。美国工人穷得不得了，童工很多，当时工人还夺取几个城市。结果美国政府派军队对工人运动实行严厉镇压。当时美国工人运动非常强大，但美国政府对此也不是从国内入手，而是到海外打开市场，扩大海外利润回流，以此化解国内因两极分化带来的社会问题。为此美国政府大力发展海军，在当时，海军几乎是保障世界财富向本国回流的唯一手段。国内政治问题通过依托于军事手段的海外扩张来化解，这是英美国家成长道路上的一条重要的成功经验。

2004 年 7 月，我到深圳登上作为游乐项目的苏联时期的“明斯克”号航空母舰。那是苏联制造的。在甲板上我眼泪差点掉下来：看到俄国姑娘在曾是本国的军舰上为游人跳舞赚钱，那情景，就好像妹妹在为被卖掉的哥哥数钱。你说俄罗斯姑娘没尊严、没感情吗，也不是，只是没办法。如果中国把自己的战舰卖给别的国家当游乐项目，任人践踏，那无异于在踩中国人的胸膛，在踩中国人的神灵。军舰是国家之神。军舰的前途不是远航，那么它宁可沉在海底，也不能被人当乐子耍。我看到躺在脚下的“明斯克”号庞大躯体，我想到曾任人宰割的近代中国，同时我又想到中国的未来。

大家注意一下自己的身躯，肌肉、神经走到哪里，骨头就走到哪里。对一个国家而言，骨头是军队，神经是文化，为我们传播信息。肌肉又是什么呢？是经济，是公司，但公司都要有军队跟着。没有一支强大的海军，在全球化时代，国家就几乎失去了可持续发展的前景。一国之经济犹如一人之膀臂，不管你伸多远，只要没有军队跟着，谁都可以斩断你。中国在伊拉克的石油利益，美国给它换个政府，瞬间就没了。不要真以为贸易就靠谈判，谈判就靠技巧。国家谈判后面如无威力，仅凭技巧解决不了问题。历史上有许多时候，道义的力量是有限的。美国在19世纪90年代整个是军舰先行，1898年它学1588年“西班牙海战”中的英国，一举打破英国和西班牙的海上封锁，拿下古巴、夏威夷。夏威夷地理位置相当于中国台湾，况且当时它不是美国领土，美国一年就将它拿下，现在也没有出现“夏威夷人民绝不答应”的情况。台湾是我们中国的领土，我们喊了50多年却越来越远了。光喊不行，你得来点真格的。温柔外交应给“柔”字旁边加个“扌”，即温“揉”外交。对陈水扁这样的死硬“台独”分子，你得使劲揉，你不揉他，他不听话，他还以为你弱。现在我们会“温”，也要会“揉”。陈水扁他们这些人，怕的就是中国海军：航空母舰停在那儿，“台独”分子就不敢动啊。这么大的国家，在主权问题上不能只放空炮。人得有力量，力量是威信的基础。威信，威而信，国家也是这样。

中国在发展问题上切忌纸上谈兵。中国要解决市场经济给中国带来的社会问题，也要发展中国的中产阶级群体，而这与英美国家面临的问题一样，也是个资源配置问题。但问题在于：是仅在国内配置资源，还是同时也在世界范围配置资源？今天的中国自己得的很少而为世界贡献的却很多，那按权利义务相等原则，中国就有权利从世界获得相应的资源配额；这是民主的权责对等原则，这对奉行民主原则的西方国家当然就不应当是“中国威胁”。吃饭干活，天理而已。在吃饭问题上，西方民主立即就显出其虚伪性：中国做了贡献并开始需要世界资源时，这时西方大国不给你，就说你“威胁”了他们。前些年石油价格飙升，这表明国际资源分配体制不合理。正如粮食价格上涨，不是粮食不够，是因为太多的人饿肚子而又得不到粮食。一方面是有需求而没有相应的消费资料，另一方面是有消费资料但没有那么大的需求，这是世界资源价格上升的重要原因。这与劳动力的价格是由失业后备军的多少决定的道理一样。

十、美国人世界治理能力正在下降

既然研究中国崛起，那我们就不能不研究美国。

近些年美国衰落得快，这是由于美国国力在小布什时期及随后的几届政府任内透支得很快。历史表明，大国崛起于地区性守成，消失于世界性扩张。古罗马是如此，纳粹德国、东条时期的日本，乃至勃列日涅夫时期的苏联，都是如此。所以，毛泽东给我们制定的国策是“深挖洞，广积粮，不称霸”，就是不透支国力。今天美国的手已伸向全世界，国力正在透支。对美国更具灾难性的还在于美国人的世界治理能力随美国人的战略思维能力的下降而下降。美国国防的投资就不用说了，看看美国在新世纪发动的两场战争就清楚了。塔利班是逊尼派，伊朗是什叶派，塔利班从东面牵制伊朗。萨达姆是逊尼派，从西面拽着伊朗。美国解放科威特后又让科威特从南部制约着萨达姆。美国在里头用最小的力量，最大限度地实现了自己在中东的战略利益。可现在的情况是，美国打跑了塔利班后，受俄罗斯长期支持的北方联盟接收了喀布尔，结果阿富汗成了俄罗斯的天下；美国打倒萨达姆后，伊拉克成了什叶派的天下，长期受到孤立的伊朗是什叶派，结果伊朗的生存空间扩大了。可以预计，美国撤军后，伊拉克与科威特及伊朗的关系会大大好转。为了这种“战绩”，小布什还赔了3 000多士兵的生命。有一幅漫画讲阿富汗战场上，美国和英国士兵在前面拉车，小布什和布莱尔摇着鞭子赶车，坐在车上的是俄国人，身后是北方联盟的士兵，直奔喀布尔城。

在生活中，小布什处处表现出争强好胜的个性。2002 年 2 月，小布什访问中国期间登长城时，曾问身边的导游，30 年前，尼克松总统攀登到哪里。当攀登到北侧 760 米高的敌楼时，导游告诉他，当年尼克松总统就来到了这里。小布什表示，他要再向前走几步，要超过尼克松总统当年留下的纪录。① 这种好胜性格表现在国际事务中，使小布什有战无略，跟西班牙斗牛一样，见了红布就冲，极没智慧。美国政坛中有谋略的鲍威尔对此无可奈何且黯然离去，并承认他曾在联合国提出的美国入侵伊拉克理由的讲话是他个人历史

---

① 《美总统布什攀登长城超越尼克松总统纪录》，http：//www. 2118. com. cn/news/2002/02/23/105. htm。

上的一个“污点”[①]。现在的美国人跟古罗马人相似，有大量的外来资源供其挥霍，自己不用劳动，不劳动就没有了智慧，尤其没有政治智慧。小布什这代人在无忧无虑的环境中长大，没有参加过残酷的战争，用不着像南方国家的穷人为衣食发愁。受到的教育也多是快餐文化。没有压迫，哪来智慧，不像从第二次世界大战走出来的美国政治家。你看老布什，他打了海湾战争，打得非常漂亮，他知道战争是政治的继续，他打败了萨达姆又保留了萨达姆。为什么呢？因为他要用萨达姆南面牵制科威特，东面制衡伊朗。而我们反视小布什，整个一个唐·吉诃德先生。2006 年 3 月 16 日，布什发表自就任总统以来的第二份国家安全报告，报告重申美国“先发制人”的战略，强调“外交优先”，并将包括伊朗、叙利亚、朝鲜在内的 7 个国家列为“专制国家”。报告同时将伊朗定位为“美国面临的最大潜在威胁”[②]。没有对手的外交，是不成熟的外交，而对手太多的外交则一定是失败的外交。小布什敢为天下先，同时宣布与如此多的“邪恶轴心”为敌，这样的国家外交在历史上鲜有发生。

有消息说，小布什与克里辩论时背后还藏个遥控收音装置，当场收听政治顾问罗夫的指教[③]。一国总统到这一步就已经没有智商了。老罗斯福、小罗斯福、艾森豪威尔、尼克松等，这些都是经营和治理世界的高手。他

---

① 美国前国务卿鲍威尔 2005 年 9 月 8 日在接受美国广播公司（ABC）采访时承认，在美国政府发动伊拉克战争前，他代表美国在联合国发表了关于伊拉克拥有大规模杀伤性武器等不实言论，他为此感到后悔，并认为这是他个人记录当中的污点。他当时是根据美国中央情报局提供的情报发表有关讲话的，但后来发现，在伊拉克战争前后，美国的情报系统运作不正常。当时情报界不少人都知道有关伊拉克的情报不实，但没人敢说出来。鲍威尔还表示，他从来就没有发现萨达姆与“9·11”事件有任何直接联系。《鲍威尔承认开战前“说谎”》，载《大河报》，2005 年 9 月 10 日，第 A15 版。

② 来源：《布什发表第二份国家安全报告 视伊朗为最大威胁　重申“先发制人”战略》，http：//world. people. com. cn/GB/1029/42355/4208559. html。

③ 2004 年美国总统候选人第二轮辩论于当地时间 10 月 8 日晚举行，就在选情正酣之际，网上流传总统布什在首场总统候选人辩论中违反规定，佩戴遥控收音装置，即场收听政治顾问罗夫的指导。学者指这项指控是今次大选最严重的阴谋论，并称这些传言反映今次大选已令美国民众严重分化。网上传言甚至声称，总统布什在较早时已开始利用这个“出猫系统”，让经常失言的布什可顺利化解即场演讲的难关。其中一项有力证据就是在布什于 6 月到法国参加诺曼底登陆日纪念活动时，美国有线新闻网络在布什演讲时似乎接收到另一个人的声音。来源：《传布什竞选辩论作弊　遥控收音机收听场外指令》，http：//news. sina. com. cn/s/2004-10-10/12163871119s. shtml。

们明白，美国是海洋国家，必须通过大陆制衡才能治理世界，才能从中渔利。可小布什在中东开路，让俄国人和伊朗人在后面获利。结果小布什为美国人搬回的是一个红彤彤的伊斯兰反美世界。

许多南方国家的优秀人才都到美国去，可美国人的战略管理能力就是不见长，这是为什么呢？大家注意到，凡是有智慧的外籍人，尤其是外籍东方人很难进入美国的政治核心层，成不了政治家。即使是外籍科学家，也难进核心试验室。所谓“李文和案”① 就是很好的证明。那么这些优秀人才到哪去了呢？他们都在外围打工。这造成了美国“金玉其外，败絮其中”的外观。外面人才济济，里面则智商低迷。

我没想到美国人的战略管理能力衰落得这么快。老布什还好好的，到小布什就不行了。2003 年打伊拉克，鲍威尔考虑的不是打败萨达姆，而是如何进行战后治理。② 拉姆斯菲尔德则不以为然，他只考虑破坏而不考虑建设。所以拉姆斯菲尔德只是个麦克阿瑟式的军人，而不是政治家。而小布什既不是政治家，又不是军人，这两个人结合是性格相投，而这种性格的人群管理国家，只会给国家带来东条英机式的灾难。所以我说上次如果克里上台，可能对美国更好一点。国家外交有两忌：一怕傻，二怕愣。但在这二者间，后者对国家的损害最大。克里这人不算聪明，但不致犯大错。小布什这人，既傻又愣，争强好胜，靠拳头思考，不要说第三世界，就连其盟友欧洲也得罪了。美国在小布什的折腾下国力不敢说在下降，至少其战略管理能力急剧下滑。小布什的作为已让鲍威尔失望，如让斯大林看到，只会窃喜；如让丘吉尔看了，只会发笑；若罗斯福、尼克松那一代领袖看了，则会失声痛哭。尼克松会说，我给美国打下的地缘政治底子，怎么让你小布什折腾完了。

---

① 李文和，1939 年生于中国台湾省屏东，国立成功大学机械工程学系学士，得克萨斯农工大学博士。1974 年加入美国籍，曾在美国能源部下属的洛斯阿拉莫斯核试验和核技术实验室工作 20 年。他于 1999 年被指控为中国窃取了美国核武器的机密受到美国联邦调查局调查，并被实验室辞退。2000 年，李与美国联邦政府达成诉讼协议，政府收回其他 58 项指控并将其释放。2002 年 1 月，李文和出版自传《我的国家控告了我》。

② 鲍威尔曾透露，早在 2002 年 8 月，他就针对这个问题提醒过布什总统：伊拉克问题的核心不是如何打赢这场战争，而是战争结束后如何重建国家。鲍威尔形象地用高脚杯作比喻。美军攻打伊拉克，取得胜利不成问题，伊拉克就像一个高脚杯，摔碎它很容易，问题是碎片如何收拾。来源：《鲍威尔辞职后首次开腔承认与拉姆斯菲尔德不和》，http：//news. xinhuanet. com/world/2005-02/26/content_ 2622533. htm。

看看英国是怎么控制阿拉伯世界的，对此，尼克松在他的著作中有精彩的描述。他写道：

英国最初在19世纪初进入了海湾，以阻止海盗破坏他们的贸易。从那时起一直到20世纪70年代初期，英国军事力量维持了秩序，提供了保护，并解决了分布在海湾沿岸各个酋长国里的争端。

在整个海湾和阿拉伯半岛周围，英国一直居于至高无上的地位。在亚丁、阿曼、卡塔尔、巴林、科威特和阿拉伯联合酋长国这些通常叫做“海盗海岸”的酋长国里，英国是酋长们和世界其余地区之间的联系。他们用机智、彻底和强硬手腕来执行他们的任务。1934年，在一场保卫他们的亚丁港的运动中，英国人利用奉承、贿赂和周密策划的显示武力的作法，同现在叫作南也门的内陆的各位统治者缔结了不下1 400项“和平条约”。正是在英国的保护伞下，巨大的跨国公司在它们寻找石油的努力中开始在这个地区进行勘探。

英国不仅控制了海湾，而且还控制了从印度洋各个地区来到海湾的通道。印度洋各个地区包括新加坡、马来西亚、缅甸、印度、锡兰、亚丁、苏伊士、肯尼亚、南非、澳大利亚、迪戈加西亚和印度洋的其他岛屿，这些地方在以前某个时候全是英国属地。波斯湾和波斯湾外面的印度洋都是“英国的内湖”。①

1943年蒋介石参加开罗会议，对盎格鲁-撒克逊人经营和治理世界的能力大为惊叹：他在日记中借评价丘吉尔表达对英国人及其地缘政治思想的赞赏，他说：

丘氏为英国式之政治家，实不失为盎格鲁撒克逊之典型人物。虽其思想与精神气魄不能与罗斯福同日而语，而其深谋远虑，老成持重，则现代政治家实所罕见（1943年11月24日）。

① ［美］尼克松：《真正的战争》，常铮译，北京，新华出版社，1980年，第92-93页。

> 此次在埃及所经各地最大之感想为，英国在世界之势力强固与远大，得窥一斑；而亚、非二洲之回教国民，皆使之服从听命，其魔力实不可思议，不能不令人惊叹（1943 年 11 月 30 日）。[①]

英国人的逻辑是实力逻辑，但是正如基辛格所说："有实力而无合理的安排会引起测试实力的争战，有合理安排而无实力为后盾，则只是虚有其表。"[②] 这里基辛格说的"合理的安排"就是国家进行世界经营和治理的和平理念和实现这种理念的方法。英国人治理世界的方法是分而治之，是靠国家间的均势制衡。如不能制衡，那也要从大版图国家中分裂出小国来制造这种均势制衡。对此，基辛格有过很精辟的理论总结，他在《大外交》一书中这样写道：

> "光荣孤立"并未阻止英国针对特殊事件与他国临时结盟。英国为海权国家，缺少大规模常备陆军，偶尔会需要与某一欧陆盟国合作，但它总是宁愿事到临头才选择合作的对象。每逢这种时刻，英国领袖们均能表现出不计前嫌的弹性。
>
> 当然与英国短暂结盟的各国也各有其目标，通常都是为了扩大在欧洲的影响力或疆域。一旦其作为超出英国认为恰当的限度，英国便会转向或组织为维持均势而对抗旧盟友的新联盟。这般铁面无私，坚决以自我为中心的作风，为英国赢得了"老奸巨猾的英国"之喻。这种外交形态或许称不上如何崇高，但确实保持了欧洲的和平，尤其是在梅特涅的体制的边缘逐渐出现破绽后。[③]

而现在的美国小布什政府则是正在用枪杆子消除美国老政治家们在阿拉伯世界制造出的有利于美国的地缘均势安排，结果打出了一个更加统一和更加反美的阿拉伯世界。这次打伊拉克，伊朗方面反应不是很激烈，为什么？伊拉克的什叶派上台了，这何乐不为。打塔利班，伊朗、

---

① 张秀章：《蒋介石日记揭秘》（下），北京，团结出版社，2007 年，第 685、687-688 页。

②③ ［美］亨利·基辛格：《大外交》，顾淑馨、林添贵译，海口，海南出版社，1998 年，第 57、77 页。

俄国当然不反对，因为塔利班与伊朗和俄国作对。最后在阿富汗是俄国人控制的北方联盟上台。在这场世纪初的战略博弈中，小布什成为他国的战略清道夫。

强国的标志不在其富有，也不在其武备精良，而在国家战略能力的高低。宋朝灭亡，不在不富，不在良将不广；苏联之亡，不在其武备不强，也不在人才不多，而在于国家战略文化、战略思维，及由此产生的战略管理能力的整体下降。苏联极强，但出了戈尔巴乔夫及其班底，这是一群极简单的人。苏联都解体了戈尔巴乔夫还乐呵呵地去采访老布什。老布什接见了他。他把自己始终定位在“名人”而非政治家上。好出风头爱打扮，是失败型政治人物的致命通病。

十一、在传统的基础上批判性地总结盎格鲁-撒克逊民族经营和治理世界的经验，迎接中华民族伟大复兴

中国在历史上有好几次化险为夷。八国联军进来之后，中国差点被解体了，欧洲发生第一次世界大战，这给中国一个喘息的机会，结果中国民族资产阶级觉醒；20 世纪 40 年代，日本已将中国分裂成几个傀儡“国”，与此同时日本也出了个赳赳武夫东条英机，打了珍珠港，迫使日本两面作战，结果在中国和美国的夹击下，日本全面失败，台湾回归中国。1999 年，李登辉搞“两国论”，结果台湾大地震。2001 年小布什上来后又说中国是潜在的对手，结果来了个“9・11”。小布什挥师直奔中东，并深陷伊拉克不能自拔。①

中国曾领世界文明之先。在中世纪，中国是世界文明巅峰。近代运势西渐，从阿拉伯半岛到意大利，经西班牙到荷兰和英国，最后到美国。从 20 世纪末，这种运势又开始从美国向太平洋西岸移动。出乎人们意料的是，新世纪伊始，这种移动速度与美国衰落的速度同步加快。好在中国曾作为世界超级大国的文化布局的底蕴还在，华夏文明在东亚仍在延续，毛泽东思想还在中国发展。如果在传统的基础上能够批判性地吸收盎格鲁-撒克逊文明中的优秀成分，那么，中华民族在世界范围的伟大复兴就不是遥

① 2008 年 4 月，西方联合起来在西藏问题上刁难中国，结果到年底整个西方世界发生自 1929 年以来最深刻的经济危机，其中，美国经济受伤最重。

不可及的事业。

现在美国人说“中国威胁”。但我们不要忘了，“美国威胁”论也曾是欧洲人赠给19世纪正在崛起的美国人的“桂冠”。不仅如此，诸如威胁论、文明冲突、邪恶轴心之类的妖魔化“罪名”，美国在历史上都曾担待过。

比如美国独立战争前后，欧洲人用类似中国的金石学的方法来论证北美人种不行，说人到了美国三四年后，智商退化，个子减低。有一件趣事。当时有法国人写这种书，富兰克林在巴黎请《两个印度的历史》的作者雷纳尔及其他几位法国学者，他也带了同等数量的美国学者。他先让那个雷纳尔大谈一通美国人种怎么不行，为什么欧洲人到了美洲个子就要变低，人种就要退化。讲完后，富兰克林说“全体起立”。起立后一看，美国这边个子都比法国人高，最矮的就是那个作者。雷纳尔笑笑，很尴尬。

美国南北战争期间，出现了“文明冲突论”，讲的是盎格鲁—撒克逊文明和罗马拉丁文明的冲突。有一本《泛拉丁主义——南方邦联和法国结盟的必要》小册子，全书的首页就提出三种文明的冲突：“三种力量、势力和文明在当今得以发展并试图瓜分世界，这就是俄罗斯-斯拉夫主义，盎格鲁-撒克逊主义和高卢-拉丁主义。”[①] 法国是罗马拉丁文明的代表，英国和美国是盎格鲁—撒克逊文明的代表。美国被认为代表盎格鲁—撒克逊文明不好的方面。

有意思的是，当年欧洲人这种对美国人的攻击还掺加了类似小布什政府攻击东方国家的所谓“邪恶轴心”内容。说林肯和俄国沙皇合作，形成了世界邪恶轴心，因为当时俄国人支持林肯北方统一南方。欧洲人认为俄国沙皇是世界上最恶毒的，和他结合是邪恶的。1863年，沙俄海军对美国北方进行了引人注目的官方访问，以示对林肯政府的支持。“俄国人受到了几乎是歇斯底里般的热情欢迎和招待。全国都乞求上帝保佑俄国人。1866年，沙皇在一次暗杀阴谋中幸免于难，为此，美国国会通过了一个专门决议，向沙皇表示慰问”[②]。这引起了欧洲人的指责。1863年6月19日，《美国邦联国的真实情况》一书的作者德莱昂在致本杰明的信中认为“林肯与沙皇专制主义相互

① 转引自［法］菲利普·罗杰：《美利坚敌人——法国反美主义的来龙去脉》，吴强等译，北京，新华出版社，2004年，第88页。

② 王绳祖：《国际关系史》，第2卷（1648—1814），北京，世界知识出版社，1995年，第361页。

表现出来的友好让整个欧洲吃惊”[①]，法国《祖国报》有意将林肯与沙皇作为两个邪恶“轴心”并列一起，认为“北方联邦是美国反叛各州的刽子手，沙皇俄国是追求自由民族的刽子手”[②]。1867 年 4 月 9 日，美国参议院以37∶2的表决结果批准从俄国手中购买阿拉斯加的条约，英国驻华盛顿公使向国内报告说，这项条约是美俄联手挑战英国权势的一个信号。[③]

南北战争之后，美国开始崛起。到 1898 年，美国向西班牙宣战，占领古巴和菲律宾。这时欧洲又出现“美国威胁论”。1899 年有一个叫奥克塔夫·诺埃尔的人写了一本名叫《美国祸害》的书，认为：美国“朝着全球干涉主义刚刚迈出了新的一步——在古巴的是一小步，在马尼拉的则是一大步”。菲律宾只不过是“吸引美国的远东贸易的钥匙”。美国“对旧大陆一直怀有很深的敌意”，这种敌意如今终于爆发出来了。与欧洲对抗在所难免。“在全球的各个地方，美国不久将必然与欧洲发生冲突。”作者认为全书内容可用一句话概括，那就是“世界属于美国人”[④]。

美国也是这么被歪曲和被妖魔化过来的，欧洲人也曾将美国说成“邪恶”轴心，当时美国不也是与什么文明“冲突”的一方吗？这就说明，美国现在的“文明冲突论”“邪恶轴心论”和“中国威胁论”，都是英国人、欧洲人曾用于美国人的说法翻版。这对具有历史眼光的学者而言，没有新意；对有历史眼光的政治家而言，这是在变相表达美国妒忌中国的心理。偏见和谩骂的结果怎样呢？结果是美国在欧洲人的嘲笑、挖苦、谩骂、偏见和遏制中愈挫愈奋，强力崛起：从一个受压迫的国家，转变成一个地区性，继而世界性的大国。从一个所谓“邪恶轴心”变成了所谓的“民主中心”。所以，毛泽东同志说：被敌人反对是好事。

现在，美国人担心中国崛起后最终也会称霸。

其实，中国自 20 世纪 50 年代在朝鲜打败美国后就已经崛起，但事实是至少中华人民共和国发展至今也没称霸，没有在海外占领他国尺寸土地。欧洲人当时也是怕美国称霸，因而压迫美国。现在美国以同样方式压迫中国和亚洲。欧洲压迫美国不仅没压出名堂，反而还压出一个曾经是美丽而坚强的

---

①②④　转引自［法］菲利普·罗杰：《美利坚敌人——法国反美主义的来龙去脉》，吴强等译，北京，新华出版社，2004 年，第 85、147 页。

③　［美］孔华润：《剑桥美国对外关系史》（上），王琛等译，北京，新华出版社，2004 年，第 227 页。

美利坚合众国。美国是在压迫中成长的。难道美国压迫中国就能压出美国期望的结果吗？显然不能，结果一定是与欧洲压迫美国的历史一样，压出一个和谐美丽的中国。与其这样，美国为什么不与中国早作合作呢。如果欧洲人早一点跟美国合作，也不至于是今天这个样。与古罗马的命运大体一致，美国崛起是被逼出来的，但美国的霸权却是自找的。自从美国称霸世界，美国就不美了。恩格斯说："任何民族当它还在压迫别的民族时，不能成为自由的民族。"① 世界还是多元的、和谐的，美国不能逼人太甚。你老打压别人的文明，这种文明反弹过来就会打倒你自己。"9・11"就是这种反弹的表现之一。

那么，如果继续这样打压中国，中美之间是否会发生冲突？

其实，世界大国之间直接冲突的可能性比较小，有核国家冲突的可能性更小。它们交手的基本方式是间接的。冷战几十年，世界冲突不断，但苏联和美国之间没直接打过仗。它们到处冲突，但都是间接的。朝鲜战争，名义上也是中国人民志愿军与以美国军队为主的联合国部队在朝鲜国土上的间接较量。中美未来也是这样。如果大国直接冲突，必然带来不可控的后果。从这个角度来看，说"中美冲突"不准确。我更喜欢用"博弈"来表达大国间的矛盾。中美之间有巨大的博弈，但短期内不会是直接的军事冲突。因为双方都是有核国家。核武器出现带来的一个重要变化是，大国之间、有核国家之间不易直接冲突。除非遇上极不明智的领导人，或东条英机式的二愣子内阁政府。美国在与中国博弈中的东亚代理人就是日本极右势力和李登辉、陈水扁之流的"台独势力"。所以说，中美之间的利益博弈是存在的，但不是直接冲突的。20世纪初日本与中国冲突，美国绥靖日本。将日本放出来，叫亚洲人自己掐，掐到最后，谁赢了美国就跟谁好。最后日本赢了，美国就跟它好了。但是日本多走一步，打了美国，事情就发生了变化。

美国交朋友的规律是，你只有成为美国打不败的对手，美国才和你交朋友。你要是跟着它，巴结它，它随时可以把你抛弃。所以，战略上说，美国不是我们的敌人，但要做到这一点，就必须成为美国人打不败的对手。毛泽东就是这样与美国人交上朋友的。美国的朋友是打不败的对手，这个定位就

① ［德］马克思，恩格斯：《论波兰》，见《马克思恩格斯选集》，第1卷，北京，人民出版社，1972年，第288页。

比较准确。你是条汉子，美国就跟你交朋友；不然它会随时踹掉你。

世界霸权多是强强合作，强弱之间不可能有平等地位，何谈“合作”。1945 年蒋经国代表国民党政府去与斯大林谈外蒙古问题。蒋经国表示不同意外蒙古“独立”，并请求斯大林理解和尊重中国人民对失去外蒙古的心情。斯大林说：“你这段话很有道理，我不是不知道。不过，你要晓得，今天并不是我要你来帮忙，而是你要我来帮忙；倘使你本国有力量，自己可以打日本，我自然不会提出要求。今天，你没有这个力量，还要讲这些话，就等于废话！”斯大林不耐烦地对蒋经国说：“老实告诉你，我之所以要外蒙古，完全是站在军事的战略观点而要这块地方的。”①

新崛起的国家，初期都要遭受不止一次的强国的围剿。美国、苏联和中国都是这样。美国把新中国打不下来，就找毛泽东合作；蒋介石跟它那么紧，反被美国给踹了。还有日本，都跟得紧，也遭美国踹过。之前日本“入常”的事，美国都表态支持了，到最后又不支持，说翻脸就翻脸，日本一点没招。美国对跟得紧的国家不在乎。中国要是跟得太紧，肯定是要吃亏的，适度地还得斗争。你退让得太厉害，它就欺负你。在中美关系上，中国的底线是两岸统一。

美国现在说“中国威胁”“文明冲突”，这不是新鲜事。这些说明中国在崛起。不崛起谁还说你“威胁”？这与当时美国崛起时的经历一样。今天美国不要把自己经历过的屈辱再强加在亚洲人身上，这不厚道。这样的结果也会与欧洲逼出一个强大的美国一样，美国也会逼出一个强大的中国。在承认世界多元并尊重中国利益的基础上，实现美国与中国合作符合美国的长远利益。

我同意毛泽东同志的“不称霸”思想，并且认为这个思想是未来中国经营和治理世界理论中的极重要的部分。中国永远不要走霸权主义道路。如果美国真逼出中国霸权来，那对中国也不是好事。世界霸权是与整个世界结怨的事，千夫所指，无疾而死。如果一个国家到了“千夫所指”的田地，那就无可救药了。中国应该是与亚洲各国相互依存的地区性大国，因为世界太大了，谁也管不过来。大国多分担一些责任，大家合作，是理性的道路。中国力量铺张到全世界，没什么好处，东条英机时的日本已是前车之鉴。国力不能透支。中国应该是东亚的大国，目前的主要任务是两岸统一。这是中国的

① 曾景忠，梁之彦：《蒋经国自述》，北京，团结出版社，2005 年，第 111 页。

定位。

前些年美国人米尔斯海默[①]提出所谓“修正主义”学说，预测凡是处于上升期的国家都会挑战原有霸主和现存国际秩序，他不但有理论，还有历史实证，如德国和日本。[②] 这可能是“中国威胁论”挥之不去的重要原因之一。但这只是美国人在自画自说，不一定是规律。新崛起的国家一定会反霸，这没错，但不一定都要称霸。俾斯麦德国崛起后坚决“不称霸”，他在是否进行世界扩张的问题上最终与威廉二世分道扬镳；中国在毛泽东时期、邓小平时期早已崛起，但至今也没有扩张。德国人和东方人思维相似点在于知道规定即肯定的道理，知道存在是有限性的，知道无限扩张无异于自掘坟墓。米尔斯海默不懂，小布什不懂，难道别人都不懂吗？美国人也不问问，为什么毛泽东告诫中国人“深挖洞，广积粮，不称霸”；为什么邓小平为中国定位不是世界大国而是“中等发达国家”。美国人难道没有感到这里潜藏着的外交智慧吗？

美国不能通吃天下，亚洲的事它管不完。亚洲是亚洲人的家园。中国的发展离不开亚洲，中国的发展是亚洲振兴的重要组成部分。20 世纪前 50 年针对日本法西斯主义，后 50 年针对苏联霸权主义的中美合作实现了亚洲和平的历史证明，美国只有和中国交朋友，才能解决亚洲的事情。小布什政府目前的政策是十分幼稚的。换一个理智的政府，美国现行政策可能就要调整了。美国没那么大的力量管世界，要有几个地区性大国做朋友，它跟这几个大国交朋友，就是和这个地区交朋友。任何一个大国都不可能把世界上的事情管完。

今天的中国也在经历着与昨天美国相似的历史进程。与昨天的欧洲人之于美国人一样，今天美国人面对的也是一个正在崛起并也负有反对国家分裂任务的中国。同样，美国人也重复昨天欧洲人的腔调：一会儿是儒家文明与

---

① 约翰·米尔斯海默（John J. Mear-sheimer），美国芝加哥大学政治学教授、美国艺术与科学学院院士，国际关系理论学者。代表作《大国政治的悲剧》，认为：21 世纪初，中国的崛起将像美国支配西半球一样支配亚洲，而美国将竭力阻止中国获得地区霸权，其结果便是中美之间激烈而危险的安全竞争，这种竞争类似于美苏冷战期间的那种对抗。

② 参见［美］约翰·米尔斯海默：《大国政治的悲剧》，王义桅、唐小松译，北京，上海人民出版社，2003 年。

基督教文明的冲突，一会儿是“中国威胁”，新世纪初美国小布什政府还将中国列为“邪恶国家”和“潜在对手”。这些都能说明什么呢？这只能说明，今天的中国与昨天的美国一样，正在骂声中崛起；其结果也一定与昨天的美国一样，中国将从美国右翼眼中的“邪恶”国家成长为世界人民心中的“民主、文明、富强”并且是有经营和治理世界能力的国家。

有经营和治理世界能力的国家，一定要有成熟的经营和治理世界的理论。基于实力逻辑的世界地缘政治体系学说及其大国制衡理论，是近现代国家，尤其像英美这样的有世界影响力的国家经营和治理世界经验中最精髓的部分。

英国人在开辟工业全球化历史进程的同时，也相应获得了经营和治理世界的经验。美国人在与英国博弈并从英国人手中接棒的同时，也学会并成功运用了老牌英国经营和治理世界的经验。法国的黎塞留、拿破仑，德国的俾斯麦都是大国战略博弈的高手，而美国的西奥多·罗斯福、马汉、富兰克林·罗斯福、马歇尔、尼克松、基辛格等，都是娴熟运用世界地缘政治理论为本国的国家利益服务的大师。

天道无情，人世沧桑。进入21世纪并正在崛起的中国，是一个担当传承世界文明责任并必将再次恢复其世界影响力的国家。因此，批判性地总结近现代大国博弈及其世界治理的经验，学习世界地缘政治理论，从全球视野理解和拓展中国的国家利益并由此形成能够体现中国国家利益的关于中国国家安全战略，对未来的中国是一种有益且必需的思想预备。

访谈

中国海洋战略应坚持“地区性守成”原则①

航空母舰仍是实现制海权的最重要工具

东方早报：*有消息说，中国首艘航母即将在海上试航，舆论和网络领域一片欢呼，有不少人认为这是中国军力提升，或者民族自豪感的一大象征。在你看来，中国航母建成后到底可以干什么？*

张文木：这是中国海权事业的一个很大进步。中国对世界贸易的依赖已超过1/3，确保海权权益很有必要，在海权问题上，只许西方国家“放火”，不许我们“点灯”，那是没道理的。

曾有美国人问我：“我们美国都不要航母了，你怎么还支持中国造航母?”是的，现在他们是不要了，但几十年前美国遇到海上压力的时候，他们是怎么做的呢？那时候的美国同样是要建造航母。中国和美国所处的阶段不一样，怎么能混为一谈呢？

航母体现的是国家捍卫海洋利益的战略能力，而这种战略能力的拉升不仅是作战，中国航母的出现也不仅仅是出于作战的考虑。甚至在当前主要不是出于作战的考虑，航母作战主要是运用于远海。

中国建造航母有利于完善不可中断的舰船技术链条，是带动中国海上技术的必不可少的环节。这个阶段，某些西方国家已经超越了，我们刚刚起步。从这个角度说，中国航母是和平性质的，将它理解为“威胁”是不对的。它是中国的海上技术以及对海洋安全观念的大飞跃；这也是中国的海权、制海权建设的大的提升，但目前这种提升还是处于技术层面，远不

---

① 本文为《东方早报》记者陈良飞采访笔者的文章，主要内容发表于2011年8月1日《东方早报》。

在作战层面。

现在有人说，航母已经落后了。的确，航母发展到今天会有它不适应的地方，但是，现在大家纷纷提出、论证的那些先进的海上技术，都没有经过充分的实战检验，唯有航母是经过充分的实战检验的。只在纸上论证，未经实战检验的技术是靠不住的。

中国现在发展海军，在没有现成技术的条件下，是选择纸面上论证的技术，还是选择经过实战检验的航母技术？当然要选择有实战经验的保险技术，尽管航母不是最理想的，但它是经过无数次大海战检验的。

迄今为止，航空母舰仍是实现制海权的最重要工具。航空母舰是制空权、制海权，从某种意义上还包含一部分制陆权的作战力量三位一体的统一。航空母舰不应被理解为一支战舰，而应被理解为一个最具机动性质的国家海上作战大平台。航空母舰可以有比陆地更便捷的海洋通道，从而在更短的时间内，根据战争需要，将集海陆空一体的作战力量及时推进到作战海区。

还有人认为，随着导弹远程精确打击技术的出现，航空母舰不仅成为多余，而且还成了海上毫无自卫能力的“活棺材”，因此发展航空母舰应为发展远程精确打击武器所代替。

其实，这是一种误解。因为远程精确打击技术并不是导弹技术的产物，而是外层空间卫星及以此为载体的信息技术发展的结果。而现代航空母舰本身就已与现代卫星信息技术紧密结合并据此拥有远程精确打击能力。问题是远程精确打击仅具有本土防御的意义，对于世界范围的制海权而言，则意义不大，它解决不了关于海外商业争执、资源进口线受阻及海外商人和侨民保护问题。一句话，航空母舰不是一般的战舰，它也不仅仅属于海军，它是一个集海陆空及一切最先进军事技术为一身并在全球范围最具机动性质的作战平台。它本质上是国家作战力量而不仅仅是海军军种作战力量的标志。恩格斯在1877年回顾欧洲舰船发展历史时说过：“现代的军舰不仅是现代大工业的产物，而且同时还是现代大工业的缩影。”航空母舰就是这样一个与经济发展概念相联系的因而具有攻势性的军事工具，而发展本身就是一种攻势性的社会运动。从这个意义上说，中国航母建设是当代中国发展到今天的必然要求。没有航空母舰，或没有与航空母舰同等效力的海上机动作战平台，我们在国际上任何重大涉我事件中，就不会有实质性的发言权力；就不能对影响我国海外安全的行为，在其初始阶段实行制止，最后，中国日益卷入世界的巨大的海外利益就不会有实质性的保障，从而中国国内经济就会因资源进口和利润回流中断等问题阻碍中国的和平发展。

也有人提出过浮岛技术，我也了解过，浮岛技术很有开发潜力，也可能将来取代航母。但是它目前的论证也只是纸面上的，没有经过实战检验。而航母已经历了“二战”以及后来的无数次大规模战争。

所以，当一个国家在做重大项目的技术选择时，不能轻易依托于一个只有纸面论证而无实际检验的技术。从这个意义上说，中国选择发展航母的考虑是成熟的。成熟的选择往往不是最好的选择，而是无从选择条件下的选择。如果能同时启动相关替代技术研发的话，这样的选择就是正确的选择。

东方早报：有国外舆论出来说，中国的航母会投入海上作战，这样就会引发区域紧张局势，造成不安定局面。你怎么看待这一问题？

张文木：这牵涉中国的海洋战略目标问题了。中国的海洋战略有两个方向，一个在南方，一个在东部，也就是南海和东海这两个方向。我们需要分析一下这两个方向的性质。

事实上，中国的真正战略任务在于维护主权统一，实现两岸统一，这是“二战”以来雅尔塔会议、《波茨坦公告》等赋予作为战胜国——中国的权利，而现在这一权利还只落在纸面上，60 多年了，在实际中我们并没完全得到落实。说我们“威胁”的国家真是坐着说话不腰痛，他们自己都完成了国家统一任务，我们现在还要争取国家统一，这合情合理合法，怎么能说“威胁”呢？

那么，围绕着台湾问题，是谁威胁着中国国家统一呢？当然主要不是南海方向的国家，而是美国和日本。当然，这两个国家也还不一样。美国在法律上承认台湾是中国的一部分，确切地说是中华人民共和国的一部分；但日本则不承认，日本在 1972 年的《中日联合声明》中对中国关于台湾的立场表示“尊重和理解”，而非“承认”。2010 年 7 月 26 日，即将赴任的日本新任驻中国大使丹羽宇一郎在东京记者会上一改含混口吻，直白表示，1972 年《中日联合声明》中有关“台湾是中华人民共和国领土不可分的一部分”的主张，日本的立场只是“理解并予尊重”，并未直接承认，今后日本对此问题仍然坚持同样的态度。27 日晚，日本驻华使馆的一位新闻官向中国国内媒体郑重表示：日本政府在台湾问题上的一切态度都以 1972 年《中日联合声明》为基础，此立场从未改变过。既然日本长期不承认中国在台湾问题上的原则立场，那么我们推进祖国统一的着力点自然就在东海。

东方早报：*你的意思是不是说，建成后的中国航母应该部署在东海而不是南海？*

张文木：这要根据国家的总体战略需要。但我们要清楚，谁是我们的敌人，谁是我们的朋友。在今天，谁阻碍中国两岸统一，谁就是我们的敌人。

南海历来是有矛盾的，但我把它称为第三世界人民的“内部矛盾”。因为一方面，南海诸国都是“二战”中同样受到日本帝国主义侵略的国家，是与我们浴血奋战、赢得“二战”胜利的同盟国；另一方面，从历史上来说，它们和中国一样，都是受过英、法、美、日等国殖民压迫的国家。所以，尽管这些国家和中国在南海岛屿主权上有争执，但是都属于第三世界人民的“内部矛盾”的调整性质，可能会有擦枪走火的时候，但性质完全不一样。比较朝鲜战场上的中美较量，在 1962 年、1969 年和 1979 年与印度、苏联、越南边界冲突中，中国军事手段的使用是相当克制的。我们可以从老一代政治家那里学到处理不同性质的国际矛盾的智慧和经验。

这里还有美国的问题，尽管美国是霸权主义国家，但在雅尔塔体系中，美国和我们也不是你死我活的绝对对立矛盾，美国和我们是雅尔塔体系中的盟国，中美关系变化属于雅尔塔体系内部的关系调整。“冷战”本质上还是雅尔塔体系内部同盟国之间利益调整的关系。用矛盾论分析，美国与我们是“冷战”中的对手、雅尔塔体系中的盟友，日本和美国是“冷战”中的盟友、是雅尔塔体系中的对手。正因此，美国占领冲绳，俄罗斯占领北方四岛，把台湾归还中国，这些都是为了遏制日本法西斯复活。这样，我们的对手就看出来了，我们的大战略不应是针对雅尔塔体系里面的同盟国，我们要坚决斗争的对象是日本右翼势力。他们不代表日本人民，而是日本内部想颠覆雅尔塔体系、恢复凡尔赛–华盛顿体制的为法西斯招魂的军国主义者。

现在欧洲的雅尔塔体系已经解体了，但远东的大体还完好存在着。在远东地区，绝大多数国家都是雅尔塔体系的胜利国，当然也是受日本法西斯侵害的国家。日本在雅尔塔体系中是被剥夺的对象，雅尔塔胜利国家剥夺了它的战争权利。日本现在拼命要否认雅尔塔体系，恢复它的战争权利。所以它当然是我们斗争的对象。

东方早报：那是不是可以说中国航母建成后主要是威慑日本？

张文木：这样说也是不对的，我们主要是为了实现两岸统一。鉴于日本在法律上尚不承认台湾是中华人民共和国的一部分的原则以及它曾侵占过台湾的历史，中国的安全战略当然要对其严加防范。我认为，黄海是中国第一艘航母比较理想的诞生地。这样既表明我们的战略方向，又表明我们对南海和平的愿望。有时候，一个地点的选择，会带有象征性、宣示性。

南海争端要尽可能以和平方式解决，如果航母要开过去，那一定是不得已的事。在南海问题上，我们要做到有理、有利、有节，整个海洋战略方向不应该将昔日的朋友变为对手。不然那就不叫战略。好的战略是将对手逼成朋友而不是相反。

中国与南海诸国的争端肯定是长期存在的，但它的性质属于第三世界国家的“内部矛盾”性质，属调整的范围。1962 年中国对印自卫反击战就是一个很好的范例，中国对印度是很有节制的。1979 年的对越自卫反击战，中国也是相当有节制的。

因此，我认为，在今后相当长的时期内，中国海上军事力量在南海海区的作用范围不要太远，主要是积极防御，即使进攻，目的也应当是自卫性的。

东方早报：我们也注意到，在中国建造航母的同时，越南、马来西亚和新加坡购买潜艇数量在上升，日本将把海空力量向位于台湾东北的西南诸岛转移，澳大利亚也将更多的军舰、战机和军人，从其他地区调往其西北部地区，增强自身的“海上拒止”能力。你觉得这些因素有可能削弱未来中国航母在该地区的实际效用吗？

张文木：这是无所谓的。我们不会跑到澳大利亚附近的那些区域去显示力量。至于日本，它与欧洲国家不同，它毕竟是遭受过美国原子弹打击的国家。因此，日本拥有核武器，对美国人而言，它比朝鲜拥有核武器更为可怕。在东北亚核查问题上，美国人最不便直说的就是日本核问题。也就是说，一个已拥有核武器的日本是美国在亚太的绝对敌人，而无核的日本则是可以让美国放手纳入“后院”且死心塌地为美国效命的“盟友”。这次日本东部地区发生的“3·11”九级大地震，对美国的政治意义在于它瞬间几乎毁灭了日本几十年来埋头发展的核能力，同时也为美国放手接纳日本除去了心病。

至于日本目前南向战略，我相信在日本与俄国关于所谓“北方四岛”争议、“朝核”问题以及美国在冲绳撤军问题没有解决之前，日本向南推进，更多的只是画饼充饥。它不会忘记20世纪40年代曾经历过的那种北南首鼠两端的被动及由此带来的灾难。目前日本不仅只与俄罗斯、朝鲜、韩国有旧恨新仇，它与世界上唯一在日本上空投掷原子弹的美国相互间也是戒心很重。

目前在海洋问题上，人们较多提到邓小平“搁置争议、共同开发”的构想。其实，邓小平当年提出的这个构想不是现在有些人理解的那样主权问题也可“搁置”，邓小平“搁置争议、共同开发”明确地表达了“主权归我”的前提。更重要的是，邓小平还同时提到了20世纪80年代的“三大任务”，要将二者结合在一起，才能完整地把握小平“搁置争议”的思想。80年代的三大任务，即反霸、解决台湾问题和发展生产力。当时，邓小平的想法是要在十年之内解决台湾问题。“搁置争议”和“三大任务”联系一起就是“有所为”和“有所不为”的统一。不能误解更不能曲解邓小平“搁置争议、共同开发”的思想。

两岸统一应是中国海洋战略的优先目标

在整个战略布局上，中国当然要优先解决祖国统一问题。另外从岛屿链来说，台湾是我们整个东部经济发展最重要的前拱地带，与辽东半岛和海南岛北南连为一体，构成中国大东部经济发达地区的海上护卫带。这个护卫带对于中国这样的大国而言，是不可或缺的。比如2011年利比亚反对派在班加西立足并最终控制利比亚北方的原因就是利比亚前政权失去了地中海的制海权，再联想20世纪40年代，由于中国没有强大的制海权，在中国东北、华北、华东等沿海地带就蹦出来不少“班加西”。如果考虑到中国东部沿海是中国经济的黄金带及还有相当部分的核电站存在，我们必须尽早尽快实现对这一海区的制海权。从操作层面说，中国将近期战略目标集中于实现两岸统一，属自卫性质，这样作战半径就小很多，其胜算把握会很大。

所以说，西太平洋的制海权，尤其是其中的东中国海的制海权的强弱，关系着未来中国的生死存亡。由此而论，中国航母的出现，对中国未来的意义怎么估计都不会过高。如果有人说它是“威胁”，请问，难道让有航母的国家自由进出中国领海，才不算“威胁”吗？美国不说，日本早有航母了，中国为什么一有航母，就成了“威胁”。这又是一个在海权问题上“只许州官放火，不许百姓点灯”的案例。

东方早报：近代以来的中国更多地被认为是一个“陆权优先”的国家，海上力量处于国家战略的从属地位。但从20世纪80年代中国改革开放以来，中国的国家利益逐渐超出国土边界。目前中国的讨论主要集中于两种观点：一种认为，中国应该尽快加速中国海军的现代化建设，保护中国已走向海外的国家权益；另外一种观点认为这样会加剧国际上的紧张局势，从而最终损害中国地缘战略地位。如何看待这两种观点？

张文木：这两种说法都是在用西方人走过的路来描述中国未来的发展，都是在用西方一些小人之心度中国君子之腹。中国就是走得再远，其性质与西方的道路也是不同的。在捍卫主权方面，比如在两岸统一问题上，我们是坚决的、积极的；在走向世界问题上，我们尊重世界多元性，提倡人类命运共同体。因而我们的海洋利益推进是有理、有利和有节的。与西方战略观不同，中国人明白：世界是谁也无法独吞的。

美国前国务卿基辛格在新书《论中国》里面提出的“太平洋共同体”概念是对的，这是雅尔塔体系的概念。在雅尔塔体系中，中美之间应该是协商的。但在我的理解中，中美建立“太平洋共同体”的前提，首先是两岸统一，不能离开这个前提空谈“中美共同体”。

东方早报：有一种观点认为，中国并不希望看到美国在亚太地区的舰队及空军部队消失，这是因为没有了美国在这一地区的影响力，只会促使中国、日本及韩国之间爆发激烈的军备竞赛。你如何评价这种观点？

张文木：一般而言，在亚太地区，美国离不开中国，中国也离不开美国。在抗日战争时期，若是没有中美合作，美国和中国单方面是摆不平日本的；在面对苏联向太平洋地区深入时，中美合作态度同样具有建设性。但中美合作是有前提的。这就是美国需要不打折扣地兑现它在联合公报中承诺的一个中国原则，放弃干扰中国两岸统一进程。中国的海军目标是要追回雅尔塔体系赋予的中国对台湾的主权，这是一个基本的，也是没有商量的目标。从这个意义上说，在亚太地区，中国需要美国的存在，但在台湾问题上，中国并不需要美国插手。中国人完全可以处理好自己的历史遗留问题。

东方早报：那么，中国海军近期进入西太平洋进行训练，这是否有意突破“第一岛链”和“第二岛链”呢？

张文木：所谓的“第一岛链”、“第二岛链”是国际霸权主义强加给中国的概念，它阻碍了中国的两岸统一，因而是一个非法的概念。第一岛链把中国分割了，我们要实现祖国统一，当然要打破它。至于“第二岛链”，如果仅从海洋政治考虑，它属于雅尔塔体系内支柱国家协商解决的问题。如果中美这两个雅尔塔体系缔造国在此争执不下，那么受雅尔塔体系管制的日本将得利。

中国的海洋战略目标在祖国统一。这是正义的事业，更是历史赋予中华民族的一个光荣使命。为此，中国海军通过公海远航太平洋是自然的事，这些区域对任何国家都是开放的。如果从美、日的角度看问题，中国海军去哪都不行，都是“威胁”，中国最好没有海军，让他们随意出入中国海，这是否才可让他们放心？这种“只许州官放火，不许百姓点灯”式的霸道，对今天的中国不适用了。

东方早报：您也提过，经过半个多世纪的发展，中国在世界格局中已经成为有巨大影响力的国家，这时如果还将中国压迫在“第一岛链”以西的浅海海域，既不可能，也不公平，更不能为中国接受。您还建议美国向中国开放“第一岛链”，美国会这么做吗？

张文木：这对美国是可以商量，而对中国则是没有商量的事。因为这不仅仅是“第一岛链”的问题，而是我们中国的主权分裂还是统一的问题。

从法理上来说，两岸统一是雅尔塔体系赋予我们中国人的权利。在美国糊涂的、不明白的人很多，它只认实力。但在这一地区，我们的目标有限，他的目标无限，因此，美国胜算不多。再说了，如果美国在这一地区和在这个对美国不重要的问题上与中国作对，会耗去它的巨大资源，而这样除了面子外，对美国是极不划算的。其中对美国最大的损失就是失去中国与它在全球事务中的合作。欧盟回报美国的可能性不大，而成为美国新对手的可能性却很大。目前美国难以取得俄罗斯的信任，但如还死守“第一岛链”，阻碍两岸统一，中美关系也不会有大的起色。美国的失败在于目标无限，目标大了对手就多，而美国并没有那么多的资源同时与这几个大国作对。如果再不改善与中国的关系，那美国的前景确实不太美妙。因此，当中国显示出自己意志和实力的时候，美国放手“第一岛链”于中国是明智的和有可能的。当然，在此之前美国还要让日本先出来与中国试一下身手，看结果而定。对此我们要有充分的准备。

东方早报：西方认为，在美国海军通过一系列协议建立的全球海上秩序中，中国是一个免费搭车者。你是否认同这一观点，中国是否有必要挑战美国另外建一套海上秩序？

张文木：这是一种“妖魔化”的表述。美国曾经在近代“利益均沾”，那算什么？这一点也不妨碍美国后来联手苏联建立针对欧洲的雅尔塔体系。

况且我们只要求在主权范围内，而不是在现有的国际体系即雅尔塔和平体系之外实现我们的主权统一。半个多世纪了，我们只是在名义上而不是实际上享受雅尔塔体系赋予中国在台湾的主权权利。这是不公正的。国家统一是我们判断利益关系的着眼点。一切都要从这里出发，斗争也要从这里出发。祖国统一，是我们在一个中国原则下两岸自己协商的事情，外部没有干涉的权利，因而与“挑战美国另外建一套海上秩序”的说法实在是风马牛不相及。至于未来实现祖国统一之后，我相信中国人的智慧会创造出高于盎格鲁-撒克逊人治理世界的新方式与世界进行交流。鉴于英美的教训，中国海军要走向世界，一定要坚持有限原则。因为世界是多元的，尊重对方，同时也减小了你的资源支出，这样中国就可长治，世界就能久安。

美国总在追求力所不及的目标

东方早报：您在最近的文章中提到美国和其他西方国家对中国的“声西

击东”策略。您表示，时隔半个多世纪后的今天，美国又要“重返亚洲”，我们应当对其惯用的“声西击东”策略保持足够的警觉。您认为，美欧如果联合削弱中国，他们会采取哪些可能的措施?

张文木：现在他们已经采取了措施，比如南海争端，就有美国背后挑唆的阴影。他们希望出现中国和南海国家的矛盾激化，等着这些国家邀请美国介入南海事务，反客为主，以此为美国“重返亚洲”政策创造有利条件。

逻辑上说，美国是被“冷战”拖垮的。雅尔塔体系是罗斯福和斯大林促成的美苏联手遏制德、意、日法西斯的世界和平体系，“冷战”本质上是雅尔塔体系内部的利益调整，但随着“冷战”的持续，性质发生了变化，美国领导人也弄不清什么叫“雅尔塔体系”，什么叫“冷战”。还有人将此二者混为一谈，将苏美“冷战结束”说成“雅尔塔体系结束”。“二战”后，美国领导人中艾森豪威尔和尼克松是比较明白的人。罗斯福总统之后，杜鲁门启动朝鲜战争，艾森豪威尔上台后，又恢复雅尔塔原则，1953 年结束朝鲜战争，1956 年美苏两家又联手利用苏伊士运河危机把英法赶出了中东地区。

值得注意的是，当时美国在苏伊士运河事件上与苏联合作的同时，在同期的波匈事件上却对苏联“君子动口不动手”。因为艾森豪威尔明白东欧是美国在雅尔塔体系中让给苏联的势力范围，美苏的目标是欧洲。艾森豪威尔之后，美国再次与苏联起争端。赫鲁晓夫在古巴导弹危机中退让，美国全面介入越南。赫鲁晓夫下台后，勃列日涅夫实行全面扩张的政策。美国尼克松后又再度采取回缩政策，将在雅尔塔框架中合作的重心从苏联转向中国。

美国卡特在任总统期间想与苏联缓和，勃列日涅夫竟错误地将卡特的善意当软弱，采取更加强硬的反美政策，这最终使得美苏双方不再有合作的可能，并使美国在与中国全面和解的同时，也开始扶植欧洲。从里根开始，美国领导人有了打倒苏联、扶植欧洲，抛弃欧洲雅尔塔体系的想法，1991 年，苏联解体，雅尔塔体系在欧洲宣告解体。到 2008 年，科索沃宣布独立，欧洲大陆国家在美国的帮助下基本被纳入欧盟。欧洲统一大局已定后，2010 年美国宣布“重返亚洲”。

美国的帮助自然是需要欧洲回报的，在这样的认识下，美国不仅没有全面介入利比亚，而且从阿富汗撤军，将战略力量向亚洲收缩，战略中心向亚洲转移，等待欧洲把非洲北岸搞定后，来帮助美国。

另一方面，美国对欧洲的态度也有矛盾的方面，它既希望又不希望欧洲搞定利比亚。它明白，一旦欧洲搞定利比亚后，美国在北约中的地位就会出现“1+1”模式，随后便是欧洲摆脱美国的单方面的行动。这是美国不情愿的结果。

东方早报：美国“重返亚洲”，那么未来在亚洲会发生哪些可能的事件，中国又该如何应对呢？

张文木：内部要依靠人民，这是治国的基本功，没有什么技巧，首先就是要稳定国内局势，其中的关键还是稳定农民。首先就是不要把农民变成流民，农民是要有生产资料的。要做到这一点，还得维护和巩固集体所有制。没有集体所有制，作为中国共产党执政依靠基础的工农联盟就会瓦解，这是当前最大的危险。1950 年下半年朝鲜战争爆发。毛泽东应对这一挑战的方法首先不是派兵参战，而是实行土改。就在美国占领汉城的当天（1950 年 9 月 28 日），中国政府发布《中华人民共和国土地改革法》，在全国范围内开展土改运动。农民有了土地，国内政治稳定就有了保障。

同时，我们要恢复和完善干部队伍的政治审查制度。瓦解或动摇少数干部对党和国家事业的忠诚，是西方成功颠覆、削弱或打击像苏联、南联盟、伊拉克和利比亚国家政权的重要因素。战事未开，重要部门的干部变节是西方国家在这些国家得手的重要内因。利比亚反对派组成的核心领导不仅是西方的“海归”而且有的还曾任利比亚政府高级别官员。这提醒我们必须重视干部政治审查制度。只要中国内部政治稳定，西方就对中国无可奈何。而政治稳定的关键是中国国家干部对国家的忠诚，对国家忠诚的前提是对中国共产党领导核心的忠诚和对马克思列宁主义的信仰。毛泽东说的那句老话还要强调：“领导我们事业的核心力量是中国共产党，指导我们事业的理论基础是马克思列宁主义。”请注意，毛泽东同志说的是“马克思列宁主义”，马克思主义没有列宁主义是不完全的，因为是列宁主义使马克思主义的实践具有世界意义。马克思列宁主义是讲枪杆子的，不然，它就变成了戈尔巴乔夫式的政治童话而不是一种政治主张。列宁说：“只有承认阶级斗争，同时也承认无产阶级专政的人，才是马克思主义者。”恰恰在这一点上，戈尔巴乔夫主义和列宁主义出现了分野。分野的是非及其导致的结果，已不言自明。

中东乱局实际上是1989年开始的出现于社会主义国家动乱的继续。那次动乱使得社会主义阵营不复存在；第二波动荡从2001年的反恐战争开始，美国将阿富汗、伊拉克、伊朗和朝鲜列为“邪恶轴心”，结果只有按西方标准做的萨达姆已成往事，而伊朗、朝鲜仍坚如磐石。第三波动荡使几乎整个中东都发生了动乱，曾对美国以色列政策做出巨大牺牲的穆巴拉克已经倒台，为了改善与西方关系而主动“弃核”、积极“反恐”的卡扎菲，在北约的空中追杀下已成北非沙漠中的传说。

纵观苏联解体及随后发生政权更替的国家，多不是从外部被打败，都是内部先出问题，外部势力随即介入。所以现在我们只要内部团结一致，党不脱离人民，外部势力就没有办法。只要我们顶住了，西方反华阵营就容易分裂。必须强调的是，中国的团结必须在中国共产党的领导下，坚持党对军队的绝对领导权，坚持国家中人民的主体地位不动摇，中国就不会出大乱。2011年3月10日，吴邦国同志在十一届全国人大四次会议举行的第二次全体会议上说得明白：“坚持中国特色社会主义道路，最重要的是坚持正确的政治方向，在涉及国家根本制度等重大原则问题上不动摇。动摇了，不仅社会主义现代化建设无从谈起，已经取得的发展成果也会失去，甚至国家可能陷入内乱的深渊。”我完全同意吴邦国同志的判断。

东方早报：美国已经提出“空海一体战”构想，强调美军要充分利用在航空航天、网络、电子技术等方面的垄断优势，以关岛和日韩等盟国的作战和后勤基地为依托，以空海作战力量、太空及网络空间作战力量为主导，联合构成一个以天基系统为核心，由天基平台、空基平台和海基平台构成的多层次立体作战体系，在全维空间内加速实现其各种作战力量的有效融合，在西太平洋战区组织实施战役级别的作战行动，旨在摧毁作战对手的“反介入/区域拒止”作战能力。有人就认为，这一构想就是针对中国的，那么中国海军该如何应对这些新的变化？

张文木：“空海一体战”的构想不是今天才提出来的，很久以前就有，美国的海上和空中力量早就结合在一起了。但美国的技术提升很难解决它面临的政治问题，比如阿富汗战场，点火容易救火难，美国面对塔利班燎原烈火，在那里欲罢不能。另外，“空海一体战”更适用于远海，而不适用于近海，尤其是不适用于像中国这样一个大版图国家的近海。

美国外交政策的缺点总是在追求力所不及的目标。力所不及，就只有靠“空城”大话唬人。当前美国的问题不是技术能够解决的，美国的“空海一体战”也不能解决，而是要通过战略解决，而好的战略一定是有哲学的战略，当今美国政治最大的问题是失去了哲学。像塔利班问题，美国并没有解决。因为他们不是一个人在战斗，而是人民在与西方入侵者战斗。在历史上，谁赢得了人民，谁就必将赢得胜利。

中国应坚持“地区性守成”原则

东方早报：中国目前在海外没有军事基地，但是随着中国国家利益边界的扩展和保护中国海外利益的需要，中国未来在该问题上是否会有松动？

张文木：在这方面，不能学西方，中国一定要走出一条新路。在海外，我们应发展国家间的和平关系。像索马里海域护航就提供了很好的经验。有些国家就给我们提供了补给和场所，这不是帝国主义意义上的“海外基地”。

“海外基地”概念本身就带有帝国主义色彩，我们的目标并不是要在全世界扩张，未来世界肯定要在人类命运共同体的意识中来理解，一个国家不可能独占世界，国际政治也是这样，“朱门酒肉臭，路有冻死骨”的世界是不可持续的。历史上帝国多不亡于饥饿而是亡于过饱；今天美国的毛病是过饱撑出来的。

美国建那么多的海外军事基地就是为了独占，结果就会把自己拖垮。中国的近期目标在于实现祖国统一，将来中国的目标也不会太远，大体也是中国古代的做法——长期经营亚洲，坚持地区性守成。

中国的海权肯定是“有限海权”。海权走得太远，就需要更多的海外基地，这样就会造成资源消耗大于摄入，并由此导致国力快速衰退。美国、英国是“无限海权”，这是由他们的地缘政治特点决定的。他们的国家完全裸露在海上，没遮没掩，这样就必须将自己的安全边界推得远远的。与美国近乎“裸状”的地缘政治特点相比，中国地缘政治位势处于“长袖善舞”的最佳状态：东北这边有朝鲜半岛抗护着，东南有中南半岛挡着。中华人民共和国成立时，朝战和越战原本是对着中国的，结果中国在朝鲜半岛和中南半岛上下开弓，跟美国打了十几年，中国大陆“身体”没有受损伤，坚持进行经济建设。中国周边国家对中国的“减震”作用，是中国地缘政治天然优于美国的方面。在亚洲地区，中国北部和西南部地区有俄罗斯和印度两个大国。中国的西部以及俄罗斯的东部空旷地带，使中印俄之间有了广阔的缓冲空间，其“减震”条件较充分。毛泽东同志说过：“一个民族能在世界上在很长的时间内保存下来，是有理由的，就是因为有其长处及特点。”中国在世界地缘政治中的上述条件使它伸缩自如，这个条件在未来发展中还将继续产生积极作用。所以说，不要忽视中国五千年的历史。五千年能存在下来的并一直保持大国版图的资源丰富的国家，世界上没有几个。德国哲学家黑格尔看出了这一点，他说：“假如我们从上述各国的国运来比较它们，那么，只有黄河、长江流过的那个中华帝国是世界上唯一持久的国家。征服无从影响这样一个帝国。”

大国崛起于地区性守成，消失于世界性扩张。中国五千年来可以保留这么大的版图最大的原因就在于坚持地区性守成，没有向全世界扩张；与此相反，东方匈奴人和蒙古人曾向世界扩张，结果他们的帝国与历史上所有帝国一样，都非常短命。所以未来我们要遵照毛泽东说的“深挖洞，广积粮，不称霸”，坚持“地区性守成”的原则。

中国既然没有以全世界为目标，在“海外基地”方面就应该有新思路。这就是应该通过友好、互利的方式，取得相互尊重的合作，如果不够互利，人家不愿接受的话，我们也可以做出一定的让步，或再等等，不要去强求，强求就需要更大更多的资源，强求的事多了我们就会力所不及，结果会拖垮国家。与英美国家不同，我们的目标不是全世界，我们就可以做得更好些。

至于海外利益保护的问题，如果中国把自己和把亚洲经营好，中国就有了威信。国家有“威”，在国际上才有“信”，所以只要中国自己强盛，在外部世界就有影响力；你自己垮了、分裂了，那人家就要欺负你。比如在利比亚冲突之前，中国先将自己的企业和员工撤回来，以后不管是谁执政，最后他们都要来中国谈判，要中国企业重新返回利比亚，这样我们就有力量保护中国企业和员工在利比亚的利益与安全。我们应该探索与西方不同的路子来保护国家海外利益。

东方早报：中国目前在巴基斯坦瓜达尔港、缅甸皎漂、斯里兰卡汉班托塔、孟加拉国吉大港也参与了修建当地的港口，被印度和西方视为“珍珠链”计划，这是为了未来建立海外基地打下基础么？

张文木：我不了解这些事的细节，如果是这样，我想这些应该还是合作关系。巴基斯坦邀请中国参与港口修建就是因为中国和巴基斯坦良好的关系，并非有意建立“海外基地”，没有人家同意，这个所谓的“基地”是不可能保存的。

东方早报：我们也注意到，合作的这几个国家基本上都是在中国的能源线上，未来中国海军是不是要保卫这条线上的中国的能源安全？

张文木：在海上运输线问题上，从某种程度上说，我们有些人对此过于夸大了，把中国和日本放在同一水平上了。日本对国际能源确实是绝对依赖，中国则没有到这个程度，如果在和平情况下，我们对海上能源补给线的压力真不像美国和日本那么大，中国还可以通过西部陆上管道和俄罗斯的石油管道来满足石油需要，这些都是中国的友好国家。从新疆过来的油气管道线贯通中国内陆，西方不可能把我们陆上所有的管道都掐死，根本做不到。所以，我们在探讨这些问题时，要多些建设性，少些夸张性。

我们要突破、超越马汉理论

东方早报：你刚才提到“海权”理论，我们也注意到，自海权理论创始人塞耶·马汉的《海权对历史的影响（1660—1783）》及相关著作发表近百年来，海权问题已成为军事学术的重要组成部分。中国广泛地将英文“sea power”的概念转译为“海权”。那么，中国人应该如何理解“海权”这个概念呢？

张文木：近代的法权理论实际上已经为我们提供了认识的基础。在国际法上，海权是为主权服务的，主权就是包含“权利”（right）的含义。只有主权国家才拥有海权权利，不带权利的海权那是制海权（command of sea），二者是完全不同的。从这个意义上说，非国家组织就没有海权，但有制海权，比如，在台湾问题上，就没有讨论海权的必要。

所以，从海权的角度来说，主权国家维护自身的权利，依据海洋法赋予的权利，这是法定的权力，而制海权不是法定权力，只是实现海权的一种手段。制海权可以叫“sea power”，海权则是“sea right”，如果把“power”上升到“right”，那就没有节制了。

“Right”带有现代意义上相互尊重的意思，有这样的理论，国际社会交往就会节制许多。如果只讲“power”的话，那就是丛林世界。

东方早报：以前，马汉被当成“帝国主义和殖民主义的布道者”，如今，有些学者时常在大型国际会议上引用马汉对制海权的定义来强调“海权对中国的价值”。您如何看待这一理论？

张文木：我们需要的是对马汉的海权学说扬弃性的学习。马汉的理论与被压迫民族的经验相脱离。我们要从列宁的“压迫民族和被压迫民族”的视角，结合中国的经验对其加以突破和超越。我认为，马汉“海权”理论的优点在于用世界视野审视一国的发展，有全球眼光。但他的缺点在于没有是非观念及由此产生的对力量的运用不加节制，后来乔治·凯南遏制理论、继而亨廷顿文明冲突理论以及布热津斯基的地缘政治理论都有这个缺点。自“二战”结束以来，美国让这些无节制的战略学说拖得疲惫不堪，甚至可说是狼狈不堪。

鉴于此，我们应突破马汉的海权理论，将权利（right）的意识融入海权理论，这样的海权理论便有了节制意识。我刚接触马汉理论时，也没有想到“power”概念的缺陷，但后来我想到中国是发展中国家，属于列宁说的“被压迫民族”，只讲“power”显然对中国的未来是不够和不利的，我们应从主权权利理论中的“自卫权”的角度考虑海权理论。我们应当把海权中的权利和权力分开，由此必然要把海权和制海权分开。马汉是把这二者混在一起。当时美国是处于帝国主义竞争阶段，他没有更多地考虑别的因素。

东方早报：与其他国家相比，中国“海权”具有哪些自身特点？

张文木：在主权范围内，比如在台湾问题上，在祖国统一问题上，中国“海权”是坚定的、积极的和无限的；在国际范围内，是协商的、节制的和有限的。

东方早报：我们也看到，你提出“永远不称霸”是中国发展“海权”的原则，如何才能做到这一点呢？

张文木：实际上，在利比亚事件上、在索马里护航问题上，我们都已经做到了这一点。在利比亚事件中，中国组织大规模的在利人员撤退，还派出中国军舰赴利比亚附近海域为撤离人员船舶护航，表明我们的海运能力有了极大的提高，我们因此保护了在利比亚工作的中国人的安全，避免了大规模的人道主义灾难。这个时候，海外中国人的安全就是最大的国家利益，也是中国政府最大的责任。在利比亚撤侨的实践，为中国海权拓展提供了很好的思路。

东方早报：中国主权的统一进程与中国“海权”实现进程是什么样的关系？

张文木：两者是统一的。中国海军不到，问题是解决不了的，但海军又不是用来打台湾的，海军的作用主要是用来阻隔“台独”和海外支持势力之间的联系。

在台湾问题上，主权是没有商量的。中国现代化进程已经不容我们忽视海权，而实现中国海权和制海权目标的关键环节，就是中国两岸统一。从这个意义上说，台湾问题对中国既是主权问题，也是海权问题。

我们要抓主要矛盾，要在切断日本右翼和“台独”分子之间联系的同时，还要深度发展两岸之间各方面的交流。毛泽东当时为什么不打金门，就是为了把台湾的根留在大陆，这也是双方默契的结果。只要台湾回归中国，可不论形式。钓鱼岛回归后，不妨也参照毛泽东在金门、马祖问题上的思路，交由台湾来管理。

在两岸统一后，中国海洋安全战略应做收缩性调整，这涉及未来中国在世界上的定位和中国发展的大方向。

我们应记住，与美国、英国不同，中国是一个陆海兼备的国家，我们只能在最核心的利益上可以采取完全和强有力的攻势，而在与美俄核心利益联系紧密的区域，甚至更远的其他地区则应采取有理、有利、有节的威慑性守势。

东方早报：您也一直主张中国实施深海战略，实施深海战略对于中国有

特别的意义吗？它如何和“海权”的实现结合起来呢？

张文木：深海战略也是为了自卫目的。目前中国依托核潜艇具有二次反击能力，而中国的二次反击也是自卫的，当所有的打击手段都失效时，二次反击是非常有效的，因而它对侵略者是极具震慑力的。

这是一种终极防御，也是中国海权实现的一个终极保证。但在中国附近的浅海是做不到这一点的，在浅海，目标极易暴露。因此中国的海洋战略必须是深海的，这不仅是中国远洋利益的需要，也是中国本土安全防御的需要。

战略导弹军种是中国制海权拓展的重要依托

东方早报：*那么，在未来十年内，中国海军的主要任务和战略目标是什么？为了完成这些任务和目标，目前还有哪些差距？*

张文木：维护祖国统一是中国海军最基本的任务和目标。至于与美国海军的差距，主要表现在技术方面。但我们不能孤立地看待技术差距，因为技术差距在不同的地理空间表现是不一样的。海洋高技术在近海就很难发挥作用，只要中国海上目标不是太远，技术差距可以用大陆近岸优势弥补。唯技术论是无战略意识的表现，优秀的战略设计是可以弥补技术上的劣势的。历史上失败的国家，并不是技术条件差的国家，而是在某种战略环境中其技术优势无法发挥作用的国家。古代如中国宋朝，现代如苏联，就是这样。依我们目前的国防技术，只要不在远海，在近海用于维护祖国统一是足够的。

美国海军是以世界为目标，我们并不以此为目标，这是很重要的一点。在战略上，我们在全球范围内要以平等互惠为交往原则，在主权范围内则是要坚定不移地维护国家利益。鉴于此，集中一切力量快速推进中国的海军建设，将在全球范围内的军事弱势转化为局部地区的强势，并以此解决分布于中国海区的主权和海权问题，是 21 世纪初中国国防建设的重要内容。

最后，需要特别说明的是，鉴于中国的国情，在今后相当长的时期内，我们应坚持不懈地将战略导弹部队放在国防建设的重要地位。近年来，尽管中国海军获得了长足发展，但它远未获得深入蓝海单独作战的能力。因此，中国的海权要在战略导弹护卫的前提下稳妥推进。

近些年，靠近中国东海岸的美国海军之所以没有使中国人感受到 1895 年那样的灭顶般的海上压力，其主要原因是这时中国沿海已有了中远程精确打击能力的战略导弹长距保护。不然中国海军在东部近海的作战半径，乃至发展空间都会向大陆大幅收缩。

中国海军、空军与美国不同，当然也不能仿照美国将导弹部队依托于海军发展的模式。美国海军与空军已拥有独立和巨大的远程作战能力，而中国海军在其从近海向远海推进初始阶段却需要依赖本国陆基导弹提供的强大且具有覆盖性的火力网护送。这种近中程海上护送对于没有多少现代战争实践，尤其没有多少与海上强国较量经验的中国海军成长尤为必要：在中国大陆导弹部队的护送下，中国海军就能够度过从浅海到深海这段艰难阶段并能成长为具有远海独立作战能力的海上力量。

鉴于此，加强国家战略导弹部队建设，将中国战略导弹部队建设为不仅拥有巨大威慑力而且具有强大的独立战斗能力，并能为中央“统筹国际国内两个大局”的伟大部署提供战略支撑的强大兵种，尤为必要。

经济全球化与制海权[①]

经济全球化催生海权革命

主持人：自海权理论创始人塞耶·马汉的《海权对历史的影响》及相关著作发表近百年来，海权问题成为军事学术的重要组成部分。我国学人广泛地将英文“sea power”的概念转译为汉语“海权”。那么，如何理解海权？

张文木：海权是一个客观存在，不同国家在不同的经验基础上会有不同的理解，建立在西方历史经验之上的sea power不能概括“海权”一词的全部语义。从理论上说，人类中的个体或群体都有共享包括大气层内外的所有地球资源的权利，海洋是地球上除陆地资源外的最重要的资源，这样就引申出“海洋权利”（sea right）的概念；当主权国家出现后，“海洋权利”就成了“国家主权”概念内涵的自然延伸。但是，权利永远是要有力量来捍卫的，这样便从主权的“自卫权”概念中引申出具有自卫性质的“海上力量”（sea power）的概念。马汉说：“光有法律而没有力量就得不到公正；法律的合理与否不取决于力量，但其有效性要由后者赋予。”海上力量是海洋权利自我实现的工具。作为国家权利的海权，是只有主权国家才有资格享有的海洋利益。权力，特别是海上权力，则是一种强制力量，在国际社会中只有联合国或联合国授权国家和机构才具有资格使用这种力量。这里需要区分“海权”与“制海权”（command of sea）两个概念。二者虽都与汉语“权”字相联系，但意思大

---

① 本部分内容为《光明日报》采访笔者的系列文章之一，刊发于《光明日报》2007年5月16日。《光明日报》所加的编者按说：“海权，对国人来说，是一个从鸦片战争开始认识，但到今天在理论上仍未被充分消化、在实践上又迫切需要理论回答的问题。本栏目主持人请北京航空航天大学战略问题研究中心教授由海权概念切入，力图提出符合我国新世纪现代化实践的海权观点，并回答我国海权实践中的一些问题，分两篇发表，上篇讨论经济全球化背景下的制海权问题，下篇讨论我国海上战略力量的发展方向。”

不一样。海权是一种属于法权范畴的概念，而“制海权”中的“权”则是指一种由“权势”引申出的“有利的形势”的意思，不能将二者混用。

主持人：理论总是应时代需要而生。推动海权理论产生的历史背景是什么呢？

张文木：这就是资本全球化。人们以为资本全球化是近些年的事，其实，它在世界第一个资本主义国家英国工业革命成功以后便开始了。资本全球化是指处于高势能地位的资本向处于低势能的外围市场扩散，并不断制造新的外围市场的过程；通过资本优势获得高额利润，并由此不断形成压迫外围市场的新优势。英国是“资本的祖国”（马克思语），当然也是资本全球化进程的源头。

主持人：有数据显示，1918 年前 50 年间，世界经济年增长 2.1%，比 19 世纪上半叶年均增加一倍。按不变价格计算，1800—1900 年间世界经济年均增长 1.54%。资本的扩张使西方国家在全球政治中日益居于优势地位，居于资本中心并控制较多世界贸易和资源，在世界财富增长中占据较大的份额，而在世界财富增长中占据较多份额的恰恰是拥有强大海军和广泛制海权的国家，如英国等。这是什么原因呢？

张文木：与中世纪不同，资本全球化时代国家财富的增长与国家海权的扩张是同步上升的。这是因为，海洋是地球体的“血脉”，是将国家力量投送到世界各地并将世界财富送返资本母国的最快捷的载体。于是，控制大海就成了控制世界财富的关键。在这样的历史大背景下，制海权理论便应运而生。比较成型的制海权理论由塞耶·马汉提出，他的主要著作有《海权对历史的影响：1660—1783》《海军战略》等。马汉认为，国家的强大、繁荣和商业贸易与国家制海权息息相关。他说：“以战争为其表现天地的海军则是国际事务中有着最大意义的政治因素，它更多的是起着威慑作用而不是引发事端，正是在这种背景下，根据时代和国家所处的环境，美国应给予其海军应有的关注，大力地发展它以使之足以应付未来政治中的种种可能。”

主持人：美国人开始也没有海权意识，他们是骑着马打仗的。在“二战”前美国的海军尽管发展很快，但其军事作战主体观念还是基本上囿于骑马舞大刀的陆战决定论。那么，人们的作战观念是如何发生转变的呢？

张文木：“二战”前，作战观念发生了两次革命。先是陆权革命，它使人们认识到控制地面要塞是战争成败的关键；后来是海权革命。与陆地不同，海上航行没有国界障碍，在公海上是畅通无阻的。从军事角度看，与陆上运输比，从海上集中调动装备、军力等，所需时间应是最快的。比如从“9·11”事件到美国发动阿富汗战争，美国调运兵力装备时间不到1个月。由于海洋的天然屏障，与陆地防务相比，在广阔的海上拥有基地，可大大减少战时所用守备兵力；只要掌握了海上运输线，就可以最机动的方式集中最优势兵力在海外某一区域实施作战。而在陆上取得每个军事胜利都得部署大量守备兵力以巩固成果，同等数量的部队，海上比陆地使用起来会更加高效。海军可以在一国沿海自由运动并拥有广阔的打击面，而陆军则不能，陆军只有靠其数量扩大其防卫面。这正如鸦片战争中，中方防御英国的陆军远比向中国发起进攻的英国海军多。英方能够及时调动，并在必要处可随时随地集中使用，而中国陆军则要处处修炮台、修兵营、增加驻防。正是人类的经济活动与世界发生了日益密切的联系，人类才产生了海权观念。

主持人：巴顿将军特别反对传统的陆战作战方式，他推崇坦克集团军在飞机配合下的大纵深立体战争。这种作战方式与海权革命有何关系？

张文木：有人说巴顿的观念是超前的，其实不然，他只不过跟上了那个大多数人尚未意识到的时代，坦克集团军在飞机配合下的大纵深立体战争，可以说是海上作战方式的运用。当时还有一个很有眼光的人物，这就是戴高乐。戴高乐在军事学院读书时写了一本书，讲的大致是集团军大纵深作战。他提出未来战争与第一次世界大战的打法不同。作战前锋力量主要不是人力，而是坦克群集团军配合飞机的立体式联合作战力量。并且作战时也不主要是正面攻坚，而是纵深到敌人背后席卷过来。希特勒打法国时用的就是这种方法。“二战”前，戴高乐这本书在法国没有被认可。书出版以后，在德国却很有影响。

获得制海权意味着获得历史主动权

主持人：马克思·韦伯说：“部署一打船只在一定时刻比掌握一打可以废止的贸易协定更有价值。”对此，如何理解？

张文木：这话对我们理解贸易与海军的关系绝对是有帮助的。保卫海外能源自由贸易权利的能力，取决于海外军事投送能力的远近。没有海上军事投送能力，海外贸易的保护就只是一纸空文。全球化不能不包含着自卫手段的全球化。进入全球化进程中的国家安全是“边界安全”与“安全边界”的统一：前者是主权安全或领土安全，后者是利益安全；前者是有限的，后者是无限的，也就是说，安全边界越远大，边界安全就越有保障。主权安全即边界安全是一个国家生存的概念，而发展则在时空上是无限的，它涉及世界一切地区，还包括外层空间和深层海域，由此便派生出涉及发展利益的“安全边界”的概念。安全边界就是利益边界，而联系全球各地区的最便捷的通道就是海洋，所以，参与经济全球化程度高的国家必须拥有强大的海军。

主持人：近代历史表明，率先获得制海权的国家，也就在相当程度上获得了历史的主动权。

张文木：是的。从军事史来说，制陆权与制海权是造就古今大国兴衰的重要杠杆。我们知道，在中世纪占据支配地位的生产方式是农业，主导世界经济活动的是农业全球化：那时采取农业生产方式的民族和国家，都会获得强势发展并由此保持其强势地位；农业全球化催生制陆权的发展，当时要保持大国地位的国家都是制陆权强大的国家。比如古代埃及、中国、印度、巴比伦都曾是这样的国家。到了近代，特别是英国工业革命后，市场和利润成了生产的主导力量，资本及与此相应的包括市场资源在内的资源配置在全球范围铺展开来，此时国家兴衰取决于其在资本全球化和资源全球性配置中的地位。其间，居于主导地位的国家可以获得较多的市场和资源，从而获得大国必需的物质条件。比如，现在的北方七国，在世界资源和市场的分配中占据主要份额，才使其成为大国。既然世界资源配置方式已突破中世纪的地域性质并转化为世界性质，而海洋又是畅流世界各个角落的最便捷的载体，那么，从军事上控制海上主要战略通道即掌握制海权，就成为大国控制世界资源并据此保持其大国乃至霸权地位的主要方式。同样，新兴国家也正是通过优先发展海军并争取与大国平等分享海权利益而进入大国行列的。近代历史表明，率先获得制海权的国家，也就在相当程度上获得了历史的主动权。比如，英国与西班牙的海上较量，美国与英国、西班牙的海上较量，胜利的一方也就成了主导历史方向的国家力量。

主持人：制海权在当代社会有何新发展？

张文木：在21世纪的今天，建立在卫星信息监控技术和导弹远距离精确打击与准确拦截技术的制海权，仍是国家兴衰的决定性的杠杆。航空母舰是实现制海权的最重要工具。航空母舰不应被理解为一支战舰，而应被理解为一个最具机动性质的国家海上作战大平台。航空母舰可以比陆地运输更快的速度，根据战争需要，将集海陆空一体的作战力量及时推进到作战海区。

主持人：目前，有人认为，随着导弹远程精确打击技术的出现，航母就成了海上毫无自卫能力的“活棺材”，因此，发展航母应为发展远程精确打击武器所代替。对此，您有何看法？

张文木：其实，这是一种误解。因为远程精确打击技术并不是导弹技术的产物，而是外层空间卫星及以此为载体的信息技术发展的结果。而现代航母本身就已与现代卫星信息技术紧密结合并据此拥有远程精确打击能力。问题是远程精确打击武器本身仅具有本土防御的意义，对于世界范围的制海权而言，则意义不大，它解决不了关于海外商业争执、资源进口线受阻及海外商人和侨民保护问题。一句话，航母不是一般的战舰，它也不仅仅属于海军，它是一个集海陆空及一切最先进军事技术为一身并在全球范围最具机动性质的作战平台。它本质上是国家作战力量而不仅仅是海军作战力量的标志。

我国海上战略力量的发展方向[①]

海权的彻底实现系于祖国的完全统一

主持人：我国目前海权实践的特征是什么？

张文木：我国海权随中国主权同生，而中国意识到并力求捍卫、强化中国海权的努力却起步不久。我国目前的海权实践处在捍卫其合法的海洋权利的阶段。比如我国统一台湾和中国海区其他属于中国主权范围的岛屿，这是中国海权实践的重要内容，但这只是维护中国的主权及其相关海洋权利，建设对这些地区的海上利益的海上保护力量的实践，而不是追求霸权意义的海洋权力的实践。我国的海上力量，属于国家主权中的自卫权的范畴。因此，我国海权，是一种隶属于中国主权的海洋权利而非海洋权力，更非海上霸权。

主持人：但光有法律而没有力量就得不到公正，要使法理上属于中国的海洋权利事实上属于中国，我国就必须拥有强大的海上力量。

张文木：从这个意义上说，我国海权是目的与手段的统一。中国海权的概念应当包括从中国国家主权引申出来的“海洋权利”和实现与维护这种权利的“海上力量”两个部分。就其“权利”部分而言，包括实现我国“海洋权利”和“海洋权益”两部分。前者包括国际海洋法、《联合国海洋法公约》规定和国际法认可的主权国家享有的各项海洋权利。这部分权利随国际海洋法的变化而缓慢演化，比较确定。后者包括由海洋权利产生的各种经济、政治、文化利益，这部分权利随不同国家在不同时期的经济、政治和文化的变

---

① 本文为《光明日报》采访笔者的系列文章之二，发表于《光明日报》2007 年 5 月 30 日。《光明日报》所加的编者按称：“上一期本栏讨论了经济全球化背景下的制海权问题，本期继续请北京航空航天大学战略问题研究中心张文木教授就我国海权实践的特征和世界新军事变革条件下我国海上战略力量的发展方向发表看法。”

化而变化，属于海权中变化较大的部分。不同的国家依据国际海洋法享受着同种的海洋权利，但据有同一海洋权利的主权国家由于其经济、政治、文化处于不同的发展阶段而得到的海洋权益却不同。步入市场经济国家的我国已成为与世界发生广泛联系的国家，其海洋权益泛布于世界并随我国经济总量的扩大而持续扩大；与此同时，我国实现其海权的内部需求动力和外部压力也在同时增大。这是我国海权与世界其他国家海权实践的共性方面。

主持人：共性寓于个性，那么，我国海权个性特征何在？

张文木：第一，国家统一进程与国家海权的实现进程相一致。目前的中国是一个尚未完全实现统一的国家，而这些尚未统一的地区又多集中在东部中国海区。这些地区既是中国领土，又是在实现中国海权中具有战略意义的海上支点。能否实现我国的统一，是关系到能否实现我国海权的关键步骤。实现国家统一进程与实现国家海权进程的统一，既是我国海权的特点，也是我国海权的优点，它决定了我国在相当长的时期内海权实践的正当性和正义性。第二，特殊的地缘政治条件决定了我国海权属有限海权的特点。我国是一个陆海兼容型的国家，在地理上一面环海、三面临陆。由于三面陆上的安全压力使我国在长期的历史中发展出了强大的陆军而非海军力量。同样，这种地缘政治的特点和上述我国海权的特点，又决定了我国海权在实践中不需要追求世界性的海上权力。我国海权是有限海权，它不超出主权和国际海洋法确定的我国海洋权利范围，海军力量发展不超出自卫范围。第三，我国海上军事力量发展是远期战略的有限性与近期策略上的无限性的统一。中国人对海洋战略利益的认识是从鸦片战争、甲午战争失败后开始的，而从经济全球化视角认识海权却是在中国经济从计划经济向市场经济转型进程中开始的。在古代世界，由于不具备远航动力技术，因此东部大海反倒成了保护我国东疆安全的自然屏障。鸦片战争、甲午战争及抗日战争初期的海上失败，也只是使国人从“边防”的角度认识了海权的意义。20 世纪 80 年代改革开放到 21 世纪初的 20 多年间，我国经济已深深地融入经济全球化进程并对国际市场和资源产生了日益深厚的依存关系。鉴于此，我国需要发展出在全球范围得以保护其海外利益的海军力量，并随我国海外利益的扩大而扩展。这种扩展进程是无限的，但其性质却不超出自卫的限度。

从小立体战争到大立体战争

主持人：在第一次世界大战之前，海军更多的只是陆军的配合军种，陆军是这一时期的国家战略力量的核心兵种。第二次世界大战期间，海战已成了战争胜负的决定因素之一。国家战略力量更多地通过海军表现。在当代，此种状况有何变化？

张文木：海军是国家海洋战略力量的核心部分，是海权必须依托的兵种，这正如海上权利必须以海上力量为依托一样，但它却不是国家海上战略力量的全部。战略力量，不管是在陆地还是海上，是对敌方具有总体打击能力的军事力量，因此，我国海上战略力量不应当是海军单一兵种的事，它应当是随世界军事技术变革而发展的国家防务力量的总体表现。航母是“二战”中出现的最具海上作战力的战舰，之所以如此，并不在于它的大小，而在于它首次明确地打破兵种界限，将战船变革为集陆海空战斗力联合为一体的立体作战平台。这时表现于航空母舰的战斗力，已不再只是海军舰艇的单一战斗力，而是一种集陆、海、空、电子通信等军种为一体，并通过航母这一巨型作战平台在海上机动发挥的新型战略力量。航空母舰及其航母作战体系所表现出的战争力量已不再仅是海军的，而是国家的战略力量。

主持人：20世纪下半叶以来，卫星技术及由此带动的空中预警技术、导弹定点精确打击技术的迅猛发展，国家海上战略力量的技术含量及其有机合成水平大大提升，其主要表现是什么？

张文木：海上作战已由“二战”时期的由飞机、潜艇、海上航母火力打击力量共同担负的小立体战争，提升到由外层空间的卫星侦察技术、低层空间预警技术到深海的潜艇、声呐技术配合陆海定点精确导弹打击的大纵深和大立体战争。海上作战已远非海军一个兵种得以完成的事，而是国家核心技术及由此形成的国家总体作战力量的综合表现。目前，美国一艘航母出航，除外空卫星定位、空中预警和海面其他舰群护卫之外，还有庞大的水下潜艇的护航。

主持人：主导21世纪大国国防结构调整方向的是什么？

张文木：20世纪下半叶所发生的新军事革命使各国的国防军事力量配置

发生结构性变化。其重要特点在于，大立体战争技术的迅速发展使国家军事力量由分布于国家内部不同地区以陆军为主体的军团作战力量组合，转变为分布于海外针对不同对手作战力量的有机合成。国家作战力量的配置已不再基于地区，而是基于任务。任务决定作战力量的使用与组合，这是开始于20世纪末并必将主导21世纪的大国国防结构调整方向的重要特点。21世纪的国防力量将不再是一块块横摆在平面并需最高司令部拼接的板材，而是一个根据不同作战任务而任意组合的“作战魔方”，而构成这个“作战魔方”的材料已不是传统的陆海空三军军种的简单合并，而是集外层空间的卫星技术、低层空间的预警技术、浅层和深层海域的潜艇及相关军事技术，配合陆海平面精确导弹打击技术的体系合成。

世界军事革命的新领域在深海

主持人：2002年阿富汗战争后，美国单方面宣布退出1972年美苏签订的《反导条约》，决意打破世界大国之间的战略均势，建立美国在外层空间军事安全领域的绝对优势地位。那么，随着美国外层空间绝对优势的确立，世界各国发展战略力量的新领域将是什么？

张文木：美国在朝鲜战争和越南战争中的失败、苏联在古巴导弹危机中的失败以及美苏争霸的压力，促使世界军事变革在美苏的带动下向外空和深海两大领域迅速推进。外空信息技术革命使弹道导弹及其精确打击成为可能，核动力战略潜艇的出现又使彻底消除有核国家战略打击和报复能力成为不可能。在1999年科索沃战争、2001年底的阿富汗战争和2003年的伊拉克战争中，美国的胜利使人类正式告别在飞机、坦克掩护下主力军团大规模决战的小立体战争模式，取而代之的是以外空卫星制导和陆海导弹精确打击为主，少量精锐地面部队定点突入的大立体战争模式。可以肯定的是，随着美国外层空间绝对优势的确立，发展深海战略优势将成为世界军事革命的新领域。

应优先发展深海核动力战略武器

主持人：我国海军建设起步早，但发展慢，这既是我国海军历史的特点，也是它的优点，这就是拥有开发新领域的后发优势，那么，如何发挥后发优势呢？

张文木：我个人认为，可将有限的国防资源优先用于深海开发，这有利于在较短的时间内形成更为有效的威慑力量，并以此带动我国海军的跨越式发展。这是因为：（1）自20世纪80年代开始的外空技术革命已趋于饱和，而深海技术的开发正方兴未艾；（2）深海武器比陆地和天空武器更具机动性和隐蔽性，更有利于完成国家战略攻防任务；（3）相对陆基弹道导弹而言，深海核动力战略武器可确保国家的二次打击能力更久地处于安全状态；（4）发展包括潜艇在内的深海作战工具，是发展包括航母在内的水面舰艇的基础，国家海军的终极作战力量并不在于海面舰艇的战斗力，而在于水下舰艇的战斗力，也就是说，在大规模的战略打击后，只有深海作战力量具有战略报复和二次打击的能力；（5）我国是一个发展中国家，其国防任务更多地带有战略防御的性质，将有限的资源优先用于深海开发，既有利于遏制“台独”势力、实现国家统一的目标，又有利于确保国家战略防御政策的终极效果。

追求“学问与国家共命运”的学者

——专访张文木①

陆昕②（以下简称“陆”）：您是陕西人，而且欣赏的作家也都是那些很有陕西特色的，应该说您对那块土地充满了感情。这种感情对您的文风是否也影响很大？

张文木（以下简称“张”）：我生长在西安，1987 年硕士研究生毕业后我又在杭州生活了 10 年。如果说江南水乡给我的文章带来的风格是山明水秀，那么大西北赐我的则是天高地厚。文章既要明快流畅，又要有黄河般的气势。

陆：您曾经写过一篇题为《父亲为师》的散文，您的父亲在您性格的形成中扮演了什么样的角色？

张：我父亲是中学老师，小学、初中阶段我受他的影响比较大。小时候我与父亲在一起的时间较多，常听他讲一些人生及读书经验，这些使我形成现在的“古典”性格。十七八岁时，我的个性相当张扬，甚至有偏激的倾向。这与现在的温和性格有很大的差别。在“古典”上，我是父亲观念的延续者，但在现实主义上又是父亲观念的扬弃者。

陆：毛主席的书对您思想成长的影响都毫无疑问是第一位的吧？

张：是的。直到现在我都喜欢毛主席的文章。我小时听毛主席号召“认真看书学习，弄通马克思主义”，不知天高地厚，一上来就学历史、学哲学、学马列主义。按当时流传的所谓毛主席为青年人开的书目，我有计划地读了几年书。它们对我影响较大，在我知识结构的形成中确实起到了“取法乎上”的效果。当然这还要感谢当时没有考试的特殊历史条件，也感谢毛泽东

---

① 这篇专访刊于《世界政治与经济》2005 年第 12 期。

② 陆昕，本文采访者，时为中国社会科学院研究生院世界经济与政治系国际关系专业博士研究生。

为中学生大幅“减负”的教育政策。当时自己对所读的著作其实似懂非懂，结果有些偏激，一味地只想再造天地，也常被社会思潮弄得颠三倒四。但不管怎样，马克思、毛主席的书，尤其是毛泽东那种结合中国实际的学风、明白如水并具有中国气派的文风，使我在后来的学术研究乃至整个人生中获益极大。现在有的学生让我推荐好书，我还是推荐《毛泽东选集》。

陆：我们这代人是通过小说等文学作品来了解知青岁月的。您也曾经做过4年的知青，能向我讲述一下您对那段日子的感受吗？

张：如果说是邓小平的改革开放政策把我送进了大学校园，那么中学毕业后则是毛主席送我先上了4年社会大学。当时知青下乡有点硬性规定，而我则是半自觉地参与其中。毛主席说“广阔天地，大有作为”，这对我这个刚步入社会的青年人很有吸引力。从1975年到1979年，我听毛主席的话到农村插队锻炼。现在看来，农村4年对我是笔超值财富，因为在人生开始阶段我在中国最基层的地方得到锻炼：帮农民办沼气、搞夜校，与他们一起会战黄河大坝等。与农民的朝夕相处使我知道了自己在世界中的位置，知道了知识人还应向人民学习。知道了中国的农村和农民，也就了解了中国的多半国情。这种只有从生活，特别是基层生活中学到的知识，使我在后来的社会变化中得以保持冷静。我认为，现有的一些知青小说把那段历史妖魔化了。其实那段历史对青年人的人生进步绝对是有益的。即使是那些由于妖魔化知青历史而成名的作者，也不能否认正是那段历史给了他们相当正面的精神财富。就我个人而言，我后来的人生动力、对祖国的感情都与那段经历分不开。

陆：大学时，您虽然是西北大学英文系的学生，但听说您的兴趣其实主要是在历史方面。

张：我在中学读过范文澜写的《中国通史》，此后就一直对历史很着迷。大学4年我始终是在上课学英文，下课自学历史。西北大学是综合性大学，这对我的知识结构产生了较好的作用。在三年级时，我到外系疯狂听课，世界文学、世界历史等就是在西北大学文学系及历史系课堂里打的底子。跨专业学习，这在20世纪80年代算是挺叛逆的。父母、老师都不赞同我的做法，我还面临毕业分配的压力。但我的兴趣已经形成，加上个性使然，我更加努力扩展知识：除了正常上课时间，我几乎用了全部业余时间和假期阅读大量历史、地理方面的书籍。三年级时我决定考西北大学历史系的硕士研究生，笔试通过，但面试时失败。

陆：1983 年大学毕业后您被分配到临潼中学教书，两年后您去天津师范大学读硕士研究生，专业不是历史也不是英语，而是科学社会主义，为什么？

张：这个专业具有极强的综合性，可以跨越一切专业读古今政治人物和政治大家的著作，这些人在理论和实践的结合方面把握得比较好。这个专业其实正应验了庄子“无用”为大用的思想。司马迁说他的理想是“究天人之际，通古今之变”，比较而言，这个专业最接近这个理想。读这个专业使我对马克思、恩格斯、列宁、毛泽东的著作比较熟悉。这些都是非常有成就的人。他们经历非凡，必有值得研究学习的地方。历史上从古罗马时代的恺撒、汉尼拔到近现代史上从拿破仑到罗斯福这样一大批人物都值得了解。试想一个学生了解了这些知识和思想，这将对他的未来意味着什么？这些知识在我今天的国际政治研究中起到了十分重要的作用。

陆：硕士研究生毕业后您在浙江财经学院教了 7 年书，1994 年又选择去山东大学读科学社会主义专业的博士研究生，是出于怎样的想法？

张：1992 年前后，中国文人“下海”风盛，也有很多人转行学经济。但我感到如果自己也赶时髦，那永远只能是跟着别人后面爬行。当时，“科学社会主义”基本是最冷门的专业。历史中，有许多被冷落的人后来却成了新时代的先锋。在人生的跑道上，往往是第一名和最后一名成了赢家。人生是循环，当人生回转时，最后一名就成了第一名。但是，等待时的努力是很孤独的。文人往往在孤独的时候读书多。这一时期我读的“四书”《老子》《庄子》等作品对我思想的震撼是很大的。东方学问多重结果轻程序，西方学问与西方社会一样，不问问题的结果如何而是先问程序是否合理，或问你用了什么工具。这表现在我们目前学问研究中的就是所谓“科学主义”。鲜活的思想在此完全僵化和凝固了。对此我深不以为然。中国的学问，不管是出世或入世，更多的是经验型学问，这是比西方学问高明的地方。西方也有经验型的学问，如亚里士多德的《政治学》、马基雅维利的《君主论》，乃至尼克松、基辛格的著作等，但这些著作多以“不科学”或“不是学问”为由为西学文人所轻视。中国“四书”中渗透着的“学以致用”的思想，以前所未有的规模冲击了我，并在我的思想中扎下了根。这一点在我现在的文章和著作中有明显的烙印。此后我少了许多激扬文字，知道了好文章不在个性张扬，也不在于所谓“逻辑严密”，而在实事求是。爱因斯坦的学问告诉人们，不同参照系下的速度是不同的；实事求是的道理告诉我们，不同参照系下的事物，其中的道理也是不一样的。

陆：1997年，博士研究生毕业刚好40周岁的您写了一篇心情散文《40岁，真好》。不惑之年您对人生、对学问有了一些什么样的感悟？

张：那是我博士研究生毕业前写的一篇散文，当时高兴主要是因为我在读博士研究生期间完成了思想大转变。我明白了经验介入学问是学问成熟的标志，也是学者成熟的标志。学问尤其是文科的学问须经世，而经世需要的主要是经验。传世之作多是经验的集结，而非猜想大胆和逻辑严密的作品。在偶然性尤其是在偶然突发的重大历史事件面前，这些“逻辑”尤其是所谓“科学”的逻辑却往往束手无策。偶然性是牵动历史重大变革的先锋，而恰恰是经验而非“科学”逻辑为历史的偶然性留下了较多的余地，经验也使人的思维在把握历史偶然性方面更有弹性。

四十不惑，这时我对人生成败有了更深的体验。回想我以前的人生，成功多是由一系列失败造成的。1978年我差点应征入伍，到西藏当兵；1979年上半年也因一分之差没有被县里招工。这两次失败曾使我对自己的前途极为悲观，但又因此造成我人生的重大转机。这一分之差却使我在1979年下半年得以考上大学。1993年的时候，我曾尝试“下海”或出国，失败了，但1994年我考上博士研究生。鉴于这些人生经验，在信念不变的前提下，我不主张“在哪里跌倒在哪里爬起来”，我也不喜欢“好马不吃回头草”的说法，人在具体道路的选择上，不必强求一隅，也不必强求一事，更不必强求一途。成败是可以转化的，关键在于要坚持实事求是的认识原则。

陆：中国儒家所谓“正心、修身、齐家、治国平天下”，不惑之年您来到中国现代国际关系研究院工作，当时有没有这样的抱负？

张：我更喜欢用它的旧称即“中国现代国际关系研究所”。心情好时总想“振长策而御宇内”，心情不好时则要“明朝散发弄偏舟”，这是文人的通病。博士研究生毕业时，我的确有入仕的勃勃雄心。现在看来，自己当时读懂了几本历史书，却没有完全读懂自己。刚到中国现代国际关系研究所的时候，我曾踌躇满志，后来慢慢地才找到了自己的位置，知道了自己的能力是有限的。现在看来，学者不一定都要“学而优则仕”，做好自己能做的事就行。

陆：是否可以这样说，直到这时您才形成了较为稳定的人生观、价值观，明确了自己想做什么？

张：是的。形成今天的世界观与自己读的书和那 4 年的农村锻炼有关。马克思在那篇被恩格斯称为“包含着新世界观的天才萌芽的第一个文件”的《关于费尔巴哈的提纲》中说：“哲学家们只是用不同的方式解释世界，而问题在于改变世界。”我们这一代人也在从事着改变中国的伟大事业。人总有一死，或重于泰山，或轻于鸿毛。以前读书使我找到了我学问生长的根底，这个根底就是中国，就是毛泽东、邓小平同志开创的这份民族复兴的伟大事业，在此基础上我形成了为这个事业奋斗终生的选择。从现在开始算，到 65 岁，还有十几年。这十几年是人生最成熟、想问题最稳妥的时光。那么应该把自己的这段时光献给谁呢？当然应献给自己的国家。中国人受了百年压迫，正直的中国人没有理由不为中国崛起而奋斗。人明白了生死，其他许多事情就简单了。我坚信和平与善，和平是不要欺负人，善是反对压迫。既然上苍给了我一个好的学术环境，我就应做对国家和民族有价值的事。30 岁之前人有时还做些两可的事，有时候还要迁就于某些东西。但是人已近天命之年，就明白了这时如果再什么都要，那结果可能就是什么也没有。40 岁起，人生开始冲刺，冲刺的人不能有杂念。不然，过了这个村，就不会再有这个店了。我的躯体就像一条船，能把理想渡到彼岸，这条“船”就可以复归自然。老子说：“少则得，多则惑。”物质利益生不带来，死不带去，唯事业永存。

陆：1998 年您在《战略与管理》杂志上发表了《美国的石油地缘战略与中国西藏新疆安全》，这是来北京后第一篇、也是比较有影响的文章。当时怎么会想到切入这样一个选题？

张：有了上面谈的思想变化，我在学术研究中就有明显的问题意识和经世的色彩。也正因此，我才选择到中国现代国际关系研究所工作。之后不久，我将读博士研究生期间思考的问题整理出一篇关于美国的南亚政策的文章。这篇文章至今仍在产生着影响，而且我愿继续接受历史的检验。我在文章中提出“建成贯通经中国内陆通往中亚南亚乃至中东的石油管道线路，对我国有重大的政治意义”，此外，还分析了修建这条管道及保障安全的可能性。当然，“西气东输”现在已成为现实，可在 1998 年提出这个想法时有的同志认为这简直是“幻想”。在这件事上，我不认为我个人起了多大的作用，我只不过与其他一些有眼光的同志想到一块了。我更不认为这篇文章有什么了不起，也很少说某一建议我“几年前就提出了”之类的话。早点提出只是我们应做的事，不然要我们学者干什么。

陆：*您一直特别关注海权，呼吁中国建立一支强大的海军，为什么？*

张：这是由于中国的现实需要，世界上没有一个市场经济大国不走海权这条路。中国目前的外贸对外依存度已超过1/2，大量的经济利益卷入海外，中国主权还面临着日益严重的被分裂的危险，中国没有海权行吗？国家命运促动我关注这些问题。现在天气预报都全球化了，自卫手段难道还不全球化吗？自卫，对中国而言，主要矛盾在海上。国际政治研究中的唯物主义不可丢。天使也是要吃饭的，国家所有的行为要受资源和市场的制约。出远门得背干粮，这是我们的产品，还得拿上打狗棍，这就是我们的海军。那么什么时候我们不需要海军呢？恐怕只有等将来天下大同的时候。2003年，我在《经济全球化与中国海权》一文中说，没有一支强大的海军，中国肯定就没有伟大的未来。我至今仍坚持这个观点。

陆：*战略研究是您研究领域中的重要一块，基于多年的研究心得，您如何认识“大战略”这个概念？*

张：大战略，其要义不在“大”字。制定战略最忌讳的是大而无当：其目标如天女散花，什么都重要，什么都不能忽视；战略制定者眼中要么全是朋友，要么都是敌人，要么到处都是危险，要么到处都是鲜花；战略无时间空间限制，或战略适用时间过长（比如千年），空间过大（比如宇宙），对象过泛（比如人类、动物）。这样的战略一般都因过于空泛而不可实施。现在确有一些大而无当的倾向：将国家安全战略写得像国家安全大全。这种研究无边无沿，以致人类安全都成了“非传统安全”的核心。若真如此，那么军队就应为医生所取代，国防部就应为卫生部所取代，总参谋部就应当为各大医院所取代。这显然脱离了国家安全战略的本意。战略，就其本性而言，切中的是主要矛盾中的主要方面；而国家战略切中的则是国家利益，尤其是其关键利益。国家利益是国家安全战略的底线，这个底线并不能以一个“大”字而随便超越。大战略基于大的历史结构：纵的方面是历史，横的方面是现实，这样构成一个战略坐标系。

一个国家强盛与否不完全看物质基础，还要看其领导人的国家战略能力。它包括三个层次：第一个层次是战略文化，这是百姓层面的事；第二个层次是战略思维，这是国家智囊们的事；第三个层次也是最重要的，是由战略思维升华出的战略管理能力，这部分主要是执政者的事。战略文化、战略思维及由此导致出的战略管理能力，这三者之和总体上构成了“国家战略能力”。

陆：比较当前中美两国的大战略研究，您认为二者各自的得失何在？

张：今天美国的战略思维是有战无略。小布什对于老英国几百年治理世界的经验远不如老布什熟悉。老英国治理世界的经验告诉海权国家不要深入到内陆作战，对内陆国家应该靠地区大国制衡。毛泽东说他喜欢右派，右派是现实主义者，左派往往放空炮。现在美国的右派也开始放空炮了。小布什就是这样一个放空炮的人。有人说他是新现实主义者，我觉得他是典型的理想主义者，有点像发动十字军东征的教皇乌尔班二世，为宗教打仗，要改变伊斯兰文化，这是极不现实的。尼克松是现实主义，靠均势，小布什打破了尼克松建立的世界均势，且使美国国力越过有限边界，这对美国是很危险的。他几乎是倾美国之国力与东方“大风车”较量。其结果可想而知。

陆：您怎么评价中国目前的战略研究状况？

张：一句话概括就是：短期策略有余，而长期战略不足。今后中国的战略不能“只要把自己的事搞好”就行了，还要有全球眼光，因为中国政治已成为世界政治的一部分。但就整体而言，目前中国的国家战略能力高于美国。但这不够：在全球眼光及世界治理能力上中国还要扬弃性地学习盎格鲁-撒克逊民族的一些东西。政治无色彩，只有成和败。

中国的战略研究还没有形成整体：一方面是风景这边独好，另一方面还有点食洋不化。印了那么多关于战略的西洋书，却没有考虑洋人们是在什么背景下思考和解决怎样的问题。只论述“战略”或“大战略”是什么，这没有用，我们应结合中国的国家利益研究中国战略。现在还有一个提法叫“软战略”。软倒不怕，只是怕有时软得失去战略的基本原则。战略是贯穿政治的，政治就是国家战略不能再让的底线，是主要矛盾的主要方面。战略能力要求在复杂的问题中看到最关键的问题。我在印度时注意到中国与印度战略研究中的一个有趣现象：印度学者战略谈得过于窄，中国学者则谈得过于泛。印度学者谈得很具体，其关键词基本就是“巴基斯坦”“克什米尔”和“中国”。中国人视野比印度人要宏大，但不足之处是其内容比印度学者的要空泛和含糊。在我看来，稀缺资源应是战略研究的逻辑起点，国家利益应是战略研究的目标。

陆：在国际关系研究领域，到目前为止您的主要成果都是集中于您在中国现代国际关系研究院工作期间。2005 年您来到北京航空航天大学战略问题研究中心工作，您如何看待在中国现代国际关系研究院的 8 年？

张：到中国现代国际关系研究所之前，我在学校工作。学校研究容易脱离实际，教师们一味为建立所谓学术体系、概念、逻辑等皓首穷经。这些东西用于教书是有些必要，但缺少问题意识，更抓不住问题的要害。学院里的学者往往看不到这些，总想弄些以不变应万变的东西，而以变应变的学术在他们眼中就“不科学”或“不是学问”；对资源、地缘政治及以地缘政治为基础的现实等问题熟视无睹；对于国家的基本需要如资源需求等问题，他们则以为“俗气”而不愿深入研究。我不喜欢为此类经院式的“科学”去搭上我生命的大好时光。国家之事不可学院气太重。研究国际政治的学者如果成了账房先生，有百害而无一益。

在中国现代国际关系研究所工作的这些年是我学术生涯中最好的时光。这段时间里对我最有意义的是我的学术思想得到了升华，国家意识得到提升和强化，从过去的问题意识升华为国家意识，从国家意识中又抽象出战略意识。这两点尤其是后者深深地渗入到我的学术“骨髓”之中。因此，我非常感谢中国现代国际关系研究所，非常感谢在那里曾帮助过我的领导和同志。

陆：您如何评价自己迄今为止的学术成果？有没有什么遗憾？

张：如果说有学术成绩的话，我想它可以体现在如下几个方面的研究：(1) 从世界体系的角度研究世界地缘政治及其基本特征；(2) 中国国家安全哲学；(3) 中国海权，尤其是中国海权中关于海上权利与海上力量的关系；(4) 关于修建跨越中国西东部油气管道的建议；(5) 印度的安全环境及印度国家潜力；(6) 资源在中国国家安全中的地位。特别需要说明的是，在海权研究方面，我开始比较接受马汉的“海上力量”说，但后来发现它不能说明像中国这样的南方国家的国家利益。中国是受霸权主义遏制的国家，中国的海上力量仅处于对中国的海上利益的自卫阶段，因此自卫条件下的海上力量属于国家主权中的自卫权范畴。由此，我将国家权利引入海权理论，并用此规定中国的海权（sea right）边界及由此规定的中国海上力量（sea power）的和平性质。这样就将中国的海权与霸权主义国家的海权区分开来，也与中国不称霸的外交政策协调一致。

如果说遗憾的地方，那就是在印度研究方面。1998年我写了《印度的地缘战略与中国西藏安全》一文。那时我没有到过印度，材料基本上还是来自报纸。用报纸上的材料，特别是用印度核试验前后的报刊资料写出的文章，很容易产生激情，有激情，就容易走偏。印度从性质上来讲还是南方国家，与中国面临的是同种外来压迫，而我在这篇文章中将印度放在中国的敌对面去研究，现在看来这不够准确。对此，后来我在《世界地缘政治中的中国国家安全利益分析》一书中多次修正。2005年4月6日接受香港《大公报》采访时，我提出："中印之间也有博弈，但这只是一个交友中的磨合过程。中印关系本质上不是对抗，中印将是未来全球力量组合中的朋友。"

陆：您在理论流派上似乎没有归属感，但确实让人感受到比较重的现实主义的味道，您自己怎么看？

张：我在哲学上认可辩证唯物主义。和平的基础是均势，在力量均势的基础上才可以建构理念。学术上我无门派，我实在不喜欢目前那么多不着边际的流派：不结合中国实际，过多地搞那些东西就是在浪费时光。被压迫者没时间去跟着富人的"文明理论"瞎转悠。学习至今，如说从属感，我倒倾向于马克思列宁主义。因为这个学说是为被压迫的国家和人民服务的，从方法上它也讲究实事求是，讲究"武器的批判"和"批判的武器"。中国正在直面越来越大的国家风险，很可能还有离我们不太遥远的战争风险。如果中国现在已强大到了美国那个程度，我可能更多地强调理想与和平。我现在看问题基本不带流派色彩，看出的是"X光片"。我只归属于自己的祖国。

陆：您一直说自己只是"实事求是"派，那么从哲学上真正对您产生影响的是哪些？

张：我受中国经世致用的思想影响比较大，仅从方法论的意义上说，无论是毛泽东的"实事求是"，还是西方培根、杜威的经验主义，我都推崇。从某种意义上说，杜威的实用主义就是美国式的实事求是思想。从技术层面上来说，法权分析是我研究的重要视角之一。而且我做的不是学理上的，而是基于现实利益的法权分析。逻辑上我更多的是根据现实逻辑而非理论逻辑。现在学者往往从逻辑上而非经验来推理政治学问。但逻辑必须受实践经验的约束。有时逻辑没错，但经验上却不是那回事。比如，一只狼和一只羊在一块，或一只披着羊皮的狼与一只羊加在一块，是1+1的逻辑，还是1-1的逻辑？是前者，却不等于2，是后者也不等于0。一只饥饿的老虎与两只羊在一起，就既不会等于负 1 也不会等于 3，而是等于 1，这正如萨达姆与布什加在一起，就不会等于 2 而是等于 1 的道理一样。有人不同意，说只有同等质量的事物才能形成某种数理关系，但这只是逻辑推论。而实际经验是，人不能两次踏入同一条河，事物每分每秒都处在变动之中，质量绝对同等或一致的事物关系是永不存在的。因而“1+1=2”的算式只是观念中的抽象而非现实的展现；现实生活中的解题更多地要靠“实事”中得到的“是”即实际经验。中国目前的现实逻辑是，与美国相比，中国处在弱势，在国际上属南方国家。我的学术任务就是研究如何改变中国的这种弱势地位，此后再谈与美国的“1+1=2”的和平认知。我不认可国际政治理论中的学术中立原则，政治是最讲求实际利益的。

另一方面，我也接受爱因斯坦的宇宙和谐思想，认为宇宙是一个群环共构的体系，世界也是由不同的以主权为基础的相互依赖的法权体系。其中任何一个国家都没有力量成为整个世界的绝对主宰。这样就引导出我的“大国崛起于地区性守成，消失于世界性扩张”的结论。

哲学上来说，真正对我产生重要影响的是有限性和无限性相统一的思想，也就是儒家讲的“仁”，己所不欲，勿施于人。把握住国家力量的有限性是国际社会和谐的前提。没有力量的国家不会有人认同，但有力量却不尊重其他民族的国家也不会得到认同。这就是孟子所说的“以力假仁者霸，霸必有大国”。这里的“霸”，就是仁爱之霸。没有力量，谈不上仁，没有仁爱，则无大国地位。人也是这样，一定要认识自己的有限性，过了有限性就自我否定了。

陆：您将国际关系看做是一门艺术，请谈谈您的理由。

张：如果世界是多元的，那么必然性也就是多元的。认识能力的强弱不在于我们对规律的把握，而在于我们对多元世界合力的驾驭。驾驭实质上是一门艺术。大凡伟人，都是艺术家。杜威说，理论是科学也是艺术。现在也有人在国际关系领域讲“科学主义”，它研究问题讲究定量，乃至数量化，但这只在有限的范围内，比如教学领域或计算机软件设计领域，是有意义的，而在更为复杂的现实国际政治领域，它无异于“宋襄公”的兵法。兵不厌诈，国际政治本身是博弈学说，博弈就是一门艺术。艺术多是无固定章法和反形式逻辑的。我是从实践的角度提出“国际政治本质上是一门艺术的科学”。

艺术是高度灵活而又有其原则边界的，但如果越过了艺术许可的边界，灵活就成了机会主义。机会主义则是艺术灵活性的庸俗形式，因而它与科学主义一样都是另类的反艺术主义。科学主义者们——我指国际政治研究中的科学主义——如果还不能理解这些，那他们就永远不能理解“道可道，非常道；名可名，非常名”的奥妙，更不能理解“无，名天地之始；有，名天地之母”的深意。我说的“艺术”，更接近老子的“道”的表述。

陆：*您如何看待学术与政治，二者的关系？*

张：孔夫子的“学而优则仕”这句话把古今很多学者弄得颠三倒四。其实，直接操作的规律和学术研究的规律不一样。学者的任务是发现天理，通过发现天理来改变人欲。为政者则是研究人欲，通过人欲实现天理。行政的有效性源自它的垂直性，而学术的有效性源自它的平等性。孔子一生的目标是“学而优则仕”，想做政治家，《论语》中充满了“逝者如斯”的践行精神。为此他一生颠沛流离，东躲西藏，其结果还是文人的命！司马迁在《史记》中说：“孔子布衣，传十余世，学者宗之。自天子王侯，中国言六艺者折中于夫子，可谓至圣矣。”孔子怎么也想不到他的命运竟如此富有戏剧性：求之，不得；不求，上进。

为文的和为政的双方要相互理解。学者往往发现了真理就要看到结果，不顾对方接受的程度或建议可行与否而执着“净谏”，这是由于误读历史而产生的书生气。我们是否在要求为政者尊重学术规律的同时，也要尊重为政的难处与他们独立思考和选择的权利？另外，学者的建议万一错了，可以以“思想自由”或“学术无禁区”为借口溜之大吉，而为政的这时面对的就是实实在在的行政法律责任，当然，更重要的还有历史责任。

这里面主要是心理认识上的差异，如果我们认识到为文和为政的一样，其作用也是有限的，那么情况就会好许多。互相批评可以，但是不要对对方形成过大的压力。有人说，知识分子的作用就是批判，这不对。知识分子拥有话语力量，因而对社会也是有责任的。历史上的大进步或大灾难，哪一件没有知识分子参与其中呢？为文的作用是建言，但要从建设性和对社会负责的角度说话。知识分子与政治家都是为社会“治病”的“医生”群体。医生不能用病人的身体来试验自己的思想或“理论框架”，而是要研究病因，将病人的病治好。中国历史上政学双方都有走得过头的时候，其结果都不好。人，不管是谁，接受某种思想是需要时间的，让人家认识，进而接受，比让人家佩服重要。我们过多地强调尊重学术，是由于过去对学术尊重不够。但我们也应该尊重政治。我们不能要求学者和政治家都是全才，他们也是普通人：即使学者提出一个好建议，还得经过政治家个人的消化，反之也是一样。

我现在已远离了“学而优则仕”式的豪情，更欣赏“学而优则学，仕而优则仕”的守成心境。我觉得自己还是一介书生。书生有长处，但如不自量，那短处就更多。这短处害了个人也就罢了，但如果像盖达尔那样害了国家和百姓，就罪莫大焉。做智囊我不一定合格，作一个学者还可以。理论正确与否不在逻辑，更不在胆大，而在历史的检验。学问不是用于炫耀个性的东西，它牵扯到老百姓的衣食住行。

陆：有人称您为“民族主义者”，也有人称您为“国家中心主义者”，对此您怎么看？

张：我觉得“民族主义”不能准确地表达我对国家问题的理解，我认为民族主义在主权国家建立以后就演变成一个文化而非政治的概念。文化是只有权利而没有权力的。权力是要经过法定的授权程序，而权利则不一定要经过授权，有些权利可以理解但不一定要受法律的保护。比如，你有想入非非的权利，如果没有法定授权，你就没有实施你这些想法的权力。确切地讲，我主张“公民国家”而非“公民社会”的概念，因为“公民”是与“国家”而非“社会”相对应的概念。国家的主权是由居民的人权，继而民族的自决权让渡并由此形成的公民权的支持而来的，公民必须依法纳税和效忠国家，与此同时，国家应该依法尊重公民的权利。如果没有公民的忠诚支持，国家就难得和谐。但是，中国的公民国家有中国的特点：与法国的“公民”概念最初更多的是指占人口多数的第三等级的经历相似，由于中国是以工农为主体的国家，中国的公民社会还应当是以工农利益为基础的社会，以工农为基础人口的人民还是中国公民的主体。“人民”是一个公民主体而非少数个体的概念。现在中央提出“依法治国”，但中国的法制不能等视为西方意义上的法制，中国的法制应以保护工农利益为前提，因为如果没有工农的支持，国家也就成了泥足巨人。这样的国家与蒋介石时期的国家就没有什么不同。依靠人民是社会主义国家本质的要求。如果我给自己定位，我是一个社会主义者，“环球同此凉热”是我追求的理想。

陆：您怎么看待外界对您个人的一些评价，比如“左派”、“鹰派”等？

张：其实这是雾里看花，根本不是那回事。面对不一样的现实问题，学者的逻辑规则也不一样。我觉得自己是一个“实事求是”派。其实，今天我的学术定位是由中国面临的主要矛盾决定的，该“鹰”就“鹰”，该“鸽”就“鸽”，怎么对中国好就怎么来。对两极分化现象日益严重的国家来说，“左”一点较好；对在国际上受压迫的国家来说，还是“鹰”一点比较好，哪里有压迫，哪里自然就有反抗；但是对一个强国来说，还是鸽派好些。

现在我不担心中国不能崛起，而是担心中国崛起后会骄傲，并由此走入英美式的世界扩张道路。所以我提出“大国崛起于地区性守成，消失于世界性扩张”的警告。崛起难，守成更难。守成之难不在外敌而在我心。我深感毛泽东提出“深挖洞，广积粮，不称霸”思想以及邓小平提出“中等发达国家”的目标是有深谋远虑的。中等发达国家就是地区性守成的国家。我不希望中国也重蹈古罗马、近代英国和今日美国过度扩张的旧辙。但是中国今天不处在那个历史阶段，加之台湾尚未统一，所以我强调强力崛起，强调“集中一切力量快速推进中国的海军建设，将在全球范围内的军事弱势转化为局部地区的强势，并以此解决分布于中国海区的主权和海权问题”。在主权问题上，中国的立场应该是坚决、果断的；在国际问题上，中国的立场应是多元、协商与和平的。

陆：您为何一直非常强调学者要有立场？

张：不仅是学术，即使一个公民也不是没有边界和立场的。学者不仅要有社会公信，更要有国家公信。学问尤其是国际政治这门学问是要扎根于祖国这片土地的。站在祖国的立场上，犯了错误好改正；如果脱离了这个立场，恐怕就不是一般的学术错误了。“学术自由”不能作为学者推卸国家责任和历史责任的避难所。

我反对国际政治研究中的所谓“客观”“中立”之说。政治尤其国际政治本身就不能是中立的，国际政治研究的结论几乎是要步步见血的。我们看看国际边界，尤其是资源富饶区域的国际边界，曲曲折折，有哪一个拐点不流淌着鲜血，不是国家实力对比的拐点？国际政治研究也是“图穷匕首见”，“图穷”是理论说明的尽头，“匕首”是理论研究的结果。在这点上我们不能书生气太重，真以为它是所谓“纯学问”。

时评

现代中国需要新的海权观[①]

海权观念淡漠是近代中国吃亏的重要原因

海权，对中国人来说是一个从鸦片战争开始认识而到今天仍未被充分消化、在实践上又迫切需要回答的问题。海权观念淡漠是近代中国在与世界交往中吃亏的重要原因。中国地形的特点是西边是喜马拉雅山、昆仑山，东部整个被大海包围着。在以蒸汽动力为基础的远程航海出现之前，征服大海远比征服中国困难，因此大海也成了古代中国天然的保护屏障。

凡是受刺激的物体必然会生长出一种反制功能。古代中国一个比较发达的兵种就是骑兵，这和北方游牧民族长期南犯有关。由于有了大海的保护，我们的海上作战力量没有发展起来。见了西洋蒸汽船我们不知道怎么打，还用跟北方游牧民族打的方法——修长城。可是修城墙的速度能快过船速吗？深挖洞、广积粮的那种打法是不适合于海上的，当时我们没有这方面的观念，这是最终导致失败的一个重要原因。1840 年鸦片战争我们打了败仗，这不仅对我们中华民族，而且对整个亚洲，特别是日本的刺激都较大。但当时我们还没有真正意识到海权对中国的意义，而日本却迅速意识到这场新军事革命对日本未来的意义，结果，1895 年中日甲午战争中国又被日本打败。

其实不仅是日本，纵观世界历史，我们不难发现在资本全球化进程中，拥有工业资本优势的国家，也往往是拥有强大海权的国家。自从英国资本主义工业革命主导世界经济潮流之后，海权就成了工业国家对外开放的重要助推器和国家发展战略极重要的部分。海洋为这些国家提供了最廉价的运输载体。比如，从欧洲陆上运货到中国要穿经多个国界，而海上航行则没有国界

---

① 本文刊发于《环球时报》2007 年 1 月 12 日第 11 版。

障碍，在公海上它是畅通无阻的。从军事角度看，与陆上运输比，从海上集中调动装备、军力等所需时间应是最快的；与陆地防务相比，由于海洋的天然屏障，在广阔的海上拥有基地可大大减少战时所用守备兵力：只要掌握了海上运输线，就可以最机动的方式集中最优势兵力在海外某一区域实施作战。在陆上取得每个军事胜利都要部署大量守备兵力以巩固成果，海上同等数量的部队，比陆地使用起来会更加高效。海军可以在一国沿海自由运动并拥有广阔的打击面，而陆军则不能，陆军只有靠增加数量来扩大防卫面。这正如鸦片战争中，中方防备英国的陆军远比英国进攻中国的海军多得多，英方能够及时调动，并在必要处随时随地集中使用，而中国陆军则要处处修炮台、修兵营、增加驻防。

制海权仍是国家兴衰的决定性杠杆

从军事史来说，制海权曾是造就古今大国兴衰的重要杠杆之一。在21世纪的今天，建立在卫星信息监控技术和导弹远距离精确打击与准确拦截技术上的制海权，仍是国家兴衰的决定性杠杆。制空权，甚至制太空权（外层空间）的军事技术革命虽然重要，但其性质还是服务于制陆权和制海权的。美国在20世纪末发动的海湾战争、科索沃战争及21世纪初的阿富汗战争中取得的军事胜利，都是很好的说明。南斯拉夫军人曾这样设想：等敌人进来，他们一拨一拨地退，然后再打巷战，再打人民战争，一直让敌人陷入人民战争的汪洋大海之中，可事实证明这种想法是错误的。

从某种意义上说，当今世界的全球化也包含着自卫手段的全球化。进入全球化进程的国家的安全是“边界安全”与“安全边界”的统一：前者是主权安全或领土安全，后者是利益安全。过去在自然经济下，边界安全和安全边界是合一的，那时候危险的概念是敌人入侵，把敌人入侵定为安全与否的标尺。在全球化时代，利益安全并非仅仅只是国土安全。这种安全观在美国身上得到了很明显的体现，在美国眼中，海外越安全本土就越安全。这种全新的安全哲学也给中国提出了挑战，中国的安全哲学不应只是生存的而应是发展的哲学，中国的国际政治学也不应是自守家门而应是面向世界、面向未来和面向现代化的学说。在一些国家忙于扩大“安全边界”的背景下，中国如果一味专注于狭义的、陆地上的“边界安全”，注定要在世界竞争中吃亏。

现代中国必须走向海洋

中国海权随中国主权同生。中国目前的海权实践远没有达到追求“海洋权力”的阶段，而只是处在捍卫其合法的“海洋权利”的阶段。比如，中国实现两岸统一，这是中国海权实践的重要内容，是维护中国的主权及其相关海洋权利的实践。而美国在台湾海峡的海军活动及对中国台湾的军事插手活动，则是一种霸权意义上的海权，即“海上权力”的扩张。从这些意义上看，中国的海上力量属于国家主权中的自卫权的范畴，而美国在中国台湾地区的海上军事介入，则是海洋霸权的表现。

当今中国东部沿海地区在对外开放中已发展成为中国经济产值增长最快的黄金地带。与此同时，中国与西方霸权国家的矛盾，尤其是海上矛盾也在上升：为了堵截中国力量，特别是中国的海上军事力量向太平洋扩展，美国提升日本的军事作用。另一方面，进入市场经济的中国已成为与世界发生广泛联系的国家，其海洋权益泛布于世界并随中国经济总量的扩大而持续扩大。在全方位对外开放格局基本形成、对外经济贸易发展迅速的同时，中国外贸依存度已接近40%。在经济快速增长的同时，中国对世界能源的需求也大幅上升。内部需求动力和外部风险的同时增大都要求中国进一步关注自己的海洋权利。

随着近年来中国航天航空事业的大步前进，目前的中国已是飞龙在天，但对于未来的中国而言，这还远远不够；中国还需要在西太平洋区域潜龙在渊，非此，中国则不能顺利实现中华民族的伟大复兴。

中国海权要避免盲目跃进[①]

一段时间以来，南海问题成了国内媒体关注的焦点，很多人认为，中国必须在南海问题上坚决捍卫国家主权，还有人甚至认为，解决南海问题，是中国实现海权的当务之急。笔者以为，捍卫国家主权当然不能动摇，但中国海权拓展应该在有计划、有重点、有阶段的轨道上进行。如果我们将全部海上问题进一步解析，就会发现其中的关键环节并不在南海，而在东海，确切地说，就是台湾问题及其北侧的钓鱼岛问题。如果我们被南海一叶障目，将刚刚起步因而尚不适应于远程着力的海上力量集中用于南海，那么我们就很容易犯下战略性的错误。

中国在东海和南海面临的问题涉及的并不是一个而是两个主要对手，这就是日本和美国，而后者更是世界头号海权强国。日本的战略目标是打通经中国台湾南进南海的战略通道，在这一目标下，台湾便是日本尽管非法但却是至今不愿放弃的核心利益。如果说台湾位于日本地缘战略的核心利益线上，那么，台湾之于美国则只能说是具有战略利益而无核心利益。美国的战略核心利益线在太平洋海区就是从夏威夷到关岛、菲律宾，再到马六甲一线。在西太平洋海区，美国要保的关键目标是马六甲海峡，这是不容他人染指的美国的核心利益。至于东北亚，成熟的美国政治家——比如20世纪前半叶的两位罗斯福总统——则不会对其倾注太多的资源。

了解了美国在太平洋的关键利益线的分布，我们就会知道，在台湾问题没有解决的前提下，中国如果将海洋战略的重点转向南海，这必然要在东海台湾问题存在的同时又在南方增加一个更强大的对手。这是目前日本右翼及在台的“台独”分子最乐观其成的形势。

在南海岛礁与东海台湾之间，后者是解决问题的主要矛盾，是“芝麻”

---

① 本文刊发于《环球时报》2009年3月30日。

中的“西瓜”。有人看到国家资源流失，心中十分焦急。但海权问题，贵在谋势。如果中国完成了两岸统一，台湾岛和海南岛之间就会对中国东南经济黄金地带形成一个宽阔的拱卫海区，这样南海问题的解决也就相对容易得多。这就是说，台湾问题是打开中国在整个西太平洋制海权的关键环节。台湾问题的关键问题是钓鱼岛问题，而钓鱼岛问题又是日本问题。所以抓住钓鱼岛这个最“薄弱”的环节，中国台湾问题也就解决了一半，解决了台湾问题，中国面临的整个海上问题也就基本迎刃而解。

相反，南海问题既不是打开中国西太平洋海权困局的“薄弱”环节，甚至也不是关键环节。如果我们一旦南向受困，日本在台湾问题上的立场将会更加强硬。而南海“战果”的守卫所需资源，会因其战线长和对手强大而长期透支。在非关键对手和关键利益的地带做如此大，甚至是长期的投入，为兵家大忌。相反，如果中国以东海的台湾、钓鱼岛问题为切入点，这里离中国本土近，资源支持的可持续性强，可持续释放大板块国家优势，因而胜算也较大。中华人民共和国成立以来，毛泽东历来不出远手，并因此也从未失手。这个经验对我们认识和解决现阶段中国面临的纷繁复杂的海上安全问题，仍有重要的借鉴意义。

一提到中国的海权，古代中国影响力曾远涉重洋，这确实激起了很多年轻人的想象。但要知道，宋、元、明时期的中国在海上基本就没有遇到像样的对手。没有国际对手就谈不上国际政治。当时欧洲的海上力量尚没有过来，即使过来一些海盗，也根本不足以向中国挑战。因此，我们不能用那个没对手时代的海上形势作为我们今天海洋安全战略目标设计的参照。今天中国东西长、南北扁形状的版图就是近代工业化的陆权和海权国家，主要是英国、美国和俄国等大国对农业大国中国从南北两方向挤压，并和中国抵抗力量最终磨合得来的，因而是双方都很难冲破的力学结构。其特点是中国力量在东西两向比较充分，而在南北两向则会受到较大的挤压性限制。比如，在西藏、新疆，东北乃至台湾地区，中国都有较强的控制力。中国近现代史中，这一区域发生的分离主义活动，不管有多大的规模，几乎都不可避免地以失败告终。而在南北两向，中国领土则在海陆大国的挤压下出现了一些破碎缓冲地带。今天的台湾地区，恰恰就在这个以中国为中心的力学结构作用的范围之内，而南沙海区恰恰就在这个力学结构之外。在这一地区，中国面临的压力要大于我们的抗力。中国海洋力量不断增强，在南海采取积极防御和约束性攻势，在东海则可积极进取，目标就是尽早实现国家统一。

纵观中国东南海域形势，其所有掣肘因素都归为台湾问题；而台湾问题不仅有美国因素，更有日本因素。日本问题，对中国而言，日益集中于钓鱼岛问题。钓鱼岛是日本与台湾的接榫地带，它也就成了“台独”分子信心的支撑点，成了中国海洋安全主要矛盾的主要方面，是海上全部问题的总纲，纲举才能目张。政治上，尤其国际政治上的事并不是振臂一呼就可以了事的，它不仅要准确计算出获胜的可能性，更要精确计算出获胜后巩固和消化战果的可能性。因此，它需要全局和历史的眼光。台湾、钓鱼岛距中国本土近，又是中国固有领土，国家统一，是全体中华民族的共同愿望，完成了两岸统一，中国在西太平洋制海权的战略布局也就有了——与其他岛礁相比——更靠得住的支撑点。

南海：日本很危险，印度凑热闹[①]

2011年，日本和印度都摆出了全面介入南海的姿态。2011年10月14日，日本外相玄叶光一郎在雅加达与印度尼西亚外交部长马蒂会谈，“双方就有必要构建多边框架解决南海纷争达成了共识”。双方计划在11月印度尼西亚巴厘岛召开的东亚峰会上提出该主张[②]。印度不顾中国的反对，也频繁与东盟国家接触，执意卷入南海事务[③]。日本和印度进军南海的企图得到菲律宾、越南等国的实际呼应。9月27日，菲律宾总统阿基诺三世与日本首相野田佳彦举行会晤并发表联合声明，双方同意加强两国海军联系，以应对所谓的中国“日益强硬的领土主张”。此外，阿基诺和野田还重申了他们在南海拥有“重大利益”[④]。10月12日，印度与越南签署了相关的海上油气开发协议[⑤]。

比较而言，日本在南海拥有的何止是“重大利益”，简直是生死利益。日本位于东北亚一个相对封闭的区域，就其政治关系而言，日本在北方与俄罗斯在南千岛群岛（北方四岛）的问题上悬而未决；西边跟韩国和朝鲜都有难以解决的历史遗留的领土争议和由日本侵略造成的民族情感问题；在中国方面，日本不仅与中国在东海有地缘战略利益矛盾，而且在中国的核心利益即台湾问题上日本至今也不肯明确承认“台湾是中华人民共和国领土不可分割的一部分”的主权立场。在东面，尽管日本反复强调与美国的战略同盟关

---

① 本文内容刊发于《环球时报》2011年10月17日，有修订。

② 《日本强行介入南海问题》，载《兰州晨报》，2011年10月17日，第A21版。

③ 《辛格：深化与东盟关系是印度“东向政策”关键》，载《兰州晨报》，2011年11月18日，第A26版。

④ 《菲日签联合声明　重申在南海拥有所谓“重大利益”》，http：//world. huanqiu. comroll2011-09/2041143. html。

⑤ 《越印签署南海争议海域油气开采协议　中方曾多次反对》，http：//world. huanqiu. comroll2011-10/2077522. html。

系，但美国毕竟是世界上唯一对日本投放原子弹的国家，双方从未建立起真正的信任。与其他国家矛盾表现不同的只是，日本对美的戒备情绪一直处在自我抑制的潜隐状态，这一点美国人也一直保持着高度戒备。从地缘政治看，日本是一个资源匮乏而又对资源，首先是南海区域的油气资源有绝对依赖的工业国家，如果再考虑到南海是日本走向世界的必经之地，那么，南海对日本而言就有着远比中国更为重大的战略利益需求。重大的战略需求才会产生结构性的战略矛盾。正因此，日本在 20 世纪 40 年代发动了太平洋战争。历史发展到今天，尽管世界形势发生了巨大变化，但日本所处的这种地缘政治环境和日本摆脱这种困境的企图及其实现路径仍未改变。

现在日本借口遏制中国“强硬主张”要再次进入南海，这对南海国家，首先对菲律宾而言，无异于“引狼入室”。谁都知道，日本要进入南海的前提条件是需要一系列岛屿作跳板，而中国台湾就是其中的第一站。为此，长期以来日本并未放弃对台湾的觊觎。在 1972 年的《中日联合公报》中，日本只承认台湾不是日本的，但没有承认台湾是中华人民共和国的。这实际上是日本为再进南海预埋伏笔。假设未来日本在台湾立住了脚，那接下来必争的第二块海上跳板就是菲律宾。当年偷袭珍珠港——这当然也是美国自 19 世纪 90 年代怂恿日本南下冲击英法的必然结果——并由此挑起“太平洋战争”后的第二天（1941 年 12 月 10 日），日本就端着刺刀杀入菲律宾，次年 1 月便入侵新加坡、印度尼西亚、新几内亚和所罗门群岛等。

具有讽刺意味的是，为这次日本南行拉开南海之门的恰恰就是当年太平洋战争中的第一个受害的亚洲国家菲律宾，菲律宾还要与日本建立准同盟关系，只要头脑正常的人，就会知道这无异于开门揖盗。日本遏制中国的目的是为了重新实现对台湾地区的控制。菲律宾等一旦帮着日本实现这一目标，让日本踩上台湾这块跳板，殷鉴并不遥远，接下遭灾的就只能是菲律宾。届时南海国家面临的就只能是类似 1942 年那样的无助形势。

“二战”后在远东建立的雅尔塔体系，对东南亚国家来说是一个和平保障体系。在这个体系中，除将南千岛群岛、冲绳岛留给苏联和美国占领外，它将台湾主权交还中国，其作用也正是用于遏制日本进入南海的战略企图。因此，台湾主权归属中国是保障远东雅尔塔和平体系的关键环节，而日本的和平宪法则是远东雅尔塔和平体系中的核心环节。现在日本的和平宪法已近名存实亡，而部分东南亚国家又采取机会主义外交主动为日本拉开南海之门。

由此而来的逻辑结果就是在保证远东地区和平的雅尔塔体系上打开了缺口，这对东南亚国家来说，无异于自掘坟墓。目前要阻止这一恶果发生的唯一出路就是东南亚国家与远东雅尔塔体系的支柱国家即中国、俄罗斯和美国的协调与合作，支持中国在台湾问题上的主权原则，抵制至今不肯承认其侵略罪行的日本插手南海事务并由此共同维护雅尔塔和平体系在远东的稳定存在。正如香港回归中国对东亚已产生的积极作用一样，可以相信，台湾主权回归中国不仅不会损害而且有助于东亚国家在整个21世纪的和平发展。

最近印度和越南签署南海油气开发协议，这在国际上引起了广泛的关注。相对于日本来说，印度介入南海事务充其量只是在凑热闹。20世纪60年代初印度驻华大使潘尼迦曾说："谁控制印度评，谁就掌握了印度。"近代亡国于失控印度洋的惨痛经验告诉印度的政治家，印度洋而非南中国海才是印度国家安全的命根子。看一眼印度洋地图及其中的美国迪戈加西亚海军基地，再看看本世纪初阿富汗、伊拉克战争的结局就明白，目前印度不管从国力还是从实际控制力都远未达到控制印度洋的地步；更不用说，印度在北方还受到陆地国家力量的牵制。在这种情况下，印度高调介入南海，充其量只是1902年英国拉拢日本牵制俄国的外交策略的拙劣模仿，目的是为从东部牵制中国，其本身对南海政治没有实际的战略价值。很难理解，在家门口守着波斯湾的印度会舍近求远对南海的油气资源有特殊的需求。相比之下，日本——且不说美国——整个生命线依托于南海，历史经验告诉我们，如果日本力量来到南海——且不说印度洋——接踵而至的将是整个东亚的灾难。如果能够领悟19世纪中叶美国南北统一后，俄国迅速退出阿拉斯加的原因①，印度政治家就会明白，今天印度高调染指南海，在战略上是没有实质意义的。

① 1904年，地缘政治学的奠基人哈·麦金德从"力量的局限性"解释俄国人当年出售阿拉斯加的原因："任何可能的社会变革，似乎都不会改变它和它的生存的巨大地理界线之间的基本关系。它（俄国）的统治者明智地看到它的力量的局限性，所以放弃了阿拉斯加，因为对俄国来说，不在海外占有领土，和英国必须拥有海上优势一样，是一条政策的守则。"［英］哈·麦金德：《历史的地理枢纽》，林尔蔚、陈江译，北京，商务印书馆，1985年，第68页。

围堵中国将会拖垮美国[①]

当前的形势决定了中国近中期的战略重点在东亚区域，中心任务是以两岸统一为牵引，突破美国在东部海域长期强加给中国的“第一岛链”。至于“第二岛链”，则在相当长的时期内不应是中国制海权寻求的重点。

目前美国的战略家们认为，中国走出“第一岛链”必然要与美国发生冲突，但这种认识并不具有可信度。20世纪以来，太平洋的稳定主要是中国和美国合作的结果。20世纪上半叶，主要是中美合作才平息了日本在这里的搅局；20世纪下半叶，又是中美合作平息了苏联在这里的扩张。那么，在21世纪，中美不管哪一方如果为对方所打倒，那结果对谁有利呢？那只有对日本这样不服从“二战”结束后确定的雅尔塔体系的国家有利，代价就是受惠于雅尔塔法权体制的亚洲国家间再经历一次更为残酷的“太平洋战争”。

中美在太平洋上的合作是否有可能呢？不仅有可能，而且有深厚的历史前提。中国和美国一样，均是拥有广大版图的世界性大国，双方之间横隔太平洋近两万千米的广阔海面决定了依中美各自的国力及由此决定的各自的扩张能力不足以撼动任何一方的国力根基，两败则俱损，两和则俱荣，因此，和平对这两个大国的未来具有长远的、可持续的因而是不可估量的价值。

太平洋战争后半个多世纪以来的太平洋稳定的前提是，中、俄、美三国均未脱离雅尔塔体系。当时苏美间的冷战，只是雅尔塔体系内的利益调整和巩固，而不是打破雅尔塔体系重新展开的利益分配。

同理，未来太平洋的稳定也离不开中国、美国和俄罗斯间——在中南太平洋区域更多的是中国和美国间——在雅尔塔体系中的合作。只要这种合作及其雅尔塔体系前提不被破坏，那么中美之间的雅尔塔利益就能得到保证。鉴于第二次世界大战中的太平洋战场的战犯只有日本一家，因此，维护雅尔

① 本文内容刊发于《环球时报》2011年1月11日。

塔体系，也就保证了亚洲，尤其是东亚国家的雅尔塔法权利益，保障了这些国家的根本利益，也就保障了这一地区的和平。

但是，雅尔塔框架内的中美合作应当是有前提的，这就是不能对在第二次世界大战中反法西斯做出巨大牺牲、并为雅尔塔体系建立做出巨大贡献的中国的雅尔塔法权权益有过分挤压。经过半个多世纪的发展，中国在世界格局中已经成为有巨大影响力的国家，这时如果还将中国压迫在“第一岛链”以西的浅海海域，既不可能，也不公平，更不能为中国接受。事实上，“第一岛链”的防务已成了让美国感到巨大压力的包袱，美国已没有必要，当然也日益没有能力守住“第一岛链”。

既然如此，为了美国自己的可持续发展和繁荣，为了保持美国在世界政治中应有的大国地位，美国何不借鉴 19 世纪 60 年代沙俄远东总督穆拉维约夫看到美国南北统一后美国的崛起已不可阻挡，便建议沙皇迅速放弃阿拉斯加于美国的智慧①——正是这份智慧，保证了沙俄后来近半个世纪的持续发展，并为后来的苏联打下可以守得住的国基——向中国放开包括台湾在内的“第一岛链”。

1972 年毛泽东同志告诉尼克松，他喜欢右派，这是因为 1972 年的美国右派尼克松懂哲学，知道美国国力扩张的边界何在。今天美国的右派已不那么令人喜欢，因为他们已失去哲学。稍微读点历史的人都会知道即使美国在

---

① 1853 年 3 月，穆拉维约夫向沙皇建议将阿拉斯加卖给美国，俄国应收缩过长的防御边界，集中经营黑龙江流域。他写道：“25 年前，俄美公司曾请求政府占据加利福尼亚，当时该地几乎还无人占领，俄美公司曾表示担心，如果我们不占领，这个地方不久就会成为美国的领土。彼得堡方面当时对这种顾虑表示怀疑，并断言即使美国要占领也是 100 年以后的事情。俄美公司曾肯定地说，此事不出 25 年即可成为现实。现在，加利福尼亚变成北美利坚合众国的一个州已经一年多了。当时不该不预见到北美利坚合众国正在北美洲迅速扩张势力，当时也不该不预见到北美利坚合众国一旦立足于东洋，必将迅速凌驾于其他海军强国之上，从而觊觎美洲的整个西北海岸。北美利坚合众国统治整个北美洲，这是很自然的，因此对于 25 年前我们未能立足于加利福尼亚，不必过于惋惜，反正我们迟早要让出去的。不过我们如能以和平方式让给美国人，那我们还可以从他们那里得到其他好处，作为交换。现在由于火车的发明和发展，比以前更有根据认为：北美利坚合众国的势力必定要扩展到整个北美洲，因此我们不能不预见到我们迟早总要把我国在北美洲的属地让给他们。但在考虑此种情况时，也不能不看到另外一点，即俄国即使不占据整个东亚，至少也要统治东洋的整个亚洲沿岸，这也是极其自然的。”［俄］巴尔苏科夫：《穆拉维约夫—阿穆尔斯基伯爵》（中文版，第 1 卷），北京，商务印书馆，1973 年，第 331 页。

力量达到高峰时也没有在太平洋西岸形成有效的控制，而将制海权伸到太平洋东岸，对于中国这样一个陆海兼备的大国而言更是不可思议的。

今天美国战略思维似乎又回到当年凯南的遏制思路，这不管是对中国还是对美国来说都无异于二次灾难。令凯南事后后悔不迭的美国的“遏制政策”，将美国逼送上在全球范围围堵苏联的不归路，结果是在打倒苏联并在欧洲推倒雅尔塔体系后，欧盟大获其利，而美国和苏联这两个利用第二次世界大战推倒欧洲世界霸权的国家，则先后衰落和崩溃。今天的美国战略家们对此应该做些反思。

台湾问题只是美国在西太平洋战略布局中的一颗“虚子”①

中美博弈的经验告诉我们，“台湾问题”只是美国用于与中国进行战略利益交换的筹码；台湾地区在美国外交政策中的地位取决于中美关系变化以及美国遏制中国的力量或中国反遏制的能力。在中华人民共和国成立之初，“台湾问题”不仅不是中美关系的焦点问题，而且是一个可以忽略不计的次要问题。朝鲜战争使美国对华外交进入冷战轨道，此后，在 1949 年年底即将被美国抛弃的台湾地区才被纳入以遏制中国为目标的美国西太平洋战略防御链环之中。即便如此，台湾在美国环岛防御链环中只是一个虚设的，因而美国只是榨取却从不去认真“维修”的环节。

从 1953 年艾森豪威尔上台到 1969 年约翰逊下台，是美国强硬对华政策的高峰期，当然也是中美关系中的对立要素表现最充分的时期。即便是在这样一个时期，当炮击金门事件发生后，美国所做的事不是进攻，而是不断提高需要美国“出兵”的门坎，美国想的不是“共同防御”而是如何抛弃负担，甚至做出了逼蒋放弃金门、马祖的决定。如果联系 1972 年出现的尼克松主义，可以说这个时期表面强硬的美国对华政策后面已透露出尼克松主义的气息。尼克松眼中的台湾地区只不过是美国为了全球利益与中国大陆进行战略交换的筹码，而不是美国战略利益本身。牺牲台湾可以是零售，也可以是整个批发，这多取决于美国对其“估价”的态度及中国大陆统一祖国的力量和意志。1964 年 6 月 2 日，毛泽东对意大利朋友说：“我们和美国的主要问题是台湾问题，没有这个问题，其他好解决。”② 对美来说，它考虑最多的不是台湾问题本身，而是利用台湾换来中国对其解决不了的“其他问题”的

---

① 本文刊发于《环球时报》2008 年 1 月 17 日。

② 中共中央文献研究室：《毛泽东年谱（1949—1976）》，第 5 卷，北京，中央文献出版社，2013 年，第 356 页。

合作。

美国人也明白，长远看，两岸必须统一，也必然统一。只是美国不甘心，它需要从阿留申群岛到菲律宾连起一道阻止中国力量东进太平洋的“防波堤”，正如当年美国将英国当作法德力量扩张的“防波堤”一样。这个堆在太平洋西岸的“防波堤”，对美国而言，最理想的是北由日本为起点，南下经台湾地区到菲律宾一线。朝鲜战争和越南战争就是为了组接这根链条而进行的战争。战争失败的结果表明：美国根本没有那么大的资源来“维修”和“保养”这根链条。除了给美国提供了几个机场和情报收集地外，这根链条从一开始就没有对中国起过什么作用。东南亚条约组织是这个链条的主干，它 1954 年成立，在 1955 年的万隆会议上条约组织中的一些国家就向中华人民共和国表达了善意和敬意。这说明，在台湾问题上，美国既没有能力单独也没有能力联合多边组织阻止中国的统一步伐。

1972 年尼克松主义出现后，美国在东亚筑起的这道“防波堤”在台湾地区出现了断环。而美国弥补这部分“断环”的方式是“守险不守障”，即加强了日本、关岛和菲律宾一线的军事安排，推动日本和菲律宾的军事力量的增长，沿中国东海岸从北、东、南三个方向对台湾形成拱卫之势。如果台湾“失守”，这种安排也可形成遏制中国东入太平洋的第二道拦截。在这两道拦截力量的布局中，台湾只是一个虚子，而从台湾东面的北马里亚纳群岛、关岛到南面的菲律宾，美国布的则是实子。其目的就是保卫从美国到马六甲海峡的海上生命线，马六甲海峡是美国西太平洋全部战略的心脏。

台湾离美国的海上生命线较远，而离中国大陆太近，它在美国战略中食之无味又弃之可惜，因而早晚——当然是在美国再次需要中国与之进行尼克松式合作的时候——要送还中国的“大礼”。20 世纪 50 年代，在中国海军几乎无力越过台湾海峡的条件下，美国都没有为台湾而防御金门。在 50 多年后的今天，在中国海军现有装备条件下，如果中国统一祖国的态度足够坚决，美国对台湾的态度决不会比 50 多年前更好。如果出现中国统一战争，“台独”分子不可能指望美国会给予其多于美国当年对南越的援助。

守不住，就廉价出卖，卖不了，就送人情，这是西洋外交的常识。当年拿破仑为什么将路易斯安那、俄国为什么将阿拉斯加如此廉价地抛给美国？其原因就是这些地区是法国和沙俄在未来美国崛起后必然守不住的地区。要美国动用绝对手段，必须是针对绝对目标，两者必须匹配。对中国而言，台湾地区是我们的核心利益，核心利益决定中国会为此在必要时动用绝对手段以打击“台独”势力，实现祖国统一；但台湾地区并不是美国的核心利益，甚至也不是关键利益。既然如此，“台独”分子指望美国用它的全部资源与中国大陆全面开战，那只能是一厢情愿的幻想。

美国加图研究所国防与外交政策研究室副主任特德·盖伦·卡彭特出版了《即将来临的美国为台湾与中国的战争》一书，他在全书结尾时确认“美国继续对台出售武器而不提供安全保证的政策，是基于这样一种承认，即台湾是美国的一种有限的或‘边缘性’利益，而非至关重要的利益”；“对台湾的安全保证需要承担巨大的而非极小的风险。中国现有20多枚洲际导弹能够打到美国城市。在未来几年内，这一数量可能会增加到几百枚。即使一场最初仅限于台湾海峡的小规模武装冲突，也可能会升级以至失控，而置美中两国决策者的意图于不顾。对于美国来说，这种程度的风险只能在保卫其至关重要的安全利益时才能承受，而维持台湾事实上的独立并不符合这一标准”。该书对美国政府的建议其实可以总结为一句话：让“台独”自生自灭！

尼克松主义将再现美国，解决台湾问题面临有利时机。

小布什上台后，挥师中东，七年下来，花费了天大的代价却离其中东战略目标越来越远：中东形势越反越恐，美国在伊拉克难以自拔，现在阿富汗塔利班又杀将回来，以至小布什在中东捉襟见肘，并为此怪罪于伊朗，要向伊朗开战。果真如此，那美国将从在阿富汗的“一鼓作气”、到伊拉克的“再而衰”，最终会在伊朗进入“三而竭”。

目前美国国内政治主题与尼克松上台前面临的关于“越战”的政治主题十分吻合，美国外交重蹈尼克松之前追逐高目标而使国力严重透支的同样错误，这将迫使尼克松主义在美国卷土重来。

尼克松主义的实质是利用地区均势调节而非直接介入地区危机。“二战”后，美国外交抛弃均势策略，单枪匹马介入亚洲事务，并在朝鲜半岛和东南半岛严重受挫。这些失败说明，如果不至少与亚洲一个大国合作，担负着两洋防务重任的美国根本没有独立解决这一地区危机的能力。今后一段时期，美国对中东的控制力将大幅下降，由此产生的严重后果是美元因失去其物质承担者——石油的有力支持而乏力回天，经济疲软将迫使美国在相当长的时间内收缩其战略边界。尼克松主义将在美国外交领域卷土重来，这给中国解决台湾问题提供了更加充裕的空间和更为从容的有利条件。

首先，与20世纪70年代不同，促成本世纪美国尼克松主义出现的地区在中东。中国不仅不是造成中东危机的当事国，而且还是国际社会解决中东问题不可缺少的重要力量；其次，也是最重要的，与20世纪比，21世纪初中国面临的周边安全压力已大大缓解。中华人民共和国成立之初，中国安全压力多来自中国东部海上，60年代初，中国西南、西北、东南均出现“雪压冬云”的严峻形势，60年代末至70年代初，中国安全压力集中于北域，苏联在中国北疆大兵压境，虎视眈眈。进入21世纪，中国西南、西北的形势已相当缓和，这给中国提供了难得的、较为持久的和更加从容的解决台湾问题的余地。

机遇首先是和平的机遇，选择也首先是和平的选择。只要台湾方面愿与大陆人民共守“一个中国”的原则，那么在任何时候，中国政府都不会放弃和平统一的努力。但和平的诚意应当是双向的，其前提就是绝不允许任何人以任何名义任何方式把台湾从祖国分割出去。目前及今后一个时期的国际形势对“台独”分子将十分不利，而对海峡两岸所有热爱中国的中华儿女共同推进祖国和平统一却是大好时机。天予不取，反受其咎。海峡两岸一定要抓住这个难得的历史时机，做国家统一的功臣，不做分裂国家的罪人，尽可能以最小的代价，以最和平的方式推进国家的和平统一，实现中华民族的伟大复兴。

世界和平与发展这两大问题，至今一个也没有解决

——重读毛泽东《念奴娇·鸟儿问答》

一

1965年秋，毛泽东填词《念奴娇·鸟儿问答》：

鲲鹏展翅，九万里，翻动扶摇羊角。背负青天朝下看，都是人间城郭。炮火连天，弹痕遍地，吓倒蓬间雀。怎么得了，哎呀我要飞跃。

借问君去何方，雀儿答道：有仙山琼阁。不见前年秋月朗，订了三家条约。还有吃的，土豆烧熟了，再加牛肉[①]。不须放屁！试看天地翻覆。

半个世纪后的今天，回顾毛泽东填这首词的历史背景是很有意思的。

1959年年初，苏共“二十一大”召开，赫鲁晓夫宣称把世界战争排除在社会生活之外的现实可能性业已产生。6月，苏联政府单方面撕毁了中苏于1957年签订的国防新技术协定。9月，艾森豪威尔与赫鲁晓夫举行会谈，以牺牲中国利益为代价，形成所谓“戴维营精神”，推销苏美合作共同主宰世界的方针——这很像今天一些人醉心并亲切地称之为“G2”（还有人更亲切地称之为“chinamerica”，如果音意合译就是“亲美国”）的琼阁梦幻。毛泽东讽刺正沉醉于“G2”共治的赫鲁晓夫说：“西海如今出圣人，涂脂抹粉上豪门”；“列宁火焰成灰烬，人类从兹入大同”。[②] 1963年8月5日苏美英三

---

① 1964年4月访问匈牙利时，苏共领导赫鲁晓夫曾说，共产主义就是人人有土豆牛肉汤喝。

② 毛泽东：《七律·读报》“西海而今出圣人，涂脂抹粉上豪门。不知说了啥些事，但记西方是友朋。举世劳民尊匪盗，万年宇宙绝纷争。列宁火焰成灰烬，人类从兹入大同”。中共中央文献研究室：《毛泽东年谱（1949—1976）》，第4卷，北京，中央文献出版社，2013年，第294页。

国在莫斯科签订了《禁止在大气层、外层空间和水下进行核武器试验条约》，这是“G2 共治”的第一个重大结果，明眼人一看就知道这是针对当时已经拥有核技术的中国和刚成功进行了核试爆的法国的。1964 年 4 月，赫鲁晓夫访问匈牙利，对“共产主义”做出修正主义加机会主义的解释，用福利主义的概念替代共产主义，将以无产阶级专政为基本实现手段的共产主义社会说成是“一盘土豆烧牛肉的好菜”。对于赫鲁晓夫的修正主义加机会主义路线，毛泽东填词《念奴娇・鸟儿问答》予以谴责。

有人说毛泽东这首诗用词不雅，这反说明当时毛泽东对赫鲁晓夫“涂脂抹粉上豪门”的外交政策及其恶果的愤怒已臻极点。27 年后（1994 年），基辛格对苏联解体的评论印证了毛泽东的上述批评不无道理，他说：

> 他（赫鲁晓夫）在启动改革过程这方面，可谓是戈尔巴乔夫的祖师；改革的影响他并不了解，改革的方向却叫他追悔莫及。从这个角度来看，我们甚至可以说共产主义覆亡始于赫鲁晓夫。[①]

二

赫鲁晓夫上台后的胡来，让毛泽东在晚年对中国未来国家接班人的治国能力深感担忧，他担忧未来的中国会陷入北宋那种靠“诵文书，习程课”就能入仕或苏联那种靠赫鲁晓夫式的机会主义就能晋升领导高层的干部制度。值得体会的是，就在赫鲁晓夫下台的 1964 年，毛泽东将培养无产阶级事业接班人问题提上议事日程。他对党的事业接班人的条件除了立场可靠外，更加强调政治经验的成熟。5 月 15 日，毛泽东在北京举行的中央工作会议上说：“无产阶级的革命接班人总是要在大风大浪中成长的。”[②] 此前两个多月，作为干部制度改革的配套措施，他要求“教育革命”。毛泽东总结宋明以来的亡国教训说“烦琐哲学总是要灭亡的”；他希望在新的教育制度中学生不会

① ［美］亨利・基辛格：《大外交》，顾淑馨、林添贵译，海口，海南出版社，1998 年，第 471 页。

② 毛泽东：《培养无产阶级革命接班人》（1964 年 6 月 16 日），见《建国以来毛泽东文稿》（第 11 册），北京，中央文献出版社，1996 年，第 87 页。

脱离实际，不会“成为书呆子，成为教条主义者，修正主义者”①，其目的就是要防止远如大宋近如苏联的悲剧在中国重演。

为了在政治上防止赫鲁晓夫修正主义出现和人民政权变质，1966 年 6 月，毛泽东作诗描述中国“一阵风雷惊世界，满街红绿走旌旗。凭阑静听潇潇雨，故国人民有所思”。思什么？就是防止中国出现赫鲁晓夫那样的政治不成熟的人当家。

毛泽东对赫鲁晓夫修正主义加机会主义政策对中国未来可能产生的影响做了最坏的准备。在写作《念奴娇·鸟儿问答》前不久，毛泽东还填《水调歌头·重上井冈山》，说“久有凌云志，重上井冈山”；还说“风雷动，旌旗奋，是人寰”，“世上无难事，只要敢登攀”。

三

“月落乌啼，总是千年的风霜”，毛泽东《念奴娇·鸟儿问答》迄今已近半个世纪，尽管此间世界形势已发生了天翻地覆的变化，但世界基本矛盾仍然如故，这个矛盾用邓小平同志的概括就是“东西南北”四个字。1985 年 3 月 4 日，邓小平在会见日本商工会议所访华团时说：

> 现在世界上真正大的问题，带全球性的战略问题，一个是和平问题，一个是经济问题或者说发展问题。和平问题是东西问题，发展问题是南北问题。概括起来，就是东西南北四个字。南北问题是核心问题。②

1989 年 6 月 16 日。邓小平同志进一步指出只有社会主义才能使中国在日益激化的南北矛盾中立于不败之地。他说：

> 如果我们不坚持社会主义，最终发展起来也不过成为一个附庸国，而且就连想要发展起来也不容易。现在国际市场已经被占得满满的，打进去都很

① 毛泽东：《关于教育革命的谈话》（1964 年 2 月 13 日），见《建国以来毛泽东文稿》（第 11 册），北京，中央文献出版社，1996 年，第 23 页。

② 邓小平：《和平和发展是当代世界的两大问题》（1985 年 3 月 4 日），见《邓小平文选》，第 3 卷，北京，人民出版社，1993 年，第 105 页。

不容易。只有社会主义才能救中国，只有社会主义才能发展中国。①

与邓小平时期不同的只是，南北矛盾在进入新世纪后趋于白热化，其节点就是2011年发生的“9·11”事件。2002年阿富汗战争后，美国单方面宣布退出1972年美苏签订的《反导条约》，决意打破世界大国之间的战略均势，建立美国在外层空间军事安全领域的绝对优势地位。此后打着反恐的旗号，美国又随意为包括朝鲜在内的多个国家贴“邪恶轴心”的标签并于2003年撇开联合国，以伊拉克拥有大规模杀伤武器这样一个“莫须有”的借口入侵伊拉克，而在事后，不仅美国，即使是联合国也没有对美国“悍然”入侵主权国家的非法行为做出“最强烈谴责”，甚至没有做出法律解释。朝鲜是一个弱国，而且曾是被美国划入“邪恶轴心”的弱国，设身处地，面对这样一个“打你不商量”的世界，难道国际社会还可以只谴责没有解除武装的弱国，而不谴责已武装到牙齿的霸权国家吗？

邓小平同志就南北问题继续说：“如果南方继续贫困下去，北方就可能没有出路。”② 这话反说就是：如果北方世界不考虑南方世界的处境，让南方没好，那谁也没好。2006年和2008年朝鲜两次核试爆就是朝鲜人民对以美国为首的北方国家对整个南方国家恃强凌弱的外交政策的强力反弹。2011年欧美国内出现的“占领”运动，表明北方资本主义已内外交困，没了出路。

1985年邓小平同志曾提出“和平和发展是当代世界的两大问题”③，1992年他又在著名的南方讲话中明白地指出：“世界和平与发展这两大问题，至今一个也没有解决。”④ 假若世界总这么“嫌贫爱富”，不尊重弱国的利益，其不可避免的结果是在弱小国家中将会升起更多的蘑菇云。果如此，届时的

---

① 《邓小平文选》，第3卷，北京，人民出版社，1993年，第311页。

②③ 邓小平：《和平和发展是当代世界的两大问题》（1985年3月4日），见《邓小平文选》，第3卷，北京，人民出版社，1993年，第105，106页。

④ 邓小平：《在武昌、深圳、珠海、上海等地的谈话要点》，见《邓小平文选》，第3卷，北京，人民出版社，1993年，第383页。值得说明的是，邓小平同志去世后，小平同志所说的“至今一个也没有解决”的“两大问题”被转换为“和平与发展是当代世界的两大主题，是我们对时代特征的基本概括。”（苏星，龚育之，杨春贵：《建设有中国特色社会主义理论教程》，北京，中共中央党校出版社，1996年，第322页），最后便形成党的十五大报告中“和平与发展是当今时代的主题”、十六大报告中“和平与发展仍是当今时代的主题”和十七大报告中“和平与发展仍然是时代主题”的提法。

世界那就真应验了1965年毛泽东诗中所说的“炮火连天，弹痕遍地，吓倒蓬间雀”[1]；而南方世界的“重上井冈山”与北方世界的“占领”运动，就会成了全世界无产者和被压迫民族再次联合起来的先声[2]。

① 毛泽东：《念奴娇·鸟儿问答》（1965年秋）。

② 《内贾德与查韦斯谴责“美帝国主义”，称将永远团结》，http：//www.chinanews.com/gj/2012/01-10/3592356.shtml。

战略

2049：中国海洋安全战略[①]

20世纪上半叶的中国是世界革命的一部分，20世纪下半叶，改革开放后的中国成了世界经济的一部分，今天中国已渐成为世界政治的重要组成部分。与此同时，中国海洋时代悄然而至，海洋安全问题已上升为中国不能回避的国家风险。应对风险，需要战略，笔者以邓小平“用一百年时间把我国建设成中等水平的发达国家”的嘱托为目标，以中华人民共和国成立100年的2049年为时间节点，提出21世纪上半叶中国海洋安全战略构想。

A. 保障国家海权的战略力量

海权是有联合国公约保障的主权国家合法的海洋权利。现代主权是隶属于法权的概念，海权与主权的一致性决定了海权是每一个国家，而不仅仅是霸权国家拥有的权利。将海洋权利纳入中国海权理论，是对西方海权理论的突破。中国海军是保障国家海权即海洋合法权利的战略力量。我们将海权纳入“权利”范畴，不仅赋予中国海权在国际法中的正当性、合法性和正义性，同时也使当代中国海权理论与霸权主义的海权理论发生了本质的区别。

推进中国海权建设是中国对国际民主权利的必然要求。中国为世界做了巨大的贡献，比如，我们给世界提供相当多的就业机会和廉价产品，拉动了世界经济规模，同时我们也就应当在世界资源分配体制中拥有稳定地获得相应配额的权利。在这方面光靠要嘴皮子不行，还得有力量，就当下中国安全环境的压力而言，这就是中国人民海军。

确切地说，现代意义上的海军，并不是一个兵种，它是上至外空下至深海的国家战略性武装力量向海洋的延伸。所以我们对中国海军大发展的要求，并不能理解为是海军的事，它是中国国家战略力量向海洋推进的大事业。当

---

① 本文刊发于《中国国防报》2013年8月27日。

代海军，其实就是由陆、海、空作战力量，从外空到低空、从浅海到深海，以及整个信息网络技术体系所构成的国家战略性武装力量从陆地向海上的外推。正如一艘航空母舰，如果下面没有潜艇，上面没有外空卫星技术及空中预警技术作战体系的配合就没意义。现代航空母舰不过是从外空到深海大立体作战体系的一个作战平台，而海军只是在海洋上使用这些平台的武装力量。

B. 海洋安全战略的近远目标

如果将中国海洋安全战略限制在21世纪的上半叶，鉴于中国的海上战略力量起步较晚、两岸尚未统一的特殊背景，我们对中国未来50年的海洋安全战略所能够作用的空间不可能设计过大，而只能集中于亚洲太平洋地区。

目标取决于安全威胁方向。在21世纪的今天，中国面临的较紧迫的安全危险主要集中在东海。中国东部海区的主要矛盾决定中国的海洋安全战略任务，战略任务决定战略布局。在这诸多矛盾中，牵引我们今天东海战略布局的是两岸统一任务。

东海和南海出了那么多问题难以解决，究其原因是台湾问题的牵制。如果中国完成了两岸统一，台湾岛和海南岛之间就会对中国东南经济黄金地带形成一个宽阔的拱卫海区，这样南海问题的解决也就相对容易得多。台湾问题就是中国海洋安全战略中的瓶颈因素，是中国海洋方向面对的诸矛盾中的主要矛盾。抓住这个主要矛盾，也就抓住了中国海洋安全战略的核心。

不管从中国现代化进程的历史必然性还是必要性来说，两岸统一是中国21世纪上半叶海洋安全战略时不我待的近期目标；维护中国在西太平洋的海洋“安全边界”，是中国海洋安全战略的远期目标。而两岸统一反映的是中国核心利益，因而完成海峡两岸的中国统一也是21世纪前半叶中国海洋安全战略的核心环节。

国家防务具有保卫国家“边界安全”和“安全边界”两重任务。“边界安全”即主权安全。这里需要说明的是，中国的东部安全边界并不以大陆沿海为准，而应当以台湾东部沿海为准。台湾是中国的核心利益，也是中国海洋战略不能回避的目标，但目前中国离“边界安全”目标的完全实现，还有相当距离。“安全边界”即利益安全，利益走向哪里，我们的安全边界就走向哪里。目前中国经济对外依存度已达30%以上，海外利益要靠我们的海军维护，但目前我国的海军力量远远不足以完成保卫中国在海外利益的任务。

在这一特殊时期，中国需以非常规方式推进中国海上力量的建设。

C. 俄美是中国亚太利益拓展的攸关方

中国海洋安全战略确立这样的战略目标是否合理？是否能实现？笔者以为，在21世纪前半叶内中国两岸统一及由此产生的国家边界安全的向东推进是能够实现的。

战略设计合理性的重要前提是知己知彼。知道了本国的战略需求的同时，也要知道与我们需求目标相关的大国的战略利益需求。在未来50年，可以左右亚太地区安全形势的，除中国外，就是世界上最强的海权国家美国和世界上最强的陆权国家俄罗斯。目前世界上只有俄、美这两个国家的战略利益是世界性的。

从全球视野观察，在未来相当长的时期内，美国核心利益在于印度洋，而从北美西海岸到马六甲海峡的通往印度洋的亚太地区海上交通线，则是其实现核心利益的关键利益。对俄罗斯来说，通往印度洋的中亚通道是其全球战略利益的核心利益，而从俄罗斯本土通往其他大洋出海口的陆上交通线，则是其实现核心利益的关键利益。

俄、美是中国在亚太利益拓展不能回避的利益攸关方，而俄罗斯和美国两方的利益拓展能力极限外的空间，则是中国利益生存和拓展的空间；1949年中华人民共和国建立之后，中国的影响力就在周边地区迅速伸展，但中国的力量并没有作用于海陆权霸主国家的关键利益线。这说明，中国力量在亚洲地区，尤其是在南北两向的接近美国和俄罗斯关键利益线上——这里是中国力量伸展的极限区域——外推的空间是有限的，而在美俄大国非关键利益线的空间内，也就是东西两向，特别是包括台湾在内的东部海区的外推空间还是有相当的余地。假定中国、美国、俄罗斯的国力不变，与他们的关键利益线离得越远的地方，中国国力伸展的空间就越大。其间，因美国、俄罗斯在不同时期的国力变化，中国利益的拓展空间也有相对变化，但在中国国力（有效战略博弈能力，而不仅仅是经济力）没有超过美国和俄罗斯之前，不会有绝对变化。

近代以来，中国版图受到损失的原因主要来自南北的海陆大国挤压而不主要来自东西挤压。而中国能够保留下来的版图基本都保持在陆权和海权霸权国家，即俄罗斯和英美国家的关键利益线之外。西方霸权国家在历史上没有能够彻底分裂中国版图的重要原因，在于中国能够成功反制西方干涉的地区均在西方干涉国的关键利益区域和国力极限之外。理解这一点，对谋划中国本世纪前半叶的海洋安全战略是重要的。

在中、美、俄三国力量间多为中小国家，由于他们力量有限，更由于它们在地缘政治上处于相互制衡的破碎地带，因此，两面下注是它们的外交传统。与中国接壤的半岛国家，对华外交的依赖比重较大些，但由于它们两面受制，它们既不能形成对中国的绝对依赖，也不能长期与中国绝对闹僵。因为这些国家近代以来面临的主要安全威胁来自海上，而对海上的抵御则需要“大后方”中国的依托。至于完全漂在海上的中南太平洋岛国，出于生存的考虑则更侧重于对海权大国的依赖。

必须说明的是，南海区国家的上述两面性生存的“中立”特点，既是这些国家自存的前提，也是亚太大国和平共处的前提。20 世纪 40 年代的日本、60 年代的美国曾侵略过这些国家，破坏了这些国家的“中立”特性，引起这些国家人民的拼死抵抗，最终导致日本、美国因亚太地区的对抗力量大幅增加而失败。这一经验告诉我们，在 21 世纪的整个过程中，尤其是在西强我弱的历史条件下，尊重和保护而不是破坏南海区域的国家独立性是中国实现 21 世纪国家海洋安全战略的前提和保证。对于这一点，毛泽东、邓小平为我们留下了宝贵经验，值得我们学习。

D. 中国在亚太利益拓展的极限边界

战略目标成功与否遵循“三角形任意两边之合大于第三边”的原理，也就是说，战略目标实现的程度取决于其抗力即与其他大国利益冲突的程度。如果这个目标与一个大国的核心利益冲突，这个战略目标的实现已有相当的难度；如果与两个或两个以上的大国核心利益同时发生冲突，那这个战略目标就绝无实现的可能。

历史经验告诫中国，未来中国永远不能将自己的战略目标定在与一个以上的亚太大国核心利益相矛盾的线路上。具体说来就是，印度洋是美俄核心利益冲突区，因此，在通往南亚和中亚地区的利益拓展，中国当持谨慎态度，不能外推过远。这方面，毛泽东在 1962 年对印自卫反击战中给我们做了很好的示范：这一仗，毛泽东高调但打得不远，稍纵即逝的战机与古巴导弹危机同起同落，使美苏无暇东顾。中国在东南方向，尤其是在台湾方向的力量外推和利益拓展无疑会得到俄罗斯的支持，而在东北面和西北面适度的扩展，美国不会有太多的异议。因此，如果不是走得太远，一般而言，中国在俄罗斯、美国之间总会有一个盟友。这一条件使得中国赢得了抗美援朝、抗美援越以及反对苏联入侵阿富汗和阻止越南入侵柬埔寨的胜利。

上述俄、美两国在亚洲的核心利益线和关键利益线织成的力学结构，规定了中国在亚太利益拓展的极限边界：即美俄的力量可以发挥有效作用的极限边界以内的地方，就是中国未来力量伸展绝对要避免大规模直接冲突的地方；同理，在俄、美有效力量的极限边界外，中国都会有很强的控制力。

E. 实现中国海权的关键是两岸统一

近代以来的中国历史同样证明：在中国目前已保存的扁长形力量伸缩空间内，所有分裂中国的活动都没有成功的可能。那么，在21世纪上半叶，甚至是在更短的二三十年内，中国实现两岸统一是否可行呢？答案是肯定的。

我们知道，台湾问题的背后是中美在西太平洋上的矛盾。改革开放后，中国迅速发展，中国的海权诉求已经刻不容缓地提上日程。而解决台湾问题的迫切性——与20世纪50年代不同——已不仅仅是实现中国主权统一问题，更重要的是，台湾问题已是实现中国海权绕不过去的坎。

两岸统一的前提是中国中央政府对“台独”势力有足够的军事威慑力量，而威慑的前提又是这些军事力量能够有效的发挥。目前“台独”势力担心的并不是第一个前提而是第二个前提。因为第二个前提牵涉到中国在西太地区与其他国家在台湾问题上战略博弈的结果。这里我们可以肯定的是，这个结果必然是积极的。这不仅因为台湾地区处于上述中国反分裂力量可以发生积极作用的空间范围之内，也不仅因为中国目前的国际地位已大为提升，而是由于台湾不在美国必须誓死防务的从美国西海岸经关岛到马六甲海峡的关键利益线上。

20世纪五六十年代美国确实曾想固守“从阿留申群岛经过日本——琉球群岛——台湾和菲律宾一直延伸到澳大利亚和新西兰”一线以阻止中国东进太平洋，而台湾则是这条线关键环节。但朝鲜战争和越南战争失败后，美国认识到其无力守住这条与中国过近的海上链条。此后，美国就部分地抛弃台湾，提升日本在亚洲的军事作用，将西太平洋的防务资源收缩到关岛——菲律宾——马六甲关键利益线上。此后，台湾就成了美国西太关键利益线“辅路”上的“编外人员”，而中国则成了美国在亚太的“利益攸关者”。

2001年小布什上台便提出要“不惜一切代价协防台湾”，但到后期他很快转向与中国在“反恐”中合作。美国加图研究所国防与外交政策研究室副主任卡彭特在2005年10月出版了一本《即将来临的美国为台湾与中国的战争》，作者提出的政策建议印证了上述判断。他在全书结尾时建议美国政府：美国继续对台出售武器而不提供安全保证的政策，是基于这样一种承认，即台湾是美国的一种有限的或“边缘性”利益，而非至关重要的利益……相对于冒步入战争之险而去保卫台湾……总统应宣称，美国在台湾独立问题上不持任何立场。我们无意支持或反对台湾的独立。同时，我们不应承担任何义务，去保卫一个（事实上或法理上）独立的台湾。

需要指出的是，我们应清醒地看到，美国与中国的合作机遇不是天上掉下的，而是中国人民通过斗争赢得的。随着中国快速发展，美国对中国在全球范围内有远比台湾地区重要得多的战略需求。美国对台政策基本目的是让台湾阻挡中国进入太平洋的时间越久越好，而不是要台湾实现所谓“独立”。因此，如果需要，抛弃非关键利益线上的台湾，对于美国人来说，做起来既不难也不难为情。

F. 实现海洋安全战略的有利机遇

尽管我们面临着严峻的海洋安全形势，但在国际形势中同样存在着相当有利的机遇。

第一，在解决台湾问题上，俄罗斯会支持中国对台湾的主权诉求和相应的行动，这样有利于将美国的力量牵制在欧亚大陆的东南面，以缓解它面临的自欧洲北约东扩的压力。印度对印度洋安全利益的需求，使俄罗斯、中国、印度三国在东、南、西三个方向形成一个拱形防御弧，这有利于将西方压力有力地阻挡在遥远的海上。反之，如果问题在东北亚，俄罗斯的态度就会十分不同，而美国则会找到1972年的感觉。

第二，20世纪70年代末至80年代初的对越自卫反击战打破了中南半岛区域大国将印支三国整合为一个政治邦联的地区霸权主义企图。不然，目前位于南海所有国家间的战略平衡就会被破坏，不仅中沙群岛、南沙群岛，甚至马六甲海峡就不会有今天这样的稳定形势，我们解决台湾问题的难度也会大幅度增加。

第三，作为在雅尔塔体系中是中国的朋友，在台湾问题上又是中国对手的美国，在21世纪初犯下了战略目标过大，并因此造成国力严重透支的失误。造成这样后果的原因是苏联解体使美国战略学界产生了狂妄自大的情绪。小布什“敢为天下先”，同时宣布以多个“邪恶轴心”为敌，这样的国家外交在历史上鲜有发生。近代史表明，印度洋是世界一流强国的战略力量伸展的极限所在。老布什在海湾战争中，在联合国授权的情况下仅在科威特发动极有限的攻势，因而赢得胜利；小布什则借“9·11”从印度洋向中亚发起连续攻势，结果输得灰头土脸。

在21世纪上半叶，乃至近二三十年内，中国东海战略的核心利益及相应海洋战略目标就是两岸统一，对这个目标最为敏感的是日本。但日本目前在东亚政治崛起的条件尚未成熟。今天东海的战略态势已与当年甲午战争时大为不同，在中远程导弹和潜艇技术发达的今天，日本拥有优势的海洋技术使用效果在靠近中国大陆的海面上受到了相当制约，日本的海战能力也会随其近陆程度递减。

G. 东海问题的实质是台湾问题

随着时间的推进，我们会发现，日本将是中国两岸统一的最近也是最现实的障碍，是中国解决台湾问题面临的主要矛盾的主要方面。

日本要想成为亚洲政治大国，仅凭经济崛起是不行的，在地缘政治上它一定要图谋台湾；控制台湾的目标产生的基本逻辑就是：围绕台湾西、东、南，日本必须控制中国东南沿海，控制北马里亚纳群岛和菲律宾。20世纪40年代的太平洋战争就是在此逻辑下推演出来的必然结果。

从1972年迄今已40多年，日本对台湾不仅从未死心，其觊觎之情反而日益强烈。日本坚持不承认而只是“充分理解和尊重”中国关于“台湾是中华人民共和国领土不可分割的一部分”的立场。这表明，与美国对台湾政策相比，中国与日本在东海有着绝对不可调和的、事关亚洲战后和平体系即雅尔塔体系的结构性矛盾；中日间的东海问题，并不是什么石油问题，实质是台湾问题。

我们确定了主要矛盾及主要矛盾的主要方面，也就确定了中国近二三十年中国推进海权的力量布局。

马汉说：“一根链条的强度实际是由其最薄弱环节的强度决定的。”如果我们以台湾北南画线，从广义上将中国整个东部和南部海面分为大东海（即黄海和东海）和大南海两大海域的话，鉴于日本在台湾问题上日益挑明的立场，那么，台湾北面的黄海则是中国在东海安全链条中最薄弱——因而也是最需加强——的环节。1895 年，日本就是在此击败北洋水师后窃取台湾的。今后台湾问题的解决最终还要在这一海域敲定。

钓鱼岛及其附属岛屿是台湾与日本之间的接榫点，也是“台独”势力信心的支撑点。1874 年日本第一次出兵侵略台湾，就是 1872 年吞并琉球后的逻辑结果。今天日本在中国钓鱼岛及其附属岛屿，进而在春晓油田与中国的争夺，本质上是为了逼近中国台湾。今天，中国如果在此海域失去起码的原则，那日本的下一个目标就是台湾。

H. 小结

至此，我们已完成了建立 21 世纪上半叶中国海洋安全战略的原则和条件的讨论，要点总结如下。

（1）中国现代化进程已不容我们忽视海权，这是国际海洋法赋予中国合法海洋权利；不容我们忽视制海权，这是中国实现国际海洋法赋予中国的合法海洋权利的必要手段。

（2）实现中国海权和制海权目标的关键环节是中国两岸统一。

（3）目标决定对手：中国实现制海权的战略压力来自美国，但在实现两岸统一进程中的直接障碍将来自日本。对中国制海权适度东进的接受程度美国高过日本。因此，在中国实现两岸统一目标上，美国是主要矛盾，而日本则是主要矛盾的主要方面。19 世纪 90 年代日本在甲午战争中一举确定了与中国的关系后，美日在西北太平洋的关系也就大体确定。只是当日本 1940 年大举南下时，美日矛盾才日渐激化。在今后，只有日本承认了中国拥有台湾主权的立场，美国在中国台湾问题上的阻力才会相应缓解。中日关系的最终定位是中美关系最终定位的重要条件。

（4）好朋友，勤算账；好邻居，勤打墙。东海形势，千变万化，但有一点可以肯定，那就是，在日本不明确承认中国关于“台湾是中华人民共和国领土不可分割的一部分”的立场之前，中日之间的“战略互惠关系”，就难有实质性的成效。对此，我们当有预案。